KB274604

대화공동체를 위한 작은 이야기

白京男 著

머리말

1999년 9월 9일 『이성적 사회를 위한 작은 이야기』 뒤에 못 다한 이야기들이 또 남아서 칼럼, 논문, 작은 글들을 여기 모아 보았다.

대학교수 23년 만에 2000년 5월 9일 잠시 본업에서 떨어져 '대통령 직속 여성특별위원회' 위원장직을 맡은 지 4개월, 민주주의 인권강국이라는 국민의 정부 국가비전 실천의 임무는 이성적 사회를 지향하는 민주주의라는 역사의 뜻과 일치하므로 직업으로서 학문의 일과 무관한 것이 아니다. 그것은 학문에서 지향하는 이상과 이론을 현실에 접목하여 작품을 만들어 가는 작업에 속하는 진지한 일이기 때문이다. 역사의 정신을 구체화하여 인간의 존엄과 평등을 실현하는 좋은 세상을 만드는 데 작은 도움이 되고 싶어서이다.

생물학적 차원에서 인간은 이 세상에 혼자 나와서 혼자 돌아가는 어찌할 수 없는 개체(個體)로서 존재한다.

그러나 이 개체의 막막한 단독자(單獨者)를 극복하는 길은 타자(他者)를 통해 자기의 유한적 존재 의의와 가치를 확인하면서, 자기에 대한 진정한 인식을 획득하여가는 사회적 차원에서만 찾을 수 있다. 그래서 인간은 늘 도상(途上)에 있고, 누군가와의 참 이야기를 찾아 헤매는 대화적(對話的) 존재이다.

모든 존재의 존엄과 평등에 대한 인정 위에서 상대방에게 나를 열고, 상대방의 견해를 진지하게 듣고, 이해하여 타자(他者)의 경험과 나의 경험을 합하여 광대한 인식의 지평을 형성, 자신의 역사적인 깊이를 포괄하여 갈 때, 생(生)의 동적(動的) 지평을 열어가게 되는 것이다.

이러한 의미에서 시간과 같이 흘러가는 삶의 전체적 과정 속에서 대화적 존재로서의 각성이야말로 이 세계와 나의 내면의 존재를 이해하는 길잡이가 될 수 있으므로 인간의 본질은 대화에서 찾아진다고 볼 수 있다. 같은 맥락에서 "대화가 실존이다"라고도 표현할 수 있다. 한 인간에 있어서 소통이나 대화의 단절은 존재의 단절이나 정지로 이어질 수 있기 때문에 대화야말로 인간 존재의 현상을 극복해 가는 불굴의 힘의 원천이 될 수 있다.

대화의 원리는 개인, 사회, 국가, 세계 공동체, 우주의 차원에서도 예외가 될 수 없다. 그러므로 우리가 날마다 대면하는 시대의 어려움은 대화공동체 정신의 결여에서 기인한다. 대화적 존재로서의 인간 본질에 대한 부정이기 때문이다.

디지털 혁명이 가져오고 있는 새로운 발전의 가능성 앞에서 생활의 대부분을 형태 지우고 있는 지적·문화적 모체가 전례 없는 규모로 동요되고 있는 원인도 대화적 존재로서 인간의 역사와 미래에 관심을 가지고 서로 이야기를 하고, 토론을 하고, 동의를 청하고, 설득하여, 합의에 도달하는 '대화적 공동체'의 원리에 대한 이해의 부족에서 찾을 수 있는 것이다.

인간의 본질을 대화에서 찾는다면, 인간의 역사는 대화의 역사이고 인간이 세상에 태어나서 학문을 하고, 종교와 예술에 몰두하고, 참사람을 찾고, 여행을 하는 모든 값진 행위는 진정한 대화공동체에서 지구상의 문제를 해결하기 위한 인간성의 자각에서의 출발로 보고 싶다.

상대방을 이해하려는 열린 마음으로 우리 서로 이야기하고, 듣고, 논의하고, 타자(他者)와 같이 생각하고, 상황을 경험하면서 합리적 설득에 참여로 대화공동체 복원의 소망을 새 천년에 걸어 본다.

　이 책을 내는 데 도움을 준 동국대학교 이세구 박사, 이남석 박사, 박사과정의 손영우, 이영재, 이영제 씨에 감사하고, 나의 학문생활 이래 현재까지 많은 지적 대화와 이해, 정신, 그리고 따스한 만남을 교환해 온 모든 분들과의 인연, 자연에 감사하는 마음으로 가득하다. 그리고 우리집 강아지 신돌이에게도 고마운 마음을 전한다.

2000년 9월 9일
백경남

차 례

제2부

통일과 한국의 좌표인식

제3부

젠더와 정치

1 21세기 한국 민주주의 담론

새 천년 한국 민주주의의 방향
개혁적 자유주의자들의 소망
아시아의 민주주의 물결
민주주의의 대안
격변의 세계와 우리 교육의 현주소
민주적 정치문화의 구현
참여 민주주의의 철학

새 천년 한국 민주주의의 방향

근대 민주주의 기획을 성취한 선진 민주주의 국가들은 다당제 아래에서 국민적인 규모의 선거가 정기적으로 행해지고 주요 정당에서 배출한 대표자들이 의회를 구성, 정치를 기획하고 논의를 해왔다. 관료들과 군부를 통제하는 행정부는 국민의 선거에 의해 선택되고 사법부는 독립적으로 운영돼왔다. 책임성 있는 표현의 자유가 보장되고, 경제적 행위가 정치로부터 독립해 시장원리가 중시되는 사회규범 모델이 정착됨으로써 근대 민주주의의 기획을 완성하고 생활화한 선진 민주국가에선 새 천년을 앞두고 투표와 선거의 메커니즘에 기초한 다수결 원칙에서 평화적 정권교체가 보장된 절차적 민주주의만으로는 규범적으로 구속력 있는 정치적 결과를 산출할 수 없게 되었음을 인식하기에 이르렀다. 투표의 산술적 질서에는 도덕적 차원이 결여돼 있으므로 근대 정치기획에서 배제된 시민사회의 다양성과 성, 계층, 지역의 차이를 수용하는 참여 민주주의만이 민주주의에 도덕적 정통성을 보완할 수 있다고 보는 것이다. 역사적 진보의 성과물인 1인 1표의 형식적 평등만으로는 인간의 존엄성과 인종, 계층, 성의 주변화를 피할 수 없기 때문이다. 참여 민주주의로 대의 민주주의의 한계를 극복하고 정치적 배제 행위가 없는 진정한 합의와 동질성의 형성을 위해서이다.

의회주의 정착 속 참여 민주제로

이와 관련 한국의 새 천년 민주주의 기획은 정치적, 국가적 수준에서 의회 민주주의를 정착시키고 시민·사회적 수준에서 지구화시대를 지향하는 글로벌 민주주의의 추구와 함께 20세기 한국정치에서 배제된 다양성과 차이를 수용하는 참여 민주주의 지향에 설정된다. 같은 맥락에서 새 천년 한국 민주주의는 국가주도의 권위주의적 체제의 폐단을 일소하고 21세기 시민사회의 역동성에 어울리는 새로운 민주적 발전 모델의 전환을 요청 받고 있다. 국가와 시장, 그리고 시민사회의 합리성을 기반으로 한 상호조화와 보완으로 갈등과 분열, 그리고 대립과 배제를 관용과 다양성의 가치로 대치하는 것이다. 앞으로 민주주의는 인간에 대한 신뢰의 공적 영역을 넓혀 가면서 보다 넓은 지평의 융합을 추구해야 하기 때문이다.

권위주의 체제가 사회를 짓무르던 과거의 정치에서 지배권력은 사회가 다양한 입장과 차이를 동시에 포괄하고 있다는 사실을 무시하고 인간상호 간의 권한을 규제하고 권력에 가까운 집단 이외의 집단과 권력을 장악한 지역에 반대한 사람을 배제하고 감시하였다. 반공에 대한 해석과 그것을 집행할 수 있는 물리적 강제력을 기반으로 한 지배집단은 거의 적대적 권력을 행사할 수 있었고, 개인은 부당한 인권침해가 있어도 호소할 곳이 없었다. 30여 년 만에 문민정부가 탄생하고 98년에는 선거에 의한 여야 정권교체로 국민의 정부가 탄생, 한국 민주주의는 역사에서 새로운 발전 국면을 맞이하게 됐다.

그 민주주의의 새로운 이정표는 의회 민주주의의 발전을 공고화하고 대화정치와 생활정치를 위주로 하는 참여 민주주의를 실현하는 것이다. 의회 민주주의는 어렵게 국민의 힘으로 성취한 절차적 민주주의를 내실화하는 과제를, 참여 민주주의는 의회 민주주의를 강화하고 보완하는 방향에서 시민들의 자치 허용으로 계층 통합, 지역 통합, 민족 통합의 과제를 안고 있다.

여야, 정쟁 말고 파트너 인정해야

이러한 민주주의 역사의 새로운 이정표 앞에서 지금의 우리 의회정치는 일그러질 대로 일그러져 있다. 민주적 정치과정 전체에 대한 국민 신뢰의 바탕 위에서 정치가 복원돼야 하는데 야당은 정치를 포기하고 거리 투쟁을 일삼고 여당은 정치적 리더십의 부재로 야당과 정치 복원에 역부족으로 보인다.

국민은 집권 경험이 있는 야당의 정치력을 믿었지만 30여 년 권위주의 정치 운영으로 인한 정치 학습의 부재를 그대로 보여주고 있다. 반대로 집권 경험 2년이 채 되지 않은 국민의 정부는 '장기집권 음모'라는 야당의 공격에 주눅들어 어렵게 투쟁해 얻은 민주주의 가치 규범에 얽매여 정치적 리더십을 발휘하지 못하고 있다는 생각이 들게 한다.

새 천년을 앞두고 국민들은 정치인들이 본연의 위치로 돌아가 새 천년의 국가 비전과 대안을 위한 정치를 복원해주길 바란다. 새로운 세기로 진입하는 한국 민주주의의 이정표 실현을 위해 여야가 국정의 파트너 관계로 보는 밀레니엄적 발상의 전환이 요청된다.

《대한매일》 1999. 11. 22.

개혁적 자유주의자들의 소망

　　한국에서 세계화와 개혁의 담론은 문민정부에서 비롯되었다. 당시 김영삼 대통령은 세계화 시대의 도전에 대한 대응으로 개혁만이 살길이라는 분명한 방향을 제시하였다. 그러나 문민정부의 개혁 작업은 그 정부의 태생적 한계성 때문에 개혁을 주도적으로 추동하는 세력의 결집 부재와 반개혁 세력의 저항으로 개혁은 중도하차하고, 국가의 총체적 위기만을 자초하였다.

　　IMF의 국가 위기를 고스란히 떠맡은 국민의 정부는 4대 개혁과 구조조정에 혼신의 힘을 다 쏟아 IMF 국난을 기적적으로 극복하는 데 성공했다. 이제 겨우 경제가 되살아나 성장 잠재력을 회복하고 있다. 그러나 발등의 불이 꺼지고 나니 사회 모든 영역에서 제몫 챙기기의 전환기적 혼란이 가중되고 있어 살려낸 경제전망도 낙관을 불허하고 있다.

보수세력에 꺾여온 개혁의 신념

　　이에 국민의 정부는 개혁에 모든 것을 걸고 개혁에 따르는 혼란과 진통에 동요하지 않고 세계 일류 국가 건설을 위한 중단 없는 지속적

개혁의지를 다지고 있다. 그러나 개혁의 당위성과 그 실질적 효과는 옷로비를 비롯한 여야의 무한대의 대결 정국으로 가려져 일반국민의 대부분은 개혁의 진정한 목표는 무엇이며 개혁 주도 세력은 어떻게 구성되어 있으며 누구를 위한 개혁이냐고 사뭇 냉소적인 반응이다.

그러나 다행인 것은 진정 한국에서 개혁정권이 성공해야 우리 역사상 보수경화증에서 탈피, 미래를 향해 전진할 수 있다는 소박한 꿈이 실현될 수 있다고 믿는 '개혁적 자유주의자'들의 목소리도 확산되고 있다는 것이다. 그들은 우리 사회가 근대성을 완성하지도 못하고 또 탈근대의 다양성을 수용하지 못하여 머뭇거리고 있는 것은 근본적으로 해방 후 우리 역사가 개혁적 자유주의자들을 소외시킨 데 있다고 믿고 있다.

한국의 헌정 50년사는 언제든지 개혁을 반대하는 보수주류에 가담한 보수 세력에 손을 들어줘, 자유로운 국민의 정치 생활이 보장되는 근대성을 지향하는 개혁적 자유주의자들의 신념은 현실적인 힘을 장악한 보수세력 앞에서 꽃을 피워보지 못하였을 뿐만 아니라, 그들이 숨을 쉴 수 있는 공간은 늘 닫혀진 상태였다.

역사상 개혁적 자유주의자들은 어느 나라에서나 늘 과격한 방법을 멀리하고 합법적인 과정을 지키면서 그들의 이상을 실현하여 그 결실을 가져오려고 노력하였다. 서양에서 개혁적 자유주의자들의 신념과 이상을 실현한 나라는 어려움 없이 근대성을 성취하였고, 역사에서 개혁적 자유주의자들의 신념이 좌절된 나라에서는 강력한 현실주의와 물질주의가 뒤따라 전사회의 이성적, 정신적 힘이 무력해져 진정한 근대성의 성취는 오랜 시간을 필요로 하였다. 즉, 역사의 발전을 지체시킨 것이다.

한국 정치사에서 개혁적 자유주의자들은 제2공화국에 기대를 걸었다. 제2공화국의 정신은 분명 자유였다. 그러나 그 당시 우리 국민에게는 자유 민주주의 기본질서를 옹호하는 의무가 결여되어 있었다. 자유를 지키기 위하여 제2공화국을 적극적으로 수호하고 옹호한다는 확신과 의무가 없었던 것이다. 그래서 제2공화국에서 한꺼번에 만개된 자유에 대한 국민의 관심이 멀어지자 군부 정치세력은 젊은 공화국에 반기를 들었다. 공화국에 반기를 든 세력은 공화국의 민주주의는 서구 민주주의이지 한국적 민주주의가 아니라고 반대하여 한국 민주정치는 그 뒤 30여 년 동안 군사독재 정치를 경험, 개혁적 자유주의는 꽃을 피우지 못하였던 것이다.

'민주' 완성 위해 개혁정권 성공해야

국민의 정부 출현으로 그들 이상의 터전인 민주주의는 이제 막 정착과 내포적 심화단계에 이르렀다. 따라서 한국에서 개혁적 자유주의자들의 희망은 개혁정권의 성공에 달렸고, 그 대신 개혁정권은 문민정부 개혁의 실패를 되풀이하지 않으려면, 개혁적 자유주의자들의 대안을 실현하고 적극적 지지와 참여를 제도화하는 것에 달려 있다고 볼 수 있다.

《대한매일》 1999. 12. 29.

아시아의 민주주의 물결

대만 국민들은 2000년 3월 18일, 민주진보당의 젊은 기수 천수이볜(陳水扁) 후보를 대만의 미래를 열어갈 총통으로 선택, 반세기 만에 정권 교체의 위업을 평화적으로 달성함으로써 아시아 민주주의 발전에 또 하나의 기록을 경신하였다. 지구촌 민주주의 신봉자들은 민주주의 세계화에 동참하게 된 대만 국민들의 민주주의 저력에 찬사를 아끼지 않고 있다.

중국 5천년 역사에서 가장 민주적으로 치러진 이번 선거는 어김없이 중국으로부터 불어오는 '북풍'의 공포분위기와 어우러져 그 예측을 불허하였으나 부패, 특권, 독재의 현상유지와 반 부패, 개혁, 민주의 현상타파 전선에서 대만 국민들은 새로운 개혁세력에 정치권력을 부여하여 그들의 경제적 능력에 어울리는 정치적 능력을 과시하였다.

특히 부패와 권위주의로 점철된 국민당의 정치에 자신의 운명을 맡겨온 구세대와는 달리 25%에 달하는 젊은 유권자들은 각종 매표, 루머, 미신, 풍수지리설이 난무하는 과열된 선거 과정에서 계속 부동표로 남으면서 선거 막판 3월 15일 "총통이 독립 움직임을 보이면 즉각 응징할 것"이라는 대륙으로부터의 안보위협에도 굴하지 않고 그들과 같이 대만의 미래를 끌고 갈 새로운 지도자를 선택한 것이다.

국민당이 대만을 지배하는 동안 대만의 경제력은 눈부시게 발전하여 세계 제3위의 외환보유국이 되었다. 그 결과 소득수준이 향상되어 중산층을 강화시켰으나, 역설적으로 중산층은 국민당의 권위주의체제의 개혁과 민주주의를 요구하였다.

37년에 이르는 길고 긴 일당 지배의 계엄통치는 국민들의 정치적 자유와 언론, 결사, 집회의 기본권을 제한하고 정치적 반대파를 투옥, 처형하였으며 대만 원주민의 정치적 요구를 탄압하였다. 단, '일요일의 자유', '노란색의 자유'는 허용되었다.

1928년 중국을 통일한 국민당의 장제스(將介石)는 마오쩌뚱(毛澤東) 공산당과의 오랜 내전과 일본과의 전쟁, 그리고 부정부패로 지쳐 중국 대륙에서 1949년 200만 본토인들과 대만으로 쫓겨와 본토 회복의 허황된 신화를 일구면서 행정·입법·사법을 완전 장악한 일당독재체제를 구축, 대만을 무서운 계엄통치로 지배하였다.

그러나 국민당의 강권정치는 1975년 장제스가 사망하고, 그의 아들 장징궈(蔣經國)가 총통이 되면서 동요하기 시작, 민주화 과정이 빠른 속도로 진행되었다. 1986년 민주진보당 결성이 허용되고 1987년에 계엄령이 해제되었다. 그리고 1988년 총통이 된 리덩후이(李登輝)는 1996년 직선제로 총통으로 당선되었다.

한편 중산층의 민주화 요구와 더불어 진보적인 지식인, 학생, 공무원들은 반체제 인사들을 중심으로 1986년 결성된 민진당을 지지하였다. 기득권자들의 정치적 불로소득을 지켜온 국민당 정치의 부조리와 모순에 가득 찬 현실을 보고 더 이상 침묵할 수 없어 극심한 고통과 어둠의 현상타파를 선택한 것이다. 역사를 많은 수의 인간의 뜻대로 만들어지는 흐름으로 볼 때 대다수의 뜻을 무시하고 움직인다는 것은 역사의 본질을 거스르는 일이라는 것을 깨닫게 한다.

천수이벤은 미궁에 빠진 정치테러의 상처로 대만 민주주의 고난의 역경을 체험한 그의 사랑하는 부인과 더불어 대만 민주주의의 희망이

요 대안이었다. 민주발전과 인권신장을 위해 투쟁해온 천수이볜은 역사의 방향에 맞춘 도덕적 자기확신을 실천한 증인으로 좌절을 딛고 정의롭게 일어서는 이 세상의 참 사람들에게 용기와 희망을 주는 큰 일을 해냈다.

다른 한편, 대만의 50년 만의 정권교체는 아시아에서 최초로 국민들, 즉 아래로부터 이루어 놓은 평화적 여야 정권교체로 한국으로부터 발원하는 민주주의가 아시아로 확산되는 연쇄효과로 아시아 민주주의에 큰 의미를 가지고 있다. 새로운 민주주의 물결이 아시아의 많은 국가들에 넘칠 것을 기대한다.

1919년 3·1운동의 이념이 중국의 근대화를 지향하는 1919년 5·4운동의 촉매제가 되었고, 1960년 4·19혁명은 1960년대 후반 세계학생운동의 기폭제가 된 역사적 사실의 연장선에서 1998년 한국의 50년 만의 정권교체가 1999년 인도네시아 민주화물결을 거쳐 2000년 대만에서 50년 만의 정권교체로 이어졌기 때문이다. 이러한 맥락에서 한국은 아시아 민주주의의 횃불인가?

《뉴스피플》 2000. 4. 6.

민주주의의 대안

　새로운 밀레니엄 시대의 변화를 주도하는 핵심적 추동력은 세계화, 지식정보화, 민주화이다.

　특히 민주주의의 세계화는 1974년 포르투갈 민주화가 시점이 되어, 80년대 남유럽, 라틴아메리카, 아시아 국가 등이 민주화를 경험하고, 89년 사회주의체계의 붕괴로 구 공산권지역에서 민주화가 폭발적으로 추진되어 94년까지 세계 187개국 중 107개국이 민주정치체제를 선택하고 있다. 현재 어떠한 종류의 정치체제이든 민주주의만큼 정당하고 존립 가능한 대안은 나타나지 않고 있으며, 폭발적인 민주주의 세계화의 후퇴기미는 보이지 않고 있다.

　그것은 국가는 국민 모두에게 자기 실현의 기회를 골고루 열어주는 책무가 있고, 국민은 그러한 민주주의를 실현하는 정부를 선택할 의무가 있는 민주주의에 대한 확신을 의미한다. 그 이유는 민주주의만이 인류가 보편적으로 추구하는 인간의 존엄과 자유, 평등을 이념으로 하기 때문이고, 그 자체가 모든 인간에게 열려진 보편적 이상과 목적, 그리고 가치이기 때문이다.

　근대성의 민주주의는 대의제 민주주의이다. 그러나 지금까지 선진 민주국가의 경험에 의하면 투표와 선거의 메커니즘에 기초한 대의 민주주의는 정당이나 정치단체들의 전략과 조작, 그리고 의제통제로 인한 투표의 형식성과 애매성으로 민주주의의 도덕적 자원이 결여되는 한계를 가지고 있다. 현대의 복잡하고 다양한 사회 문화 속에는 각 계층의 이익이나 개별이익의 대립으로 합의를 통해 도출해낼 수 없는 의제들이 존재하기 때문이다. 이러한 대의제 민주주의의 한계로 말미암아 경직성과 비 융통성은 사회 모든 영역에서 증대되고 다양화된 사회에 대한 정치적 대응이 어려워져 그 징후로 투표율의 저하, 무소속 의원의 증가, 정치적 무력증, 무관심, 혐오, 냉소주의가 정치사회에 만연된다.

탈근대성의 민주주의는 시민이 직접 공적인 일에 관한 토론과 심의에 참여하는 아테네의 고전적 민주주의를 재생시킨다. 시민과 대표가 모두 심의에 참가하여 이성적 성찰과 판단에 근거, 공공적 문제에 대한 해결책을 찾아 시민사회의 다양성과 성·계층·지역 차이를 수용하는 참여 민주주의 또는 토론 민주주의를 뜻한다.

과거 한국에서 대의 민주주의는 제대로 작동하지 않았다. 1993년 문민정부 이전까지 대의 민주주의 현실은 냉전과 더불어 강력한 권위주의로 운영, 왜곡된 채 발전되어 비판의 자유가 봉쇄된 차별과 배제의 정치가 지배하였다.

계층, 지역, 성에 의한 차별과 배제는 사회란 다양한 차이와 입장을 포괄하고 있다는 사실을 무시하고 인간 상호간의 신뢰가 기본이 되는 공적 영역을 인정하지 않았다.

그러나 문민정부를 거쳐 1998년 선거에 의한 여·야 정권교체는 절차적 민주주의 완성으로 한국 민주주의는 이제 새로운 발전단계에 접어들었다.

지난 세기 미완의 대의 민주주의를 실질화·공고화하면서 새로운 민주주의 대안으로 참여와 토론 민주주의의 병행·발전이 요구된다. 그것은 대의 민주주의의 내포적 심화, 즉 내실화하기 위하여 모든 법과 제도를 치밀하게 정비·실현하면서 21세기로 이양된 대의제 민주주의를 완성함과 동시에 참여와 토론 민주주의를 강화·발전시켜 나가야 하는 이중 민주화를 의미한다.

이와 관련해 21세기 시민사회의 역동성에 어울리는 새로운 민주적 발전 모델로서 국가와 시장 그리고 시민사회의 합리성을 기반으로 하는 상호조화와 보완을 통한 갈등과 분열, 대립과 반목의 청산이 다양성과 차이를 인정하는 탈근대성의 민주주의의 전제를 이루게 된다.

그러므로 한국에서 참여·토론 민주주의는 대의제 민주주의를 더욱 강화하고 보완하는 방향에서 시민들의 자치와 참여확대, 계층통합, 지역통합 및 민족통합의 정치적 과제를 안고 있다.

홈페이지, 인터넷, 전자투표 등 사이버 민주주의의 새로운 정치문화가 개화되면 정부의 일방적 정책결정 형성은 아래로부터의 적극적 의견 표출과 간섭, 압력을 받게 되므로 정보혁명은 시민의 새로운 참여와 관여의 정치적 공간을 만들어간다. 그리하여 차이와 다양성은 민주적 가치와 양립할 수 있는 형태로 정치영역으로 수용되어, 대의 민주주의 한계는 극복되고, 정치적 배제행위가 없는 진정한 합의와 동질성이 이뤄져 이타주의적 행위와 다양한 소수파 의견도 존중됨으로써 민주주의는 도덕적 자원을 공급받게 되어 그 정통성이 두터워진다.

《영남일보》 2000. 1. 20.

격변의 세계와 우리 교육의 현주소

　디지털 혁명, 게놈 프로젝트의 완성, 나노테크놀로지의 발전으로 서기　2000년에 들어선 세계는 새로운 문명사적 격변기를 맞이하고 있다. 전 세계적으로 국가, 기업, 지역, 가족의 존재양식도 변해가고 있고, 모든 영역에서 가버넌스(지배구조)도 변화의 와중에 있다. 전 지구대에 걸친 이러한 변혁의 화두가 전 지구를 뒤덮고 있다.

　지난 20세기에 일본의 식민지로 출발하여 해방, 분단, 전쟁, 산업화, 민주화, IMF 경제위기 그리고 극적인 위기탈출의 역사적 사건을 경험한 우리 한국은 변화에 대응으로 과거를 발판 삼아 젊은 진취적인 나라로의 발전을 요구받고 있다

　그래서 우리가 살고 싶은 새 천년의 한국을 전쟁과 분열, 지역갈등의 20세기 한국의 모습이 아닌, 통일된 평화의 나라, 지적 능력과 다양한 발상을 가진 창조적 에너지가 발산되는, 그리고 인권과 민주주의가 꽃을 피우는 균형 잡힌 아름다운 한국으로 설정하여 본다.

　이와 관련, 인적 자원이 국부의 원천이 되는 21세기에 바람직한 한국　건설의 조건은 사회의 모든 영역에서 선진 패러다임으로의 전환이다.

　특히 21세기 지식기반 사회는 인적 자원이 국가의 부를 창출하는 근원이 된다. 따라서 우수한 인적 자원을 창출하는 나라가 자본과 자원의

유무와 상관없이 세계 일류 국가로 도약할 수 있는 조건이 된다. 다시 말하면 지식정보화 시대에 국제경쟁력의 핵심은 지적 능력을 갖춘 인적자원이다. 이와 관련, 높은 교육수준과 문화적 창의력, 도전정신과 진취적 기상을 지닌 우리 민족은 21세기를 위해 태어난 민족이라 해도 과언이 아닐 것이다.

그래서 '교육백년지대계'라는 새로운 세기적 인식을 바탕으로 국민의 정부는 거대한 변동 앞에서 지식입국을 목표로 설정, 창의적 인재양성을 위한 교육개혁을 추진하여 왔다.

그러나 4월 27일 헌법재판소 과외금지에 대한 위헌결정은 온 나라가 다시 교육문제로 들끓는 결정적 계기를 가져왔다.

부유층에는 그 동안 눈치 봐가면서 해오던 과외를 안심하고 합법적으로 할 수 있는 공간을 열어 주었고, 서민층에는 불안과 초조의 길을 터주는 꼴이 되었다. 우리 사회에서 교육은 신분상승의 기회로 작용하고 있었는데, 과외가 합법화됨으로 인해 서민층은 교육 기회의 불평등을 합법적으로 박탈당할 수밖에 없다고 인식하기 때문이다.

'만인 대 만인의 투쟁'이라는 시장의 세계화는 20 : 80의 세계를 가져와 인간의 존엄성과 민주주의를 위협할 것이라는 지구촌의 막연한 불안이 한국의 교육에 와서는 '부익부 빈익빈'이 제도화·항구화하여 서민은 영원한 빈자로 살아갈 수밖에 없을지도 모르는 좌절감을 안겨주었던 것이다.

그 동안 우리들의 착하고 성실한 아주머니들은 40만~50만 원 가지고 생활을 꾸리면서도 50만~60만 원의 과외로 자식의 성적이 올라가면, 그들의 생활고에 대한 보상이 되었고, 자식 대에 가서 '지긋지긋한 빈곤'을 면하여 보통의 시민생활이 보장된다는 희망으로 살아왔다. 그러나 그 희망은 이제 사라졌다는 것이다.

과외의 전면적 허용은 또한 '계층의 고착화', '공교육의 부실화', '교사들의 교단이탈', '사교육비 부담의 증가', '사회적 소외의 심화'를 야기하여 서민들에게 불안과 좌절의 무서운 그림자로 비쳐졌다. 국민의 정부 교육정책 실무자에 대한 비판이 쏟아지고 있으나, 교육 바로 세우기는 사회구조의 전반적 치유와 함께 이루어질 수밖에 없다. 하나의 묘책에 대한 발견은 어렵고 뚜렷한 해결책은 있을 수 없기 때문이다. 당장 서둘러야 할 것은 부유층과 빈곤층에도 설득력 있는 과외에 대한 대체입법이 필요하고, 중장기적인 대책으로는 공교육의 정상화와 교육재정확보로 11조 원에 달하는 세계 최고의 '사교육 왕국'을 면하는 데 있다.

이제 지식기반 사회 인력양성이라는 시대의 요구에 맞춰 내일의 나라를 만드는 유아교육, 초·중·고등학교, 대학교육의 명확한 비전과 정책을 우리 모두 진지하게 마련할 때이다.

《뉴스피플》 2000. 5. 12.

민주적 정치문화의 구현

1. 머리말

새 천년 지구대에 걸친 세계화의 화두는 국내 정치지향의 변화를 촉구하고 있다. 모든 분야에서 국경을 넘는 상호의존관계가 진전되고 주권국가 이외의 다국적 기업, NGO 등 국제조직이 급증, 다양한 주체가 정치에 등장하여 국내정치와 국제정치의 경계가 불분명해지고 있다. 경제, 인권, 정보, 지식, 환경문제에서 국제경쟁과 협력이 일상화되는가 하면, 지구촌 성원으로서의 자각과 글로벌 휴머니즘의 가치이념이 대두되고 있다.

이러한 세계화 과정은 거의 모든 사회, 국가, 조직, 개인들이 복잡하게 얽힌 인과적 상호의존관계 속에 서로 다른 심도로 침투하여 새로운 종류의 형태로 공간적 거리를 좁혀 가고 있다. 뿐만 아니라 지구대에 걸친 정보의 공유는 조직의 수직성에서 수평성에로의 이행을 불가피하게 만들어 전통적 조직원리의 위기에 따른 정치의 위기를 가져오고 있다. 그리고 세계적 규모에서의 경쟁격화는 경쟁의 승자와 패자, 그리고 이에서 낙오된 자를 양산, 사회불안정을 초래하고 있다. 또한 초국적인 글로벌 행위자들이 개별 주권공간을 넘나들며 주권의 통제를 벗어나기 때문에 정부보다는 시민들의 연대에 정치의 의존성이 높아지고 있다.

한마디로 피라미드형의 가버넌스 시스템(Governance system)이 수평적 분권형의 가버넌스 시스템으로 변형되고, 시민사회가 이러한 가버넌스의 기능을 떠맡아 가고 있는 것이다.

'만인 대 만인의 투쟁'이라는 세계화가 국민국가를 상대화시키는 가운데 21세기 시민사회는 시장을 상대화하고, 모든 인간에게 열려진 보편적 이상과 목적가치인 인간의 존엄과 자유, 평등한 인권의 상호승인에 입각한 다원적이고 복합적인 정치적 공간을 형성하면서 차이와 다양성을 수용하는 심층적 토론과 대화를 제도화하는 다원적인 참여정치문화를 형성해 가고 있다.

이는 인간적 가치를 중시하고 인류사회의 희망이 반영된, 창조적인 자유가 힘의 원천을 제공하는 민주주의를 한층 더 구체화하고 실질화하기 위한 길을 찾기 위해서이다. 따라서 이윤을 둘러싼 경쟁, 물질주의, 이기적 개인주의, 권력 등이 기업 글로벌리즘적 가치보다는 지구인으로서의 자각에 입각한 글로벌 휴머니즘적 가치지향이 우선적으로 요구되고 있다. 이와 관련 지역사회의 개혁에의 참가는 국가의 정치개혁과 글로벌 정치개혁에의 참가로 이어지고 있다. 세계화시대 개혁의 테제는 어느 나라에서나 세계화의 전략과 연관되어 있다.

이에 따라 근대 민주주의의 기획을 성취한 선진 민주주의 국가들에서 정치문화의 지형이 새롭게 변화하여 가고 있다. 그동안 선진 민주국가들은 다당제 하에서 전 국민적 규모의 선거가 정기적으로 행해지고 주요 정당에서 배출한 대표자들이 의회를 구성하고 정치를 기획하고 논의해 왔다. 그리고 관료와 군부를 통제하는 행정부는 국민의 선거에 의해 선택되고 사법부는 독립적으로 운영되어 왔다. 또한 표현의 자유가 보장되고, 경제적 행위가 정치적 행위로부터 독립하여 시장원리가 중시되는 사회규범의 모델이 정착됨으로써 근대 민주정치는 안전하게 운영될 수 있었다.

그러나 근대 민주주의의 기획모델을 생활화한 선진 민주국가들에서, 투표와 선거의 메커니즘에 기초한 다수결주의라는 절차적 민주주의만 가지고는 이제 더 이상 규범적으로 구속력 있는 정치적 결과를 산출할 수 없다고 보고 세계화와 더불어 탈 근대 민주정치문화를 배양하여 가고 있다.

정당이나 정치적 단체들의 전략과 조작 그리고 의제통제를 통한 투표의 형식성과 애매성에 기반한 산술적 질서에는 기본적으로 도덕적 자원이 결여되어 있었던 것이다. 또한 현대의 복잡하고 다양한 사회문화에는 각 계층의 이익이나 개별이익들의 대립으로 합의를 도출해 낼 수 없는 의제들이 존재하게 되었다. 투표와 다수결주의에 기반한 대의정치는 근대의 정치기획에서 배제된 시민사회의 다양성, 성, 계층 그리고 환경 등의 차이를 모두 수용할 수 없게 되고 결국 정당성의 문제에 직면하게 된 것이다. 역사적 진보의 성과물인 1인 1표의 형식적 평등만으로는 인간적 존엄과 인종·계층·성의 주변화를 피할 수 없었던 것이다. 여기서 이성적인 성찰과 판단에 근거하여 공적 문제에 대한 활발한 참여와 다른 사람들은 나와 다른 가치·시각·이익을 갖고 있다는 다양성과 차이를 인정하는 관용에의 신뢰를 통해 이들간의 이해를 상호 조정하는 참여 민주주의가 등장하게 되었다.

다시 말하면 참여 민주주의는 근대의 정치기획에서 배제된 차이와 상이성을 민주적 가치와 양립할 수 있는 형태로 정치영역으로 수용하여 대의 민주주의 한계를 극복하고, 나아가 정치적 배제행위가 없는 진정한 합의와 동질서의 형식을 통해 민주주의에 도덕적 자원을 공급하여 민주주의의 정통성을 회복하는 데 있다고 할 수 있다.

이와 관련하여 한국의 민주주의는 한편으로 정치적·국가적 수준에서 근대 민주주의 기획을 완성해야 되고, 다른 한편으로 시민적·사회적 수준에서 지구화시대를 지향하는 글로벌 민주주의 추구와 더불어 근대 정치기획에서 배제된 다양성과 차이를 수용하는 참여 민주주의를 지향해야 하는 이중적 과제에 직면하고 있다. 새 천년 한국의 민주주의는 국가주도의 권위주의적 체제의 폐단을 일소하고 아울러 21세기를 여는 새로운 민주적 발전 모델을 모색해야 할 시점에 서 있다. 갈등과 분열 그리고 대립과 배제를 극복하고, 국가와 시장 그리고 시민사회의 합리성을 기반으로 한 상호조화와 보완 속에서 관용과 다양성을 중심으로 인간에 대한 신뢰의 공적 영역을 넓혀 가면서 보다 넓은 지평의 융합을 추구해야만 하는 것이다. 한마디로 새로운 정치사회 환경에 새로운 정치행동 방식이 요청되고 있는 것이다.

이러한 21세기 한국의 민주주의의 초석은 권력중심의 권위주의적 정치문화가 아닌, 다원 민주주의적 참여형 정치문화로 차이의 인정, 다양성의 수용, 자율성에 그 중심적 가치를 두고 있다고 할 수 있다.

2. 정치체계와 정치문화

본래 대의제 민주주의와 정당의 존재는 자유주의를 이념으로 한 정치문화로부터 유래하고 성장한 제도로서, 일원적인 정치구조가 아닌 다원적인 정치구조를 그 기반으로 하고 있다. 따라서 자유 민주주의가 제대로 기능하기 위해서는 그 전제가 자라나 운영규칙 면에서 복잡한 체계를 필요로 한다.

그러나 이러한 기본적인 절차나 규칙이 과거 우리의 권위주의 독재정치 하에서는 결여되어 있었다. 형식상의 국민주권 원리, 즉 민주주의의 원리 위에 세워진 공화국은 다른 원리에 기초한 정치적 견해에 대항할 수 없는 미숙한 정치 시스템으로 자기방위가 어려웠다. 그리고 적

않은 한국인은 본래의 정치적 전통과는 다른 민주주의의 기본원리를 충분히 확신하지 못했기 때문에 자유 민주주의 기본질서, 구체적으로 민주주의적 정치질서를 옹호하려는 의무감이 결여되어 있었다. 즉 국민주권의 원리에 세워진 정치체제를 적극적으로 수호하고 옹호해야 한다는 확신과 의무감의 결여로, 국민은 고통과 환멸 속에서 국가의 권위주의적 운영에 오래 동안 적응해 왔던 것이다. 따라서 50여 년 만에 이루어진 여야의 수평적 정권교체로 이 땅에 진정한 민주주의를 뿌리내리고자 하는 사회적 분위기 속에서도 많은 사람들은 여전히 과거 개발독재 권위주의에 대한 향수를 뿌리치지 못하고 있다.

이러한 점에 근거하여 본 논문에서는 한국에서 해방 이후 자유 민주주의 정치 시스템이 형성되었음에도 불구하고 민주주의 제도가 제대로 운영되지 못한 주체적 규제요인을 시민정치문화를 경험하지 못한 우리나라 국민들의 정치적 대상에 대한 지향유형이라고 할 수 있는 정치문화에서 찾고 아울러 21세기 참여정치문화의 좌표 및 그 실천전략을 모색하고자 한다.

한국은 제1공화국에서부터 국가체제가 참여정치 시스템의 민주적 형태에 기초하였으나, 이러한 제도를 지탱해 줄 서구 민주국가 유형의 정치문화가 결여되어 있었다. 따라서 가부장적 권위주의의 온존 속에서 문민정부 이전까지 한국의 민주주의는 파행적으로 운영되어 왔다. 알몬드와 버바(Almond & Verba)는 "안정되고 효과적인 민주주의 발달은 정부 및 정치의 구조만에 의존하는 것이 아니라 국민이 정치과정에 대하여 가지는 지향, 즉 정치문화에 달려 있으며, 정치문화가 민주주의적 시스템을 지지하지 않는 한 시스템의 성공은 불안하다"고 지적한 바 있다. 과거 한국 민주주의의 파행원인은 바로 정치 시스템을 유지하는 데 있어 요구되는 이러한 태도·신념·참여를 통한 시민의 책임과 관용이 결여되어 있었다는 데서 찾을 수 있다. 즉 민주적 정치 시스템이 작동하기 위한 전제조건이라고 할 수 있는 시스템에 대한 합의, 커뮤니케이션과 설득, 관용에 기초한 다원주의적 문화 그리고 변동을 유연성 있게 받아들이는 시민정치문화가 부재했던 것이다.

한편 루시언 파이(L. Pye)는 정치문화를 다음과 같이 정의하고 있다. "정치문화란 정치과정에 질서와 의미를 부여하고 정치체계 내의 행동을 지배하는 기본적인 전제와 규칙을 부여하는 태도·신념·신조 및 감정의 집합으로 어떠한 정치체계의 정치적 이상과 작동 규범을 포함하고 있다. 따라서 정치문화는 정치의 심리적·주관적 차원에서 집합적 형태로 표명된다. 정치문화는 정치체계의 집합적인 역사의 산물일 뿐만 아니라 그 체계구성원이 가지는 생활사의 산물이기도 하다." 따라서 정치문화는 공적 사상(事象)과 개인적인 경험에 동등하게 뿌리내리고 있다. 이와 관련하여 사회성원의 정치적 행위의 지향유형, 즉 정치에 대한 인지·태도·감정 내지 신념은 역사적으로 형성되기 때문에 정치문화의 기본은 단기간 동안에는 변화할 수 없는 것으로서 인위적인 영향으로 설정된 가능성을 찾는 정치체계와는 다르다고 할 수 있다. 사회성원의 정치적 가치관과 행동, 치자와 피치자 간의 상호작용은 역사적 현실로서 주어진 환경조건의 적응을 통한 내면화 과정과 관련된다. 즉 어느 한 사회의 개인에 있어서 지배적인 정치지향은 전체로서의 사회의 영향을 받으며, 그것은 또한 사회성원의 집단적인 기억으로 내면화된 상징으로 나타난다.

그 결과 인간의 상징적 상호행위는 인간의 직접적인 실재로서 각자의 정치적 행동에 의미와 가치를 부여한다. 이렇게 형성된 정치문화의 개념에서 각 개인은 자신이 경험한 역사적 상황을 통하여 자기 국민과 자신이 속한 사회에 대한 지식과 감정을 이어받아 자기의 인격과 일치시키며, 또한 전 세대로부터 물려받아 그 과정에서 거부반응을 거치면서 자신의 정치에 대한 지향을 찾아낸다. 따라서 정치문화는 정치체계의 집단적 역사와 그 체계를 구성하는 개인생활사의 산물로 공적인 사상과 개인적인 경험들에 같이 뿌리하고 있는 것이다. 다시 말하면 정치문화의 중요한 요소는 성문의 또는 불문율의 제도적 규칙에 포함되어 있는 것이 아니고, 사회성원의 행동과 사고양식에 내재되어 있기 때문에 일상 생활상의 구체적인 행동양식은 세대로부터 세대에 물려주는 긴 역사적 맥락 속에서 배양된다.

이러한 의미에서 한국은 비록 민주주의 정치 시스템을 공식적으로 도입하긴 했으나 그러한 민주주의를 이끄는 정치문화의 바탕을 결여하고 있었던 것이다. 특히 국민의 정치적 행동과 사고가 역사적 요소에 의하여 주형되는 동시에 국민의 심리적 전통과 치자 및 피치자 간의 항구적인 상호관계가 국민생활 전체의 심층에 영향을 미친다고 볼 때, 한국의 전통적인 정치문화인 유교적 가부장주의의 재생산에 대한 올바른 인식은 한국 정치이해의 기본이 됨과 동시에 미래 정치문화를 여는 열쇠가 된다고 볼 수 있다.

3. 한국 정치문화의 원형: 가부장적 정치문화

정치문화는 긴 역사적 맥락이나 오랜 역사적 환경 속에서 배양된다. 그리고 인간존재는 사회관계를 통해 자기와 만난 자연·사회·역사·문화적 차원 속에서 규정된다. 이러한 의미에서 정치문화는 일반문화와 관련을 가지고 있다. 일반문화로부터 나오는 신조, 가치기준, 감정, 성격 등에서 정치행동과 관련된 부분을 추출한 것이 정치문화이다. 그리고 정치문화는 정치과정에 질서와 의미를 부여하여 정치체계 내의 행동을 지배하는 기본적인 전제가 된다. 이러한 의미에서 정치문화는 정치 시스템을 작동시키는 배경적 원리라고 할 수 있다.

한국사회의 정치문화 발전에 대한 대표적인 규제적 조건은 전통적 정치문화로서의 유교적인 가부장적 정치문화라고 할 수 있다. 서구의 개인주의적 사고체계와는 다른 유교적 가부장주의는 한국사회의 역사적·사회적 성격을 결정적으로 규정하여 왔다. 막스 베버가 지적한 바와 같이 가부장적 지배의 속성이 영주가 자신의 가족과 하인 등에게 제한 없는 권위를 행사하듯이, 유교적 가부장주의 역시 효와 충성을 신뢰관계의 기본으로 하여 제한 없는 절대적 권위를 행사한다. 로마의 시민법상 가부장권은 그 가장권에 속하는 처와 자식 그리고 노예에 대한 생사여탈권을 가지고 있었다. 경제적으로 가장은 그 가족과 권속이 노동에 종사하면 그 성과를 가장의 수중에 두고 필요에 따라 재분배를 하는 혈연적 자급경제의 법적 지주가 되고, 정치적으로 가족을 전체주의적 지배양식으로 관습화하여 권력자의 절대권에 대해서 의문의 여지를 남기지 않았다.

한국정치에서 문민정부 이전까지의 정치형태는 가부장적 정치권력의 유지와 연결되어 미래지향적 정치공동체의 능동적이고 창조적인 역할을 좌절시켜 왔다. 즉 정치적 대립의 고정화를 야기하고 연고주의적 개인을 창출하여 국민의 정치적 판단능력의 제고 기회를 빼앗아 버린 것이다.

가부장적 정치구조는 자유주의 정치체제를 통해 해방 이후 50년 동안 세계 수준의 근대화 프로젝트를 수행하면서 뒤로 물러난 듯 하였으나 실제 정치현실의 기저에서 여전히 작동하고 있었다.

한국은 반세기 만에 세계 어느 나라에서도 그 유례를 찾아볼 수 없을 만큼 압축적인 근대화 프로젝트를 추진해 왔으나 그 과정에서 전통사회의 여러 원리가 온존하게 되고, 공적·사적 영역은 미분화된 채 근대사회의 합리성의 제반원리가 정착되지 못하고 정치·사회 발전의 전반적인 장애요인을 잉태하고 있었던 것이다. 60년대 이후 한국의 산업화 과정에서 강력한 권위주의국가의 등장은 한국에서 유교적 가부장주의의 새로운 형태로의 재생이었다.

본래 조선왕조(1392~1910)는 새 왕조의 정통성의 근거를 중국의 명조로부터 부여받아 지배의 원리를 중국의 주자학에 두었다. 체제 이데올로기의 이론적 무기였던 주자학의 영향 아래, 삼강오륜은 정치적·사회적 행위 등 모든 행위의 근본이었다. 즉 군위신강, 부위자강, 부위부강의 삼강(三綱)과 부자유친, 군신유의, 부부유별, 장유유서, 붕우유신의 오륜(五倫)은 인간의 내면세계 외에 객관적 현실세계에서 가치의식, 규범의식, 사고의식, 행동양식을 역동적으로 규제하고, 정치적·사회적 결합양식의 기본적 정형으로 내면화되어 부단하게 재생산되었다. 또한 가족관계는 모든 사회의 전형을 이루고, 사회의 국가에 의한 통제는 선천적으로 결정되어, 국가조직은 자연의 권력으로 의례적으로 규제되는 고급관료조직의 특징을 가지게 되었다. 따라서 가부장적 권위는 국가차원에서도, 가족관계의 차원에서도 같은 유형으로 행사되었다.

그리고 조선왕조시대 양반·상민의 신분제도는 극단적이 세습제를 이루어 일족(一族)·일문(一門)의 누가 고급관리가 되느냐에 그 일족·일문의 영광이 달려 있었다. 등관(登官)의 영달은 향토를 토대로 하여 집단생활을 영위하는 족벌을 배경으로 타문(他門)이나 타족(他族)과의 극단적인 배타성을 나타내어 사색당쟁으로 나타났다. 주자학은 인성천리(人性天理)를 밝힌 철학적인 면과 혈족, 족벌, 대의명분, 조상제사 등을 밝힌 예론적인 면으로 구성되었는데, 이 예론적인 면이 당쟁을 경화시킨 중요한 요소로 되었다. 당대의 세상을 그린 춘향전은 극단적인 배타성에서 유래된 타족벌, 다른 신분에 대한 착취의 비참한 양상을 풍자하고 있다.

군주와 신하의 수직적인 상하관계는 수평적인 대등한, 평등한 관계가 아닌 가족에서 가부장과 가족관계의 확대판으로 정당화되어, 그러한 질서체계 내에서 개인은 상하의 위계적 서열에 맞추어서 행동해야 되고 그 위계에서 벗어나면 정당성과 윤리의 파괴자가 된다. 그리고 개인은 혈족, 가족 등의 집단으로부터 독립된 자가 아니라 인간관계의 망을 통하여 소통을 하고 혈족·가족·국가가 부과한 의무는 한 개인의 가치나 이익과 관계없이 조화를 위하여 어쩔 수 없이 순종하여야 한다. 여기서 인류사회 보편성으로서의 독립적인 개인인권의 영역은 제한될 수밖에 없다.

부모의 유산분배제에 있어서 '적자독점상속세', 혼인에 있어서 '동성불혼제'가 형성되어 지배계급의 고착화가 이루어졌고, 여성의 경제상의 사회적 속박을 강화한 철저한 남계혈통 지상주의가 유지되었다.

또 조선시대 정치의 세계에서는 명예·권력·부 그리고 교육이 지배적인 가치로서 인식되었다. 국가관리는 사회적 지위가 가장 높은 집단으로, 이들간에 사회적 가치투쟁을 위한 당파간의 격심한 당쟁은 필지의 사실이었다. 유교에 입각한 교육은 서양에서처럼 교양이나 보편타당성의 체득을 위한 진리추구 그리고 전체 사회성원과 공동의 목표를 달성하는 데 적용되는 끝없는 지적 욕망에서 나온 것이 아니라 오직 가문의 영광과 개인의 귀속적 신분이라는 사회적 위치를 확보하기 위한 수단이었다. 따라서 세계 순응적인 자기완성이나 자아실현의 농기에서 떨어져 나와 무엇을 하는 사람보다는 지위와 서열적 신분 그리고 출신이나 일족 가문의 인간관계의 망이 더 중시되었다.

조선왕조시대의 타족을 배척하는 지역간의 배타성, 주자학 숭상으로 인한 사상의 정책적 경직화와 사대주의, 정치의 세계에 있어서 격심한 당쟁, 사회적 신분질서의 고정화 관념 그리고 남계혈통 지상주의, 삼강오륜의 질서규범은 가부장적 정치문화의 원형적 구조를 이루었다.

뿐만 아니라 조선왕조의 농본주의 사회에서 경제활동의 기본단위는 가부장적인 가족공동체였다. 신의 영광을 위하여 부유하게 되는 것이 허용되는 프로테스탄티즘의 윤리와 유교의 가부장주의에 입각하여 가문과 족벌의 영광을 위하여 고급관리가 되는 것에 가치를 두는 직업관의 차이에서 프로테스탄티즘의 자본주의는 기업의 투명성·공개성이 강조된 반면, 가부장적 유교적 자본주의, 즉 정실자본주의(crony capitalism)에서는 투명성의 결여로 회계의 원칙이 지켜지지 않는 폐쇄적 족벌경영체제의 재생산형태가 배태되었다.

결국 타문이나 타족에 대한 배타성은 동문(同門)이나 동족(同族)의 재산을 증식하고 그 구성원의 생활을 향상시키는 데 주력할 것을 요청하였다. 한 가문·일족에서 한 사람이 고급관리가 되면 그 일족이 부유해지는 국가에서 진정한 민주주의와 역사상의 근대화는 지연될 수밖에 없었던 것이다.

4. 권위주의적 사회구조와 정치문화

1) 권위주의적 사회구조

1948년 정부수립과 함께 민주주의는 한국인의 정치·사회 생활에서 정치적 정당성의 규범적 원천이자 정치생활을 운용하는 공식적 원리가 되었다.

그러나 헌법에 민주주의를 정치의 원리로 제도화하고 대의제 민주주의를 정치의 세계에서 구현하고자 하는 근대 정치기획은 지난 50년 동안 미완의 기획에 지나지 않았다. 한국 정치문화는 민주주의의 중요한 가치들을 권위주의 국가에 의해 박탈당하여, 다양성과 자율성에 기반하는 참여형 정치문화를 꽃피우지 못했다. 민주주의 제도에 대한 지지와 복종이라고 하는 투입과 산출의 순환과정이 제대로 이루어지지 않아 한국에서 민주주의가 가능한가라는 회의론까지 대두되었다.

정당정치를 근간으로 한 대의제도는 정당 그 자체가 근대 이전의 정치행위 원리에 따른 파벌의 양상을 면하지 못하여 제대로 작동되지 못하였다. 정치적 반대의 자유와 표현의 자유의 말살, 정치과제의 독점적 설정과 전면적 통제 아래 시민의 평등은 법적·제도적으로 보장되었으나, 현실적으로 법은 폭정의 수단에 지나지 않았다. 반대당이나 반대파벌은 정치를 운용하는 데 있어서 협력이나 다음의 정권을 담당할 수도 있는 국정의 동반자가 아닌 철저한 탄압과 정보사찰의 대상이었다. 수단을 가리지 않는 반대자에 대한 철저한 탄압으로 이룩한 체계적인 독재체제가 그동안 한국정치의 특징을 이루었다.

5·16 당시 박정희 소장은 "혁명기에 우리가 지향하는 민주주의는 서구적인 민주주의가 아니라 우리의 사회적·정치적 현실에 기초한 민주주인 행정적 민주주의로서, 부패를 일소하고 국민의 자치능력을 강화하는 일에 의해 사회정의를 구현하려는 방법으로서의 과도적 단계의 행정적 민주주의"를 제창하였다. 그는 행정적 민주주의를 표방하면서 정치의 체질 개선·세대교체 등의 담론을 펼쳤으나, 실제로는 새로운 근대화된 형태의 부정·부패가 만연하였다. 그리고 정치는 국민의 정치적 의지가 정치체계에 투입되지 않는 일방적인 산출만을 강요하면서 경제적 근대화를 향하여 치달았다. 이처럼 해방 이후 서구 정치체계의 도입은 서구 민주주의의 내면적인 윤리성을 제외한 형식적 제도만의 도입으로 귀결되어 민주주의는 파행적으로 운영될 수밖에 없었던 것이다. 하지만 그러한 정치환경 속에서도 민주주의 정치체계 속에 내재된 민주주의 규범은 참여정치가 보편적으로 확산되는 계기를 만들어 국민들의 정치에 대한 태도·신념·의지·감정 속에는 참여정치문화의 싹이 움

트고 있었다.

다른 한편 해방 이후 갑작스런 서구 정치체계의 도입과 문화의 확산은 전통적 문화를 붕괴시켜 사회·정치·경제적 불안과 농촌의 영세화로 인한 도시로의 인구집중, 대중교육의 보급을 가져와 개인들로 하여금 비 동시적인 존재양식의 병존을 초래하게 되었다. 즉 전통적인 사회제도의 붕괴 과정에 남아있는 가족적 유대 속의 개인과 산업화와 분업화에 의해서 사회 속의 원자화된 개인이라는 이중적 개성이 동시적으로 존재하게 된 것이다. 일반 국민의 안정된 행동·규범의식의 부재 속에서 정치 엘리트들 역시 회오리바람처럼 수단·방법을 가리지 않고 기회주의자가 되어 권력의 중심으로 모여들어 부와 명예와 교육을 독차지하면서 개헌, 집권, 개헌, 집권연장의 정치와 권력의 무소불위의 무규범, 원칙 없는 이합집산을 거듭하였다. 따라서 무력한 개인은 권력과의 연관성이 없는 경우에는 심리적 불안감을 느껴 만능의 권력에 심리적으로 의존하는 경향을 갖게 되고, 그러한 권력과의 고리는 보편성을 가진 합의에 의한 계약에 의해서가 아니라, 가부장적 사회의 지배적 구성요인이었던 지역을 토대로 한 동족결합, 즉 혈연, 지연, 학연을 중심으로 연결되었다. 다시 말하면 정치조직을 비롯한 사회의 모든 조직 내에서의 인간관계는 자율적 행동을 지닌 이성적 인격이나 상호평등에 기반한 합의에 의한 계약의 기초 위에서 업적이나 성취감에 의해서보다는 일방적 소속감에 의해 결정되어 공공성이나 공익성이 상실된 배타적인 폐쇄성이 사회에 만연하게 된 것이다.

이와 같이 60년대 이후 산업화 과정에서 전면적으로 부상한 권위주의적인 국가구조는 폐쇄적 가족지상주의, 족벌주의, 파벌주의, 지역주의, 여성차별, 학벌주의로 조선왕조시대와 같은 권위에 대한 극단적인 배타성을 특성으로 한 전통적인 가부장적 사회구조를 재생산해 내는 구조였다. 취약한 정통성을 경제발전으로 보강하기 위해 국가권력은 외자 및 해외 기술 도입에 적극적이었지만, 이 과정에서 지역간·계층간·성간 격차는 더욱 확대되어 갔다.

이러한 전근대적인 사회구조가 개인을 엄격한 권위에 복종시키고 비합리적인 행위 및 사고유형을 강요하는 사회의 중핵을 형성하고 있을 때, 권력은 1인에게 집중되고, 사회전체는 패거리·지역·족벌·학연에 속한 자와 여기에 속하지 못한 자로 나누어져 결국 갈등과 대립의 사회로 분열될 수밖에 없다. 여기서 자유·평등·인권·민주주의·개인의 자각·존엄·자주성·개인주의·실용주의·합리주의는 설자리를 잃게 된다. 한쪽만의 배타적 이익을 주장하는 극단적 대립은 상대방을 우리 사회에서 가장 무섭게 들리는 적색음모로 몰아붙여 자신만의 권력과 부 그리고 명예의 기초를 구축하게 되었다. 그리하여 정치사회는 특정집단에 속한 자와 소외된 자 사이의 무한경쟁과 무한투쟁 방식으로 운영될 수밖에 없었다.

전체적으로 사회체계는 ① 복수의 가치체계 상호 간에 갈등구조가 형성되어 인간의 행동방향을 규정하는 지도원리가 결여되고, ② 전통적으로 지배적인 가치체계의 급격한 붕괴로 사회를 지배하는 원리가 원칙이나 상식을 떠나 이해할 수 없는 행위로 변질되어 예측을 불허한 픽션 이상의 세계가 시리즈로 전개되며, ③ 정치문화의 목표와 정치제도적 수단간의 차이로 말미암아 편법이 당연한 것으로 인식되었다. 이에 오직 권위주의적 권력집단만이 권력을 휘두르는 정치사회에 동조도, 적응도 할 수 없는 사회구성원들은 심리적 안정과 평형을 상실하여 소위 아노미(anomy)의 의식 소지자가 되어 불안과 소외, 냉소와 무관심, 허무주의에 빠지게 되고, 권위주의적 구조의 재생산에 방관자로 전락하는 내적 이민자로 양산되었다.

불안이나 소외, 두려움이 본원적 체험으로 다가올 때, 인간은 예속, 복종, 순종 내지 좌절과 체념의 세계로 도피하려는 충동을 갖게 된다.

다른 인간에 대한 두려움, 집단이나 거대한 조직에 대한 두려움 그리고 국가권력을 장악한 가부장적인 지배자에 대한 두려움은 두려워하는 자로 하여금 그들의 판옵티콘적인 감시자에게로의 복종을 용이하게 한다. 그 결과 두려워하는 자는 권력의 핵심집단에 눈을 돌려 두려움을 완화하기 위하여 아부와 눈치와 보신으로 자신을 굴복 또는 예속시키게 된다.

5·16으로 정치권력을 장악한 군사정권은 권위주의적 체제를 구축하기 위해 일반국민들의 정치적 근대화에 대한 욕구를 억압하는 대신, 그들 편에 선, 그들의 지역에 속한 자들에게만 권력행사를 향한 본능을 허용하여 군사정권에 복종하는 의존적 관계를 형성하였다. 그리고 모든 집단차원에서 민주주의 체계와 상반된 감시기제가 작동할 수 있는 체제를 구축하여 정치력이 아닌 물리적 힘에 의해 작동되는 사회를 만들었다. 권력집단은 모든 국민에게 유형화된 감정과 의견을 강제적으로 소유하도록 하고 전 국민을 감시하여 시민의 독자성과 자기책임성을 허용하지 않았다. 국가에 큰 사건이 터져도 책임을 지는 사람이 없고, 단지 철통같은 파벌의 연고관계로 형성된 권력구조에 피해를 입힌 자만이 처벌되었다. 때문에 국가가 위기에 처해도 책임자는 아무도 없고, 권력자는 무규범적으로 돈과 권력을 축적할 수가 있었다.

그리고 유신체제와 그 후계체제 역시 정치 슬로건을 바꾸어 가면서 개인들이 열악한 삶의 조건을 운명론적으로 수용하게 하는 다양한 형태의 상징조작을 동원, 무조건적인 복종을 요구하였다. 명령과 복종, 지배와 예속으로 규정되는 수직적 사회에서 국가는 가장(家長)이 되어 개인에 대한 우월권을 향유한 반면 개인에게는 물질적 욕망과 색(色), 일요일의 자유 이외의 자유는 허용하지 않았다. 자기가 소속한 이외의 집단·파벌·지역·학연·계층의 사람은 나쁘고, 패덕하고, 신뢰가 가지 않는다는 이데올로기를 양산하면서 배타적인 지배체제를 구축한 것이다.

　권위주의적 정치체제는 국가라는 집단이 지향하는 목표에 상응하는 인식만을 허용한다. 국가가 인간과 사회의 행동양식을 판단하는 선과 악, 정(正)과 부(否)의 기준을 스스로 규정하는 것이다. 국가는 절대적인 판단의 원천일 뿐만 아니라 침범할 수 없는 최고 가치요, 존엄을 가진다. 국가는 개인에게 절대적인 복종을 강요하는 것이다.

　따라서 인간에 대한 신뢰의 범위를 극단적으로 협소하게 제한한 과거 한국정치에서 국가는 사회가 다양한 입장과 차이를 동시에 포괄하고 있다는 사실을 무시하고 인간 상호간의 모든 권한을 규제하고 권력에 가까운 집단 이외의 모든 집단과 권력을 장악한 지역에 반대한 모든 사람을 배제하고 감시하였다. 국가는 사회의 다양한 입장에서 정치의 도덕성을 찾거나 국민을 위해 존재한 것이 아니라 유신시대 교육현장처럼 국가를 위해 국민이 존재하기를 요구하였다. 그 결과 국가는 절대적 지배를 행사할 수 있었고, 개인은 국가에 의해 무시를 당해도 호소할 수가 없었다. 정치적으로 고유한 권리와 가치의 담지자로서의 개인은 국가에 의해 권리를 박탈당한 무력한 신민에 불과하였기 때문이다.

　특히 사이비 민주주의체제인 유신체제 시대, '유신'이란 이데올로기는 모든 국민에게 유신담론에 일치한 정치생활을 강요하면서, 반대자를 철저하게 탄압하였다. 유신체제는 개인의 생존영역, 즉 물질적 영역 외에 사회적·정신적 영역에까지 지배의 범위를 확대하고 유신체제 반대자들에게는 생의 모든 권한을 강제로 박탈하였다. 죽음을 걸고 유신체제에 대항한 많은 민주화세력은 직장에서, 사업에서 심지어 노상의 작은 수레에서까지 생업권을 박탈당하였다. 심지어 제5공화국 시대에는 최고 지도자의 얼굴 모습을 닮은 것이 죄가 되어 직업의 제한을 받은 사람도 있었다.

결국 사회에 존재하는 모든 정보는 국가에 의해 통제되었고 독재체제에 유리한 정보만이 취사선택되어 일부분만 밖으로 나오게 되었다. 국가기관에 의하여 방해받지 않은 정보의 교환은 불가능했다. 일체의 커뮤니케이션 과정은 감시되고, 유신체제에 유리하도록 내용이 감소·증가되어 개인생활의 형성이나 정치·경제·사회 질서에 대한 창의적이고 독립적인 사고 및 자율적인 사상의 형성이 제한을 받았다. 그 결과 독립적이고 자율적인 개인의 영역이 공(公)의 이름으로 침해를 받아 독자적인 삶을 추구하는 창조적 인간의 형성이나 서구의 개인주의적 사고체계에서 나타나는 다양한 가치지향과는 다른 획일적 가치만을 지향하는 인간들만이 양산되었다.

2) 권위주의적 정치문화

앞에서 언급한 바와 같이 한국에서는 5·16으로 강력한 권위주의 국가가 등장하여 압축적 경제근대화를 추진하면서 30년 이상 국민의 정치적 삶과 정치문화 양식을 규정하였다.

그러한 권위주의적 국가는 서구의 개인주의적 사고체계로부터 나온 시민사회에 의해 구성된 것이 아니라 유교적인 가부장주의 전통의 재생산 위에서 성립하였기 때문에 서구의 다른 선진국가와는 달리 강력한 가부장적 권력행사를 할 수 있었다. 그리고 국가는 시민사회의 발전을 억압하여, 현실 정치질서는 개인의 자유와 사상을 축으로 수평적으로 구성되는 서구의 민주적 질서와는 달리, 최고 권력자를 주축으로 정형화된 수직적 상하관계로 짜여진 질서체계로서 일반국민의 순종·복종만을 강요하였고, 국민들은 정치적 주체성을 상실하였다. 그러한 체제 하에서는 정치의 산출결과에 대한 충성만을 요구하여 정치에서의 투입과 산출의 합리적이고 체계적인 피드백은 작동하지 않았다. 정치에 대한 자유로운 비판과 참여를 제한하였기 때문이다. 이러한 가운데 유신체제에 대한 저항과 헌법개정 논의는 국가에 대한 도전, '근대화의 국부(國父)'에 대한 도전으로 간주되었다.

민주적인 정치질서 형성에 필수적인 자발적 동의와 합의라는 정당성이 결여된 권위주의체제는 정치권력의 합리성과 윤리성을 무시하였을 뿐만 아니라 정치권력을 1인이 독점하여 여야 간의 민주적인 정권교체를 불가능하게 하여 정치의 세계에서 행위의 책임성과 윤리성은 자리잡지 못하였다.

또한 권력을 가진 자는 국가나 공(公)의 이름으로 자기이익을 가지는 사적(私的) 영역을 임의로 침입, 가부장적 가족윤리에서 나오는 가부장의 권위로 공적·사적 영역의 미분화를 연장하고, 가부장의 개인적 특성을 국가·사회에 그대로 이입하여 개인을 공적인 직업세계에서는 말할 것도 없고 일상적이고 사적인 삶의 세계에서도 비주체적인 존재로 전락시켜 사회의 모든 영역을 장악하였다. 따라서 한국사회에서는 가족의 울타리를 넘어서는 공적 세계와 국가가 침입해서는 안 되는 사적 세계의 경계가 설정되지 않은 상태에서 공과 사를 구분하지 못하는 권위에 의해 개인의 불가침의 영역과 권리가 억압되고 침해되어 왔다. 그 결과 공적 영역에서의 규범이 형성되지 못한 채, 권력을 가진 자는 공적 영역을 사적 영역인줄 알고 자의적인 권한을 행사하였다. 그래서 정치·행정·사법 등 모든 공적 기관에서 높은 지위를 차지한 자는 봉건적·가부장적인 의식을 공적 영역에 투영하여 개인으로 하여금 자기가 소속한 집단이나 상관의 권위에 자유를 종속시키도록 강요하였다. 이러한 가부장적 가치관은 국가와 사회가 미분화된 곳에서의 경제적 근대화란 오직 권위주의적 통치에 의해서만 효율적으로 성취할 수 있다는 교묘한 합리와 논리를 재생산하여 권위주의적 정치문화의 확대·강화에 기여하였다.

국가는 산업화를 앞에서 이끄는 강하고 엄한 '국부'로서 유교적 충효 사상과 국민윤리를 요구하였고, 왕에 대한 존경과 충성을 미덕화하는 조선왕조시대의 가족윤리와 근대 산업사회의 국가윤리를 통시(通時)적으로 결합하여 이것을 산업화의 원동력으로 구조화하였다. 따라서 세계에서 드문 경제성장을 이루어 개발독재 모델의 전형이 된 한국경제 신화의 원천은 가부장주의를 현대에 재활성화 시킨 권위주의적 정치문화였다고 할 수 있다.

막스 베버는 자본주의를 합리화의 산물로 이해하여 근대화의 새로운 시대를 여는 열쇠를 근대 자본주의에서 찾았다. 베버에 따르면, "근대 이전의 자본주의는 해적처럼 이익만 얻는다면 지옥이라도 간다"는 식의 도덕의 한계를 무시하는 후안무치의 실업가들의 이윤추구 산물이었다. 그것은 바로 조세의 특혜와 전쟁, 궁정관리의 금융혜택을 이용하여 수단과 방법을 가리지 않고 이윤을 획득한 해적의 규범인 것이다. 이에 반해 근대 자본주의는 자본가의 단순한 이윤추구가 아니라 금욕·절제·겸허·인내·정직·근면·성실·신뢰·공평·숙련된 전문지식이라는 윤리적 덕성을 토대로 무장하여 부를 축적하고 사회에 재투자하여 민족과 국가의 대외 경쟁력을 극대화하는 쪽으로 발전해 왔다.

기본적으로 근대화 과정은 전통의 굴레에서 벗어나 자유로운 인간활동이 합리적으로 사회중심에 침투하여 새로운 사회윤리의 규범형태를 만들어 가는 과정이라고 할 수 있다. 따라서 근대 자본주의 사회에서는 합리적 경영, 합리적 자본사용, 합리적 노동조직이 요청되고, 이러한 시민적 자본주의 경제조직의 전제에 적응하기 위해서는 윤리규범의 의복을 입고 이에 복종하는 일정한 생활양식이 요구된다.

이러한 입장에서 가부장적 권위주의는 한국에서 분명 산업화의 원동력이 되었다. 그것은 유교문화의 가족집단을 근간으로 한 근면·검약·성실·순종·성차별·공생의 경제도덕이었다. 그러나 기업가와 노동자 사이의 온정주의와 상호신의, 의리, 능력과 관계없는 서열적 계층구조 위에서 명령과 지시의 질서체계로 짜여진 경제체계하에서 경영자와 노동자의 자율성이나 창조성은 발휘될 기회를 찾지 못하고 단순 반복적 제품생산만이 성장기제의 역할을 담당하였다. 계약보다는 인간관계의 온정주의적 정감이 중시되고, 기업은 산업화라는 국가적 목표실현의 미명하에 노동자들의 주장을 무시하였다. 예를 들어 유신시대 박정희 대통령은 싼 노동력을 산업화에 동원하고 노동자들의 저임금에 대한 요구를 국가권력을 이용해 억압하면서 기업가들에게 "저녁에 근무하는 노동자들에게 국수라도 끓여주면서, 친가족같이 사랑으로 대우하라"는 요구를 한 적이 있다. 노사관계를 근대적인 파트너십의 관계로 보지 않고 조선왕조시대의 가부장적 사고방식으로 표현한 전형적인 예라 지적하지 않을 수 없다. 노동자의 일방적 희생을 가족 차원에서 온정으로 달래려는 것이었다. 이와 같이 산업화 과정에서 노사관계의 온정주의, 혈연을 중심으로 한 족벌경영 체제, 대기업과 중소기업의 위계질서, 노동의 성차별이 한국 자본주의의 특징이었다.

대통령은 경제성장을 지도하고, 확대된 가족주의 차원에서 기업총수역시 공과 사의 영역이 미분화된 효와 충성을 요구하는 제한 없는 권력을 행사하는 가부장이 되어 생산과 수출을 지도하였다.

한편으로 한국 자본주의의 산업경영 문화에서는 권력관계에서 지시와 복종으로 이루어지는 전통적 가치체계로서의 유교적 가부장주의·가족집단주의가 마술적 추진력이 되고 근면·검약·성실·가족 공동체주의가 에토스가 되어 고도성장이 가능하였다. 그러나 다른 한편으로 한국 자본주의는 정경유착에 의한 분배구조의 편중, 관치금융, 선단·문어발식 족벌경영체제와 방만한 부채경영으로 유지되어 왔다.

그 결과 지난 50년 동안 한국사회의 가부장적 권위주의, 지역패권, 분단의 3중 패러다임 속에서 정치의 세계는 파벌주의, 족벌주의, 분열주의, 학연주의, 계층·지역·세대·성간의 균열과 갈등의 정치문화 구조를 그 지배적인 특징으로 하였다.

그러나 이러한 권위주의적 정치·경제·문화 속에서도 산업화에 의한 사회·경제개발로 인한 소득수준의 향상은 중산층의 성장과 시민의 정치의식의 함양을 가져와 참여 민주주의 문화가 미약하게나마 성장하는 데 기여하였다. 70년대부터 권위주의 체제와 시민사회 세력간의 긴장이 고조되고 노동운동 탄압, 민주화·인권운동 탄압의 상승적 순환이 되풀이되면서, 중산층은 국가에 의한 권위주의적 억압을 거부하고 지배층이 바라는 대로 인식하고 행동하기를 주저하기 시작했다. 87년 6월 항쟁은 우리나라에서 권위주의적 정치문화를 거부하고 참여 민주주의의 실현을 여는 역사적 계기를 마련하였다. 이러한 중산층의 열망은 문민정부를 거쳐 최초의 여야 간 수평적 정권교체를 통해 '국민의 정부' 탄생의 원동력이 되기도 하였다.

그렇지만 문민정부를 거치면서도 정치·경제에서 권위주의적 정치문화가 온존하여 인권의 무시, 비효율적인 정경유착, 지역주의, 연고주의, 시민의 정치적 무관심과 냉소주의 그리고 불신은 지속되었다. 그 결과 마침내 세계화의 파고 앞에서 거칠게 동요하기 시작한 문민정부는 국가의 총체적인 위기를 초래하여 IMF의 지배를 가져왔다. 다시 말하면, 그동안 국가의 권위주의적 경영은 지역·성·계층의 불균형 발전과 정치적 소외를 심화시켜 정치세계에서 부정적 결과를 초래하였고, 정치·사회·경제 영역에서의 가부장적 권위주의의 확대재생산은 글로벌 시대 국가의 위기를 초래하는 데 결정적으로 기여하였던 것이다.

따라서 글로벌 민주주의 시대에 한국의 정치문화는 과거의 질곡을 극복하고 21세기를 열어 가는 시민참여형 정치문화로의 전환이 그 어느 때보다도 요청된다고 할 수 있다.

5. 시민참여 정치문화

1) 참여 민주주의의 활성화

이제 한국은 20세기 근대화에 대한 성찰을 근거로 민주주의 공고화와 사회적 잠재력의 활성화를 위하여 권위주의적 정치문화를 일소하고 21세기에 어울리는 새로운 정치·경제 문화의 패러다임을 모색해야 한다. 그것은 국가의 탈집중화와 다원적 시민사회의 구축을 통해 과거 패러다임으로부터 벗어나 세계기준(global standard)의 민주주의에 어울리는 대화와 토론이 중핵이 되는 참여 민주주의 정치문화와 시장경제에 기반한 합리적인 자본주의 문화의 지향 및 정착을 과제로 설정하는 것이다.

한국은 '국민의 정부'의 출현으로 국민의 의사를 추출해 내는 절차적 민주주의가 현실화되었을 뿐만 아니라 시민사회의 성장과 발전의 계기가 열리게 됨으로써 보다 질 높은 민주주의 발전단계에 와 있다고 할 수 있다. 이제 국가중심적 발전모델은 국가와 시민사회간의 균형과 조화를 중시하는 시민사회 발전모델로 변화해야 한다. 시민사회는 국가의 지원 아래 민주화를 지향하고, 국가는 시민사회 내의 개혁세력의 도움으로 민주화를 진행시켜야 한다. 이를 위해서는 그동안 권위주의적 정치문화로 인해 근대의 기획인 대의제 민주주의가 제대로 작동하지 않은 상태에서 다양한 사회구성원들의 정치적 욕구와 다양한 이해·차이를 수용하는 참여 민주주의 관념이 정착된 새로운 민주주의의 터전을 확고하게 다져야 하는 이중적 과정이 요구된다. 이것은 대의제 민주주의를 발전시키면서 동시에 참여 민주주의를 정착시키는 비동시적인 작업을 수행해야 하는 이중전환 과정을 필요로 하는 지극히 어려운 과업이다. 대의제가 제대로 작동하고 시민들의 다양한 요구와 이익실현을 위한 참여가 시민사회 공간에서 이루어지고 아울러 한국사회의 비민주적 요소들이 극복될 수 있는 방향은 법과 제도의 개혁 외에 정치사회 구성원들의 의식과 가치관의 변화, 즉 시민참여 민주주의 시대에 상응하는 새로운 참여문화를 공유하는 참여형 민주정치의 구축에서만 찾아질 수 있다.

그 우선적 과제는 사회적 집단의 다양성과 차이에 관한 이해와 합의의 규범을 구축하여 참여 민주주의의 발전을 방해하는 가부장적 권위주의를 정치의 세계에서 털어 내고, 지구촌을 이끄는 보편적 원리에 입각한 새로운 정치문화의 토양을 구축하는 것이다. 그 방법으로는 시민사회의 정치사회에 대한 견제와 비판 기능을 활성화시켜 대의제 민주주의를 정착시키면서, 이들 양자가 서로 대립하는 것이 아니라 상호보완적으로 기능하는 가운데 서로 균형을 이루어 민주주의 지평을 넓혀 가는 데 있다. 즉 능동적인 참여로 다양한 형태의 참여공간을 만들어 국가의 정책결정, 권력의 자원분배 과정에 시민이 적극적으로 참여하여 대의제 민주주의를 보완하여 나가는 것이다. 공동생활에 관심을 가진 구성원들이 직접 참여함으로써 공적 가치의 공유가 가능해질 수 있는 것이다. 앞에서 언급한 1인 1표에 의존하는 대의제 선거만으로는 새로운 가치를 추구하는 시민들의 요구를 충족시키는 데 한계가 있기 때문에 개인의 자기표현의지를 주요 정책결정에 직접 반영하려는 욕구는 참여 민주주의를 통해 표출되어야 한다.

민주주의에 능력을 부여하는 참여정치문화는 대화와 토론을 중시하고 커뮤니케이션 기술과 지식을 가지고 자기설명 능력을 도야함으로써 공동체 구성원의 상호의존, 상호주관성의 인식을 높이는 참여를 통하여 실현된다. 따라서 개인의 주관성이 표면화되는 세계를 근대 세계로 볼 때, 공동체를 연결시켜 주는 사회적 연대를 강화하고 도덕에 대한 인식

공유가 바탕이 되는 참여정치문화는 권력의 중앙집권화보다 분권화를 기반으로 하는 사회의 문화라고 할 수 있다. 즉 참여정치문화는 참여형 자치의 개념이 중핵을 이루어 자기실현과 자기달성이라는 의미의 지평을 열어나가는 사회협동과 민주적 시민시대의 문화이다.

그리고 자기실현·자기발전과 관련된 가치를 창조할 수 있는 민주주의의 핵심은 정치에서 정책적 합의에 도달하는 대화라고 할 수 있다. 건전한 의견의 다양성을 인정하는 가운데 대화로 공동체의 기반을 구축해내는 성숙한 시민사회는 다양성이 불가피하다는 인식 아래 차이를 중화시키기보다는 대화를 통해 상호간의 이해에 도달하려고 함으로써 다원주의를 중시한다. 다원주의 아래서 개인의 사고, 감정, 행동, 능력 개발에 기여하는 참여를 통한 자기개발은 사회 내의 불필요한 갈등을 해소시키고 사회구성원에게 권한과 책임을 부여하여 성숙된 민주주의 사회에 안정적 기반을 제공한다 참여는 개인적인 차원에서 인식의 지평을 넓히고, 사회 전체 차원에서는 정부와 국민 사이에 의사소통의 장치가 됨으로써 진정한 민주주의 실현에 기여하게 되는 것이다.

다른 한편 지구적 자본주의 논리에 따른 시장의 글로벌화 경향은 국경 내외에서 연대를 구축하여 시민들의 공적 공간을 넓혀 나가고 있다. 지구적 차원에서 민주주의 이념이 보편화되고 있는 가운데, 한국에서의 시민사회의 발전은 '국민의 정부' 출현과 시장의 세계화로 인한 국민국가의 상대화와 맞물려 국가 내부의 지역사회의 복잡성과 이에 기반한 새로운 시민관계의 공간을 구축하는 데서 찾을 수 있다. 공동체 내의 참여를 통해 이루어지는 일체감 속에서 사회의 다양한 연대가 만들어지고, 국민적 정체성(正體性)이 민족·성·세대·종교·직업의 다양한 기준에 따라 상대화되면서 이들 다양한 사람들의 집단적 정체성에 대한 이해와 수용, 즉 다양성의 승인을 요구하는 시민의 공적 공간이 확대되고 있다. 이것은 참여 민주주의가 사회내의 차이에 대한 새로운 담

·론체계를 형성하여 사회집단들의 다양성과 차이에 관한 납득할 수 있는 합의와 규범을 구축해 낸다는 것을 의미한다.

한편 참여 민주주의에서는 서로에 대한 이해를 목적으로 상호인격적으로 진행되는 의사소통행위가 부각된다. 참여 민주주의는 이러한 의사소통행위를 통해 사회구성원들의 행위를 이성적이고 합리적으로 조정함으로써 공동체의 연대성을 창출해 낸다. 이때 구성원들의 연대감은 상호주관적으로 공유된 생활양식 속에서 동료들의 복지와 생활양식 자체의 통합을 요구한다. 그리고 상호간의 이해도달을 지향하는 왜곡되지 않은 의사소통 행위과정에서 각 개인은 자신의 목표달성을 위한 도구적·전략적 대상이 아니라 행위조정의 메커니즘으로서의 합의를 통해 사회적 행위를 조절하고, 그 결과를 상호존중하는 협력자로 등장하게 된다.

이러한 의미에서 시민사회는 의사소통의 그물망으로 조직된 담론사회로 시민들의 의사결정이나 의지형성은 상호이해에 기반한 합의를 통해 이루어진다. 따라서 현대 시민사회에서 발생한 다양한 요구와 의견을 통합하는 주체로서의 국가의 역할은 다원화·분권화·전문화·지방화의 경향으로 그 역할이 감소되고 있는 반면, 시민적 덕목이나 참여의 가치 및 목적 속에서 나타나는 공동체 의식과 상호연대로 얽혀진 시민사회는 다원주의적이고 탈중심화된 사회로 재구축되어 가고 있다.

이와 같이 21세기를 여는 선진민주적 정치문화의 핵심은 동의와 상호승인의 의사소통적 과정으로 다양성과 자율성의 가치에 기반한 사회통합을 지향해 가는 데 있다. 이러한 과정에서 사회적 행위는 자율적 공론영역의 사회적 토대를 구축하여 자기결정권이 있는 개인들의 동등한 자유와 상호주관적으로 공유된 생활양식 속에서 함께 살아가는 이웃들의 복지 및 생활양식 자체의 통합을 보존하는 가운데 자율적이고 합리적으로 조정되어 갈 수 있는 것이다. 이를 통해 진정한 민의가 전달되고 대변 기능이 극대화됨으로써 국민의 정치적 관심과 참여가 증대하고 국가의 공공기능 및 시민사회의 역동성 그리고 시장의 효율성이 높아지게 된다.

또한 민주적 정치과정의 핵심은 참여와 토론정치의 절차에 있다. 유대감·연대감의 미래지향적인 공동체의식은 바로 토론정치를 통한 이성적 근거 위에 정초될 때에만 합리적 이해로의 도달을 가능케 하는 대화와 타협의 정치문화를 창출한다. 따라서 그동안 한국사회를 지배해온 배제와 갈등·분열의 이중구조를 융합과 포용으로 변화시키는 조건 역시도 참여와 토론정치에 기반한 시민참여 정치문화에서 기대할 수 있다.

2) 참여정치문화의 조건형성으로서 시민의 정치교육

대화와 토론에 기반한 참여 민주주의 정치문화는 사회구성원의 자기달성과 자기실현이라는 의미의 지평을 공유함으로써 다원주의를 지향하는데, 그 실현의 전제는 참여정치문화의 당위성에 대한 규범적 이해이다.

시민들이 자신들이 지향하는 바의 참여 민주주의를 위하여 그들의 정체성을 확보하고, 진정한 공동체정신을 위해 연대하여 권리와 평등 그리고 자유를 보호하고, 나아가 배제된 차이를 극복하여 불평등구조를 개선할 때 참여정치문화는 활성화된다. 다시 말하면 한 나라의 참여 민주주의는 국민들의 민주정치에 대한 의식과 시민의 품격에서 파생되고, 이를 위해서는 국민들의 성숙한 민주적 시민의식이 전제된다.

한국사회에서 참여정치문화는 앞에서 살펴본 바와 같이 역사적·문화적·정치적·사회적 변화와 발전과정의 특수성으로 인해 참여의식이 성장할 수 있는 확고부동한 기반이 조성되어 있지 않았기 때문에 참여 민주주의 능력을 극대화하기 위한 체계적인 시민정치교육이 요구된다.

참여 민주주의는 민주주의 정치교육을 받은, 즉 성숙된 정치의식으로 민주사회에서 평화롭게 공존하는 시민을 필요로 한다. 이러한 의미에서 시민사회라는 공적·정치적 공간에서 공동체를 위한 의견을 말하고, 회의를 하고, 결사체를 통한 차이와 다양성의 수용으로 참여 민주주의의 정당성을 내면화시키는 시민의 적극적 참여 없는 민주주의는 절반의 민주주의에 불과하다. 그러므로 참여 민주주의 완성에는 성숙한 정치문화를 만들어 가는 정치에 대한 교육을 받은 시민이 전제된다.

시민정치교육이란 국가나 사회의 측면에서는 시민정치문화의 습득이고, 시민사회의 개별성원의 입장에서는 정치적 자아를 형상하기 위한 학습을 의미한다. 즉 민주주의국가에서 정치교육의 목적은 민주적 시민을 양성하는 데 있다. 민주국가의 질서유지는 체제구성원들의 일정한 정치적 태도, 행동유형, 가치습득을 전제로 한다. 시민은 자신의 정치적 역할을 인식하고, 정치지도자나 국가권력의 역할에 대한 일정 수준의 기대와 판단력을 공식적인 정치교육을 통하여 습득해야 한다.

민주정치는 국민의 의사나 요구가 어떤 형태로든지 정치에 반영되어 합의를 도출해 내는 과정이라고 할 수 있다. 따라서 공공업무에 참여하는 주체인 동시에 정치적 규제의 대상이기도 한 시민은 냉정하고 이성적인 정치적 판단과 자주적인 의사의 표명이 요구되고 여기에서 개인의 정치적 자발성이 중시된다. 이러한 시민으로 이루어진 시민사회는 민주적 권력을 산출하는 공간으로서 사회를 지탱하는 문화적·규범적 저장장소라고 할 수 있다.

동시에 어떠한 의견이 정치사회 내에서 다수의 성원에 의해 공유되고 성원간의 관계가 밀접하게 되어 공동체의식이 강화되면, 사회·정치의 통합이 촉진되어 지배의 정통성이 확보되고 안정화를 이루게 된다. 뿐만 아니라 안정되고 효과적인 민주주의 발달은 정부 및 정치의 구조에만 의존하는 것이 아니기 때문에 시민정치교육은 민주주의를 지탱하는 중요한 기둥 역할을 한다. 이 기둥이 튼튼하지 않으면 민주주의는 그 안정성을 상실하게 된다. 따라서 민주주의는 정치교육을 받은 시민을 필요로 하고, 민주국가는 이들 시민들간의 대화와 토론을 통해 합의한 원리 위에서 시민들의 자발적인 정치참여로 이루어진다. 한 시민이 정치과정에 참여하려면 정치에 관한 정보와 교육이 필요하다. 또한 한 시민이 그가 살고 있는 정치질서에 대한 기본적인 행위양식을 체득하여 주어진 질서에 적응성과 일체성을 보일 때, 정치체계의 안정성이 뒤따른다.

민주적인 헌법은 시민의 정치참여 없이 작동할 수 없다. 그러므로 시민정치교육의 목적은 시민에게 민주주의적 정치의식을 심어 주고, 정치과정에 영향을 미치는 지식과 능력을 양성해 주는 데 있다. 민주주의사회에서 정치교육은 정치·경제·사회체계와 구조 그리고 사회의 여러 세력·가치·이데올로기·제도·과정·사회갈등 상황에 대한 이해와 지식을 전달하면서, 민주사회에 대한 바람직한 의식과 행태를 부여하는 과제를 갖는다. 그리고 정치교육은 정치에 대한 정보·판단·책임·능력을 의식하고 이에 참여하는 성숙한 민주시민을 지향한다.

시민정치교육은 정치적 무관심, 정치에 대한 혐오로부터 해방된 정치의 주체로서 자각을 가짐으로써 정치에 대한 책임의식·과제설정·이해·비판·참여의식을 높이고, 지구촌·국제사회·민족사회·국가사회·지역사회에서 자신의 좌표설정과 더불어 민족문제·통일문제·국내정치문제에 대한 해결을 진지하게 모색하는 성숙한 시민사회를 목표로 한다.

시민을 계몽하는 정보를 제공하면서 시민의 비판·판단력을 높이고, 정치에 적극적인 참여로 민주주의를 활성화하는 데 목적을 두는 시민정치교육의 기본이념은 계몽과 참여 그리고 민주화이다. 개인의 삶과 사회구조와의 관계를 인식하면서 비판적 이성을 통해 사회의 비합리적 구조를 개혁하는 능력은 계몽을 통하여 얻을 수 있다. 즉 지배체제의 은폐와 조작으로 현실인식을 가로막는 요인을 분석하여 자율성과 자유의 토대 위에서 개인이 역사발전의 주체가 되도록 하는 데에 바로 계몽의 기능이 있다. 따라서 시민정치교육은 유신시대와 같이 일방적으로 오도된 정치조작과 선동에 수동적으로 동원되는 시민을 목표로 하지 않는다. 왜냐하면 현실 정치구조와 조직을 민주적으로 발전시킬 수 있는 시민의 실천과 참여가 있을 때 정치적으로 성숙된 시민의 조건이 갖추어지기 때문이다.

시민정치교육은 시민들이 정치적 현실을 올바르게 인식함으로써 올바른 정치적 행위를 배양하게 만든다. 따라서 시민정치교육은 일방적 지식전달이 아닌 합리적 정치행위를 목표로 하여야 한다. 무엇보다도 정치교육의 중요한 목표는 가부장적 권위주의정치를 청산하고 정치 사회적으로 선진화된 참여 민주주의를 통해 민주적 시민을 양성하고, 자유 민주주의와 다원주의 원칙에 입각하여 개개인의 자기실현을 보장하며, 민주체제의 정당성에 대한 인식을 심화시켜 시민들로 하여금 정치 세계로의 자율적 참여를 유도하는 데 있다. 국가권력에 부당함이 있으면 이를 비판하고 올바른 정치와 사회를 실현하기 위한 참여와 실천을 촉구하여야 한다. 과거 권위주의 국가시대와 같이, 국가권력에 대한 무비판적·맹목적인 복종은 시민 개인뿐만 아니라 절차적 민주주의조차 어렵게 하는 원인이라고 할 수 있다.

바람직한 민주주의는 이성적 통찰력과 비판의식을 전제한다. 시민정치교육 역시 각 개인들이 도구화된 의식보다는 계몽적·합리적 이성의 작동으로 정치에 능동적으로 참여하여 미래사회의 대안을 자율적으로 모색하도록 하는 과제를 갖는다. 따라서 시민정치교육은 정치기구, 정치과정, 정치·사회·경제적 문제에 이르기까지 다양한 스펙트럼에 걸쳐 이루어질 필요가 있다.

결론적으로 정치·경제·사회적 질서에 내재된 강제적 지배구조를 시민이 검증 없이 받아들이는 권위주의 독재시대의 복종적 신민(臣民)이 아닌, 현실정치를 비판하고 대안제시에 적극적인 시민을 양성하는 것만이 민주주의 원리를 한국에서 확고부동하게 확립하고 안정된 민주정권을 유지할 수 있는 길이다. 이는 바로 21세기 한국의 민주주의를 전지구적 민주주의로까지 높일 수 있는 조건이기도 하다.

대통령 자문 정책기획위원회, 『새 천년을 향한 민주주의』, 1999. 12.

참여 민주주의의 철학

1. 서론

소련과 동구의 사회주의가 붕괴되고, 민주주의는 지구의 어느 곳에서나 대안적 제도로 자리를 잡아가고 있다.

1970년대 남유럽에서 시작된 민주주의의 거대한 흐름은 라틴 아메리카, 동구와 러시아, 아프리카, 아시아에서 광범위한 민주화 운동으로 이행되어, 정치 지배원리로서 민주주의는 전 세계적으로 보편적 현상이 되어 가고 있다.

이러한 세계사의 흐름 속에서 한국은 1998년 50년 만에 처음으로 여야 간의 평화적 정권교체를 이루어 민주주의 역사에 또 하나의 기록을 채우게 되었다. 아시아에서 민주주의 후진국가였던 한국은 가혹한 군사독재체제에서 민주주의 인권 평화를 위해 40년 동안 투쟁하면서, 아시아에서 민주주의 가능성을 역설하고 아시아 민주주의를 서구 민주국가들이 성취한 수준 이상으로 발전시킬 수 있다는, 아시아 민주주의의 좌표를 설정한 지도자로의 정권교체를 이루었기 때문이다

김대중 대통령은 한국에서의 민주주의와 평화를 확신하였고, 삶과 죽음의 고비를 넘는 고난의 체험과 고뇌, 사색, 독서로 참여 민주주의론을 제창하고, 나아가서 아시아 민주주의의 사상을 기반으로 한 '신인

도주의(Neo-Humanism)'에서 서구 민주주의에 대한 발전적 대안으로서 '지구적 민주주의(Global Democracy)'를 주장한다.

50년 만의 여야 간 평화적 정권교체는 한국에서 대의 민주주의가 제대로 가동할 절차적 민주주의의 현실화를 의미한다. 그러므로 이제 한국의 민주주의 단계는 성숙된 민주사회를 위하여 진정한 민주주의의 실질적 단계와 궤를 같이 하는 것이 된다.

실질적 민주주의에 이르기 위한 다양한 이론적 시도와 노력은 한국을 포함한 세계 여러 나라에서 민주주의를 위한 운동으로서 전개되고 있다.

이에 필자는 독특한 정치적 경험 사색 독서의 결정을 이루어 민주주의의 역사에 실천적 의미와 새로운 이론적 지평을 열 수 있는 김대중 대통령의 참여 민주주의 이론을 그의 저서와 강연, 평소의 이야기를 토대로 정리·의미 부여를 시도하고자 한다.

이를 위하여 먼저 현대 참여 민주주의 이론의 경향과 한국 민주주의 패러다임 및 과제를 살펴보고, 김대중 대통령의 참여 민주주의론과 그 이론의 한 축이 되는 아시아 민주주의 가능성의 철학적 배경을 고찰한다.

2. 참여 민주주의 이론의 경향

오늘날은 민주주의를 한층 더 구체화하고 실질화하기 위한 논의가 다양하게 전개되고 있다. 이와 관련 탈근대의 민주주의 이론에서는 투표와 선거의 메커니즘에 기초한 다수결 원칙이라는 절차적 민주주의에 대한 비판이 제기되고 있다. 다수결에 원칙을 두는 산술적인 합계의 결정은 규범적으로 구속력이 있는 정치적 결과를 산출하는 과제에 부적당하다는 것이다. 실제, 민주주의적 제도에 필수 요건은 투표와 다수결 원리에 따르는 대의 민주주의인데, 정당이나 정치적 단체들의 전략이나 조작 그리고 의제의 통제로 인한 투표의 불안정성과 애매성으로 산술적 질서는 도덕적 자원이 결여되어 있다. 현대의 복잡하고 다양한 사회 분화는 각자 계층의 이익이나 개별 이익들의 대립으로 합의를 도출해 내지 못하는 의제들이 존재한다. 투표와 다수결 원리에 의한 대의정치가 근대 정치기획에서 배제된 다양한 주체들의 영역을 수용할 수 없기 때문에 새로운 정당성의 문제가 야기된다. 역사적 진보의 성과물은 1인 1표의 형식적 평등이었다. 그 1인 1표의 극대화는 인간적 존엄의 평등이나 다수에서 배제된 소수집단, 직업, 소수민족, 특수종교집단, 성(gender)에 있어서 주변화의 극복을 피하기에는 역부족일 수밖에 없다.

이러한 수동적인 정통성을 보완하기 위하여 하버마스는 소통적 이성을 통한 민주적 소통과 참여권을 주장한다. 그에 있어서 실질적인 윤리적 생활의 성찰적 형태로서 정치는 연대공동체의 구성원이 상호의존성을 자각하여 상호승인 관계를 형성하고, 법 앞에서 자유롭고 평등한 연합의 결사로 발전시키는 것이다. 그리고 행정권과 개인들의 이익과 연대 그리고 공공선에 대한 지향은 사회통합의 원천이 된다. 정치적 권리는 공동실천에의 참여가능성을 의미하고, 국가는 모든 사람의 포괄적인 의사형성의 보증을 담당하여야 되므로 소통적 권력의 소통적 합리성을 강조한다. 포스트모더니즘이나 포스트 구조주의 이론은 정책 선택이 이성에 근거하나 특수한 차이에 대한 배제 메커니즘의 작동이라 하여, 특수한 사회집단의 관점을 포함하고 긍정하는 대안정치(alternative politics)를 주장한다.

근대 정치기획에서 보장하지 못했던 차이와 다양성을 정치영역으로 수용하여, 정치 엘리트 중심의 대의 민주주의 폐단을 축소하여 시민의 다양한 형식의 정치참여로 민주주의의 정통성을 보완하고 도덕적 자원을 공급하자는 데 탈근대 민주주의 논쟁의 핵심이 자리하고 있다.

이러한 논의는 민주주의 한계를 극복하고 민주주의에 활력을 부여하고자 하는 새로운 차원의 민주주의 논의라 볼 수 있으며, 한국의 정치사회 또한 이 논의에서 예외일 수 없다.

민주주의에 대한 우리 사회의 요구는 시간·공간적으로 근대 민주주의 과제와 탈근대 민주주의 과제가 혼합되어 있다. 한편으로는 정치적·국가적 수준에서 민주주의를 완성해야 되고, 다른 한편으로는 시민적·사회적 수준에서 민주주의를 완성해야 되는 2중의 과제를 안고 있다. 즉 근대 민주주의 기획을 완성하고 근대 정치기획에서 배제된 탈근대 시민사회 시대의 다양성, 성(gender), 계층, 환경 등의 차이를 수용하여 권위주의적 정치 대신에 소통적 정치를 지향하는 탈근대 민주주의를 지향해야 되는 과제에 직면하여 있는 것이다.

3. 과거 한국 민주주의 패러다임과 참여 민주주의 과제

1) 한국 민주주의의 패러다임

1948년 정부수립과 더불어 자유 민주주의는 국민의 정치·사회 생활에 있어서 공식적 원리가 되었다. 헌법은 국민의 자유와 인권을 정치의 원리로 제도화하고 민주주의 이념을 대의정치로 실현하고자 기획하였다. 민주주의 정치 이념은 국민에 있어서 국가권력에 대한 정당성의 규범적 원천이 되었다.

그러나 모든 국민이 평등한 정치적 권리와 가치를 갖는 존재라는 근대 정치기획의 규범성은 정권담당자들에 의하여 사실상 무시되어, 시민의 기본이 되는 인신보호, 사상과 양심의 자유와 같은 최소한의 시민권리 조차 제한하여 정치권력은 법의 구속력 바깥에 존재하였다. 그 결과 반세기의 한국의 헌정사는 집권, 개헌, 집권 또는 군사 쿠데타, 개헌, 집권이라는 도식을 갖는 역사를 경험하였다.

1961년 5월 16일을 출발점으로 정권을 장악한 군부세력은 자유 민주주의를 '민족적 이념을 망각한 가식된 정치사상'으로, '행정적 민주주의' 또는 '한국적 민주주의'로 왜곡·전개하였다. 한국적 민주주의는 더욱 강조되어 1972년 10월에는 사이비 자유 민주주의체제인 유신체제가 출현, '한국적 민주주의'라는 말은 민주주의와 독재를 동일시하도록 하였다. 이는 "서구식 민주주의는 문화적 차이로 동아시아에 적용할 수 없다"하여 민주주의를 가장한 독재정치·권위주의정치를 정당화한 싱가포르의 전직 수상 리광요(李光耀)와 같은 논리였다. 1979년 12·12 쿠데타와 1980년 5월 광주민주화운동의 충격 뒤 1981년 3월 출범한 제5공화국도 유신체제와 다른 체제는 아니었다. 군사정권은 절차적 민주주의를 무시하고 정치적 산출(output)에 대한 충성만을 국민에게 강요하였다. 군사정권은 근대 민주주의가 기획한 개인의 기본적 인권, 사상, 언론, 집회, 결사의 자유를 제한하였으므로, 국민의 민주적인 헌정질서의 요구는 군사정권에 대한 정당성의 문제를 제기하였다. 군사정권의 정치는 힘에 의한 통치로 권위주의에 입각한 언론탄압, 특권정치, 강권정치, 인권유린, 민중의 배제와 억압, 정보정치를 특징으로 하였다.

한편 군부권위주의 정치세력은 정당성 위기라는 콤플렉스를 걸머지고 산업화와 고도의 경제성장을 의욕적으로 추진하였다. 사회의 경제개발에 따른 교육의 성장, 도시화, 신문, TV, 라디오 등 매스미디어 발달과 보급으로 국민의 정치의식 성장은 체제의 긴장을 끊임없이 증가시켰다. 국민들 사이에는 참여 정치문화의 우수성에 대한 합의의 바탕이 이루어져 가고 있었다. 그리하여 70년대부터 민주화세력의 반독재운동과 이에 대한 무자비한 탄압 그리고 상승적 악순환의 대립은 한국정치의 최대의 갈등요인이 되어 왔다.

한국에 있어서 30년, 한 세대의 기간에 걸친 군부독재체제는 성공적인 경제성장을 이룩했으나 정치·사회·경제적 모순을 증대시켰다.

이와 관련 과거 한국 민주주의의 패러다임은 권위주의, 지역패권, 분단의 구조 속에서 지역갈등, 계층갈등, 세대갈등, 성의 갈등, 성장과 분배의 불균형, 대기업과 중소기업의 불균형 속에서의 사회균열이었다.

식민지주의와 봉건주의가 청산되지 못하였다. 정치의 기본과 인권이 유보되어 왔다. 법치국가 원리는 자의적 폭정기술로서 국민을 탄압하는 제도적 장치가 되었다. 야당과 민주화 세력은 소외되었고, 세무사찰의 대상이 되었으며, 땀흘린 사람들은 땀의 대가에 대한 보상이 없었고, 준법자는 손해를 보았다. 사회는 파벌주의, 족벌주의, 학벌주의, 연고 중심으로 운영되어, 이러한 패러다임에서는 낀 자와 제외자 간의 사회균열이 사회통합을 저해하였다.

김영삼 대통령의 문민정부는 대의 민주주의를 정착시키고 민주화를 지속적으로 추진하면서 시민사회의 역동성 제고로 강력한 개혁을 추진하여야 했다. 그러나 문민정부는 세계화의 거친 파고 앞에서 민주화 중단과 개혁 실패로 결국 6·25 이후 최대의 국난을 자초하고 퇴진하였다.

이제 민주적 정통성을 실현한 '국민의 정부'는 국정의 총체적 위기라는 국난 앞에서 경제회생, 참여 민주주의의 실질화, 사회 통합, 한반도 평화정착의 정치적 과제를 안고 출범하였다. 이제 한국은 가부장적 권위주의를 털고, 법치국가 원리 아래 선진적 민주이념과 인본주의적 인권이 뿌리를 내린 개방적인 민주주의 실현으로 탈냉전과 세계경제체제,

지구 환경위기에 적극적인 대응이 요청된다. 그 힘은 참여 민주주의에서 나와야 된다.

2) 실질적 민주주의 실현을 위한 대안으로서 참여 민주주의

절차적 민주주의는 유권자의 선택으로 평화적으로 정권이 교체될 때 정착된다. 지금까지의 한국 사회의 심각한 정치적 모순은 일정한 시간적 간격을 둔 수평적 정권교체의 부재에서 결과하였다고도 볼 수 있다. 한 여당이 영구집권을 목표로 부당하게 국가권력을 사용하여 장기집권을 지속한다면 의회 민주주의는 그 의미를 상실하게 된다.

한국에서 독재정치는 민주주의를 발전시키고, 튼튼한 중산층을 형성하고, 사회정의를 실현하는 데 실패하였다. 정치적 의사결정 과정에 광범위한 참여가 이루어지지 않아 사회적 일체감은 감소하였고, 체제의 정통성 상실로 사회는 안정의 초석을 확보하지 못하였다. 그 결과 자유와 번영, 정의, 안정, 발전이 제대로 이루어지지 않았다.

이에 '국민의 정부' 출범은 절차적 민주주의를 진정한 정권교체로 정착시키고, 지난 한국의 정치 패러다임을 청산, 한국 민주주의에 새로운 장을 여는 계기를 마련하였다.

그것은 민주주의에 덧붙여 도덕성과 정통성, 효율성을 강화하는 실질적 민주주의 구현과 대의 민주주의를 강화·보완하는 참여 민주주의 시대의 개막을 여는 것이다.

참여 민주주의는 대의제 민주주의를 강화하고 보완한다. 사회의 다원화·다양화로 인하여 대의제도는 사회의 기저적 이해상황을 정치체계에 전달하지 못하고 시민의 새로운 가치추구 욕구를 충족시키지 못하기 때문이다. 또 거대한 이익집단은 정책결정 시, 정치와 유착하여 비토그룹으로 행동하며, 정치적 일탈상태를 초래한다.

시민은 참여를 통하여 자기와 타자(他者)의 관계구조에 대한 공공성을 넓히고, 자신을 '시민화된 인간'으로서의 존재로 각성하게 된다. 그리고 참여 민주주의는 정치 전체에 역동성을 부여하고 정치과정을 활성화한다. 어느 나라 정치에서도 쉽게 볼 수 있는 정당유지를 위한 공약의 위반, 시민의 의사와 관계없는 정당간의 묵계, 정치헌금에 의한 사유재산의 증식, 정책이념과 상관없는 당적의 이탈, 정치자금의 팽창, 정치부패, 왜곡된 매스미디어에 의한 정치에의 영향력 증대로 대의 민주주의는 위기에 직면해 있다. 그러므로 대의 민주주의 위기의 대안은 참여 민주주의다. 참여 민주주의로 시민은 정치적 위력을 갖게 된다. 참여 민주주의는 연대와 자율적·소통적 공간인 시민사회 형성을 그 전제로 한다. 이와 관련 민주국가만이 민주적 시민사회를 만들 수 있기 때문에 시민사회의 활성화에는 민주화된 국가의 존재가 필수적이다.

정보기술의 급속한 발전은 정부, 관료조직, 독점적 대기업에 의한 정보 독점에 대하여 정보 공유화의 기회를 시민에 부여하므로 산업화가 성숙할수록 권위주의라는 국가통제 기제는 효과적인 작동을 어렵게 한다. 이와 더불어 국가주도 경제체제, 권위주의적 정치지배, 과다한 중앙집권체제는 퇴조하고, 시장경제, 민주주의, 지방분권체제로의 전환이 요구된다.

특히 정치시장에서는 정치엘리트 중심의 대의 민주주의보다 시민사회의 광범위한 정치참여와 분권체제가 확립된다. 그 결과 시민참여 운동과 연대로 재구축되는 대안적·자율적 생활공간으로서 현대 시민사회는 가정, 학교, 병원, 도로, 도시, 공원, 도서관 등의 자치체의 사회적 문화적 공동공간을 포괄하고 상품시장, 노동시장, 금융시장, 직능단체, 경영자단체, 노조, 소비조합 외에 의회, 법원, 행정기관 등이 시민과 공동관계 영역 또는 공공적인 영역을 포괄한다.

시민의 자율적 네트워크가 국가행정의 범위를 제한하고 시민사회가 국가와 시장이 가지고 있는 과다한 사회적, 경제적 조정의 역할을 떠맡음으로써 국가가 가지고 있는 공공성의 기능을 한다.

한편 베를린 장벽의 붕괴와 더불어 20세기 냉전체제가 종식되자 시장의 경제적 이성이 사회적 이성을 압도하여 '만인 대 만인의 전쟁상태'의 세계화가 국민국가를 상대화시켜 가고 있다. 시장의 세계화 속에서 시장경제는 모든 것이 상품화되는 일차원적 공간으로서 개인적 이익을 위한 효율성이 가장 중요한 기준이 되었다. 반면에 시민사회는 어떻게 시장을 상대화하여 제어·조정할 수 있나를 의제에 두고 모든 인간에 열려진 보편적 이상과 목적가치인 인간의 존엄과 평등한 인권의 상호승인에 입각한 다원적이고 복합적인 사회관계를 만드는 공공(公共) 공간으로서 존재하고 있다. 따라서 국민국가의 절대성이 약화되는 가운데 시민사회에 의한 시장의 제어가 현실적 과제가 되었다. 이와 관련 국민국가 내부에서 새로운 정치적 공간을 형성하면서 국민국가를 넘는 네트워크를 형성하여 가고 있다. NGO 활동을 들 수 있는데 이는 시장의 세계화에 따른 시민사회의 세계화의 대표적 예로 국민국가의 상대화에 따른 위기 해결이 지구적인 시민참여 운동으로 확산되고 있음을 보여준다.

또 다국적 기업의 글로벌화하는 확장과 더불어 생산자본의 개발전략이 여성의 세계적 빈곤화, 에네르기 자원의 고갈, 지구환경의 파괴를 가속화시키자 세계적인 불평등과 불공정을 시정하기 위한 지구적 규모의 시민의 자각적 연대확산을 목적으로 하는 현대 민주주의가 국민국가를 넘어 지구차원으로 중층화되고 있다.

미국 존스 홉킨스 대학 레스터 실러먼 교수팀은 1998년 11월 7일, 22개국 NGO 활동 조사 보고서에서 NGO 연간 총지출은 세계 8위 국가에 해당하며 전체 고용인력은 1,900만 명, 연간 지출액 1조1천억 달러, 자원봉사 인력을 포함하면 2천930만 명에 이른다고 발표하였다.

그러므로 지구적 차원에서 증대하는 상호의존의 세계, 국민국가를 초월하는 시대에는 노동, 인권, 복지, 성(gender)을 포함하는 시민사회에 대한 적극적인 국가정책의 지원이 따라야 세계화의 정치적 파고를 견뎌낼 수 있게 된다.

시민사회의 민주화가 정착되면 국가는 대외문제에 관련된 행위주체의 다변화 자원을 활용할 수 있게 된다. 행위자의 확대는 문제해결을 위한 방법의 다양성 및 정책대안의 다양성을 확보하기 때문이다.

한편 한국에서 군사독재정치 아래 사회·경제 개발은 공동체 내에서 다양성을 만들어 내고 중간계층의 확대를 가져왔다. 그 결과 70년대부터 다원적 사회세력들이 자율적 요구에 의해 아래로부터 운동해 가는 국가와 분리된 시민사회의 공간이 넓혀지고 이익집단의 활동영역이 등장하였다. 시민들의 정치의식, 자율과 권리의식의 증진은 반독재 운동과 탄압 그리고 그 상승적 되풀이 속에서 지도자 선택의 참여 요구를 강력하게 분출되도록 하였다.

여러 계층과 다양한 이해가 교차되는 복합적 대립·조화 공간인 시민사회의 성장과 어울리지 않는 국가의 권위주의적 운영은 정치불안의 직접적 요인이 되었다. 시민사회의 확대로 권위주의적 정권은 더 이상 다양한 수준에 걸친 정치영역에 대한 제한, 시민들의 정치적 권리의 억압, 정치과정 접근의 제한을 지속할 수 없어, 1987년 6월 민주항생 이후 한국정치사회는 민주화시대를 맞이하여 시민운동은 참여를 통한 개혁을 지향하게 되었다.

1990년대에 이후 시민운동은 세계화의 파고 앞에서 국가 내부의 개혁의 필요성을 제기하였다. 뿐만 아니라 한국에서 지방자치제의 실시는 지역 주민에 시민운동 공간을 제공하여 시민운동은 의회, 환경, 여성, 경제정의, 교회단체, 평화, 사회일반, 청소년, 교통, 복지, 실직, 소비자, 노동조합, 주택, 정당, 교육 등을 포괄하고 있다. 모든 시민운동은 이슈를 개발하고 공론화하고 이데올로기를 개발 확산시키고, 정치사회를 비판하면서 그들의 주장을 제도권 정치에 반영, 관철시키는 방향으로 움직여 왔다.

이제 50년 만에 여야의 평화적 정권교체로 시민운동은 새로운 전기를 맞이하고 있다. 국가주도 권위주의적 발전 모델이 그 한계를 드러내어 새로운 민주적 발전 모델의 과제 앞에서 상호균형과 조화가 이루어진 국가와 시민사회의 정상적인 발전의 궤도 진입 시도단계에 와있다.

4. 한국 민주주의와 김대중 대통령의 참여 민주주의론

한국에서 군사정권의 지도자들은 한국에는 서구의 제도를 지탱할 민주적 정치문화가 없기 때문에 정치체계의 권위주의적 운영은 불가피하다고 강조하면서 국민의 자율적인 정치참여를 억압하였다.

특히 유신체제 이래, 제5공화국까지 언론, 출판, 집회, 결사의 자유, 정치활동의 자유, 보도의 자유, 노동자의 권리가 유보된 무제한의 독재정치 아래 국민은 신음하였다.

법치국가 원리는 법의 권위 앞에 권력자의 권위가 자의적으로 행사되는 폭정의 기술이나 탄압의 제도적 장치로 되어 정치에 대한 국민의 반대의 권리가 보장되지 않았고 인권, 사상과 양심의 자유라는 최소한의 시민권도 제한되었다. 법의 질서와 권위가 집권층에 의해 침해되고 국민은 압제와 불평등과 불의 속에서 비탄과 울분으로 괴로워하였고 인권탄압은 국내외의 큰 관심거리였다.

국가의 안보를 이유로 양심의 자유는 위축되고 사법부의 독립이 보장되지 않았다.

이러한 독재정권에 맞서 한치의 양보나 박해와 회유에 굽힘없이 오직 국민의 민주주의와 인권 자유에의 희망을 위하여 다섯 번의 죽음의 고비를 넘으면서 김대통령은 그의 인권과 민주주의 이론의 기반을 다져왔다. 즉 시민정치문화 부재로 한국에서 민주주의는 불가능하다는 군부정치세력의 주장에 '행동하는 양심'으로 민주주의만이 살길이라고 외치면서 민주주의 수호와 국민의 행복을 위해 정치생애를 바치는 헌신적 노력 속에서 김대중 대통령의 민주주의론이 형성되었다.

다섯 차례의 암살기도, 6년간의 투옥, 10년의 망명과 연금생활의 탄압과 고행으로 점철된 김대중 대통령의 파란만장한 정치생활은 그대로 한국 민주주의와 국민의 인권과 자유의 파란만장한 산 역사이다.

그는 이승만 정권 아래서도 민주주의 신념을 굽히지 않았고, 1972년 3권을 거머쥔 독재자의 장기집권 유신체제에 저항하다 8월 8일 동경 그랜드 팔레스호텔에서 한국 중앙정보부 요원들에게 납치되어 바다에서 죽음의 고비를 겪는 순간에도 우리의 역사와 민주주의 발전에 대한 책무감을 버린 적이 없었다. 또한 그는 1976년에는 재야지도자들과 '3·1 구국선언'으로 징역 5년 자격정지 5년을 선고받았다. 그리고 1980년 '김대중 내란 음모사건'에서 사형언도를 받고 1982년 12월 미국으로 망명, 1985년 2월 귀국하였다.

70년대와 80년대, 한국정치사회가 죽음처럼 어두운 고통으로 덮여 있을 때 김대중 대통령은 군부독재의 허위를 고발하고 군인의 정치에 대한 요구가 과연 이성적, 합리적으로 정당한가를 평가하면서 정치의 왜곡에 대항하는 데에 인식을 같이하고 또 위기상황을 같이 경험하면서 조국의 민주주의를 사랑하고 아끼는 국민들의 정당한 요구에 자신을 열고 바쳐 적색 용의자로 몰리면서도 한국 민주주의에 늘 새로운 의미를 소생시켜 왔다.

독재 권위주의 정치로 윤색되어진 사이비 민주주의의 허위의식으로 가득 찬 한국 민주주의 앞날에 대해 국민이 절망하지 않고 희망을 가질 수 있게 민주주의와 양심, 정의에 입각해 민주주의에 대한 명확한 확신을 몸과 마음을 던져 밝히면서 민주주의 이론을 가다듬는 작업을 한시도 게을리 하지 않았다. 한국국민의 아픔을 정확하게 읽어내고 풀어내기 위해서 민주주의와 인권 보장 없이는 경제발전의 국민적, 사회적 토대구축은 어렵다고 지적하였다.

국가가 국민의 인권과 민주주의를 보장해야 국민은 창의와 헌신을 발현하여 정치·사회·경제의 발전이 보장되며 아래로부터의 참여 없이는 경제발전도 안보도 어렵다는 논리였다. 민주주의와 인권의 보장은 국가에 대한 애정과 헌신 일체감을 증대하는 가장 중요한 요인이다.

민주주의에 있어서 인간은 평등하게 태어났고, 양도할 수 없는 천부의 권리를 부여받았으며 생명 자유 및 행복을 추구할 권리가 있으며 정부의 정당한 권력은 국민의 동의에서 유래한다. 신도 인권을 침범할 수 없는데 하물며 한 독재정권의 인권침해는 용서할 수 없는 것이었다.

그의 일관된 주장은 민주주의를 해야 나라도, 경제도, 국민도, 인권도 살고 통일의 길도 열린다는 데 있었다. 민주주의 부재는 지역차별, 경제적 불평등, 인권의 유보, 냉전의 격화, 사회의 균열을 결과하였다. 민주주의에 근거하지 않고 성장한 부는 정치권력의 비호 아래 집중되어 경제적 불평등을 야기하였다.

1948년 정부수립과 함께 자유 민주주의는 한국인의 정치생활을 운용하는 공식의 원리가 되었다. 헌법은 자유와 평등을 구현하기 위한 민주주의를 정치의 원리로 제도화하고, 그 방식으로 대의정치를 정치의 세계에서 구현하고자 기획하였으나, 국민의 양심의 자유, 언론의 자유, 집회·결사의 자유라는 법치주의에 대한 정당한 요구는 국가안보라는 이유로 금지되었다.

군사정권은 국가안보와 경제건설이라는 이유로 국민의 기본인권을 자의적으로 유예하여 민주주의 존재가치를 훼손하여 왔다. 이에 김대중 대통령은 안보를 위해 국민의 자유와 권리가 보장되어야 하는 반면에 일상생활 속에서 향유하는 자유와 권리 보장을 통하여 국민이 안보의 이유를 실감하고 자발적으로 국가에 대한 애정과 헌신, 연대를 불러일으켜 안보에 참여케 하는 것만이 진정한 안보의 길이라고 역설하면서 유신체제의 해체를 요구하였다.

김대중 대통령은 1977년 '대통령 긴급조치 제9호 위반'에 대한 대법원 상고이유 보충서에서 "모든 인간에 열려진 보편적 목적가치인 인권은 시간과 공간을 초월한 절대성을 가진 권리"라고 정의하였다. 따라서 근대 민주주의 발전과정에서 자연법 원리에 따라 실정법 우위에 있는 인간의 양심이나 신앙은 실정법에 의해서 제약될 수 없는데도 비상계엄령 아래 강압 속에서 반대의 자유 없이 이루어진 유신헌법은 언론의 자유, 학원의 자주성, 노동운동의 자유, 신앙·양심의 자유를 말살하였으므로 그 자체가 불법이고, 유신체제 철폐에 대한 국민의 저항은 정당한 자연법의 권리이고 국헌을 유지·회복하려는 국민의 정당한 권리행사라고 규정하였다. 김대중 대통령에 있어서 인권이 존중되는 사회는 인류가 문명을 창조한 이래 의식적으로 노력을 기울여온 문명의 원리에 해당된다.

민주주의와 인권, 평화를 위한 그의 노력은 한국 민주주의의 희망임과 동시에 비전이었고, 국제적으로는 세계 인권의 진보에 또 다른 차원의 빛을 발산하여 김대중 대통령은 체코 대통령 하벨, 구소련의 사하로프, 폴란드의 바웬사, 남아공의 만델라 대통령과 더불어 세계 5대 인권 지도자의 자리를 굳히게 되었다.

김대중 대통령의 민주주의 비전은 한국 민주주의의 험난한 굴곡 속에서 외로운 감옥, 망명, 연금의 박해와 고난의 가시밭길의 역경 속에서 나온 결정체이다.

그는 민주주의 이론을 심화시키고 실천방안을 끊임없이 강구하여 왔는데, 그것은 그의 "개혁과 변화를 거부하면 미래는 없다"는 삶의 태도에서 증명이 된다. 일생을 도전과 응전으로 보고, 한가지 성취하고 또 다른 도전을 극복하면서 도덕적 자기 확신에 찬 정치적 삶과 이론을 일구어왔다. 정체를 싫어하고 현실의 안주를 거부하면서 끊임없는 변화를 추구해 온 것이다. 그의 저서 『새로운 시작을 위하여』에서 그는 다음과 같은 삶의 모습을 우리에게 보여주고 있다. "나는 정체를 싫어합니다. 현실에 안주하는 것을 가장 경계합니다. … 연금 시절에도 나는 아침에 일어나면 양복을 갈아입고 응접실로 출근하고 서재로 자리를 옮겨 연금 상황에서도 매일 매일 양복을 갈아입고 넥타이도 바꿉니다. 주어진 상황을 바꿔 보려는 변화에 대한 인간의 끝없는 열망이 역사의 진보를 가져왔습니다 …."

'제2의 건국'에서 주창하는 변화와 개혁의 불가피성은 이러한 삶의 태도에도 배어 있다.

김대중 대통령의 참여 민주주의 이론의 대학은 감옥이었다. 그 속에서 독서하고 사색하면서 한국 민주주의 실질적 구현을 위한 준비를 축적하였다.

본래 정치는 타자(他者)와 공존하는데 그 원점이 있다. 전쟁은 비용이 많이 들고 바람직하지 못하기 때문이다. 그러므로 정치는 공존에 필요한 교류를 잘 진행시켜야 유지될 수 있지, 상대방에 대한 강요는 금물이다. 참여 민주주의의 쌍방통행 정치도 정치에 대한 이러한 기초적 인식에서 출발한 것이다.

민주화는 인간 생존의 욕구로서 정치생활의 기본조건이다. 그리고 민주정치는 공개·개방된 시민 참여정치로 국가 기관의 일은 공개성·투명성·안정성을 확보하여야 한다. 주권자는 나라 일을 알아야 되며, 국가는 극비나 보안으로 국민을 속여서는 안된다. DJ의 참여 민주주의

정의는 다음과 같다. "민주주의는 한마디로 요약하면 국민에 의한 정치(goverment by the people)이다. 참여의 정치이다. 참여의 정치란 백성이 주인이 되는 정치, 백성이 자기 운명을 자기가 결정하는 정치, 백성이 스스로 신이 나서 건설하고 나라를 지키는 정치, 백성이 그 속에서 발전하는 정치이다." 국민이 정치·사회적 상황을 바르게 인식·판단할 수 있게 필요한 정보를 제공하여야 정치사회의 발전이 촉진되기 때문이다.

정치는 시민이 공론적으로 합의한 원리 위에서 시민의 자발적인 정치참여로 운영된다. 한 시민이 정치과정에 참여하는데 필요한 정치적 정보를 국가에 공개하고 다양한 의견들을 개진하여 공통의 정치적 가치를 발견해 나가게 한다. 그리하여 모든 사회구성원이 정치, 경제, 사회에 대한 정확한 인식의 지평을 열어 가면서 정치사회에 내재하고 있는 실질적 대립이나 갈등 문제를 분석하여 사회구조와 제도에서 비합리적·비인간적인 요소를 제거하여 간다. 그래서 민주화란 민주주의의 실질적 이념, 실태 및 사회 발전문제를 사회 지배계층의 관심에서가 아니라 정치사회의 모든 구성원들의 정신적·물질적 욕구충족과 더불어 생존여건을 지속적으로 개선시켜 인간의 자기 실현 보장에 기여하는데 진정한 의미가 주어진다.

그러므로 참여 민주주의는 불신과 냉소주의를 없애고 만성적 불안정과 비정상적인 상태를 종식시켜 국민과 정부와의 거리를 좁혀 국민의 정치적 소외를 없애, 정치사회와의 일체감을 높여 갈등과 분열이 아닌, 정치질서에 대한 기본적 행위 양식을 산출할 수 있어 정치사회의 안정성과 영속성, 통합력을 높일 수 있다. 정치과정에 이성적 정치의식을 가진 국민의 영향은 민주국가, 인권국가, 복지·평화 국가의 이미지를 창출하여 국가의 수준을 높임과 동시에 국민의 정치적 관심과 참여의 응집력을 높여, 현대 대의 민주주의의 폐단을 제거하여 민주주의의 기록을 채워 나가게 된다.

그러므로 DJ의 참여 민주주의론은 대의 민주주의 이론을 강화하고 보완하는 방향에서 낡은 정치를 물리치고 정부와 국민 사이의 의사소통 수단으로 참여를 최대한으로 확대하는 쌍방통행 정치를 의미한다. 국민과 정책결정 사이의 의사소통을 중시하는 참여정치에는 토론이 필수적이다. 주객관의 의견의 교차 속에서 타인(他人)의 의사를 경청하여 자기와 더불어 타자(他者)를 이해하는 것을 배우는 원리가 참여정치에 배어 있다. 그때 자기(自己)란 역사 이해의 현실과 같이 존재하여 정치사회에 대한 인식의 지평과의 동적지평(動的地坪)을 열어가게 된다. 그리고 정치는 도덕적 정통의 자원을 확보하여 광범위한 국민의 토론과 참여로 체제 정통성 위에서 안정의 효과를 얻어 갈 수 있다. 지도층의 강요만으로는 정치가 발전할 수가 없는 이유가 여기에 있다.

대의 민주주의에서 갖추어져 있던 정치적 지평이 열리고 그 열린 지평에서 자기 자신에 대한 진정한 정치적 인식을 획득하여 국민이나 시민은 자기의식의 역사적 깊이를 포괄하게 된다. 민주주의와 인권, 평화를 위한 투쟁은 그 자체가 인권 발전에 자산이 되어, 김대중 대통령의 민주주의 정통성의 실현은 1998년 초가을, 헤얼쪼크 독일 대통령 언급대로 "아시아는 민주주의 할 수 없다"는 세계인의 인식을 격파한 셈이 되었다. 이와 관련, 식민지 통치, 해방 민족분단, 이데올로기의 극한적 대립, 전쟁, 냉전, 경제발전, 민주화의 격동을 거친 한국에서 참여 민주주의와 시장경제, 모범적인 인권주도형의 민주국가건설은 한반도에서 평화의 시작과 아시아에서 민주주의 출발로 세계사적 의미를 가진다.

인류 역사상 위대한 개혁의 횃불은 안주의 지역이 아닌 격동의 연속으로 얼룩진 모순지역에서 예외 없이 나왔다. 한국에서의 참여 민주주의와 시장경제, 인권, 평화의 안착은 아시아로 확산되고 아시아에서 민주화와 인권, 평화의 횃불은 다시 세계평화와 민주주의 인권, 환경의 지구적 민주주의의 부메랑 효과를 가져올 수 있다.

김대중 대통령은 아시아의 민주주의 발전의 지체를 제도의 미비와 권위주의적 지도자들의 저항으로 보고 아시아에서 서구 민주주의 부적합론을 궤변으로 인식하였으며, 아시아 전통사상에 민주주의 이념이 충분히 담겨져 있다고 보았다.

그래서 그는 민주주의 실현을 권위주의적 지도자들의 인식의 대전환과 견고한 민주주의 제도를 갖추고 법과 제도에 의한 통치를 하는 데서 찾고 있다. 김대중 대통령이 준비하고 기획한 민주사회는 사람이 존중되는 사회로 용기 있고 성실하고 행동하는 양심의 사회이다. 이런 사회는 정치적으로 민주적이고, 사회적으로 기회가 균등하여 모든 국민에게 평등한 기회와 생의 기회가 열려진 사회, 시민이 자기 자신의 선택의 자유를 확대하는 사회, 도덕적으로 인권과 개성을 존중해 주는 사회이다. 인권이 존중되는 좋은 정치로 억압받는 사람에게 자유를 주고, 굶주린 사람에게 직장과 먹을 것을 주고, 의지할 것 없는 사람에게 희망을 주고, 젊은이들에게 미래의 꿈을 주고, 국민에게 번영된 국가의 내일을 기대할 수 있게 하고, 민족에게 50년 분단의 아픔을 더는 남북한 화해·협력의 시대를 여는 사회, 성실하고, 근면하고, 능력 있는 사람이 성공하는 양심이 존중되는 사회이다. 한편 김대중 대통령에 의하면 20세기는 민주주의 승리의 역사이고 21세기를 맞이하는 이 시점에서 민주주의는 새로운 보다 높은 단계로의 승화를 요구받고 있다.

세계 각 국민의 각성은 민주화를 세계 모든 나라에서 실천하도록 요구하고, 시장의 세계화와 정보·통신의 발전은 민주주의의 세계적 확산을 촉진하고 있어, 민주주의는 범세계적으로 자유와 정의를 실현되어야 할 과제로 가지고 있다. 다른 한편 서구 민주주의는 역사적으로 세계 여러 나라에서 식민지적 지배를 강요하고 주민을 수탈·탄압하여 민주주의 정신과 반하는 일을 하였다. 다수의 이익을 도모하는 민주주의는 제2차 세계대전 이후 실시되었다.

오늘날 서구의 자유·번영·복지를 보장하는 민주주의는 세계의 모든 나라에 확대·실시되어야 한다. 뿐만 아니라 유럽에서 발원한 인간만을 중심에 둔 물질문명은 건강 위협, 식수와 식품의 오염, 화학적 중독, 지구의 생태계를 파괴하는 역사상 유례 없는 규모와 긴박성을 지닌 위협을 자초하였다.

인류와 지구상의 생명의 절실한 위협 앞에서 새로운 민주주의는 인간만을 중시했던 서구 사상으로는 그 한계에 와 있으므로 인간에게만 해당되는 민주주의가 아니라, 지구상에 있는 모든 존재에까지 민주주의를 확대함으로써 지구문명의 새로운 계몽시대를 열 수 있다는 것이다.

19세기에 니체는 "신은 죽었다"고 했고, 20세기에 에릭 프롬은 "사람은 죽었다"라고 비유한데 대해 김대중 대통령은 "이대로 가면 21세기에는 지구가 죽게 될 것이다"라고 강조하고 있다.

문명의 새로운 계몽시대를 여는 새로운 대안은 지구적 생태 시민권을 갖춘 '지구공동체적 민주주의'의 제창이다. 새로운 민주주의의 혜택은 인간에 의해 날로 파괴되고, 사멸되어 가는 지구상의 유기물과 무기물의 모두에게 미쳐야 한다.

김대중 대통령은 인류와 지구상의 유기물과 무기물의 파괴라는 긴박하고 절실한 위협에 직면, 인간의 의무와 노력이 따르는 새로운 실재관을 가진 인식 및 가치의 근본적인 변화를 역설하고 있다. 즉 문명사적 사고의 대전환을 요청하였다.

그것은 인간의 잔인하고 무책임한 파괴로 동물, 식물, 흙, 물, 공기, 돌의 건전한 존재와 발전에 대한 인간의 의무와 노력이다. 인간의 이기적 목적에 기초를 둔 자연에의 헌신을 버리지 않으면 안된다. 인간이 살기 위해서만 환경을 보호하는 것이 아니라 지구를 우리의 어머니로 받들고, 지구상의 모든 존재를 우리의 형제자매로 생각하는 근원적인 사상의 전환과 애정을 촉구함으로써 서구 인본주의를 넘는 신인도주의에 기초한 지구적 민주주의론이 요구된다.

김대중 대통령의 신인도주의는 존재하는 모든 사물의 소중함에 대한 깨달음에 기초하고 있다. 그의 신인도주의는 지구화되어 가는 틀 속에서 개인들, 국가들, 공동체들은 지구의 삶과 분리시키기 어려운 오늘의 환경위기를 지구의 생존문제로 인식하여 지구 생존을 위하여 새로운 삶의 양식과 가치관을 요청한다. 지구의 정의는 사회관계, 경제, 기술, 정치, 윤리뿐만 아니라, 인간과 자연 세계의 관계까지 포함하는 세계윤리관계가 포함된다.

그의 신인도주의는 높은 민주발전과 인권신장을 위한 도덕적 자기확신과 사명이 죽음의 공포를 넘어서 자신의 고뇌를 면하고, 국민의 고뇌를 면하기 위한 노력으로 승화, 국가를 넘어 지구의 고뇌까지 확대한 것임을 알 수 있다.

5. DJ 민주주의론의 철학적 기반

1) 아시아 민주주의 논쟁

김대중 대통령은 역사의 큰 흐름을 읽으면서 한국에서 민주화의 승리를 확신하고, 한국에서 절차적 민주주의를 이루어냈다. 이제 한국 민주주의는 실질화 단계에 이르렀다. 그는 한국에서뿐만 아니라 아시아 모든 나라에서 민주주의를 확신하고 있다.

그러나 싱가포르의 리광요(李光耀) 전 총리를 비롯하여 말레이시아의 마하티르 모하마드 총리, 수하르토 전 인도네시아 대통령, 미얀마 군사정권 지도자 킨뉸트 장군 등은 아시아의 전통이나 문화에는 서구 민주주의를 지탱할 수 있는 정치문화의 기반이 없기 때문에 아시아에 서구 민주주의 적용은 어렵다면서 그들의 권위주의 체제를 옹호하고 정당화하고 있다.

그들은 정치문화가 민주적 시스템을 지지하여야 시스템의 성공이 가능하다는 논리이다. 분명 정치문화란 정치과정에 질서와 의미를 부여하고 정치체계 내의 행동을 지배한다. 뿐만 아니라 정치문화는 정치체계의 집합적인 역사의 산물인 동시에 체계 구성원의 생활사의 산물이다. 리광요로 대표되는 권위주의적인 아시아 지도자들은 이러한 정치문화론에 입각하여 서구의 민주주의가 작동할 수 없는 사회에 무분별하게 들여와서는 안되고 문화를 운명으로 받아들이면서 독재의 합리화에 이용하고 있다.

김대중 대통령은 1994년 *Foreign Affairs* 11월/12월호에서 권위주의를 옹호하는 리광요의 민주주의의 문화적 규정성에 대해 반론을 제기하면서 아시아에서 민주주의 확신론을 전개하였다.

아시아의 권위주의적 지도자들은 아시아는 아시아이고, 서구는 서구이다라는 이분법적 사고로 권위주의가 남아 있는 아시아를 넘는 보편주의적 세계관을 거부하고 있다. 아시아인에게는 아시아적 정치가 어울린다는 사고이다. 인권문제에 있어서도 서구 인권기준의 아시아 적용을 거부한다.

실제 오늘날 민주주의가 세계 보편적 정치제도로 확산되어 가는 이유는 민주주의 속에 모든 인간의 마음을 사로잡는 근본원리인 자유와 존엄을 요구할 수 있는 평등한 권리가 기본원리로 자리를 하고 있기 때문이다. 인간은 동서고금을 막론하고 자유와 존엄을 평등하게 향유하고자 하는 본성을 가지고 있고, 이 원리는 인류 전체의 공동 관심사이며 문명을 이끄는 원리이다. 유사이래 정치사는 이러한 민주주의 원리를 제도화·정착시키기 위한 인간의 진지한 노력과 투쟁의 역사이며, 이는 역사의 소망과 간절한 기원이다.

역사 속에서 독재자는 이 원리를 거부하였다. 아시아의 정치지도자들이 아시아 문화의 특성을 이유로 권위주의 정치를 고집하는 이유는 인민을 위해서가 아니라 자신들의 권력유지를 위하는데 있다.

민주화를 이루지 못한 아시아 각국에서는 독재에 저항하고 넘어지면서 민주주의를 찾기 위한 거대한 물결을 형성하고 있다. 그 민주화 세력은 권위주의적 지도자에 의해서가 아니라 국민에 의한 정치를 실현하여 민주주의를 정치의 원리로 제도화하려고 한다.

아시아의 권위주의적 지도자와 달리 김대중 대통령은 다음과 같은 이유로 아시아에서 민주주의를 확신한다.

① 아시아에서의 확고한 민주주의 사상과 전통의 뿌리, ② 아시아의 경제적 발전이 정보·기술 집약적인 산업관계로 진행됨에 따라 민주주의 실현을 불가결하게 하는 단계에 와 있고, ③ 아시아에 민주화의 진전과 서구 민주주의 한계를 극복할 수 있는 새로운 발전 요소의 존재이다.

2) 아시아 민주주의론의 철학적 배경

(1) 맹자의 역성혁명론(易姓革命論)

존 로크의 민주주의 이론은 역사상 자유 민주주의 정치체제의 확립을 가져 온 시민혁명, 특히 미국의 독립혁명과 프랑스혁명에 직접적인 영향을 미쳤다. 존 로크는 1688년의 명예혁명을 옹호하였다. 그에 의하면 국가의 존재이유는 생명·자유 및 재산의 권리인 천부의 자연권을 보다 더 잘 보장하기 위한 데 있다. 이러한 자연권을 잘 보장받기 위해 인민의 동의로 형성된 국가권력을 입법권과 집행권으로 나누고 입법권이 국민으로부터 부여받은 목적과 신임에 위반되었다고 국민이 판단하면 국민은 저항권을 행사하여 새로운 정부를 수립할 수 있는 최고권을 행사할 수 있다. 국민이 대표자에게 주권을 부여하였기 때문에 국민은 주권자를 바꿀 수 있는 혁명권 또는 저항권을 가지게 된다. 국민은 주권자에 대한 권력을 제한하여 국민의 권리를 보호받고 정부는 다수인 국민에 책임을 져야 한다. 정치사회에서 개인은 그들 자신의 이익을 위하여 자연상태에서 가졌던 권리의 일부를 위임하였기 때문에 지배자가 공공선(公共善)에 위배하여 자의로 지배할 경우, 국민은 그 지배자에게 저항할 수 있는 것이다. 로크의 정치론의 목적은 인간의 타고난 권리를 정치사회에서 명확하게 실현하기 위한 데 있었다.

이러한 17세기말 존 로크의 근대 민주주의 이론에 앞서 아시아에는 이미 2000년 전에 민주주의 뿌리와 전통이 있었기 때문에 아시아에서 서구 민주주의 가능성을 배제하는 것은 하나의 궤변에 지나지 않는다고 김대중 대통령은 지적하고 있다.

그것은 중국의 맹자에 의한 역성혁명론이다. 맹자는 '왕도정치론(王道政治論)'에서 군주가 기본적인 덕망을 갖추고 있지 못하면 백성은 혁명을 일으킬 수 있는 도덕적 권리를 가지고 있다고 말하였다. 군주는 천자(天子)로서 하늘은 그의 아들에서 선정(善政) 할 임무를 부여하였기 때문에 군주가 하늘이 준 임무를 다하지 못하였을 때는 백성은 하늘의 이름으로 군주의 정부를 전복시킬 권리를 가진다. 사납고 포악한 군주의 정치에 대한 백성에 의한 폭군의 제거를 정당화 한 왕권민수설은 백성에게 지배에 대한 정통성, 효율성, 도덕성을 평가하는 중요한 기준을 제공하였다. 여기서 백성의 뜻은 하늘의 뜻으로 가장 귀한 것은 첫째가 백성, 둘째가 정부, 셋째가 군주의 순으로 된다. 혁명사상은 서양보다 동양이 훨씬 앞서 있음을 알 수 있다.

(2) 동학의 인내천사상(人乃天思想)

동학의 인내천은 인즉천(人卽天)으로 연결된 만인 평등사상으로 1894년 반봉건·반제국주의의 이데올로기가 되었다. 민주주의 사상에 충실한 동학사상은 만인은 상하귀천의 차별 없이 모두 존귀한 하늘의 존재라 하여 인간의 타고난 평등성을 선포하면서 봉건적·제국주의적 착취에 50만의 농민이 대항하여 한국 민주주의 발전에 명확한 좌표를 설정하였다. 뿐만 아니라 동학은 한국 민족에게 보국안민(輔國安民), 사인여천(事人如天), 동귀일체(同歸一體), 포후천하(布後天下)의 민족, 민권, 민생, 문화주의 요소를 내포하고 후천개벽(後天開闢)의 민주주의 시대의 도래를 자주적이고 진취적인 입장에서 역사에 던졌다.

(3) 만유불성론(萬有佛性論)

아시아의 문화적 배경을 이루고 있는 불교의 만유불성론은 김대중 대통령의 신인본주의 사상의 중요한 축을 이루고 있다.

부처는 2,500년 전 이 세상에 태어날 때 천상천하유아독존(天上天下唯我獨尊)을 선언, 이 우주에서 인간의 가치와 존엄의 소중함을 설파하였다. 한 인간의 생명은 우주의 생명 안에서 지고한 존엄성을 타고 양도할 수 없는 권리를 수여 받았으므로 만인은 근원적으로 평등하다. 때문에 차별의 원리는 존재하지 않고 누구나 닦으면 성불(成佛)에 이르게 된다. 즉 일체중생실유불성(一切衆生悉有佛性)은 모든 중생은 태어나면서부터 부처가 될 수 있는 가능성을 갖추고 있음을 뜻한다.

모든 인간의 불성 인정은 불교의 절대평등 사상으로, 인도에서 카스트 제도의 철저한 인간 불평등 사상에 대한 혁명적인 평등사상의 전개라 보지 않을 수 없다. 그 평등사상은 만유불성론 또는 초목국토실개성불(草木國土悉皆成佛)이라 하여 식물부터 대지에 이르는 모든 생물, 무생물에 이르기까지 불성을 인정하고 있다. 서양의 인본주의는 인간

중심인데 반하여 불교사상은 우주의 모든 존재에까지 중심이 이루어져 여기서 영감을 얻은 김대중 대통령은 2,500년 전 인도에서 부처 말씀은 "민주주의의 기본사상과 합치한다"하여 앞으로 민주주의는 유기물과 무기물 모두에게 미쳐, 인간으로 인하여 파괴되고 신음하고 있는 동물, 식물, 흙, 물, 공기, 돌 등의 건전한 존재와 발전에 대한 인간의 의무와 노력을 촉구하고 있다. 인간이 살기 위해서만 환경을 보호하는 것이 아니라, 지구를 어머니로 받들어 지구상의 모든 존재를 형제자매로 생각하는 근원적인 사상의 전환과 애정의 받침이 서구 인본주의를 넘는 신인도주의 사상이다. 신인도주의라는 사고의 전환으로 지구의 생태계를 유지하고 자연으로부터 인간이 자기소외를 극복하며 자연과의 조화 속에서 인간의 본질을 회복하고 인간성이 해방을 지향하는 것이다. 누구나 존재의 권리와 발전의 앞길도 가로막을 수 없는 불교의 불살생(不殺生)의 논리는 인간 중심의 이기주의 생활양식이 자연과 조화로운 생의 생생한 모습을 파괴함으로써 인간의 자유가 오히려 억압당하고, 자기가 자기를 파괴하고 노예상태로 전락시켜 자기물신화(自己物神化)를 초래해서는 안된다는 강력한 지구구원의 메시지이기도 하다.

인간이 18세기 산업혁명 이후부터 자연을 지배하고 수탈해 온 결과 지구와 인간은 파멸의 현상에 이르렀다.

우리는 지구의 모든 존재와 더불어 번영하거나 죽을 수밖에 없는 시대로 향하고 있어 새로운 각성과 결의로 자연과 공존·공영하면서 살아야 할 때이므로 아시아 사상 속에서 폭넓은 '지구적 민주주의'의 새 지평을 열어야 한다는 것이다.

대통령 자문 정책기획위원회, 『국민의 정부의 국정철학』, 1998. 11.

2 통일과 한국의 좌표인식

남북간 화해와 교류협력 시대의 개막

　민주주의와 시장경제가 '제2의 건국'의 국내 정치경제적 발전목표이고, 보편적 세계주의의 지향이 세계와 우리나라와의 대면을 규정한 원칙이라면, 안보와 화해협력의 병행추진은 '제2의 건국' 운동의 민족문제 해결을 위한 기본목표가 된다.

　베를린 장벽이 붕괴되고 동구가 해체되면서 20세기 냉전체제는 막을 내렸다. 이에 따라 종래의 국력의 개념 외에 정보, 과학기술, 지식, 환경이라는 새로운 국가 이익과 국력의 요인을 갖춘 선진국들은 지구대의 규모에서 탈국가적·초국가적 시장권을 형성하고, 정치적 통합을 추진하면서 국가와 민족생존의 새 전략을 총체적으로 재구성하여 가고 있다. 이와 같이 다른 선진국가들이 세계화 시대의 경기규칙을 만드는데 참여하여 새로운 세기를 맞이하기 위한 기획과 준비에 여념이 없는 동안 남북한은 20세기 동서냉전의 유물인 분단과 끝없는 대결의 질곡 속에서 헤매고 있다.

　우리는 건국 50년을 새로운 세기로의 진입과 세계적인 격변의 한가운데서 맞이하고 있다. 건국 50년을 맞아 이제 우리는 남북한간의 대결과 적대의 50년을 청산하고 화해와 협력의 새시대를 열어 나가야 한다. 따라서 '제2의 건국'은 분단 50년을 청산함은 물론 오늘의 위기를 남북의 화해 협력으로 극복하고 남북한간에 공존·공영의 새시대를 열어줌으로써 밝고 힘찬 미래의 민족공동체를 구현하는 지름길이 될 것이다.

1. '제2의 건국'의 의의

우리의 현대사는 20세기에 일제 식민시대와 그 연장선에서 분단시대로 이어졌다. 준비 없이 찾아온 1945년 해방은 우리 민족에 있어서 자주적 국민국가로서 새로운 역사의 길을 여는 신생의 기회였다. 그러나 냉전체제의 등장과 이념적 갈등으로 인해 남북한에 각각 국가가 수립됨으로써 불행히도 건국 50년은 분단 50년이 되고 말았다. 1948년 우리는 '제1의 건국'으로 국가건설의 기초를 다졌으나 1950년대 한국전쟁은 남북 상호간에 지워지기 어려운 상처와 국토의 황폐화를 가져왔고, 그로 인한 남북한의 체제대결은 양쪽의 경제, 정치발전, 사회안정, 외교신장 등 모든 부문에 걸쳐서 국력의 소모와 형성에 부담을 가져왔다.

자연에 거역되는 분단은 국토·이념·문화·정신·세계관의 분단으로 두 개의 사회와 역사, 다른 정치, 경제, 문화를 발전시켰다. 지난 50년 동안 남과 북 양쪽에는 독자적인 의식구조가 형성되어 왔고, 서로에 대한 불신과 위협은 군비를 증가시키면서 한민족의 공동체적 삶에 혼란을 야기하였다. 그러나 지난 건국 50년 동안 우리는 분단의 질곡 속에서도 비약적인 경제발전을 이루어 세계를 놀라게 하였으나, 그것은 민주주의의 희생 속에 이루어진 것이었고, 무엇보다도 민족의 첨예한 대립과 갈등을 해소하지 못한 반쪽의 발전이었다.

분단을 강요했던 냉전은 사라졌다. 탈냉전으로 시장의 경제적 이성이 사회적 이성을 압도하여 '만인 대 만인의 전쟁상태'의 세계화가 국민국가를 상대화시켜 가고 있다. 1648년 웨스트팔리아 평화로 형성된 국민국가 시스템은 제2차 세계대전 후 질적·양적으로 발전을 거듭하더니, 그 마지막 단계에서 세계화를 현실화시켰다. 수송과 커뮤니케이션 기술의 혁명적 변화, 극적인 가격파괴는 개인, 그룹, 기업의 국경을 넘는 상호작용과 상호의존을 증대시키고 해외 직접투자, 다국적으로 조직화된 생산체제, 노하우와 자본의 자유로운 유통으로 인한 새로운 네트워크와 연결이 지구대에 걸쳐 형성되고 있다.

이러한 세계의 거대한 문명사적 변화 시간대 속에서 한반도의 시간대는 아직도 남북이 막힌 채 냉전의 섬지대에 머뭇거리고 있다. 그 결과 반세기에 걸친 대결과 반목 속에서 북한은 식량난의 위기에 직면해 있고, 우리 남한은 건국 50년 만에 금융위기로 인한 최대의 경제위기에 직면하였다. 게다가 오늘날 분단된 남과 북은 모두가 심각한 경제위기에 시달리고 있다. 대립과 갈등의 역사를 종식시키기 위해서도, 남북한간의 의사소통을 촉진시켜, 민족을 화해와 협력의 단계로 진입시킴으로써 우리는 세계 시간에 뒤져있는 민족 시간을 성큼 앞으로 전진시켜야 한다.

세계 시간은 이미 탈이념, 탈냉전, 교류협력의 21세기로 나아가고 있음에도 불구하고 우리만이 언제까지나 이념대결과 적대의 20세기를 지속시킬 수는 없는 것이다.

우리는 남북에 찾아온 민족생존의 시련을 남북공동의 지혜와 역량을 결집하여 남과 북 모두에게 이익이 되는 민족번영의 대안을 진지하게 모색하는 가운데 극복해 나가야 할 것이다.

2. '제2의 건국'의 과제와 남북한 문제

'제2의 건국'은 지난 50년간 대결과 갈등으로 얼룩진 남북관계를 차분하게 성찰하고, 남북한이 같이 살고, 함께 번영하는 길의 모색을 의미한다. 남북한이 직면하고 있는 현실의 어려움을 극복하는 불굴의 힘과 지혜를 모으는 작업이다. '국민의 정부'는 국제관계의 복잡한 상호의존 속에서 남북한의 갈등을 새로운 차원에서 녹여내고 상호신뢰를 구축하는 틀의 근원을 평화·화해·협력에서 찾는다. 그러므로 민족문제에서의 '제2의 건국'의 길은 지난 반세기에 걸친 분단의 역사를 민족의 화해와 공영, 통일의 역사로 변화시키기 위한 일대 역사적 전환이다. '제2의 건국' 운동은 민족의 활력과 창조력을 억눌러 왔던 분단과 대립의 굴레를 벗고, 21세기의 민족 르네상스를 향한 새 출발의 전제가 되는 창발적이고 생기발랄한 민족공동체의 삶을 복원하는 작업이다.

'제2의 건국' 운동은 가부장적 권위주의와 냉전대립, 민족 분열주의를 정당화시켜 왔던 요소를 근본적으로 청산하고 한반도에 민주주의와 민족화해, 동북아 평화와 안정의 튼튼한 토대를 놓기 위한 역사적 출발을 의미한다. 이제 우리에게는 새로운 차원의 남북관계를 설정하는 성찰적 자세가 요구된다.

민족의 화해와 공영, 평화를 위한 '제2의 건국'은 냉전과 분열의 사고에 기초한 우리의 의식과 정신의 새로운 눈뜸이 없이는 불가능하다. 통합과 화해, 협력의 정신은 분단 50년을 정리하고 미래를 준비하는 필수 요건인 것이다. '제2의 건국'은 냉전질서, 분열주의, 인위적 권위주의를 청산하여 한반도에 평화와 안정을 심고, 교류협력을 통한 상호신뢰 구축 위에 민족의 화합과 일치를 준비하는 국민의 운동이다.

민족사적 연결선상에서 경색된 남북관계를 정상화하여 통일준비라는

‘제2의 건국’의 역사적 과제 앞에서 국민은 건국 50년에 처음으로 남북 화해 시대를 개막할 평화적 정권교체를 통해 ‘국민의 정부’를 출범시켰다.

북한에서는 북한정권 수립 50주년을 맞이하여 1998년 9월 9일, 포스트 김일성 시대를 이어갈 김정일 시대가 공식적으로 출범하였다. 남북한에서 지도자 교체가 일어났다. ‘국민의 정부’는 ‘제2의 건국’으로 민주주의와 시장경제의 발전, 그리고 남북 화해·협력으로 ‘21세기 세계 일류 국가’로의 진입을 목표로 하여 우리 정치사에 획기적인 발전의 계기를 만들고자 한다. 이에 ‘제2의 건국’의 국가 비전은 21세기의 세계 일류 국가에 설정된다. 정권교체로 우리는 민주주의에 대한 자신감을 가질 수 있게 되었고, 이에 따라 우리 국민의 성숙된 민주주의 능력은 앞으로 우리의 정치사적 과제를 민족사적 연결선상에서 통일의 치밀한 준비로 설정할 수 있게 되었다. 그래서 평화적 정권교체는 단순한 여당과 야당의 교체가 아니라 민족사적 과제 해결이라는 함의를 가지고 있다.

대통령은 헌법상, 평화통일을 성실하게 수행해야 할 책무를 가지고 있다. 그러므로 통일문제에 있어서는 대통령의 의지와 결단이 결정적 역할을 한다. 국민들은 오랫동안 민족문제에 고민하고 성찰하면서 그 해결책을 준비해온 김대중 대통령이 어려운 민족적 과제를 극복해 나갈 수 있다고 믿고 있다.

김대중 대통령은 남북문제에 조예가 깊다. 어느 누구보다도 탁월한 전문 지식을 가지고 있다. 정치생활의 태반에서 남북화해론을 일관되게 주장해와 ‘북풍’과 ‘색깔론’의 큰 희생을 치루었다. 그의 민족문제에 대한 경륜은 1994년 북한 핵문제로 한반도에서 전쟁 폭발직전 카터 전 미국 대통령과 김일성 주석과의 면담제의를 실현시켜 국가의 위기를 구한 바 있다. 그러므로 ‘국민의 정부’의 출범은 한반도에서 굳건한 평화 정착으로 분단구조에 기초한 남북 상호간의 첨예한 대결주의를 해체시키고 새로운 남북 화해·협력 시대를 개막시킬 수 있는 토대 마련을 의미한다.

'국민의 정부'는 이러한 남북 분단의 근원적인 해결이라는 역사적 의미를 인식, 출범과 동시에 튼튼한 안보에 기초하여 냉전의 대립구조를 청산하는 남북 화해와 협력에 의한 남북 공존공영 시대로의 진입을 선언함으로써 남북 통합문제가 획기적으로 발전할 수 있는 길을 제시한 바 있다. 냉전해체로 인해 세계가 완전히 새로운 질서로 돌입하는 시점에서 새로운 천년, 새로운 세기를 앞두고 언제까지나 민족사의 왜곡된 발전을 지속시킬 수는 없기 때문이었다. 지난 시기 우리가 경제발전과 민주주의를 위한 노력에서 이루어냈던 성취의 역량을 남북의 화해와 협력으로 남북이 직면한 위기를 슬기롭게 극복하여 통일의 길을 차분하게 준비하는 데 쏟아야 한다.

국가의 진정한 리더십은 민주주의의 도덕적 정통성에서 나올 수 있다. 김대중 대통령의 정치생애의 테제는 민주, 인권, 복지, 평화, 민족에 대한 책무감이었다. 이제 대결과 갈등의 국면을 화해 협력의 국면으로 전환시키는 '제2의 건국'의 평화 정책은 그동안의 정치적 필요에 따른 정략적 차원에서 수사학적·즉흥적·방편적 발상을 지양한, 총체적이면서도 실현가능성 있는 전략 수립 아래 고도의 전문성이 요청된다. 장기적인 민족사의 미래와 관계되기 때문이다.

공산권의 붕괴로 인한 국제적 고립, 심화된 남북한간의 국력의 격차, 악화된 극심한 경제난 속에서 북한의 제1차적 관심은 북한체제의 수호에 있다. '9·9절'의 '사회주의 강대국 건설' 슬로건은 이러한 북한의 절박한 사정에 기인한다. 북한동포들은 극심한 식량난으로 인한 제1차적인 생존의 위협, 그리고 스탈린주의적 사회주의 독재체제의 무거운 멍에를 안고 있기 때문에 민족 진로 모색과 기획의 참가에 방해를 받고 있다. 따라서 민족과 나라의 장기적인 기획은 민주주의, 경제력, 인권, 복지, 평화의 보편적 가치를 추구하고, 이 가치에서 우위를 차지하고 있는 우리 남한 쪽의 몫에 해당한다.

역사는 시대에 따른 국민의 지도자 선택과 대안 결정으로 이루어지므로 평화·화해·협력 정책은 국민적 지지의 바탕 위에서 진정한 힘을 발휘할 수 있다. 때문에 통일문제는 범국민적 논의의 장을 만들어 다양한 여론을 수렴해야 한다. 국민의 지지를 극대화하여 정책의 효율적 집행과 협상 능력을 제고하며, 그 전제로 새로운 화해·협력 시대를 열기 위한 정치 지도자와 국민의 분발과 다짐이 요구된다. 따라서 '제2의 건국' 운동은 민족의 현상을 타파하고 세계일류 국가에로 진입하는 힘의 근원이 되어야 할 것이다. 그러므로 '국민의 정부'에서 국민은 민주주의와 남북관계 개선, 평화통일의 기반구축이 상호 상승적으로 발전하게 되기를 바라고 있다.

3. '제2의 건국'의 대북정책 기조

제1의 건국이 냉전 시대의 분단국가 건설로 이어졌다면 '제2의 건국'은 반드시 탈냉전 시대의 통일국가 건설로 이어져야 한다. 따라서 '제2의 건국' 시대를 여는 '국민의 정부'의 새로운 대북 통일정책의 최종 목표는 민족의 궁극적 평화와 통일에 있다. 평화적 통일의 전제는 분단의 평화적 관리, 즉 남북의 평화와 공영, 상호 화해·협력이다. 한반도를 둘러싼 주변환경과 북한 정세로 보아 당장 통일의 실현은 쉬운 일이 아니기 때문에 국민의 정부는 대북정책의 기본목표를 남북한간의 평화적 공존·공영을 위하여 평화·화해·협력의 실현을 통한 남북관계의 개선으로 설정하였다.

박정희 정부는 「7·4공동성명」에서 남북한간 신뢰분위기 조성과 교류협력의 실시를 북한과 합의하였다. 전두환 정부도 '남북한 기본관계에 관한 잠정협정'을 북측에 제의하였고, 노태우 정부는 '한민족 공동체 통일방안'에 입각, 대북 화해·협력 정책으로 '남북기본합의서'를 체결하였다. 이와 같은 역대 정부의 대북정책은 '국민의 정부'의 대북포용정책과 다를 바 없이 보였으나 실은 북한 흡수통일정책의 일환이었다. 그 예로 김영삼 정부는 북한 붕괴론에 입각, 외교·군사적 대북한 봉쇄정책과 북한체제 개방을 유도하는 개입이라는 양면 정책을 취하였다.

이에 북한은 북한체제 수호에 비중을 두고, 대남 '분리차단정책'을 쓰고, 외교·군사적으로 대미관계 개선을 위해 '통미·봉남정책'으로 당국간 대화를 회피한 채, 제한적으로 남북한 경제교류를 하였다. 이러한 북한의 대남정책으로 북한붕괴론에 입각한 대북정책은 북한 정권의 상대적 공고화와 분단의 고착화로 귀결되었다. 그 결과 분단의 고통과 인권훼손이 증대하였고 한반도 평화와 안정에 저해요인이 되었다.

이러한 문제점을 인식한 '국민의 정부'는 당장의 통일보다 평화적 공존·공영 실현을 우선적으로 추진키로 하고, '평화·화해·협력'을 통한 남북관계의 개선을 대북정책의 목표로 설정하였다. 당장 통일이 어려운 실정이므로 한반도에서 무엇보다 필요한 것은 무력에 의한 전쟁의 위험을 제거하고 평화와 공존·공영을 우선시하는 '선평화·후통일' 정책이다.

전쟁의 위협이 상존하고 있는 한반도에서 남북한이 소모적인 냉전·대결·갈등을 지양하고, 상호체제를 인정·존중하는 가운데 한반도 분단을 평화적으로 관리함으로써 화해·협력을 통한 남북한간 평화와 공존·공영을 이룩하자는 것이 김대중 정부의 대북정책의 기본철학이다.

한국정부는 1991년 '1민족 2국가론'에 입각하여 북한과 기본합의서를 체결하였고, 유엔에도 동시 가입하였다. '국민의 정부'의 대북정책은 통일을 포기하고 분단을 고착시키자는 것이 아니라, 남북한간의 평화적 교류와 협력의 활성화로 민족의 동질성과 상호신뢰를 구축하여 남북한 간 상호의존성을 제고하며, 평화통일의 기반을 남과 북이 같이 구축해 가자는 것이다. 그러므로 지난 50년 동안 북한은 대결과 적대, 고립과 봉쇄의 대상이었으나, '제2의 건국' 시대 북한은 화해와 협력을 통한 민족 번영의 동반자이다. 과거 정권의 대북한 고립봉쇄정책과 북한의 대남 분리차단정책간의 충돌은 남북한간의 냉전적 대결정책을 되풀이하여 한반도 긴장과 불안을 지속시키고, 남북한에 과중한 군사비 부담을 강요하였다. '만인 대 만인의 전쟁상태'의 세계화라는 무한경쟁의 국제경제질서 속에서 이러한 민족역량의 비생산적인 낭비는 결코 바람직한 일이 되지 못한다. 그러므로 분단 질서의 평화적 관리와 화해·협력의 대북정책은 현실적·실사구시적·바람직한 정책이라고 볼 수 있다. 북한이 이 부담을 견뎌내지 못하고 붕괴한다면 흡수통일이 되는데, 그것은 남한에게도 견디기 힘든 과중한 부담이 되므로 북한의 변화와 개혁·개방의 유도는 대북정책의 중요한 목적이 된다.

한반도 문제는 민족 내부의 문제인 동시에 동아시아 체제 대립과 맥을 같이 하고 있어, 한반도 평화 정착 문제 해결에는 국제사회의 협조와 지지가 필요하다. 이러한 의미에서 한반도 수변국가들의 한반도 평화·안정 정책과 '제2의 건국'의 대북정책은 국제주의적 성격을 띠고 있다.

한편 '제2의 건국'의 대북정책은 경제난에 처해있는 북한 주민들에게 식량지원, 농업지원을 추진하고 이산가족문제를 해결하는 인도주의적 성격을 가지고 있다. 특히 전쟁의 방지는 대북·통일정책의 기본전제가 된다. 굳건한 평화의 토대 위에서 남북한은 활발한 교류와 협력을 전개하고 경제분야에서의 비교우위적인 요소의 상호교환을 통해 공동발전을 추구할 수 있다.

일관성 있는 남북교류를 추구하는 가운데 장기적으로는 한민족 경제 공동체를 건설함으로써 오늘의 경제위기를 극복하고 새로운 세계경제의 경기규칙을 만드는데 능동적으로 대처할 수 있다. 분단된 두 경제의 대립체제로는 더 이상 세계의 경제전쟁에서 우위를 점할 수 없기 때문이다.

4. '제2의 건국' 의미에서 본 평화·화해·협력의 실천방안

'국민의 정부'는 평화·화해·협력의 실현을 통한 남북관계 개선이라는 대북정책 목표를 추진하는 3대 기본원칙을 천명하였다. 대북정책의 3대 원칙은 ① 평화를 파괴하는 일체의 무력도발 불용, ② 흡수통일 배제, ③ 화해·협력의 적극 추진이다.

'국민의 정부'의 대북정책의 제1의 원칙은 북한의 어떠한 형태의 무력도발도 허용하지 않으며, 전쟁억제를 위한 강력한 안보에 바탕을 두고 무력도발에 대해서는 상응하는 대응조치를 즉각 취한다는 것이다. 북한의 대남테러, 무력도발, 무력통일 노선 등, 민족공멸을 초래할 수 있는 폭력이나 무력은 결코 용납하지 않는 것이다. 이를 위해 '국민의 정부'는 북한의 무력도발을 방지할 과학적인 대북억지력을 강화할 것이다.

더불어 '국민의 정부'는 한반도에서 미래 지향적인 평화체제 구축과 긴장완화를 위한 노력을 지속하면서 한반도를 한민족 번영의 터로 만들기 위한 적극적 의미의 평화를 정착시키고자 한다. 한반도 평화·안보를 위한 하부 원칙으로, 안보태세의 유지, 남북한 군사적 신뢰조치 구축, 정전 체제의 평화체제로의 구축, 집단안보 및 남북한 미·중·일·러와의 다자간 안보협의 추진을 들 수 있다. 평화정착과 평화적 공존·공영의 대북정책은 남북한의 강경보수주의 경향을 유화시켜 북한으로 하여금 중국이나 베트남 정도의 개혁·개방의 방향으로의 전환을 기대하게 한다. 남북관계의 정상화는 동북아 평화지지와 일치한다는 전제 아래 '제2의 건국'의 대북정책은 동북아시아 정책과의 연계성 아래 추진하고 있다. 그 예는 동·서독간의 관계 정상화에서 볼 수 있다. 한반도 평화문제, 남북한간의 안보문제, 동북아 전체의 평화 연계 정책은 미국의 대북제재조치 완화·해제 및 북한의 대미·대일 외교관계 개선 용인, 대북경수로 지원사업을 들 수 있다. 그 외에 '국민의 정부'는 북한의 국제기구, 국제사회 진출을 도울 것이며, 북한을 포함한 동북아 경제협력을 강화시켜, 국제적 상호의존성과 협력을 높여 정치·군사적 갈등을 완화하고 공동번영의 기틀을 다질 것이다. 4자회담에서는 한반도 평화체제 논의와 동북아 다자간 안보협력체 추진이 예상된다.

대북정책의 제2의 원칙, '흡수통일배제원칙'은 무력대결의 위험을 제거하고, 평화공존을 이루기 위하여 북한을 포위·압박하여 북한 붕괴를 유도하기 보다 북한의 대남정책의 점진적 변화 유도가 현실적 대안이라는 이유에 근거하고 있다. 북한 스스로가 변화를 선택할 수 있도록, 여건을 우리가 조성해주는 정책으로 접촉과 대화, 그리고 협력이 북한 안정에 도움이 된다는 사실을 인식토록 하자는 것이다. 그래서 남북관계 개선은 그 자체만으로 북한의 과도한 군비부담을 경감시켜 주게 될 것이다. 뿐만 아니라 군사적 대결상태를 지속하고 군비경쟁의 첨예화를 초래, 장기적으로 북한의 개혁개방에 어려움이 되는 대북한 압박정책은 남북한 상호 과도한 안보부담을 가져오고, 한반도 정세의 불안을 촉진하여, 남한의 해외자본 유치도 어렵거니와 IMF구제금융체제 극복도 어렵게 된다. 동서독과 달리 동족간에 전쟁을 치른 남북관계의 가장 큰 흡수통일 공포를 제거하고, 협력과 대화의 장으로 유도하는 획기적인 대북정책이 될 것이다.

남북화해·화해 협력을 추진하여 적대적 관계를 지양하고 상호이해와 신뢰를 구축하기 위한 '제2의 건국'의 화해·협력의 대북정책의 제 3원칙은 한반도의 평화·안보정책과 함께 남북한간 분단과 전쟁, 냉전, 대결이 자초한 배타성, 이질성, 분열성, 적대성을 녹여 상호이해의 공간을 마련하는데 그 목적이 있다.

화해·협력 정책은 ① 정부차원에서 동등한 대화·협상의 동반자적 관계를 설정한 상호주의, ② 민간차원에서는 남북 정치·군사적 사안과 경제 교류협력을 연계시키지 않고, 상호이익 원칙의 사회·문화 차원에서는 인도주의 원칙에서 수행되고 있다. ③ 정경분리 원칙은 정치·군사부문에는 점진적인 접근을, 경제·사회·인도주의 문제에서는 적극적인 접근을 촉진할 것이다.

민간 주도의 교류협력부문에서 정경분리원칙이 적용된 금강산 개발 합의는 북한 잠수정 침투사건에도 남북경협을 활성화하는 일관성 있는 정부의 대북정책 기조에 입각한 것이다. 국민의 정부는 북한동포에게 인도주의적인 차원의 대북지원을 하고 북한이 시급히 필요로 하는 분야부터 대북지원을 추진한다는 입장에서 남북농업 개발 협력 및 경협 활성화로 북한 식량지원문제를 근원적으로 해결하는 방법을 모색하고 있다.

대북정책 추진 방향에 있어서 가장 중요한 사항은 남북문제 해결을 위한 민족의 장전이 되는 「남북기본합의서」의 이행과 실천으로 특사교환 추진과 분야별 남북공동위원회를 가동, 합의 가능한 분야부터 이행하는 것이다. 그리고 남북이산가족문제 해결과 대북경수로 지원사업의 추진은 미룰 수 있는 사안이 아니다.

'제2의 건국'을 위한 '국민의 정부'의 대북정책은 분단 50년을 극복하고 남북의 화해와 협력, 평화를 이룰 수 있는 가장 현실적·합리적·획기적인 방안으로 국민의 지지를 받고 있으며 햇볕정책에 대한 국제적 호응도 뒤따르고 있다.

'국민의 정부'는 '제2의 건국'을 위한 이 모든 대북·통일 정책을 국민적 합의의 토대 위에서 추구할 것이다. 그래야만 과거 정권들이 국민적 합의 없이 추진하였다가 오히려 남북관계만을 악화시켰던 전례를 반복하지 않을 것이다. 국가 중요정책에 국민 참여라는 '국민의 정부'의 기본 원칙은 가장 중요한 민족문제의 결정과 추구에서도 결코 예외 일수 없는 것이다. '제2의 건국' 운동의 모든 부분이 그러하지만 대북정책 역시 국민의 동참과 참여, 지지와 협력이 필요한 소이는 여기에 있다.

'제2의 건국' 운동으로 남과 북은 자율적으로 민족의 운명을 개척할 수 있는 주객관적 조건을 함께 성숙시켜야 한다. 우리는 화해와 협력, 평화와 통일을 위한 우리의 노력과 진지한 성의에 북한측의 호응과 협조를 촉구하고 또 바란다. 지난 50년의 소모적인 대립관계를 화해·협력·평화·공존 공영으로 전환시킴으로써, 우리는 세계의 변화에 발맞추어 나감은 물론 그 변화를 앞장서 선도할 수 있는 토대를 갖출 수 있을 것이다. '제2의 건국' 운동을 통해 우리는 신뢰와 관용과 이해, 그리고 평화가 넘치는 민족공동체적 삶을 복원하여 우리의 후손들에게 다시는 식민과 분단과 같은 20세기 우리 민속이 겪었던 고통을 반복하시 않도록 해야 한다. '제2의 건국' 운동이 다음 세기를 준비하는 민족 르네상스운동이자 준비운동인 이유가 여기에 있다.

『담론 21』, 1998년 겨울(창간호).

남북정상회담에 거는 기대

　세계 제2차 대전 후 숨막히는 동서냉전의 현장이었던 베를린은 지난 반세기 동안 독일, 유럽, 세계의 이데올로기와 군사력이 대치하는 동서 대결의 최전선 도시였다.

　1990년 1월 2일 밤 자정, 700년의 역사를 가지고 있는 알렉산더 광장 브란덴부르크 문, 제국의회 광장에서 "우리는 오늘 하나의 독일을 성취하였다"는 독일통일이 선포되고, 장엄한 통일의 감동이 전세계에 퍼지는 그때, 지구의 맨 동쪽 한반도에서는 남북이 아직도 갈라진 채 불신과 대립의 구조 속에 움츠리고 있었다.

　멀리서 전파를 타고 전해오는 새로운 독일의 출현은 냉전의 고도, 우리 한반도에 뜨거운 메시지를 전달하였다.

　그때 한국에서는 1천300여 년 동안 통일국가를 기적같이 유지 성취하여온 위대한 조상과 민족의 역사에 대한 부채를 갚고자 하는 책무의식 속에서, 20여 년 동안의 긴 박해와 탄압 속에서 다듬어온 김대중 대통령의 3단계 통일론이 완성기에 들어가고 있었다.

　분명 유럽에서 태어나고 있는 거대 독일의 출현은 '김대중 통일론'에 새로운 영감을 불어넣었다.

　그러나 그 통일론은 대통령이 되었어도, 분열과 냉전, 보수 경화증의 그림자 밑에서 한국에서 빛을 보지 못하였다. 1994년 6월 한반도 전쟁

위기시, 그 합리성과 현실성이 입증된 햇볕정책을 일관성 있게 추진한 대통령은 남북한 냉전구조 해체의 가능성에 자신을 얻어 숨막히는 냉전의 벽 속에서 자유의 정신을 세계에 뿜어냈던 베를린 자유대학에서 역사적인 베를린선언을 세계인들의 주목을 받으면서 발표하였다.

베를린선언은 남북분단사에 하나의 획을 그어, 민족통일 실현의 출발점을 만드는 남북정상회담의 결정적 계기가 되었다.

그 결정은 2000년 4월 10일 남북정상회담 개최합의 발표였다. 선거를 3일 앞둔 총선용 신북풍의 이면거래를 밝히라는 야당의 주장에 대부분 유권자는 냉담하였다. 오히려 베를린선언 이후 남북정상회담 발표는 국민의 통일에 대한 관심을 극적으로 고조시키는데 성공하였다.

분단과 냉전시대를 살아온 60, 70대의 월남민의 향수는 강원에서 민주당 표로 연결되었다. 투표장에 나간 민주화된 세대 20, 30대는 민족모순에 대한 성찰적 입장에서 민족자존의식을 일깨우기에 충분하였다. 60, 70년대의 향수와 20, 30대의 현실 인식은 각기 다른 시각에서 출발하였으나 민족통일이 우리들 자신의 문제이며 민족사적 과제 인식의 지점에서 통합되었다.

독일 땅에서 독일문제 해결의 본격적인 가동은 브란트 정권이 들어서면서 시작되었다. 동방정책 시행중 1972년 7월 여당과 야당의 비율은 248대 248 동수로 되어, 1972년 11월 19일 총선이 실시뇌었나.

브란트 총리의 평화정책에 대해 악셀 스프링게르 보수언론 재벌은 냉전지향의 보수당을 옹호하고, 경·재계는 보수당에 미증유의 선거자금을 지원하여 부르주아 지배정당으로서 이미지를 고정화시키는 역할을 하였다. 독일 국민은 사상 최고로 가열된 선거에서 연립 여당에 대한 보수당의 '공산침투'와 '적색파시즘'의 선전에 현혹되지 않았으며, 브란트 연립여당은 예상외의 압승을 거두어 동서독 화해의 길을 여는 동서독 기본 조약 체결에 성공하였다. 교조주의적으로 신봉하던 냉전

논리는 1972년 11월 선거로 끝나고 20여 년 만의 정권교체로 과감한 개혁정책은 좌우의 극단주의를 자연스럽게 배격, 서독의 민주주의 능력으로 통일을 일구어 낸 것이다.

독일에서 기본조약을 성공시킨 동방정책은 통일의 벽돌을 쌓는 출발점이 되어, 뒤에 보수당에 그대로 승계되어 교류·협력의 신뢰구축의 기초 위에서 1990년 통일의 대업을 이루어냈다.

우리 한반도에서 50년 만의 정권교체로 햇볕정책이라는 평화정책은 남북한 신뢰관계의 회복과 냉전해체의 징후와 더불어, 베를린선언에 뒤이어 남북분단사에 역사를 만들어 가는 획을 긋고 평화통일 시대 개막을 예고하는 남북정상회담 개최합의를 성사시켰다.

독일에서 열린 1970년 1월 22일 브란트와 슈토프 총리 회담은 서로 의제는 준비하였으나 서로 견해를 파악하는 초보적 의견교환 회담에 지나지 않았다. 첫 회담은 하나의 시작으로 끝났다. 그러나 그 대면은 독일 통일 반을 이룬 셈이 되었다.

우리의 남북정상회담에는 반세기 넘는 대결 시대를 마감하고 공존시대를 향한 가슴 설레는 기대가 넘치지만, 냉철한 이성으로 조그만 벽돌을 쌓는 마음으로 시대의 위대한 과업을 위한 국민적 단합과 지지 속의 평양행이 기대된다.

《뉴스피플》 2000. 4. 28.

북한의 정치·외교전략의 특성과 전망
-김정일 정권을 중심으로-

1. 머리말

현재 북한은 정치적으로 김일성 사후 불안정한 정국을 수습하고, 김정일 체제의 안정화를 구축하였다. 경제적으로는 중앙계획경제의 비효율성과 자연적 재해의 악순환 속에서 새로운 변화를 모색하고 있다. 다시 말해, 대내적-정치적 측면에서는 '강성대국론' 등에서 잘 나타나듯이 더욱더 체제수호의 이데올로기 공세를 강화하고 있으며, 대외적-경제적 측면에서는 이념적 대립을 통한 내부정치로의 반사이익을 얻는 구래의 방식이 아닌 생존을 위한 실리추구의 방식을 취하고 있다.

북한이 총체적 위기에 처해 있었다는 것은 분명한 사실이다. 탈냉전으로 대변되는 국제적 환경의 변화와 김일성의 사망, 경제의 극단적 악화라는 제반여건은 북한을 필연적인 변화의 길목으로 내몰았음에 틀림없다. 이는 김일성의 사망 이후 북한을 전망하는 많은 논의들이 북한의 '조기붕괴'를 예상하고, '통일비용'이 남한 사회에서 중요한 쟁점으로 부상하였던 불과 얼마 전까지의 일이었다. 이러한 여건들 중 완전하게 해소된 것은 없다. 가장 성과적으로 극복된 부분이라면, 김일성 사망 이후의 공백을 김정일 중심체제로 전환한 것을 들 수 있다. 반면, 국제

환경의 변화와 경제적 내핍은 여전히 북한을 괴롭히고 있는 난제들로 남아 있다.

하지만 이 같은 상황에도 불구하고 북한은 중국과의 관계개선, 미국을 비롯한 남한과 일본 등 주변국과의 '당근 강제' 외교를 통하여 적극적인 실리를 추구하고 있다. 이러한 북한의 대처는 김일성 사후 김정일로의 성공적인 정권 이양이 있었기에 가능했다. 이제 북한은 국제적인 변화의 흐름을 북한식으로 흡수하기 시작하였으며, 그 변화의 흐름을 이해하는 것이 향후 북한에 대한 전망을 구체화할 수 있는 중요한 지점이 될 것이다. 따라서 이 글에서는 격변기를 지나오는 북한의 내부적 특수성과 김정일의 체제안정화 전략, 이에 기반한 적극적 실리외교로의 전환 등에 초점을 두고 있다.

이 글에서는 정치적 전략의 특성을 김일성 사후 김정일로의 정권 전이(轉移) 과정을 중심으로 설명하고 있다. 특히 북한의 내부적 특수성을 판옵티콘적 구조에 접목시켜 설명하는 시도를 하고 있으며, 정치체제는 안정화의 단계로 진입한 것으로 판단하고 있다. 외교적 전략의 측면으로는 국제적인 지위에서 북한의 특수한 위치와 그에 따른 독특한 외교전략을 '당근 강제' 외교로 명명하고 있다. 주변국과의 관계에 있어 '당근 강제' 외교1)의 사례를 지적하는 과정에서는 북한을 외교행위의 주체로 상정, 외교적 전략의 특성을 분석하고 있다. 이러한 분석은 경제가 국가에 종속된 중앙집중적 계획 경제인 북한의 특수성에 비추어

---

1) '당근과 채찍'은 국제관계를 설명하는 고전적 설명방식이다. '당근과 채찍'의 외교방식은 가장 전형적인 강대국의 외교전술로써 약소국을 대상으로 오래전부터 사용되어 왔다. 북한의 외교적 전략이 갖는 특수성을 도출하는 데 있어 이 글에서는 이 개념을 역전시켜 접목시키는 시도를 하고 있다. 북한의 '당근과 채찍' 외교 전술이 주변 4강의 이해관계와 북한의 현재적 조건이 일시적으로 만들어내는 현상이고 제한된 폭내에서 진행되는 것임을 감안한다면 이를 정식으로 이론화 할 수 없다. 하지만 현재 김정일 정권의 외교적 특수성과 국제적 역관계를 설명하는데 '당근 강제'라는 용어가 적절한 표현이 될 수 있다.

볼 때, 향후 북한의 변화방향을 도출하는 근거로써 활용될 수 있다.

2. 김정일 정권의 체제 안정화 전략

1) 북한 정체(政體)의 특수성

일반적으로 정권의 정당성 여부는 그 국가가 갖는 정치문화적 전통과 직결된다. 북한은 수령을 '아버지'로, 당을 '어머니'로 비유하는 등 국가를 하나의 커다란 '대가정'2)으로 보는 가부장적 특성을 갖는다. 가부장제란 가족 공동체 안에서 볼 수 있는 효성, 즉 피에 대한 복종을 미덕으로 삼는 제도이고 대체로 장자상속권이 인정되는 제도이다. 가산제적 권위는 아시아의 거대한 전제적 레짐에서, 그리고 서양의 고대나 중세의 레짐에서 정치적 공동체를 지배하는 기제로 적용되었다.3) 북한의 정권교체는 특히 베버와 연결지어 본다면, '세습제(patrimoni-alism)'의 특성과 유사성을 갖는다. 세습제적 지배관계는 충성에 기반해 유지된다.4)

북한의 정치권력은 전통적 지배방법에 의해 창출된 바, 김정일도 전통적 지배에 의한 권력 획득방법인 세습에 의해 정치권력을 획득하였고, 이를 통해 정치적 정당성을 확보하였다고 할 수 있다. 이러한 전통적 지배의 특성에 근간하는 북한은 1999년 신년공동사설에서 북한의 정치체제가 갖는 특성을 다음과 같이 밝히고 있다.

---

2) 김정일, 『사회주의를 위하여』, 평양 : 조선로동당출판사, 1993, pp.104-106.
3) Reinhard Bendix, *Max Weber*(London : Methuen, 1997), p.334.
4) Max Weber, Edited by Guenther Roth, Claus Wittich, *Economy and Society*, Reinhard Bendix, *Max Weber*, London : Methuen, 1997, p.334, New York : Bedminster, 1968, p.1010.

> 우리의 국가정치체제는 위대한 수령 김일성 동지께서 개척하신 주체위업을
> 끝까지 완성해 나가기 위한 계승성 있는 정치체제이며 사회주의를 굳건히 수호
> 해 나갈 수 있는 강력한 정치체제이다.[5]

이러한 북한 사회의 특수한 정치권력 구조는 '판옵티콘(panopticon) 구조'[6]를 빌어 적절한 접근을 할 수 있다. 판옵티콘 구조의 핵심은 '보이지 않고 보는 것(seeing without being seen)'을 가장 효과적인 장치와 결합한 감시자 위치의 '중앙성'이다. 이 구조에서 선, 면, 공간, 시선, 빛, 소리 등에 관한 원칙은 필수적이다. 즉 감시자의 명시적인 편재(偏在)가 감시자가 실제로 현존할 수 있는 극단적 용이성과 결합된다는 것이 특징이다.

북한의 정치사회를 지탱하는 핵심적 이론이라 할 수 있는 '혁명적 수령관'과 '사회·정치적 생명체론'은 앞서 밝힌 판옵티콘의 '중앙성'과 밀접한 관련을 맺고 있다. 혁명적 수령관에서 수령의 지위는 "인민대중의 최고 뇌수이며 통일단결의 중심이며 자주성을 위한 혁명투쟁의 최고 령도자"[7]로 규정된다. '인민대중의 최고 뇌수'란 수령이 인간유기체의 모든 활동을 조절 통제하는 뇌수와 같은 존재라는 데에서 비유된 명제이다. 마치 생명유기체의 여러 부분에서 일어나는 모든 생리적인 요구가 뇌수에 반영되고 뇌수는 그 요구를 실현하도록 유기체의 각 부분에 지령을 주는 것처럼 인민대중의 의사와 요구를 집대성하고 그것을 정확히 반영하여 인민대중이 자기의 의사와 요구를 실현할 수 있는 방향

---

5) 《노동신문》 1999년 1월 1일. 신년공동사설전문 중 발췌.

6) 푸코가 기율권력을 수단으로 한 새로운 권력장치이자 근대세계 자체라고 묘사한 '판옵티콘'은 벤담이 1789년부터 1821년까지 25년 동안 기안하고 실용화하려고 노력했던 감옥개혁에 관한 설계를 말한다. 원래는 그의 형 사무엘 벤담(S. Bentham)의 광장건물용 건축설계를 원용한 것으로, 근대 초기의 사회이론가들에게 이 공장장치의 제도적 지배기술을 거의 모든 새로운 구조물의 무의식적인 모델로 받아들여진다(J. Bentham, 1962, 참조).

7) 김창하, 『불멸의 주체사상』, 평양 : 사회과학출판사, 1985.

과 제도를 제시하는 것이 수령이다.8)

혁명적 수령관으로부터 파생되는 사회·정치적 생명체론은 생명을 육체적 생명과 사회·정치적 생명으로 나눈다. 바로 여기에 북한사회의 특수한 성격, 다시 말해 판옵티콘적 구조에서 나타나는 중앙성을 넘어서는 유교적 전통문화에 기반한 '북한식 중앙성'의 특성이 있는 것이다. 사회주의 대가정으로 대변되는 북한사회에서 파생되는 문제는 지도자의 문제는 지도자가 문제가 아니라 '우리' 모두의 문제로 환원된다. 수령은 절대적 중앙성의 상징으로 자리매김한다.

어찌 보면 북한의 정치사회는 판옵티콘적 구조보다 강고한 틀을 형성하고 있다. 푸코가 말하는 삶의 곳곳에 내재하는 권력의 개념9)이 근대적 권력 개념을 설명하고 있다면, 북한은 명시적 권력으로 상징되는 전통적 권력의 개념을 넘어 북한식의 자율적인 상호견제 권력으로 전환되어 작동한다. 이것은 이미 북한사회에 내재하는 북한식 공공선(commom good)이 광범위한 인지하에 무의식적으로 작동하고 있다는 것을 반증한다. 다시 말해 충·효의 전통에 철저히 기반하고 '자주'로 대변되는 주체사상의 조화 위에 북한사회를 지탱하는 북한식 '기율권력'이 스스로 작동하고 있는 것이다. 북한의 정치사회는 성문화된 법의 힘, 공권력의 명시적 힘만이 아니라 '의무'를 넘어서는 '정언명령'으로 유지되는 사회라고 할 수 있다. 주민들 스스로가 충·효의 이데올로기와

---

8) 이종석, 『조선노동당 연구』, 서울: 역사비평사, 1995, p.102.

9) 판옵티콘 구조의 근대적 수용은 권력 개념에서 중요한 전환을 이루어낸다. '눈에 보이는 강권', 즉 억압적 권력작용이 현저히 사라지고 '보이지 않는 강권'이 삶의 곳곳에서 기율권력으로 작동하기 시작한 것이다. 푸코(M. Foucault)에 따르면, 권력은 "윤리적, 법적인 관념들과 제도들에 대한 영향력이라기 보다는 미세하고 좀스러운 신체통제의 문제(Gutting, 1994: 20)"이며, 관계적 개념과 생산적 개념이다. '권력'이라는 술어는 상대방과의 관계를 지시하는 것이며, 권력관계, 의사소통관계, 객관적 능력 사이의 관계는 사실 언제나 중복되어 있고, 서로를 상호적으로 지지하며 다른 것들을 목적에 대한 수단으로서 사용한다(Foucault, 1989: 309). 근대의 권력은 존재하지 않으며 단지 개개의 지배와 통제관계가 있을 뿐이다.

유교적 전통성에 기반하여 작동하는 기율권력을 만들어 내고 있다.

2) 김정일의 정당성 확보 전략

김정일의 정당성 확보전략은 군에 대한 장악과 충·효의 이데올로기 전략을 기반으로 한다. 군부의 장악이 북한에서 갖는 의미는 실로 크다. 그 이유는 '북한과 같은 사회주의적 전체주의 국가에서 군부에 대한 장악은 정권의 안정을 위한 강력한 수단'[10]이 되기 때문이다.

(1) 체제 안정화의 출발: 군부의 장악과 충·효의 이데올로기

김정일은 김일성의 사망 이후 1997년 10월 당 총비서에 추대될 때까지 당내 최고 직위에 취임하지 않았으며, 1998년 9월까지 국방위원장직 및 인민군 최고사령관직 외에 정부의 공식지위에는 취임하지 않았다. 김일성 사후 김정일의 통치방식을 보면, 철저하게 군부대 시찰을 중심으로 하여 군과 관련된 행사에만 참석함으로써 군사 지도자로서 자신의 이미지를 전면에 부각시키는 것이었다. 김일성 사후 김정일의 전면적 등장이 갖는 특징은 김정일이 인민군 최고사령관으로 통치행위를 지속하면서 군의 비중을 대폭 강화한 점이다.[11] 1994년 김일성의

---

10) 스카치폴(T. Skocpol)은 국가가 정통성을 상실한 후에도 강제적 조직이 여전히 효과적으로 작동된다면 국가는 계속적인 안정을 유지할 수 있으며, 대중을 기반으로 한 내부봉기에도 안전할 수 있다고 주장하였다(Theda Skocpol, 1979: 32).

11) 95년 '당' 창건 50주년 기념일에 김정일은 '군'에 대한 대대적 증진조치를 감행한다. 오진우의 사망으로 공석이 된 인민무력상에 인민군 참모총장 최광을 임명하고 원수로 승진시켰다. 빨치산 출신인 호위총국장 리을설도 원수로 승진되었고, 조명록, 리하일, 김영춘이 차수, 김하수, 현철해, 김병률이 대장으로 승진되었다(《노동신문》 1995. 10. 9.). 1998년 9월 7일 김정일은 국방위원회 명령을 통해 1997년 2월 최광의 사망 후 공석으로 있던 인민무력상에 김일철 인민무력부 제1부 부장을 임명하였다(1998. 9. 7. 중앙방송). 그 동안 조명록, 김영철, 리을설의 임명설과 달리 김일철을 임명한 것은 군부에 대한 장악이 일

사망 당시 21회에 불과하던 김정일의 공개활동이 꾸준히 증가, 1998년에는 70여 회에 달하게 된다. 그런데 이 가운데 특이한 점이 바로 군부대 시찰 등 군 관련 행사에 할애하는 비중이 점점 높아졌다는 점이다. 1997년 1월 1일 공동사설에서도 군에 대한 강조가 뚜렷하게 나타난다.

> 우리 인민군대는 우리 혁명의 기동이며, 주체사업 완성의 주력군이다. … 전군에 수령 결사옹위정신, 총폭탄 정신, 자폭정신이 차 넘치게 해야 한다.[12]

1998년 9월 9일 북한의 노동당은 북한정권 창립 50주년을 기념하면서 김일성을 '영원한 주석'으로 추대하였다. 또한 노동당은 헌법상 주석직을 폐지한 뒤 국방위원장 및 당 총비서를 겸임하고 주체사상을 통치이념으로 하면서 유일체제를 유지해 나갈 것이라는 점을 천명하였다. 김일성 사후 북한의 정치적 위기는 일면적이기는 하지만 '최고사령관 통치체제'로 대별되는 군에 대한 김정일의 효과적 장악 위에서 안정을 찾은 것으로 보여진다.[13] 또한 군부에 대한 장악은 체제수호의 의지를 내외(內外)에 천명하는 선전적 효과도 동시에 갖는다.

김정일이 김일성 사후 안정적으로 정권의 수반이 될 수 있었던 또 하나의 힘은 유교적 정치문화가 강하게 작동하고 있는 북한사회의 특수성에서 기인하다. '충·효'에 대한 강조는 유훈통치 기간을 거치면서 한층 더 강력하게 작동하였다. 북한 최고인민회의는 제10기 제1차 회

단락 되었으며, 핵심인물들의 절대적인 영향력 행사를 사전경계 하는 인사로 받아들여진다.

12) 《노동신문》 1997년 1월 1일.

13) 김정일은 1999년에 들어 10.22일 현재 총 60여회의 공개활동을 하고 있는 것으로 파악되며, 군부대 시찰 및 군관련 활동이 35회(약 60%)를 차지, 전년도 동기간 활동과 대비시 전년도 전체활동 횟수(55회)보다는 5회 증가하였으나 군관련 활동은 전년도 38회에 비해 다소 감소한 수준이다. 이는 군부의 장악이 거의 마무리되었고, 경제건설로 비중을 옮기고 있다는 것을 보여주는 하나의 지표라고 할 수 있다.

의(1998년 9월 5일)에서 김정일을 국방위원장으로 재추대하였다. 북한정권 창건 50돌 기념행사는 9·6 평양시 경축행사를 시발로 예년보다 성대하게 치러졌다. 경축행사의 시작은 '김정일 장군의 노래' 합창으로 시작되어 김정일을 충성으로 받드는 '충신, 효자'가 될 것을 다짐하는 연설로 진행되었다. 북한은 지난 최고인민회의의 개최에 앞서 김정일이 주석직에 취임할 것을 시사하는 다양한 움직임을 보여왔다.[14] 그러나 김일성을 '영원한 주석'으로 추대하고 김정일은 국방위원장의 지위를 격상시킨 자리에 재취임하는 형식을 취했다. '영원한 주석'으로의 추대 작업은 1998년 있었던 헌법의 개정과정에서 과거 주석직과 연관되었던 모든 헌법조문을 삭제 또는 수정함으로써 법체제 상으로도 정비가 완료되었다. 이는 유훈통치의 정통성을 계승하는 동시에 '효', '충'을 강조하는 논리로 주석직 폐지를 통하여 정통성의 재창출, 더 나아가 정통성의 반영구적 연장이라는 '부메랑 효과'를 기대하는 전략으로 이해하여야 할 것이다. 1999년 2월 1일자 노동신문의 사설은 "경애하는 김정일 동지의 사상과 영도를 충직하게 받들어 나가자"를 통해 김정일의 유훈통치 기간 중 업적을 찬양하며 이 기간을 '선대수령'에 대한 최고의 도덕 의리로 수놓아진 충·효의 역사라고 밝히고 있다. 충·효에 대한 강조는 체제 안정화 이후에도 경제건설을 다그치는 제2의 천리마 운동에도 직접 연결, 지속적으로 강조되고 있다.

> 우리는 무엇보다도 위대한 김정일 동지에 대한 충효심을 더욱 깊이 간직해야 한다. 강계 정신[15]의 핵은 당과 수령에 대한 끝없는 충효심이다.[16]

---

14) 7월 23일 콩고에서 '김정일 국가수반 추대 지지위원회'를 결성한 것을 필두로 9월초까지 세계 30여 국가에서 '김정일 국가주석 추대 환영 및 공화국 창건 50돌 경축준비위원회'를 결성하고 이를 대내외에 선전하였다. 참고로 1998년 5월 22일을 전후로 남한 주요 일간지들을 9·9절에 김정일이 주석직에 취임할 것이라 일제히 보도하였다.

15) 북한식 표현대로라면, 강계 정신이란 만난을 뚫고 강성대국 건설의 진군속도

(2) 체제 안정화의 본격화 : 강성대국론

김정일이 실질적인 북한의 통치자로서 자신의 시대를 열어 가는 작업은 가장 우선적으로 김일성화된 김정일의 이미지 창출로부터 시작되었다. 김정일은 김일성 사망 직후 김일성과의 밀접한 결부를 통해 통치의 정당성을 획득한 것이다.[17] 대표적인 것이 김일성에 대한 3년상을 치른 것을 비롯해 공식매체를 활용, '김정일은 곧 김일성'이라는 선전을 대대적으로 진행하였다. 조선민족을 '김일성 민족'으로 규정하고 이를 김정일 민족으로 등치 시켰다. 유훈통치 기간 동안의 이러한 사전 정지 작업 후 김정일은 김일성이 마련한 사회주의의 토대와 설계도를 바탕으로 자신의 시대를 열어가는 지향점을 제출하게 된다.

> … 지난해 우리 당과 군대, 인민이 사회주의 강행군에서 이룩한 자랑찬 승리는 위대한 영도자 김정일 동지의 사상과 지략의 승리, 담력과 의지의 승리이다. 김정일 동지는 우리 조국과 민족의 위대한 수호자이시다. 김정일 동지께서는 '최후 승리를 위한 강행군 앞으로'라는 전투적 구호를 제시하시고 몸소 총진군의 진두에 서시어 우리 당과 군대, 인민을 새로운 승리에로 불러일으키시었다. … 역사에 유례 없는 사회주의 강행군을 주동적으로 단행하시어 강성대국 건설의 휘황한 전망을 열어 놓으신 김정일 동지의 업적은 춘추만대에 길이 빛날 것이다.[18]

김정일의 통치 이데올로기로 대표되는 '강성대국론'은 다음의 단계를 거쳐 마련되었다. 첫째는 1995년 여름 수해 직후 제 힘으로 혁명을 끝까지 완수해가자는 자력갱생, 간고분투의 혁명정신인 '고난의 행군'[19]

를 비상히 높여 나가는 오늘의 천리마 정신다.

16) 《노동신문》 1999년 9월 28일.

17) 1996년 1월 19일 사회주의로동청년동맹을 '김일성사회주의청년동맹'으로 개칭하였으며, 1997년 7월 8일 김일성의 탄생연도(1912년)를 원년으로 '주체연호'를제정하여 그 탄생일을 '태양절'로 정하였다. 그 절정은 1998년 9월 새로 개정된 헌법을 '김일성 헌법'으로 명명하고, 김일성을 공화국의 영원한 주석으로 추대한 사실이다(서동만, 1998: pp.129-130).

18) 《노동신문》 1999년 1월 1일.

이데올로기이다. 두번째 등장하는 것이 1998년 1월 1일 신년공동사설에 등장한 '사회주의 총진군'의 호소이다. 얼마 후 사회주의 강행군으로 슬로건만 바뀌게 되는 이 슬로건은 소련이나 중국 등으로부터의 원조가 끊기는 50년대 자력으로 사회주의 건설을 다그치던 시대, 고성장의 경험으로부터 나온 것이다. 여기까지의 슬로건들이 전인민의 인내와 내핍을 요구한 이데올로기 선동이었다면, 적극적 지향의 목표로 상정하고 있는 '강성대국론'은 북한 인민에게 주는 김정일의 희망의 메시지라고 할 수 있다.

'강성대국론'이 본격화된 것은 '올해를 강성대국 건설의 위대한 전환의 해로 빛내자'라는 1999년 1월 신년공동사설을 통해서이다. 1998년이 '우리식 정치체제'가 튼튼히 다져지고 '사회주의 강행군 승리의 기반이 마련된 한 해'라고 평가한 1999년 사설은 올해를 "고난의 행군을 낙원의 행군으로 힘차게 이어 갈 해"로 상정하고 있다. 이는 건국 50주년을 맞이하여 주민들에게 제시된 지향적 이데올로기로 향후 북한의 주된 슬로건이 될 것으로 보인다. 강성대국론의 내용적 골격은 크게 보아 사상강국, 군사강국, 경제강국으로 구분할 수 있다. 북한은 이미 김일성의 영도를 계승한 김정일의 사상중시, 군사중시의 강조에 따라 사상강국, 군사강국이 되었고, 향후 경제강국으로의 과제만이 남아 있다는 것이다.

> 우리나라를 사회주의 경제강국으로 건설해 나가야 한다. 경제건설은 강성대국 건설의 가장 중요한 과업이다. 우리의 정치 사상적 군사적 위력에 경제적 힘이 안받침될 때 우리나라는 명실공히 강성대국의 지위에 올라설 수 있다. 올해 총진군은 강행군의 계속이며 90년대를 빛나게 결속하기 위한 마지막 돌격전이다. 우리는 고난의 행군을 낙원의 행군으로 힘차게 이어가자는 구호를 높

---

19) 이 '고난의 행군'은 1930년 말 항일 빨치산부대가 일제에 쫓겨 소련으로 도피하기까지의 가장 험난한 시기에 등장한 슬로건으로 북한 주민에게 인내의 정신을 강조하기 위한 것이다.

이 들고 강성대국 건설의 새로운 진격로를 열어나가야 한다.[20]

이와 같은 '강성대국론'은 김정일의 시대를 본격적으로 여는 김정일의 사상으로 향후 북한의 사회주의 노선 견지에 있어 이론적, 실천적으로 중요한 지위를 점할 것으로 평가할 수 있다. 중국이 1992년 제14차 당 대회에서 중국 개혁의 총설계사로 추앙받는 등소평에 의해 제기된 '중국특유의 사회주의 이론'의 재확증을 통해 경제 개혁을 성공적으로 감행하고 있는 것과 유사한 맥락에서 해석될 여지가 다분하다. 중국의 '사회주의 초급단계론'이 사회주의 정치체제를 유지하는 이론적 기반을 제공하고 있다면, 이론적 기반의 취약성을 차치하고 현재 북한의 강성대국론 역시 북한사회에서 사회주의를 지탱하는 역할을 감당하고 있다고 하겠다. 다시 말해 강성대국론은 상부구조와 하부구조를 동시에 강제하는 정책적 지향을 가지고 있다. 선후차성을 놓고 본다면 정권 안정화의 초기에는 상부구조에 대한 강조가, 정권의 안정화가 본격적인 단계에 집입했다고 판단되는 현재는 하부구조로 강조점을 옮기고 있다. 강성대국론은 공허한 구호에 그치는 것이 아니라 실질적으로 김일성 사후 북한내의 카리스마적 공백을 상당부분 채우고 있는 동시에 향후 북한의 지향점을 적극적으로 제시함으로써 북한사회의 전망을 제시하는 역할을 하고 있다. 경제건설에 대한 강조기 여러 매체를 통하여 확인되고 있는 바에 따르면, 북한 내부적으로 정권의 정치적 안정은 이미 완료된 것으로 보인다.

---

20) 《노동신문》 1999년 1월 1일.

3. '당근 강제' 외교와 실리추구 정책

1) 북한 외교의 특수성

외교의 행위를 유형별로 보면 협조적 행위, 일상적 행위, 비우호적 행위 등으로 나눌 수 있다. 외교 행위의 수단 가운데 양보, 약속, 보상, 찬성, 허용, 합의 등은 협조적인 외교 행위이고 협의, 요청, 논평, 제의 등은 일상적인 외교 행위로 구분지을 수 있다. 또 비우호적인 외교행위로는 거부, 항의, 비난, 경고, 위협, 추방, 힘의 행사 등이 포함된다.[21]

외교 행위는 강대국들 사이에서뿐만 아니라 강대국과 약소국, 약소국과 약소국 사이에서도 발생한다. 더 세분화 해본다면, 협조적 관계를 가진 우호적 외교 행위와 갈등적 관계를 가진 비우호적 외교 행위로 구분 할 수 있다. 우호적인 관계의 강대국들 사이에서는 협조적 관계의 유지가 절실하기 때문에 결속력이 강하다. 반면 강대국과 약소국의 우호적 관계 속에서는 강대국의 전략적 필요에 의한 국가간 질서의 형태가 일반적이다.[22]

특히 강대국과 약소국의 외교 행위는 우호적, 비우호적 관계를 떠나 강대국의 필요에 의해 주도되는 경우가 다반사이다. 약소국에게는 '당근'이나 '채찍'에 대한 선택만이 남게 된다. 그러나 북한은 미국, 일본

---

21) 이에 대한 자세한 설명은 Charles McClelland and Gray Horrard. "Conflict Pattern in the Interaction among Nations." in James N. Rosenau(ed.). *International Politics and Foreign Policy*, New York: Free Press, 1969, p.70ff를 참조 바람. 또 외교 행위에 기반한 국제관계사에 관해서는 拙著, 『국제관계사』, 서울: 법지사, 1995를 참조 바람.

22) 미국은 1963년 베트남 정부의 민주화를 요구하며 원조삭감의 뜻을 내비쳤다. 그러나 베트남 정부가 정치개혁을 거부하자 원조를 줄이고, 쿠데타를 통해 베트남 정부를 붕괴시켰다. 이러한 사실들로 미루어 볼 때, 강대국과 약소국간의 협조적 관계는 강대국의 입장에서 보면 어떤 목적을 달성하기 위한 수단이라는 것이 입증된다. 송영우, 『현대외교론』, 서울: 평민사, 1998, p.202.

등과 같은 전통적인 갈등관계 있는 강대국들과의 외교에서 통상적인 강대국과 약소국의 관계를 역전시키는 독특한 형태의 외교전술을 펴고 있다. 북한의, 즉 약소국의 이익이 희생되고 강대국의 이익이 증대되는 것이 아니라 현재까지는 미국, 일본을 중심으로 한 갈등관계 속의 강대국들이 북한의 실리추구를 뒷받침해주고 있는 실정이다.

그 이유는 북한이 갖는 특수성에서 기인한다. 낙후한 경제력과 달리 무시 못할 군사력을 갖춘 북한은 대외적인 무역제재나 경제봉쇄 등에 거의 영향을 받지 않는 체제적 특수성을 가지고 있다. 낮은 수준이나마 교역을 해오던 사회주의권의 붕괴를 통해 경제적 고립 한층 더 심화되었다. 외교적 수단을 동원한 국제적 고립 역시 북한을 통제하기에는 역부족임에 사실이다. 북한은 이미 사회주의권의 붕괴와 더불어 국제적 고립의 선상에 놓여 있었기 때문이다. 따라서 현재 북한이 가지는 정치·경제체계를 감안해 볼 때, 군사력 이외의 부분으로 북한을 통제하기란 사실상 불가능한 것이 사실이다. 하지만 병영국가인 북한을 군사력에 의존해서 압박한다는 것은 곧 동아시아의 심각한 위기상황을 즉각적으로 초래하게 된다. 이러한 북한의 특수성은 경제력의 성장과 더불어 개혁, 개방의 확대에 기반해 국제적인 시장질서에 본격적으로 진입할 때야 비로소 소멸될 수 있는 것이다.

또 다른 이유는 한반도를 둘러싼 주변 4강의 첨예한 이해관계가 북한의 '당근 강제' 외교를 가능케 하고 있다. 최근 경제개방을 통해 새로운 모색을 시도하는 중국이 건재하고, 동아시아에서의 패권을 놓지 않으려는 미국과 이를 견제하는 러시아, 새로운 맹주로 자리잡으려는 일본 사이의 긴장관계가 그것이다. 지난 5년 동안 한국과 주변 4강은 정상들의 연쇄 교차 방문을 통해서 쌍무적인 관계를 개선하고 동시에 동북아시아의 새 질서의 도래를 준비해 온 것이 사실이다. 북한은 이 과정에서 소외되었다. 그것은 스스로 자초한 '왕따 신세'였지만 미사일 발

사라는 강력한 수단을 가지고 그동안 틀을 잡아온 새 질서를 크게 흔
들어 놓았다. 가령 중국의 입장에서 보면 일본의 전역 미사일 공동연구
참가결정과 정찰위성 계획은 수수방관만 할 사태가 아닌 것이다.23)

사회주의권 붕괴 후 북한의 고립과 경제의 낙후, 지속적으로 추진해
온 군사력 증대는 강대국과 약소국간의 전통적인 외교관계가 들어맞지
않게 하는 북한의 특수성이다. 이에 더해 주변 4강의 첨예한 이해대립
또한 북한의 '당근 강제'를 가능케 하는 요인이다.

2) 대외관계의 '당근 강제' 외교 사례

강성대국론에서도 드러나듯이 올해 들어 북한은 정권의 안정화 달성
이후 경제회복에 사활을 걸고 있는 듯하다. 그 방식은 대외개방의 전면
화라기보다는 우선 가장 저급한 수준으로 볼 수 있는 국제적 원조에
초점을 맞추고 있다. 주로 미국과 일본을 대상으로는 미사일 문제를 중
심으로 '당근'의 직접적인 요구를 감행하고 있고, 중국을 대상으로는 주
변의 여건을 조성하는 새로운 협력 공고화를 추진하고 있다.

(1) 미국과의 관계

최근의 대표적인 실리추구 사례는 지난 1999년 3월 16일 발표된 금
창리 의혹시설에 대한 북·미간 합의를 도출한 것을 들 수 있다. 미국과
북한 대표단은 지난 2월 27일부터 3월 15일까지 뉴욕에서 카트만
(Chares Kartman) 대사와 김계관 외무성부상을 수석대표로 회의를
가졌다.24) 이번 회담에서 발표된 합의문에 기초하면 미국의 금창리 방

---

23) 김영희, 「대북정책과 4강외교」, 『평화논총』, 1999, 봄·여름호 제3권 1호,
   p.70.
24) 북·미 지하핵의혹시설 협상의 전개는 1998년 8월 17일 뉴욕타임스지가 북
   한의 지하핵시설 건설 가능성에 대한 의혹을 제기하면서 시작되었다. 이후 3차

문시기는 올해 5월에 1차, 2000년 5월에 2차, 의혹이 남을 경우 추가
방문이 가능하다. 반면 미국은 작년 WFP를 통한 대북식량지원 규모
에 해당하는 50만 톤의 식량과 NGO를 통한 시범농업 지원사업(씨감
자, 식량)을 지원하기로 합의하였다. 이번 협상의 과정에서 북한은 실
리주의적 입장[25])에 서서 그 이전의 어느 협상보다 유연한 자세로 임하
였다. 감자재배를 위한 민간단체의 농업개발 프로그램 제공 약속 등을
통해 북한은 식량난의 타개책을 마련하는 대신, 미국은 핵 비확산 정책
에서 나름의 성과를 거둔 것이다.

이러한 북산의 '당근 강제' 외교의 기본적인 전술은 "요청하는 사안
이 해결된다면, 우리는 무엇을 할 수 있다"는 방식이다. 예를 들자면,
북한은 외무성 대변인 담화(7월 26일자)를 통해 "미국이 관계개선을
바란다면 경제제재 철회 등 실천적 조치를 취해야 하며, 조미합의문을
파기한다면 그에 맞게 대처할 것"이라는 반응을 보인 바 있다. 또 미사
일 문제와 관련하여 북한은 노동신문 논평을 통하여 "미국이 먼저 관
계개선 조치를 취할 것"을 재차 요구한바 있다.

북한은 이와 같은 전술을 최근 들어 빈번하게 사용하고 있다. 외무성
대변인 담화(8월 18일자)를 통해서는 "미사일 문제에서 적대국들이 정

례 협상이 진행되었다. 제1차 협상은 1998년 11월 16일~18일 동안 평양에서
열렸다. 북한은 '1개 장소, 1회 방문' 및 보상액수(3억불)를 구체적으로 제시
했고, 미국은 의혹시설 위치를 '금창리'로 거명하고 보상불가를 표명하였다. 2
차 협상은 1998년 12월 4일~11일 동안 뉴욕과 워싱턴에서 열렸는데, 북한은
보상방법에 있어 '다른 적절한 형식'도 가능하다고 제안했고, 미국은 보상불가
의 입장을 견지하였다. 3차 협상은 1999년 1월 16일~24일 동안 제네바에서
열렸다. 여기서 북한은 보상의 다른 형식으로 '정치·경제적 혜택'을 언급하였
고, 미국은 보상은 불가하나 인도적 차원의 대북식량지원 용의가 있음을 표명
하였다.

25) 북한의 실리주의 정책은 지난 1999년 3월 29일~30일 동안 평양에서 열렸
던 미국과의 제4차 미상일 협상에서도 드러난다. 북한은 이 협상에서 미국의
대북적대시 정책에 대해 비판하고, 협상문제를 미사일 수출 문제로 국한시켜
현금보상 등과 같은 구체적인 보상조치를 요구하였다. 이번 협상은 양국의 입
장 차이로 결렬되었지만, 차기에 빠른 시일 내에 다시 개최하기로 합의하였다.

당하게 나온다면 미사일 문제를 협의할 용의가 있다"고 주장하였으며, 김용순 당비서는 CNN회견(8월 17일자)에서 "손님이 떡을 갖고 온다면 우리도 역시 떡을 줄 것"이라고 언급하였다. 노동신문은 "미국이 경수로 건설을 일정대로 추진시키지 않는다면 상응한 조치를 취하겠다(8월 24일자)"고 발표하였다. 이와 같은 요구의 효과를 높이기 위하여 강도 높은 위협의 메시지 전달을 병행하고 있는 것이 또 다른 특징이다.

북·미 회담이 열리기 하루 전에는 "우리는 미국의 위협으로 인해 미사일을 개발하고 있으며 이는 자주권의 문제로서 이를 걸고 들 명분도 조건도 없음"[26]이라고 주장하면서 강경입장의 발표를 통하여 회담 주도권을 쥐려는 시도를 한 바 있다. 또 외무성 대변인 담화를 통하여 회담 당일에는 미국이 대북 압력을 강화할 경우 "위성뿐만 아니라 미사일까지도 발사할 수 있다"고 위협한 바 있다.

베를린에서 열린 제3차 북·미 고위급 회담(9월7일~12일)에서 북한과 미국은 미사일 문제·대북 경제제재 해제문제 등에 대해 합의, 공동 언론발표문을 발표하였다. 북한은 이번 회담을 통해 경제제재 해제 및 식량지원 확보 등을 얻어냄으로써 경제적 이익과 북한 이미지 개선이라는 실리와 공동발표문에 구체적으로 미사일 재발사 중지 등을 명시하지 않음으로써 '자주권 논리'를 지키는 명분을 함께 얻은 것으로 평가되고 있다. 회담 후에도 북한은 9월 15일 외무성 대변인 담화를 통해 "미국이 신의를 보이면 그에 상응하게 대응할 것"이라는 '북한식' 담화를 재차 발표하였다. 이에 더해 북한은 미국의 미온적인 태도에 대해 외무성 대변인 담화(10월 20일)를 통해 "그동안 협의사항을 불성실하게 대해 왔다"면서 대북 경수로 건설 등 합의사항 등을 성실히 이행할 것을 촉구하였다.

---

26) 《노동신문》 1999년 8월 2일.

이와 같은 북한식의 '당근 강제' 외교를 다른 각도에서 해석해 본다면, 최근의 경제난을 반영, 실리추구의 절박한 의지가 강력하게 반영된 것이다. 백년숙적(百年宿敵)으로 상정해 왔던 미국을 협상의 파트너로 삼은 점이 그러하며, 상응한 조치를 취해 준다면 우리도 무엇을 해주겠다는 발상 역시 북한의 실리추구 의지의 강력한 반영이라고 할 수 있다. 하지만 북한의 외교적 전략에 집중하고 있는 이 글에서는 이에 대한 본격적인 논의는 생략하기로 한다.

(2) 일본과의 관계

일본과의 외교 전술 역시 미국과 크게 차별성을 갖는 것은 아니다. 현재 일본은 한반도 평화정착을 위한 4자회담에 참여하지 못하고 있다. 일본은 동북아 문제에 캐스팅보드 역할을 하고 있는 한반도 문제에 개입을 지속적으로 희망하고 있다. 따라서 앞으로 일정기간 동안은 북한은 이러한 주변 4강의 역관계를 이용해 일본에 대한 '당근 강제' 외교를 주도할 수 있을 것으로 보인다. 그 대표적인 사례로 북한은 지난 8월 10일자 '정부성명'을 발표하여 북·일 관계와 관련한 3가지 원칙적 입장을 천명하면서 일본에 대해 조속한 태도 표명을 촉구한 바 있다. 이 성명은 시기적으로 미사일 재발사 문제가 첨예한 관심사로 대두된 가운데, 미·북 접촉이 종료된 직후 발표되었다는 점과 형식석으로 '정부성명'이라는 매우 드물고 비중이 높은 형식으로 발표되었다는 점에서 주목된다.[27] 이번 성명의 내용상의 특징은 대조선정책 100년 범죄사를 밝힌다고 하면서도 북·일 관계개선 및 철저한 보상에 초점을 맞추고 있다는 점이다. 특히 '금세기 안으로 청산', '무한정 앉아서 기다리지 않을 것' 등의 표현을 통해 '당근 강제' 외교의 북한식 전술을 여실히 보

---

[27] 북한은 1986년 6월 23일 한반도 비핵지대창설제안 시에 정부성명을 발표, 1993년 3월 12일 핵확산 금지조약 탈퇴를 천명한 정부성명을 발표한 바 있다.

여주고 있다.

8월 15일자 노동신문 사설은 "일본은 조선 강점 40여 년간 천추에 용납 못할 만고의 큰 죄를 저지르고도 21세기가 다가오는 오늘까지 사죄도 보상도 하지 않고 있다"고 밝히고 있다. 북한의 '당근 강제' 외교는 곧 적극적 실리추구의 반영이라 볼 수 있다. 따라서 일본과의 관계에서도 '보상'에 대한 요구가 재차 강조되고 있는 것이다.

(3) 중국과의 관계

중국과의 외교에 있어서는 주변 강국에 대한 긴장을 조성, '당근 강제' 외교의 직·간접적 효과 증대를 노리고 있다. 북한은 8월 12일자 노동신문 논평에서 지난 8월 2일의 중국의 미사일 시험발사와 관련하여 이를 '미·일의 군사적 결탁에 대한 응당한 조치'로 평가하면서 자신들의 재발사 문제를 '자주권에 속하는 문제'로 재강조한 바 있다. 이와 연계하여 북한은 '누가 뭐라든 자주권을 당당히 행사할 것'이라고 미사일 재발사 가능성을 시사하였다. 중국과 혈맹관계임을 재강조 하는 것은 국제적인 고립에서 탈피하는 것과 동시에 미국과 일본, 남한에 대한 간접적인 견제가 되는 이중적 효과를 갖는다. 이것은 곧 '당근 강제' 외교의 성과 극대화로 연결된다. 따라서 북한은 중국 정권수립 50주년을 맞이하여 우방과의 관계를 이전의 혈맹관계로 정상화하는데 주력하고 있다.[28] 중국의 개방정책에 못마땅해하던 북한이 이에 대한 긍정적인 논평을 낸 것 등이 대표적인 예라고 할 것이다. 중국과의 관계 역시 실리를 추구하기 위한 철저한 북한식 '몸짓'을 보여주고 있다.

---

28) 북한은 중국정권 창립일 1개월 전부터 본격적인 행사를 시작하였다. 9월 28일 조·중 친선협회 대표단 방중, 9월 29일 대외문화연락위와 조·중 친선협회 주최 연회, 9월 30일 강택민, 이붕, 주용기 앞 김정일, 김영남, 홍성남 공동명의의 축전 발송 등을 위시해 10월 6일 노동신문, 중앙방송 등의 기념 논설을 통해 중국과의 혈맹관계를 언급하였고, 중국 특색의 사회주의 건설을 긍정적으로 평가하였다. 또한 중국통일 실현이 성과가 있기를 축원하였다.

(4) 남한과의 관계

남한과의 관계에서도 북한의 전술은 미국, 일본 등에 요구하는 것과 유사하게 작동한다. 하지만 같은 민족으로 분단된 채 직접 국경을 맞대고 있는 상황에서 긴장감의 체감온도는 주변국들과 판이하게 다르다. 사소한 사안이라도 남북한의 정치적 긴장감에 직접적인 반향을 일으킨다. 얼마 전 북한은 인민군 총참모부 특별보도(9월 2일자)를 통해 서해 북방한계선 무효를 선언한 바 있다. 북한의 이러한 태도는 NLL을 무력화하고 서해 접경지역을 국제적 분쟁수역화하여 군사적 긴장을 고조시키면서 향후 충돌사태 발생 시 책임전가를 위한 명분을 축적하고, 북한 미사일 문제 협의를 위한 베를린 미·북 고위급 회담(9.7～11)에서 유리한 고지를 선점, 경제적 실리를 추구하기 위한 협상카드로 보인다. 강력한 남한 정부의 대응의지에도 불구하고 앞으로 이러한 돌발적인 사건들의 발생소지는 있다. 특히 중대한 협상의 국면이나 주변정세의 급반전을 기대할 때 발생할 여지가 많다. 이 역시 실리의 극대화를 획득하려는 북한식 줄타기 외교의 한 방편이다.

대(對)남한 정책에서 중요한 반전은 북한의 통일정책에서 극명하게 찾아진다. 대남 혁명정책의 일환으로 제시되었던 북한의 연방제 통일방안은 이제 체제수호의 정책으로 전환하였다. 지난 1980년 10월 10일 제6차 당대회를 통하여 제시된 '고려민주연방공화국 장립방안'에서 북한은 연방제의 정당성을 주장하기 시작하였다. 그 후 북한은 해마다 김일성이 밝힌 '고려민주연방공화국 창립방안' 제시일을 전후하여 연방제 통일방안의 정당성을 강조해 왔다. 그러나 연방제 통일방안에 대한 북한의 주장은 초기의 완성형 연방제에서 잠정적·단계적 연방제로 선회하고 있다. 이는 1990년대 이후 대내외 정세변화 속에서 체제존속에 최대의 목표를 두고 있기 때문이다. 북한이 추구하는 실리추구의 정책적 전환이 남한과의 관계에서도 상당한 폭으로 작용하고 있다.

4. 북한의 변화 전망

북·러·중으로 이어지는 삼각동맹이 냉전의 해소와 함께 그 기능을 수행하지 못하게 되자, 국제적 고립이라는 극한적 상황에 처한 북한의 선택은 절박한 실리추구의 생존전략으로 모아지고 있다. 결국 북한은 체제의 위기가 해소되는 시점까지 자의반, 타의반으로 이념을 초월한 실리추구 정책을 상당 기간 동안 지속할 것으로 보인다.

1) 강성대국론과 경제적 개혁·개방 전망

앞서 살펴본 바와 같이 전통적 지배의 특성에 근간하는 북한의 레짐은 커다란 충격 없이 정권의 수뇌부를 교체하는데 성공하였다. 북한은 '김정일식 사회주의'로의 더욱 철저한 사상적 무장을 감행하는 한편, 대외적으로는 무채색의 이념에 기초한 실리추구 정책을 표명할 것으로 전망된다.

북한 내부적으로는 체제 안정화의 기제이면서, 대외적으로는 실리추구 정책의 정당화를 가능케 하는 것이 바로 '강성대국론'이다. 이 '강성대국론'은 향후 북한의 정책추진 과정에서 이중적 역할을 담당하는 이론적 기제로 사용될 것으로 전망된다. '강성대국론'은 사상강국, 군사강국의 토대를 더욱 군건히 하는 체제 수호전략의 기반 위에서 경제강국 건설이라는 지향적 목표를 확증함으로써 경제난을 타개하는 내부 전략으로 사용되고 있다. 내부적으로는 사상강국과 군사강국의 토대가 확립되었다는 성취감의 공고화를 통해 김일성 사후의 카리스마적 공백을 메우는 동시에 경제난으로부터 도출되는 혼란을 정지(整地)하는 역할을 '강성대국론'이 담당하고 있다.

국내외의 분석에 근거해 볼 때, 북한은 경제적 회복을 조속한 시일안에 성취해 강성대국론의 실질적 추진력을 만드는 '바다다지기'를 하고 있다. 지난 5월 카트만 미국특사의 "북한 경제가 바닥을 쳤다"는 발언과 5월 28일자 월스트리트 저널의 '북한 경제 안정화' 보도, 10월 8일 연합뉴스 '북한 경제 올해 플러스 성장 전망' 등을 종합해 볼 때, 필사적인 실리추구정책을 취하고 있는 북한의 기초적 성과는 가시화되고 있는 것으로 파악된다. 북한측도 국가계획위원회 윤영룡 국장의 5월 조선신보 인터뷰와 백남순 외무상의 각국 외무장관과의 회담 및 방송보도 등에서 지속적으로 경제회복의 성과를 주장하고 있다. 실제 올해 북한의 곡물수확량(400만 톤 이상 추정) 및 석탄, 발전, 금속, 건설부문이 전년에 비해 다소 활성화될 전망이다.

따라서 북한의 사상적, 이론적 지향을 밝히는 강성대국론의 설득력은 대내적으로 증대될 전망이다. 이는 곧 북한의 체제안정화로 연결될 수 있다. 문제는 실리추구 외교의 극단적 전개를 통해 얻어낸 경제적 원조의 성과를 바탕으로 어느 정도의 경제적 개혁을 이루어낼 수 있겠는가 하는 점이다. 1998년 9월 6일 개정된 헌법의 주요 내용 중 경제부문과 관련된 조항을 볼 때, 북한은 조심스럽게 자본주의적 경제 원리의 '부분적' 도입을 준비하고 있는 것으로 파악된다. 물론 현재로서 그 수준은 철저하게 정치적 통제가 가능한 선이다. 다시 말해, 시장경제원리의 도입이 북한의 기존 중앙계획경제 시스템 자체에 위협이 될만한 수준은 아니다. 중공업 위주의 발전이 북한의 중심적 경제구조라는 것은 주지의 사실이다. 그런데 시장 메커니즘의 도입은 주로 농업부문과 관련해서 진행되고 있기 때문이다.

필사적인 실리추구 외교와 병행해 진행하고 있는 시장기제의 부분적 도입은 경제적 곤궁을 타개하기 위한 북한 지도부의 궁여지책이자, 배급제를 비롯한 여타 경제 시스템이 제대로 작동되기 어려운 정도의 경제난을 반영하는 아래로부터의 압력이 빚어낸 단기적 처방책으로 보는 것이 타당할 것이다. 중국의 경우, 경제구조의 전환을 폭넓게 실시할 수 있었던 바탕에는 기존 체제의 유지비용보다 전환비용이 더 효과적이었기 때문이다. 이것은 정치적인 차원과도 연결되는 문제이다. 반면 북한의 경우는 북한사회를 지탱하는 정치적 특수성과 관련지어 볼 때, 본격적인 경제구조의 전환은 체제의 붕괴라는 최악의 사태까지 포함하는 위험비용의 감수가 요구된다. 따라서 북한의 시장기제 도입은 경제구조의 핵심적 영역은 건드리지 않는 선에서 그들의 표현대로라면, '모기장'을 친 위에서 시장기제의 효율성을 부분적으로 흡수하겠다는 것으로 보아야 할 것이다.

헌법 개정 직후 경제정책의 방향을 제시한 로동신문, 근로자 공동논설은 '자립적 민족경제 건설 노선을 끝까지 견지하자'는 기존 노선의 고수를 재천명하고 있다. 이 논설은 '자립만이 살 길'이며 중공업 우선의 '우리식 경제구조를 살리기 위한 투쟁을 계속 강화'해야 하고, '개혁·개방으로 유도하려는 제국주의자들의 책동에 경각심을 높여야 한다'[29]고 주장하고 있다.

개정헌법 중 경제분야의 내용은 크게 보아 기본적으로는 사회주의적 생산관계와 자립적 민족경제의 토대에 의거하는 구헌법의 기본적인 틀은 대부분 유지하고 있다. 단 부분적인 차원에서 대내적으로는 소유구조를 조정하고 채산성 원칙을 보강함으로써 그동안 묵인해왔던 사적 경제활동을 현실화시키거나 그 범위를 확대한 것이라고 할 수 있다. 또한 대외적으로는 대외무역과 특수경제 지대에서의 외자유치를 활성화하려는데 개정의 초점을 두었던 것으로 평가할 수 있다. 개정헌법의 조항들만을 놓고 볼 때는 앞으로 북한 경제구조가 미약하나마 생산 측면

---

29)《노동신문》1998년 9월 17일

에서는 종래의 물량 위주 개념에서 채산성 개념을 도입할 것으로 보이고, 유통 측면에서는 중앙당국의 일원적 공급형태를 중심적으로 유지하면서도 상품의 수급변화에 따라 움직이는 사적 상업형태를 아주 미미한 정도에서 수용할 것으로 보인다. 또한 소비 측면에서는 사적 상거래 활동을 제어가능한 선에서 묵인하면서 당면한 실물공급 부족 완화에 기여할 것으로 전망된다.

2) 북한의 전망

북한식 '모기장'이 시장질서의 체제내화 속도를 조절할 것이지만 북한이 자본주의적 세계질서와 공생하면서 체제를 유지, 존속해 나갈 준비를 하고 있다는 것만큼은 주지의 사실이다. 북한은 개방의 물결을 인정하고 있다. 하지만 개방의 진폭은 예상하기 힘들다. 자본주의와의 동거 형태는 사회주의적 계획경제를 국가 내부적으로 고수하는 속에서 시장경제의 효율성을 부분적으로 수용하는 방식을 취하고 있다. 이 전략은 장기적으로 추진될 것이며, 냉전의 해소, 김일성의 사망, 경제난 등의 위기로부터 벗어나는 필수불가결한 북한의 전략이 될 것으로 보인다.

북한이 정치적 안정화의 토대 위에서 경제적 성장의 기반을 준비하는 현재가 한반도의 균형추가 한쪽으로 기울지 않는 영점으로 볼 수 있다. 현재 클린턴 정부는 북한의 '힘'(군사력)과 '취약성'(식량난·경제난) 모두를 위협요인으로 보고 있으나, 침략 위협에 대해 제재를 가하기 보다 오히려 대가를 제공하는 것이 바람직하다고 판단하고 있다. 미국은 북한 체제의 지속성에 대해 의문을 가지고 있지만 스스로 자초한 고립, 자포자기적 군사도발과 대규모 난민 유출 등이 한반도의 재앙으로 발전될 가능성이 있다[30]고 보는 것이다. 이러한 상황은 일본도 예외가 아니며, 북한의 위협은 말 그대로 위협으로 받아들이면서 자국의 무력증강에 대한 설득력을 확보하는 쪽으로 가닥을 잡고 있다.

주변 4강이 실질적으로 북한에 대해 염려하는 것은 군사적 위협이라기보다는 내부적 취약의 폭발에 의한 카오스적 상태이다. 이것이 북한의 '당근 강제' 외교를 가능하게 만드는 직접적인 요인일 것이다. 원조를 통한 일정한 정도의 경제성장과 함께 체제 안정화의 틀이 확정된다면, 북한은 지금과는 비교할 수 없을 정도로 – 자의(自意)가 아니라 할 지라도 – 세계의 경제질서에 발을 깊이 담그게 될 것이다. 북한경제의 정상화까지 도달하는 시간의 문제는 다양한 변수에 의해 조절될 것이지만, 그 이후의 북한체제는 필연적인 대외개방의 가속화로 급선회할 가능성이 농후하다. 이미 그 시기에는 다시 '쇄국정책'을 펼 수 있는 내적 기반은 취약해질 것으로 보인다.

따라서 대북 포용정책으로 대표되는 남한의 대북한 햇볕정책이나 미국의 연착륙 정책은 현재까지 적실성을 갖는다. 앞으로 중요하게 고려해야 할 점은 남한, 미국, 일본이 북한을 자극할 정도로 일관된 정책을 추진하거나 압박한다면 북한의 '속도조절' 함수는 미로 속으로 빠질 수 있다. 압박의 강도만큼이나 중국과의 연대는 공고해질 것이며, 돌발사태를 통한 자구책 마련에 기댈 것이기 때문이다. 또 포용정책의 상한선을 원칙에 근거해 지켜갈 때 북한의 우발적인 대응을 최소화할 수 있을 것이다. 현재의 균형추는 이변이 없는 한 북한의 경제적 회복 시점까지 유지될 것이다.

---

30) 이정우, 「페리보고서와 북·미관계 변화전망」, 『통일한국』, 1997, 7월호, p.71

참고문헌

외국문헌 및 논문

Bendix, Reinhard. 1997, *Max Weber*, London: Macmillan.

Bentham, J. 1962, Panoption, or the Inspection House. in *The Works of Jeremy Bentham*, vol.4. New York: Russell & Russell.

Brzezinski, Zbigniew. 1989, *The Grand Failure*, New York: Charls Scribner's Sons.

Duckett, Jane. 1996, "The Emergence of the Entrepreneurial State in Contemporary China", *The Pacific Review*, vol. 9. no.2.

Gutting, Gray. 1994, "Michel Foucault: A user's manual", "Foucault and the history of madness", *The Cambridge Companion to Foucault*, Cambridge: Cambridge Univ. Press.

Hosking, Geoffrey A., Jonathan Aves, Peter J. S. Duncan. 1992, *The Road to Post-Communism*, London & New York: Pinter Pub.,

Schöpflin, George. 1993, *Politics in Eastern Europe*, Blackwell.

Skocpol, Theda. 1979, *States and Social Revolutions*, New York: Cambridge Univ. Press.

Weber, Max. 1998, Edited by Guenthem Roth, Claus Wittich. *Economy and Socity*, New York: Bedminster

White, Stephen. Alex Pravda, Zvi Gitelman. Edit. 1992, *Developments in Soviet & Post-Soviet Politics*, London: Macmillan.

White, Stephen. John Gardner, George Schöpflin, Tony Saich. 1990, *Communist Political Systems*, London: Macmillan.

국내문헌

기세춘 편. 1997, 『주체철학 노트』, 서울: 세훈.

박재규. 1997, 『북한의 신외교와 생존전략』, 서울: 나남사.
박형중. 1998, 『90년대 북한체제의 위기와 변화』, 민족통일연구원.
서재진. 1996, 『또 하나의 북한사회』, 서울: 나남사.
안병욱 외. 1995, 『한반도 통일국가의 체제구상』, 한겨레신문사.
유석열. 1997, 『북한의 체제위기와 한반도 통일』, 서울: 박영사.
이원섭. 1997, 『새로운 모색: 남북관계의 이상과 현실』, 한겨레신문사.
이정균 외. 1998, 『남북한 비교정치론』, 서울: 형설출판사.
이종석. 1995, 『조선노동당 연구』, 서울: 역사비평사.
이종석. 1998, 『분단시대의 통일학』, 서울: 한울.
장을병 외. 1994, 『남북한 정치의 구조와 전망』, 서울: 한울.
장준익. 1999, 『북한 핵·미사일 전쟁』, 서울: 서문당.
최 성. 1997, 『북한학개론』(서울: 풀빛).
최완규. 1996, 『북한은 어디로』, 경남대학교 출판사.

북한문헌

고영환. 1989, 『우리민족 제일주의론』, 평양: 평양출판사.
김정일. 1993, 『사회주의를 위하여』, 평양: 조선로동당출판사.
김창하. 1985, 『불멸의 주체사상』, 평양: 사회과학출판사.
사회과학원 철학연구소. 1985, 『철학사전』, 평양: 사회과학출판사.
사회과학출판사. 1985, 『주체사상총서1』, 평양: 사회과학출판사.

논문

김영희. 1999, 「대북정책과 4강외교」, 『평화논총』, 1999. 봄·여름호 제3권1호.
구종서. 1997, 「북한의 조기붕괴론」, 『한국정치학회 3월 학술토론회 자료집』.
미셸 푸코. 1989, 「주체와 권력」, 드레퓌스·라비노우 편, 『미셸푸코: 구조주의와 해석학을 넘어서』, 서울: 나남.
손철준. 1992, 「지방공업을 발전시키는 것은 사회주의. 공산주의 건설을 위한 우리 당의 일관된 방침」, 『경제연구』 2월호.
신상진. 1992, 「중국의 개혁·개방 현황과 전망」, 『민족통일연구원 보고서』.
신상진·전현준. 1994, 「중국과 북한의 정치체제 비교연구」, 『민족통일연구원 보고서』.

오승렬. 1994,「북한과 중국의 경제관계 분석」,『민족통일연구원 보고서』.

이상만. 1998,「반주변부 국가발전의 교훈과 중국사회주의 시장경제의 도전」,『사회과학연구』, 제6호.

이정우. 1999,「페리보고서와 북·미관계 변화전망」,『통일한국』 7월호.

이종석. 1998,「정경분리의 여건조성과 정책과제」,『민족통일연구원, 통일경제연구협회, 한국경제신문사 공동 학술회의(98.4.10) 자료집』.

장경섭. 1996,「중국 농촌의 탈사회주의 개혁과 북한의 진로」,『1996년도 북한 및 통일관련 연구논문집(IV)』.

장호근. 1998,「대외경제 관계: 최근 북·러 경제관계의 현황과 특성」, 현대경제연구원,『통일경제』 7월호.

전현준. 1997,「김정일정권 조기붕괴론에 대한 비판적 고찰」,『한국정치학회 3월 학술토론자료집』.

전흥철. 1996,「북한의 체제전환과 남북한 경제통합의 주요과제」,『한국개발연구원 연구보고서』.

전홍택. 1997,「북한 제2경제의 성격과 기능」, 현대경제사회연구원,『통일경제』 2월호.

정영태. 1994,「김정일의 군사권력기반」,『민족통일연구원 보고서』.

정환우. 1997,「중국 경제개혁의 북한수용 가능성에 대한 비판적 고찰」,『통일정책·환경(II): 통일원』.

조명철. 1997,「북한 계획경제의 운용시스템에 관한 연구」,『통일경제』 5월호.

『한·독사회과학논총』 제9권 제2호, 1999년 겨울

통일한국의 정치적 좌표연구
-21세기 민족의 정치전략-

1. 서론

1989년 동구의 해체와 1990년 독일통일은 세계의 정치에 혁명적인 정치적 전환을 가져 왔다.

제2차 세계대전 이후 하나의 극으로 미국에 대항하면서 버텨오던 소련의 붕괴와 독립국가연합 출현, 1992년 2월의 마스트리히트의 유럽정치통합조약 조인, 유고슬라비아 해체와 새 연방 형성 등이 세계질서의 재편을 가속화하고 있다. 동서냉전 시대 계급의 이데올로기로 뭉쳤던 이념 중심의 사회주의 체제가 붕괴, 해체되는가 하면, 이데올로기로 분열되었던 국가가 통일되고 이데올로기 아래 숨을 죽이고 수면 아래 잠재해 있었던 제2차 세계대전 이전의 소수민족, 국경 등의 문제가 국제정치에 다시 부상, 세계지도를 바꾸어 가고 있는 실정이다. 동서냉전의 양극 구조가 해체되니 그 구조를 지탱해 왔던 이데올로기 기능이 저하되는 대신 경제, 과학, 기술, 문화의 비중이 높아지고 있다. 이에 무기나 이데올로기 전쟁 대신 경제, 과학, 정보, 기술의 전쟁시대로 세계가 돌입, 경제적 측면에서는 경제의 단위가 국민국가의 경계를 넘어서 큰 통합체를 형성하고 있다.

　전례 없는 차원의 혁명적인 국제정세의 변화로 새로운 강국이 나타나고, 새로운 국가들이 부상하고, 옛 국경선이 변화되며 새로운 지역의 불력화가 형성되고, 새로운 동맹이 확대·소멸되는 전면적 정치의 조정 작업의 진통이 21세기의 새로운 국제질서의 축을 향해 진행되고 있다.

　경제를 단위로 한 국경을 넘는 통합의 움직임, 각국의 대기업들 간의 기술개발, 기술획득, 시장확보를 위한 기술권력적 동맹결성을 초국가적—탈국가적 '신국제주의'라고 한다면 유고와 체코슬로바키아 해체, 소련의 해체에 의한 민족주의에 기초한 분리·독립의 흐름은 '신민족주의'라고 부를 수 있다.

　이제 세계는 국제시스템에 있어서 권력의 변화가 진행되면서 지구화·세계화의 추세 속에서 진전되는 신국제주의와 그 속에서 민족의 총체적·체계적 생존전략을 강화하고 모색하는 '신민족주의' 시대로 진입하고 있다. 종래 국가 이익이나 국력의 개념은 국민, 영토, 군사력, 경제력, 외교, 국민성, 문화, 이데올로기 등으로 이루어졌으나 오늘날은 종래의 구성개념 외에 정보, 과학기술, 환경 등이 포함된 새로운 국가이익과 권력의 개념이 등장한 가운데 이러한 요인을 갖춘 선진국들은 지구대의 규모에서 탈국가적·초국가적 시장권을 형성해가고, 정치적 통합을 추진해 가면서 국가와 민족 생존의 전략을 총체적으로 재구성해 가고 있다. 변화에 대처해 가는 주체와 단위는 아직도 국민국가 내지 민족국가이기 때문이다.

　분명 군사력의 경쟁과 이데올로기 시대가 가고 공동이익 중심의 대화의 시대가 열리고 있다. 이러한 동서간 긴장의 해체, 분열의 해체, 사상·이념·제도의 차가 문제 안되는 새로운 차원의 국제관계의 형성은 우리의 민족통일 접근에 자체 준비가 되어 있으면 결정적으로 유리한 환경변화라 하지 않을 수 없다.

　시대의 세기적인 변화에 대한 수용이라는 능동적인 대처로서 남북한도 외교의 다변화를 시도, 구각을 탈피하고 있으며 남북한 관계구조도 남북화해시대의 개막을 위한 획기적인 발걸음을 재촉하고 있다.

국내 정치에서도 서서히 변화가 일기 시작, 우리 한국은 제6공화국을 기점으로 권위주의 체제를 탈피, 민주적인 다원 체제로의 이행, 정치적 민주화로의 변형을 시도하고 있다. 남북한 유엔 동시가입, 북한의 핵안전조치협정 체결, 남북한 기본합의서 발효와 남북연락사무소 설치 등 두 체제의 평화공존을 향한 정책적 변화도 분명히 진행되고 있다.

1989년 동구가 붕괴되면서 1848년과 1918년의 미완의 혁명을 시민혁명으로 완성시키고 동독이 서독에 흡수 통합됨으로써 자유와 평화 속에 통독이 이루어질 때 그것은 분명 한국에 있어서도 통일의 기회였다.

일본에 의한 참담한 식민지 시대가 끝나고 찾아온 우리의 해방은 강대국의 희생양이 되어 우리 민족의 의사와 상관없는 민족분단으로 이어졌다. 지난 반세기 동안 남과 북은 각각 분단되어 당사국의 정치적 이데올로기를 대변하면서 오랫동안 그 이데올로기를 지배의 도구화하면서 남쪽에서는 비뚤어진 자유 민주주의를, 북쪽에서는 이단적인 세습 왕조 공산독재를 유지하여 왔다. 그러므로 양쪽에서 독재자들은 분단이 그들의 정권유지에 도움이 되었기에 진정한 민족의 이익을 대변하는 세력은 어느 쪽에서도 소외의 운명을 면치 못하였다.

타민족의 의사에 따른 분단이었으므로 분단 47년과 식민지 36년간의 노예생활을 교훈 삼아 남쪽에서는 진정한 자유 민주주의 사회를, 북쪽에서는 그래도 동구 정도의 공산주의 사회를 건설·지향하여 왔다면 그 분단의 당사자인 미·소가 화해하는 탈냉전시기에, 즉 독일이 통일할 때는 우리 민족에 있어서도 분명 새로운 시대정신의 하나인 신민족주의와 통합의 기류를 타고 통일을 이루고 민족의 르네상스를 준비하는 기회의 도래이지 않을 수 없었다. 역사상 기회는 객관적 정세와 주체적 준비가 있을 때만 성공할 수 있는 것이다. 아깝게도 우리는 그동안 통일의 주체적 준비가 양쪽 서로의 소모적 경쟁과 위협 속에서 체제유지에만 급급한 나머지 너무 허술하여 미·소 냉전 중식과 통일독일이라는 객관적 정세는 한국의 분단이 동서냉전의 산물이기 때문에 분단극복과 민족통합의 국제적 환경이 성숙되었음에도 불구하고 도래한 그 역사적인 기회를 다시 놓치고 말았다. 오히려 그동안의 상호 배타적인 통일논리는 분단의 고착화와 민족의 이질화에 도움이 되었을 뿐이다.

20세기에는 절대로 이루어질 수 없다던 통일의 꿈을 현실로 이룬 20세기의 기적을 독일민족이 땀과 고통과 인내와 노력으로 이루어낸 교훈이 이를 말해 주고 있다. 탈냉전과 여러 국가간의 구태의 대립의 완화와 더불어 세계 각국은 2000년대의 새로운 국제질서를 향해 정치, 군사, 경제의 전략들을 전면적으로 재조정해 가고 있다. 특히 2000년대는 아시아·태평양의 세기라고 불리어지고 있다. 러시아는 극동지역의 개발에 그 나라의 장래를 걸고 있다. 미국도 동북아시아와 태평양지역에서 대국의 지위를 2000년대에도 유지하려고 한다. 그것은 세계 경제의 중심이 태평양 경제권으로 이미 이행, 2000년대는 그 경향이 한층 더 두드러질 것이라는 기본인식 때문이다. 한편 국제정치에서 군사력과 이데올로기의 의미가 희미해져 가는 이러한 시대에 대국의 조건을 갖추고 있는 일본에 세계의 관심이 집중되고 있다. 일본의 GNP는 세계 제2위, 미국의 반을 넘고, 인구 한사람당은 미국을 넘어섰으며 세계 제1의 외화보유고, 세계 최대의 채권국으로서의 원조국 그리고 무엇보다 많은 분야에서 실용적 기술의 최대 창조국이다.[1] 뿐만 아니라 1992년 6월 16일 일본은 일본자위대의 해외파병법안인 유엔평화유지활동법안(PKO법)의 의회통과로 합법적으로 일본군의 해외파병의 길

---

1) 藤井宏昭, 「相互依存の世界と日本の外交」, 『外交フォーラム』, 1989. 5, p.12.

을 열어 본격적인 군사·정치대국화를 지향하고 있다. 일본의 군사대국화 지향, 중국, 러시아 등 동아시아 강대국들의 군사력 규모와 새로운 전략들의 조정은 21세기 새 질서 재편의 과정 작업에 해당된다. 이에 포스트 냉전을 맞이한 새 질서 재편의 과정은 우리 민족과 국가에 있어서 역사의 기회임과 동시에 도전임에 틀림없다.

우리 민족 스스로의 준비 미비로 역사의 기회를 금세기에도 여러 번 놓쳤던 바, 이에 대한 경험적 성찰의 기초 위에서 민족통일의 21세기를 여는 총체적 준비작업이 따라야 하겠다.

돌아보면 통일독일의 기반은 구서독의 주도로 이루어졌다. 구서독은 독일인이 유럽역사에 저지른 두 번에 걸친 세계대전, 그리고 그들이 히틀러의 나치스 정권을 허용함으로써 무서운 독재정치를 경험하고 그 대가로서 분단 40년의 어두운 역사의 터널을 지나면서, 독일 땅에서 더 이상 독재가 발붙일 수 없도록 철저한 정치적 민주화, 프롤레타리아 계급 이데올로기를 무의미하게 하는 사회시장경제 체제 운영에 의한 경제적 민주화로, 그리고 그 국력에 바탕한 자주 외교의 힘을 기르면서 자유와 평화 속의 통일 대업을 성취하였다. 이와 반대로 구동독의 시민들은 스탈린 체제에 의해 임의적으로 설정된 정치체제의 경계와 끊임없이 충돌하였기 때문에 그 자체의 역사에 있어서 미래에 대한 정치적, 사회적 문제점을 발견하고 모색하는 상태에 도달해 있지 못하였다.

생을 짓누르는 독재체제에서 방황하는 무거운 멍에를 안고 있는 한, 민족의 위대한 계획에의 참가는 엄두조차 낼 수 없었기 때문이다.

이러한 경험에 비춰 우리도 정치적으로, 경제적으로, 사회적으로 더 민주화된 곳에서 민족통일의 비전 제시와 장래의 위대한 계획을 위한 대비에 임할 수밖에 없다. 억압의 상황에서는 민족 미래의 계획과 운동을 구사할 수가 없기 때문이다.

그러므로 우리 사회의 국민적 합의에 의한 민주 대개혁을 통한 정치,

경제, 사회, 문화에 있어서 민주주의 정착이 통일의 지름길이 되는 것이다. 왜냐하면 장래 우리 민족 성원은 인간의 존엄이 으뜸으로 지켜지는 인간존중, 자유, 평등, 민주, 풍요, 복지의 조국 속에 살아야 하기 때문이다.

이 연구의 목적은 통일한국의 정치적 좌표 설정에 있다. 통일한국은 ① 민주적 정치체제, ② 사회시장 경제체제, ③ 의원내각제, ④ 다당제의 정당, ⑤ 대선거구제, ⑥ 양원제 운영으로 그 좌표를 설정하여 본다.

분단이래 지금까지 남북한 정부는 보기에는 민족통일을 지상의 과제로 삼아왔다. 이에 따라 그동안 민족적 통일을 위한 과정과 접근 방법에 관한 연구가 축적되었고, 또 우리 한국 측 통일 방안이 주로 통일의 과정에 주안점을 두어 제시되어 왔다. 그러나 통일의 힘을 이끌어 낼 미래 통일 한국의 체계적인 좌표설정에는 미비한 점이 없지 않았다.

앞서 지적한 대로 정보, 과학, 기술의 발달로 인한 역사의 가속화와 지구적 규모의 상호의존 속에서 독일 통일과 같이 언제 어떻게 통일의 시기가 불어닥칠지 모르는 상황을 가정하고 ① 그 시기를 놓치지 않고, ② 그때 서두르며 당황하지 않고 민족사회를 기획대로 경영·관리할 수 있게 하고, ③ 합의에 의해 통일한국의 좌표가 설정되면 통일한국의 개척에 혼란과 시간의 허비를 더는 데 도움이 될 것이라는 전제아래 통일 한국의 정치적 좌표를 보색하고자 한다.

이 연구는 통일한국의 미래 구상이기 때문에 서술과 설명이라는 경험적 분석 차원에서 추출된 현재와 과거의 원인과 결과를 근거로, 규범적 미래를 설정한다. 즉 21세기 통일한국의 미래를 모색하는 데 오늘날 전개되고 있는 국제정치의 양상을 살피고, 20세기 우리 민족이 겪어온 역사적 경험의 토대 위에서 현실을 진단하고, 그리고 미래를 열기 위한 현실적 방안을 모색, 당위와 규범적 차원에서 미래 설정에 접근하고자 한다.

실제 미래는 우리의 선택에 달려 있기 때문에 이상적인 우리 민족의 21세기를 위해서는 설계가 필요하다.

한국 분단은 냉전의 산물이므로 동서냉전의 종식은 분명 통일의 객관적 환경조건에 해당하고 한국정치 요인은 다른 어떤 나라보다도 국제정치와의 상관 관계없이 이해가 힘들기 때문에, 그리고 변화해가는 새로운 국제정치 질서 속에서 우리 민족국가의 자리 매김을 위하여 먼저 세계정치의 새로운 흐름을 객관적으로 파악해 본다.

그리고 과거의 원인과 결과를 20세기가 한국에 있어서 무엇인가에서 살피고 통일시대를 여는 주·객관적 조건과 우리의 자세를 정리하고 21세기 민족의 장래를 주체적으로 창조하기 위한 대안을 찾는 데 도움이 되고자 한다.

20세기는 식민지, 폭력, 이데올로기, 분단, 독재로 점철된 우리 역사상 가장 불행한 세기였다. 그 위에 국내 정치에서는 지역갈등과 계층갈등이 만연하여 민족화합을 저해하고 있어 냉전분열 의식은 추상적 가능에서가 아닌 긴박한 현실적 잠재력으로 되어 있으므로 우리는 지역갈등과 계층적 갈등을 정치적 이성과 정책으로 극복하고, 강대국에 체계적으로 왜곡되어 온 반민족적인 것은 과감하게 털어내면서 민족공동체 관념을 형성해 나가야 한다. 그래서 이 연구는 20세기 민족분열과 이질화를 극복, 미래 21세기 민족사회를 여는 데 전제가 되는 연대를 재발견하기 위한 지평을 찾는 데 실마리가 되었으면 한다. 우리 한민족의 역사상 가장 어둡고 험난했던 식민지와 민족분열의 20세기 잔재를 과감하게 청산하고 정리하지 않고는 21세기 민족의 성숙은 어려운 것이다. 그러므로 이러한 역사의식의 맥락에서 민족의 연대를 자각하는 것은 민족의 생존전략을 총체적이고 체계적으로 해결하는 열쇠가 될 것이므로 20세기 한민족에게 드리워진 어둠을 파악하고, 현상을 타파하고 극복하는 불굴의 힘을 축적, 하나로 된 민족의 부활을 가능케 해야 된다고 본다.

2. 한반도 통일의 환경변화

1) 탈냉전 시대의 세계정치

(1) 얄타체제의 붕괴

1945년 2월 크리미아 반도의 얄타에서 제2차 세계대전 중 추축국(樞軸國)을 격파하고 세계대전을 승리로 이끈 두 주역국가, 미국과 소련은 전후의 세계질서를 구상하였다.

세계질서를 미국과 소련이 공동 관리하기로 된 얄타질서[2]는 지구의 서쪽에서 독일을 중심으로 한 유럽의 분단과 동쪽에서는 한국분단을 중심으로 하여 세계적 규모의 적대관계, 이데올로기상의 대립, 군비경쟁의 세계적 대결을 지속하였다. 특히 이데올로기는 양 진영을 대표하는 미국과 소련의 세계적 패권을 향한 전략을 정당화하는 무기가 되어왔다. 미국을 중심으로 한 자유진영 국가군과 소련을 중심으로 한 공산진영 국가군은 각 진영 간의 적대관계와 각 진영 내의 결속을 다지면서 상호 불신과 군사대결로 집약되는 냉전의 긴장된 양극구조를 형성하였다. 전후 세계정치의 양극구조 상황에서 정치적 인간의 행위는 다른 진영의 결속과 번영을 파괴하는 것으로 방향 지워져 한 쪽 진영의 단결을 위해서는 진영 주도국에 의한 소속 국가의 대외주권은 타 진영으로부터 안전보장을 전제로 제약을 받을 수밖에 없었다.

---

2) 얄타회담에는 루즈벨트, 처칠, 스탈린이 참가하였는데, 회담은 미국과 소련의 정상이 주도하여 얄타체제는 서구가 소외·격하된 질서로 되었다.

양 진영 간의 인적 교류와 정치적 커뮤니케이션도 제약을 받았고 특히 동쪽의 공산주의 진영은 서측에 대하여 폐쇄적인 정책으로 일관하였다. 그것은 인간과 인간의 접촉을 금지하였고, 커뮤니케이션을 방해하였으며 문화교류를 감시하였다. 그 결과 미·소 군사력 균형을 바탕으로 한 동서대립은 역사상 유례 없는 물질적 재화를 낭비시켰을 뿐만 아니라 인간에 있어서 사고의 세계와 창조적 에네르기를 마비시켜 왔다.

전후 40여 년에 걸쳐 냉전상태를 지속하여 온 미국과 소련은 군사비의 중압에 눌려 경제력이 크게 저하하였다. 제2차 세계대전 직후 미국은 1950년에 세계 GNP의 34%를 차지한[3] 대국이었으나 1989년에는 19%로 줄어들었다. 대소 봉쇄정책은 미국 전략의 기본목표였고[4] 이를 위해 특히 1960년대 후반, 베트남 전쟁으로 인한 과대한 정부지출은 미국의 경제를 악화시켰다. 레이건시대 미국은 8년 동안에 재정적자와 무역 적자가 증대 세계 최대의 채무국으로 전락하였다. 재정적자의 주원인은 GNP 6%에 달한 군사비였다.

한편 미국의 군사력에 대항하기 위한 소련의 경제력은 소련으로 하여금 미국 다음가는 패권국가에서 '세기말의 제국'으로 떨어지게 하였다. 1970년대 이후 무기의 고급화는 고도의 정밀한 과학기술을 필요로 하였으나 폐쇄사회 특징으로 인한 정보산업에서 뒤진 소련은 미국의 무기 제조 기술에 대항할 수 없었을 뿐만 아니라 거액의 군사비가 경제의 파탄을 야기하여 1985년 고르바초프가 소련 공산당 서기장에 취

---

3) 세계무역량 17%, 공업제품 생산 60%, 세계통화 준비의 50%를 차지하였다. 이에 대해 1980년에는 GNP 23%, 세계무역량 12%, 공업제품 생산 30%, 세계통화준비 6%를 차지하였다. 이는 미국 패권의 상대적인 감퇴를 나타내고 있는 것이다. 富田信男 編, 『世界政治のなかの日本政治』, 東京, 1983. 9. 10.

4) William Appleman Williams, *Die Tragödie der Amerikanischen Diplomatie*, Frankfurt am Main 1973, p.304.

임할 때 소련은 이미 지쳐있는 공산제국으로 더 이상 버틸 수 없게 되었다. 세계적 차원의 사회주의 혁명이라는 대외정책 목표의 포기는 물론 대내 정책에서 있어서도 대전환의 필요성에 직면한 소련의 고르바초프는 페레스트로이카와 글라스노스트 정책을 추진하였다. 고르바초프의 글라스노스트는 브레즈네프 독트린의 포기와 동구 위성국가에 대한 내정 불간섭정책으로 나타나 동유럽 국가들은 1989년 가을 강제에 의한 통치시대에 종막을 고하는 혁명적 변혁의 물결에 휩싸였다.

프랑스혁명으로부터 200년째, 소련의 볼셰비키 혁명으로부터 72년, 유럽 분단 40년째, 동구가 붕괴되고 베를린 장벽이 무너졌다. 그것은 알타체제의 변혁을 의미하였다.

이에 1989년 12월 2일과 3일 미국의 부시 대통령과 소련의 고르바초프 대통령은 몰타회담을 열어 "세계가 냉전체제에서 벗어나 새로운 시대로 접어들고 있다"면서 "우리는 미·소 관계에서 전혀 새로운 협력 시대의 문턱에 서 있다"고 냉전종식과 새로운 공존시대의 시작을 선언하였다. 미국의 대소련 봉쇄정책의 외교 기본전략은 대소련 지원정책으로 변하였다. 몰타회담으로 동서냉전은 종결되고 유럽의 분단도 종결되었다.

이러한 새로운 정치정세는 동서의 블록구조의 붕괴는 물론 정치, 이데올로기, 군사, 경제, 사회 그리고 정신면에서 분단 상태의 종식을 가져와 새로운 체제 변화를 가능케 하는 미지수의 정치적 지평을 가진 세계사적 변화를 가져오게 한 것이다. 특히 동구의 시민들에게는 이러한 새로운 상황이 해방적인 작용을 가져와 인권의 존중과 기본적인 자유의 보장, 다양한 의견의 동존, 권력의 분립, 법치국가 원리가 새로운 정치체제의 원리로 되었다.

여하튼 제2차 세계대전 이래로 냉전, 데탕트, 제2의 냉전, 제2의 데탕트로 규정지어 온 동서대립의 구도는 종막을 고함으로써 지금까지 국제정치를 지배하여 온 미·소 초대국에 의한 2극구조(二極構造)가 청산되고 세계는 이제 새로운 정치구조시대로 진입하게 되었다. 혁명으로 레닌이 저지른 20세기의 정치는 고르바초프가 평화적으로 정리하여 결국 20세기 정치의 대변혁의 주인공은 레닌과 고르바초프임이 드러났다.

(2) 다극화의 세계

이제 동서대립의 종결과 더불어 미·소 양국구조의 시대가 끝났다. 미국, 러시아, 일본, 통합 유럽, 중국, 인도 등이 다극구조를 형성하게 되었다. 이들 중급국가들의 대외 행동은 패권주의적 정책이 그 근거를 상실한 사실에 의해 규정되게 되었다. 이로 인하여 제3세계에서는 외부의 선동에 의한 지역분쟁이 없어져 가고 있다.

21세기에는 정보·공업사회가 만개된다. 21세기가 현재의 정세 연장이기도 하지만 과학·기술·정보의 발전이 변화를 가속화하여 예측 불가능한 급속한 변화를 초래, 그 변화의 물결을 주도하는 국가는 흥하고, 이에 뒤지는 국가나 민족은 쇠퇴의 길에 접어들 것은 필지의 세로 내다보인다.

과학과 기술의 발전이 지구의 통합을 촉진할 것이라는 예측은 맞아떨어져 정치적 교의나 이데올로기가 이제 힘을 상실하여 가고 있다. 이로 인하여 제2차 세계대전 후 국제정치의 규정요인이었던 이데올로기와 군비의 대립 자리에는 교역이 들어서서 국경과 정치의 벽을 넘어서 진행되고 있다.

이러한 현상은 급격한 과학기술 자체가 가져온 가속도 효과로서 특히, 전세계를 사회, 경제, 정치적으로 거리를 좁혀 가는데 기여한 미시전자 혁명과 관련된 기술혁신의 효과로서 그 대전환은 1989년 동구의 붕괴와 독일통일, 소련제국의 붕괴와 유럽통합의 가시화 그리고 민족간의 분열과 통합 그리고 영토 분쟁, 종교 분쟁에서 볼 수 있다.

이제 국제정치는 이제까지의 역사가 전혀 알지 못하는 시간의 가속화 속에서 그 관계구조가 재정립되어 가고 있다. 하나의 극으로 버텨왔던 소련제국이 무너짐에 따라 그동안 국제체제에서 양극구조가 강요하여 오던 냉전이 종식되고, 국가와 국가의 평등성이 증대되어 힘의 구조변천으로 국제정치의 양극구조가 다극구조로 변해가고 있다.

걸프전쟁을 기점으로 군사면에서는 미국이 유일 군사대국으로 된 일극체제의 질서가 우선하지만 새로운 중급 국가들의 경제적·정치적 힘의 상승은 분명 국제정치의 다극화와 상호의존성을 증대시키고 있다.

그리하여 포스트 냉전의 세계질서는 과거의 경험에서 유례를 찾을 수 없는 새로운 형태로 다극화가 진전되고 있다.5)

1991년 3월 6일 미국의 부시 대통령은 의회에서 "새로운 질서가 다가오고 있다"6)고 표현하면서 그 질서는 강자가 약자를 돕는 정의와 공정한 게임규칙이 원칙이 되는 새 세계질서에 대한 희망을 역설하였으나 그 새로운 세계질서 구조는 아직 구체화되어 있지는 않다. 그러나 앞으로 세계질서는 양극화되지 않는 상호이익이 되는 경제관계를 중심으로 무기확산 금지로부터 환경문제에 이르기까지 모든 분야에서 협력을 추구하는 국가간의 지속적 동반관계의 이상을 설정하고 있다. 다시 말하면 탈냉전시대의 특성은 탈이념석, 비군사전략적, 경제수도적, 정치주도적인 국제관계의 틀이 중요하게 된 시대로 변하고 있음을 보여주고 있다.

한편 동서냉전 시대가 끝나고 이데올로기나 군사적 대결 대신 세계

---

5) Matin Zuberi, "The New World Order and the Indian Ocean as a Zone of Peace", in *The Indian Ocean News and Views*, May 1991, p.15.

6) George Bush 의회연설, 1991. 3. 6, in *Europa-Archiv*, Folge 9/1991, pp.D218-220.

경제전쟁이 치열해 지고 있는 시점에서 마스트리히트 조약에 의한 유럽연합의 탄생은 국제정치 구조에 문화권과 지역주의를 강화시키고 경제 블록화 현상을 심화시키고 있다. 즉 이러한 현상은 세계경제의 지역화로 현재까지는 3개의 극(極) 즉 ① 유럽공동시장, ② 캐나다·라틴아메리카·미국, ③ 아시아·태평양 경제권이 크게 부상하고 있다. 세계의 각 국가들은 이 세 경제 그룹안에서 자리매김을 하고 있다.

(3) 지구적 상호의존성의 진전과 경제적 지역주의 강화

자본형성에 있어서도 자본의 국제화 또는 '지구화(Globalization)'가 급속하게 진전되고 있다. 동서장벽이 무너지고 자본은 자본의 논리에 따라 이익이 있는 곳이면 세계 어느 곳에나 달려가고 있다. 자본은 지금까지 이념의 장벽이 장해가 되어 왔으나 이제는 이익을 가로막았던 이념이란 거추장스런 이데올로기의 벽을 의식할 필요가 없게 되었다.

동서의 경계가 무너지자 자본주의 국가들의 투자가들이 이익이 예측되는 사회주의 국가들의 경계를 넘어서 넘치고 있으며 다국적기업들의 수가 더욱 증가하고 있다. 고도의 기술을 요하는 생산품들은 두 나라 이상의 공동기업으로 가능하게 되었다. 그래서 이데올로기적 경계를 걸어 치운 무역과 생산품의 국제화는 다반사로 되어 가고 있다.[7]

더욱이 80년대 이후 고도 정보화의 물결은 산업구조에서 국제적 분업의 요청과 기술개발의 공동 협력의 필요와 더불어 경제의 국제화를 촉진하고 있다.

인간, 상품, 자본의 지구대에 걸친 이동이 국가간 상호의존 관계를 심화시켜가고 있을 뿐만 아니라 이는 지난 2백년 동안 국민국가의 국

---

7) Likhit Dhiravegin, "Das veränderte internationale Umfeld und die Neue Weltordnung", in *Europa-Archiv*, Folge 23/1991, p.684.

경개념을 변화시켜 국가 중심의 국제질서 구조를 변모시키고 있다. 이러한 국제정치 구조의 변화 속에서 첨단산업을 둘러싼 각국 기업의 경쟁은 점점 치열해지고 그것은 또한 각 국가의 기획과 지도 속에 이루어지고 있다. 이러한 현상은 세계의 상호의존 속에서 각 국가는 그 장래를 경제와 기술 전쟁에 걸고 있는 것을 의미한다. 나아가서 자본이 세계 곳곳에 침투해 국경을 넘는 산업활동의 증가가 이전에 국가의 당연한 수단이었던 전쟁을 그 수단으로 쓰기를 어렵게 하고 있다. 그래서 상호의존의 세계의 현실성에 결정적인 중요성을 두는 신 국제질서 구조 속에서 공격적 군사력은 타국에 대한 심각한 위협의 원천이 되지 않는다는 인식이 확산되어 가고 있다.

나아가서 세계경제는 유럽공동체, 북아메리카, 태평양 경제권을 중심으로 움직이고 있다.

(4) 국가간의 평등성과 국제기구의 권한강화

전후 세계질서를 지배하던 두 강대국 가운데서 소련이 무너짐에 따라 두 강대국의 대립의 기본축을 받쳐 왔던 이데올로기와 군비경쟁이 끝나자 대국과 중급국가 사이의 관계구조도 근본적으로 변하였다. 그동안 군사적으로 미국에 의존하여 오던 서방 자유국가들은 동서대결의 이름 아래, 국제정치 활동에서 군사적 보호국의 간섭을 받아 왔으나 그 간섭의 이유가 없어졌다.

또, 국제정치에서 군비와 이데올로기 기능의 저하는 20세기의 고전적 권력정치 양상을 과거의 것으로 돌리고, 전쟁의 의미 대신 지식의 의미를 증대시켜 대국이 군비경쟁과 대립에 몰두해온 동안 군비보다 학문, 정보, 기술을 축적하여 온 중급국가들의 위상이 높아짐으로써 국가와 국가 간의 평등성이 제고되고 있다.

20세기의 세계전쟁에 승리한 세계대국에 의한 질서가 '비정통화'된

시기를 맞이하여 세계의 질서는 팍스 아메리카나(Fax Americana) 대신 1991년 9월 23일 미국의 조지 부시 대통령의 유엔총회에서의 연설처럼 팍스 유니버살리스(Fax Universalis), 즉 어느 한 대국에 지배되는 세계가 아니라 범 세계 중심으로 지배되게 됨에 따라 국제기구의 권한이 증대되고 있다. 요즈음은 세계 어느 곳이나 분쟁이 터지는 곳에 유엔 평화유지군이 달려가고 있다. 양극시대 국제기구는 양극시대 자본처럼 각 진영의 벽을 넘어선 활동이 어려웠기 때문에 양극시대가 끝나자 범세계적 보편적 기구인 국제연합을 중심으로 한 국제기구의 권한이 강화되고 있다.

21세기의 도래를 앞두고 지구의 삶은 그 생존의 위협을 받고 있다. 공기, 물, 토양, 식수, 식물의 오염, 녹색의 상실과 토지의 유실, 테러, 제3세계에 있어서 기아상태, AIDS, 그리고 어느 나라나 공업화된 곳에서 겪는 관리사회에 있어서 인간 정신의 황폐로 인류는 심각한 위기에 처해 있다. 지구의 생태계파괴는 더 이상 방치될 수 없다는 지구의 위기의식은 어떤 한 국가적 차원에서 해결될 문제가 아니기 때문에 범세계적 차원의 대응이 필요하다. 1922년 6월 브라질의 리오에서 열린 세계환경 정상회담은 지구를 되살리기 위한 범세계적 대응의 일환으로 국가간의 상호의존성을 높이고 있음을 의미한다.

고도의 정보화 물결 그리고 국제사회의 상호의존성은 국가간 개인간의 커뮤니케이션을 확대할 뿐만 아니라 지구 생태계의 위기의식은 국제연합이 인간의 이상적 목표를 실현하는 기구가 되기를 바라는 마음을 확산시키고 있다. 그래서 상호의존 세계의 공존질서는 이데올로기, 경제, 정치, 사회, 국가적 차이에 강제가 없는 그리고 정치적 긴장과 분쟁이 교섭으로 해결되는 노력을 발전시켜야 된다는 당위성을 갖고 있다.

(5) 정치적 민주화와 경제적 자유화

정치적 흐름에 있어서 주요한 '변화의 바람'[8]은 모든 대륙에서 민주적인 변화의 파도를 일으키고 있다. 새로운 정당의 형성을 거부하고 야당을 탄압하고 다른 정치적 신념과 사상을 허용하지 않았던 국가들이 민주적 선거를 실시하고 인권의 보장을 촉구하는 정치과정의 개방화와 자유화와 민주화 길을 택함으로써 개방적 정치시스템을 지향하고 있다. 70년대 중반 스페인과 포르투갈이 민주정치를 부활시키고 70년대까지 독재와 혁명, 쿠데타의 악순환 와중에서 군사적 권위주의에 시달려 온 국가들이 80년대에 들어와 경쟁의 원리 위에서 정권교체와 문민정치를 실현하였다. 특히 1990년 11월 19일과 20일 '유럽안보협력회의'는 파리헌장을 채택, 동서가 서구의 자유민주주의적인 정치적·경제적 이상 추구를 선언하였다.[9] 동구와 소련에 민주주의가 확산되고 멕시코, 나미비아, 엘살바도르, 남아프리카공화국, 브라질, 중남미 등에서 급격한 체제변혁 없는 개방적 제도의 수용이 취해지고 있어서 개방과 민주화 지향은 세계사의 거대한 흐름을 이루고 있다.

그러므로 근본적으로 변화해 가는 포스트 냉전의 세계는 얄타체제 시대와는 전혀 다른 시대의 흐름으로 전개되고 있다. 유럽안보협력회의에서 선언한 자유와 민주주의의 정치적 이상은 큰 규범적인 의미를 가짐으로써 동서와 제3세계를 막론하고, 지구 어느 나라에서나 지향해야 될 정치적 이정표를 제시하였다. 모든 나라에서 독재자는 그들의 독점적 권력을 행사하는 데 일반 국민의 저항에 부딪혀 자유선거와 비밀투표가 어느 곳에서나 당연한 정치과정으로 등장하고 있다.

그래서 개혁과 민주화를 추진하는 국가에서는 어디서나 민주주의와

---

8) 식민지 종식 시대 영국의 Harold Macmillan수상의 표현.
9) CSCE의 인류 보편적인 가치 인정: ① 인권·기본자유존중, ② 사상, 양심, 종교, 신념의 자유, ③ 시장경제, 복수정당제.

법치국가 원리가 심각한 위험에 빠질 염려가 적게 되었다. 권위주의나 독재체제로 퇴행하는 위험한 길은 상호의존적인 관계 속에서 여러 국가들의 효과적인 원조조치가 행해짐으로써 방지되는 경향에 있다. 다양한 인적, 물적 교류, 돈의 흐름 그리고 정치적 커뮤니케이션의 확대가 이를 뒷받침하고 있다. 이와 더불어 1989년 동구에서 혁명 후 개혁지향 국가들이 시장경제의 메커니즘을 도입, 중앙집권적 계획경제를 낡은 경제의 모델로 돌리고 있다. 시장이라는 요소를 우선시하게 된 것이다.

2) 한반도를 둘러싼 동북아 국제환경변화

(1) 국제정치와 한국

19세기 중엽 서양의 열강들이 지구상에 남은 광대한 시장인 동북아시아로 진출하자 이 지역도 세계정치의 상호영향권으로 포함되었다. 이러한 서세동점(西勢東漸)이라고 하는 세계의 움직임은 동북아의 역사적 의미에서 두 가지 결과를 가져왔다. 즉, ① 동북아가 아시아 외의 열강에 의한 힘과 이익의 각축장이 되었고, ② 열강들의 외교정책의 상호작용으로 인한 긴장의 고조 속에서 동북아 각 국가의 체계와 사회는 내부적인 변화의 과정을 급속도로 체험하지 않으면 아니 되었다.

한국은 1876년 타율적 개항을 계기로 하여 국제사회에서 세계정치의 한 단위로 편입되고 그 지정학적 위치로 인한 전략적 중요성으로부터 강대국의 관심의 대상이 되었다. 동북아 육·해·공·교통의 요충에 위치한 한반도는 동북아 국제정치 체계에 있어서 그 구조변화의 핵을 이루어 이 작은 한반도의 정치·외교·안보 정세는 우리가 바라건, 바라지 않건 간에 세계전략의 중요한 위치부여를 면치 못하게 되어 있다.

본래 중국은 그 역사의식에 있어서 한반도와 중국대륙이 이른바 순치관계(脣齒關係)라고 인식하고 있으며 해양세력이 중국대륙을 침범할 때는 한반도를 전략기지로 이용하든지 또는 한반도를 경유하기 마련이었다. 러시아는 1860년 북경조약을 계기로 중국의 동북지방의 동해연안을 차단하고 블라디보스톡을 개항해 극동의 근거지로 하여 한반도와 두만강을 사이에 두면서 육접(陸接)해 있다. 일본에 있어서 한반도는 대륙을 향한 교량적 반도로 일본은 한반도의 안보를 그들의 안보와 직결시켜 왔다. 그리하여 명치(明治) 이래 일본외교는 한반도에서 출발하여 한반도에서 끝났다. 이러한 지정학적 이유 때문에 청일전쟁과 러일전쟁은 한반도 지배권을 둘러싼 쟁탈전이었으며 서양의 군함, 대포, 소총 등 선진적인 서양기술을 도입·학습한 일본은 두 전쟁에서의 승리를 기초로 한반도를 그들의 식민지화하였다.

1945년 8월 15일 해방은 우리 민족에 있어서 신생(新生)의 기회였으나 해방 그 자체가 우리 민족에 의한 대 식민지 투쟁에서의 승리의 결과가 아니라 일본군국주의에 대한 두 전승국, 미국과 소련의 승리에 의한 결과였기 때문에 해방 후 새로운 국가건설에도 주도적인 역할은 두 대국에 의존하게 되었다. 또 민족지도자들의 항일투쟁은 독립 후 새나라 건설까지의 청사진에까지의 지혜집중으로 이어지지 못하고 전승국 상대의 교섭에 있어서 단합된 역량의 미비로 신생의 기회는 비극적인 민족분단을 가져왔다.

우리 민족의 주체적 입장과 의사 반영이 전혀 고려되지 않은 부조리한 국토 양단 이후 한반도에서는 새롭게 형성된 국제정치체계와 관련, 미·소의 힘의 지배하에 분단 쌍방이 각기 세계사적 규모에서 대치하는 상이한 진영에 편입됨으로써 국제관계와 내부 분열은 더욱 복잡하게 전개되었다.

제2차 세계대전 직후 냉전의 모순은 북한의 친소정권이 전 한반도를 지배키 위한 행동 전략의 구체화로서 일으킨 한국전쟁에서 터졌다. 덜

레스가 "한국전쟁은 세계사에서 전혀 새로운 것이었다"고 말했듯이 한국전쟁은 한국의 전략적 중요성을 현대사 속에서 뚜렷하게 밝혔다. 제2차 세계대전 후 태평양 지역에서 국제관계는 한국전쟁으로 그 유연성을 상실하고 한국전쟁은 미국과 중국과 소련을 대치시켰다. 이 3국만이 당시 아시아의 힘의 체계에 참가할 수 있는 강대국이었다. 강대국에 의하여 타율적으로 분단된 한국은 이러한 긴장된 국제관계 구조의 한정된 틀 속에서 행동하여야 되었다. 뿐만 아니라 민족 내부 차원에서는 전쟁에 의한 증오와 갈등을 더욱 조장하여 민족통일의 이정표는 더욱 멀어지게 되었다.

한국전쟁은 한국을 둘러싼 각축에서 어느 한 열강도 한반도를 단독으로 지배할 수 없다는, 즉 어느 한쪽도 다른 열강이 한반도에서 승리할 수 없게 한다는 것을 단적으로 시사하였다.

미국과 소련이 군비증강에 힘쓰면서 서로 버티는 동안 일본은 미국에 안전보장을 의존한 채 경제 대국으로 부상하여 동북아에는 4강 질서가 형성되었다. 대서양 국가임과 동시에 태평양 국가인 미국과 유럽 국가임과 동시에 이른바 아시아 국가인 구소련이라고 하는 양 초대국과 경제대국이면서 정치대국을 지향하는 일본, 그리고 영토의 규모와 그 위치로 보아 세계적 힘의 균형에 결정적 역할을 하는 세계 제3의 군사대국인 중공의 4대 세력의 관심과 이익이 한반도에 교차하게 되었다.

주변 강대국들이 한반도를 인식할 때는 반드시 그들의 세계전력 및 지역전략의 입장에서 출발하고 있어 이 작은 한반도의 정치·외교·안보 정세는 우리가 바라건, 바라지 않건, 세계 전략의 중요한 위치부여를 면치 못하게 되어 있다.

(2) 동북아 국제정치 구조의 변화

미국과 소련을 중심으로 한 동서관계의 지각변동(地殼變動)에는 우리의 국제환경을 구성하고 있는 동북아도 휘말리게 되었다.

미국, 소연방, 중국, 일본의 세계 4강 세력이 교차하는 동북아의 정치환경은 1986년 고르바초프의 대 아시아 정책이래 큰 전환을 향하여 움직이고 있다.10)

그 전환은 아주 복잡하고 다양한 모습으로 진행되고 있다. 유럽에서 먼저 동서의 냉전체제가 붕괴되자 동북아에서도 세계 냉전의 주역인 미·소 화해로 동서대결 구조는 남북한을 제외하고 청산된 셈이다.

마침 1992년 6월 구소련의 붕괴 후 처음으로 러시아의 옐친 대통령은 미국을 공식 방문하여 민주화된 시장경제 체제로 돌입한 러시아와 미국의 과거 적대관계라는 유산을 청산, 동반자 및 우의 관계를 수립한다는 선언을 결과케 하였다. 미국과 러시아는 27건의 각종 공동성명과 합의, 협약과 조약을 체결하여 상호신뢰와 우의, 협력관계를 제도화하였다. 두 나라는 또 북한의 국제핵사찰 수락과 남북간의 평화조약 체결을 촉구하였다. 미국과 러시아의 두 정상은 두 나라가 보유하고 있는 핵무기를 2000년까지 3분의 1을 감축하는데 합의했다. 이러한 새로운 전환은 아주 복잡하고 다양한 모습으로 전개되고 있다. 냉전붕괴가 가져온 화해와 협력의 평화공존, 군사적 안전보상 보다 경제적 실리우선, 상호의존의 심화와 경제의 상호보완성을 중심으로 한 지역 경제권 형성 가능성이 동부가 지역에서도 예외 없이 특징으로 나타나고 있다.

동북아 지역에서 중·소 분쟁은 1950년대 정치적 갈등 이후 30년간 지속되어 왔으나 1989년 5월 중·소 관계가 정상화되었다. 강택민(江澤民), 중국 공산당 총서기가 1991년 5월 모스크바를 방문하였을 때

---

10) 1986년 7월 블라디보스톡 연설: 1988년 9월 그라즈노야르즈크 연설.

중·소 양국정상은 "한반도 정세의 안정은 동북아의 안정에 중요한 의미를 가지고 있다. 중·소 양국은 한반도에서 최근 발생한 적극적 변화를 환영하면서 남북 양방이 대화를 지속, 상호관계를 개선할 것을 희망하고, 또 한반도의 긴장완화와 평화통일에 장해되는 것을 피하도록 호소한다"고 밝혔는데[11] 그 후 동북아의 평화구조는 급속하게 진정되었다. 그 획기적인 일은 1990년 9월의 한·소 국교 정상화였다. 이와 더불어 한·중 관계의 개선도 1990년 10월 한·중 무역사무소 개설이래 더욱 가속화되고 있다. 또 일본과 북한과의 관계 정상화 협상도 진전되고 있다. 이러한 동북아 정세변화는 남북한간의 대화와 협력·교류에 있어서도 바람직한 방향으로 진전되어 1991년 7월 북한의 핵안전협정가입, 1991년 9월 남북한의 UN동시가입 1992년 2월 「남북한 화해와 불가침 및 교류·협력에 관한 합의서」발효, 5월 18일 분단 47년 만에 남북한 상설연락기구인 남북연락사무소 설치로 남북화해 시대의 개막이 열리고 있다.

1991년 4월 일본국회에서 고르바초프는 소련 극동군의 감축을 선언하여 아시아에 있어서 탈냉전과 탈군사화의 가속화 계기를 가져 왔다. 이는 전후 동서관계의 역사적 전환에 있어서 세계적인 신데탕트 조류의 동북아에서의 구체화였다.

이러한 현상은 종래의 군사적 전략적 구도와는 다른 다원적인 외교채널의 시동을 의미한다. 그러나 탈냉전기류 가운데 동북아의 신질서축이 형성되기 전 이 지역의 국제관계는 대단히 유동적·역동적 또는 복잡하다. 그것은 동북아에서는 유럽과 달리 미국, 구소련을 대표하는 러시아 연방, 중국, 일본이라는 강대국의 이해관계가 직접 교차하고 있고 21세기에는 이 지역이 세계경제성장의 중심지가 된다고 하는 예측

---

11) 《동아일보》 1991년 5월 20일.

때문이다.

그래서 이 강대국들은 탈냉전 후 동북아에서 신질서가 자국에 유리하게 형성되기 위한 움직임을 더욱 활발하게 전개하고 있다.

개혁개방 전략을 추진하고 있는 중국은 러시아의 상호의존·상호보완 관계를 강화하고 있다. 러시아는 일·소 경제관계의 순조로운 확대를 저해한 동서대립이 없어지자 시장경제를 적극적으로 추진하면서 일본의 경제력과 공업기술력에 다대한 관심을 두고 경제를 중심한 일·소 관계를 형성코자 한다.[12]

결국 러시아는 동북아에서 비군사전략적·경제주도적인 국제관계를 구축하여 냉전시대의 적대관계 대신에 상호신뢰 구축, 군축 또는 안전보장을 통하여 동북아의 평화와 안정·협력을 증진하고자 한다. 특히 러시아는 유럽에서 성공한 CSCE의 아시아판, 즉 아시아집단안보협력 체제 구상을 1991년 4월 제안하면서 광대한 극동지역 개발계획을 중심으로 하여 태평양 경제권에의 참가를 모색하면서 여전히 동북아 지역의 주요세력으로서 영향력을 유지하려고 한다. 러시아는 세계경제의 중심이 태평양 경제권으로 이행, 그 경향이 한층 뚜렷해지고 있다는 기본 인식으로부터 극동개발에 장래를 걸고 있어 유럽 보다 아시아를 더 중시하여 집단안보체제, 즉 CSCE의 아시아판인 다자간안보협의기구 수립을 통한 동북아 질서 재편에 주도적인 역할에 참여코자 하고 있다.[13] 집단안전보장 체제에 일본이 참가하면 러시아로서는 일본의 군사 대국화를 저지할 가능성이 있기 때문이었다.

반패권(反霸權)을 대외정책의 기본목표로 한 중국은 중·소 외교관계 개선을 통하여 구소련에 대한 불신감은 감소시켰으나 걸프전쟁 이

---

12) 이에 대하여 일본은 북방영토의 반환을 최우선 과제로 하고 있다.

13) 당시 소련 외무상 Eduard Schewardnadse는 1990년 11월 파리회의에서 1993년 가을까지 아태지역에 안보협력회의를 제안하였다.

후 미국의 동북아 지역에 대한 영향력 증대를 경계하고 있다. 그러나 일본의 군사 대국화 지향은 전통적인 중·미 관계가 회복된다는 자신감을 갖고 있다. 중국으로 보아 소연방의 패권능력은 없다고 간주하고 있으나 동북아지역에서 미국은 아직 초대국으로 남아 있고 패권을 상실한 러시아 대신 일본의 정치 대국화의 가능성에 대한 비판의 강도를 늦추지 않고 있다. 1980년대 중반이래 일본의 방위정책 그리고 금년 6월 16일 확정된 일본의 평화유지작전법안 통과에 대한 비판은 그 예를 나타내고 있다.

동북아에서 일본의 패권세력으로서의 등장은 중국의 안전보장에 위협이 되기 때문이다. 그러나 중국의 경제발전을 위해 미국과의 협력관계와 일본과의 경제협력·강화가 전제로 되고 있어 직면하고 있는 경제발전을 위해 기본적인 정치체제를 유지함으로써 개방정책을 추진, 동북아를 둘러싼 경제발전에 적극적으로 참여하려고 한다.

동북아에서 미·러시아 관계와 중·러시아 관계의 새로운 진전, 한·러시아 관계, 한·중 관계, 일·러시아 관계, 일·북한 관계의 변화는 종래의 군사적·전략적 구도에 근본적 변화를 가져오고 있다.

비군사적·경제주도적 국제관계의 새 구도가 짜여져 가는 마당에 강대국은 거대한 비용이 드는 군사력을 통해 지역적 이익을 지키려는 사고가 변해가고 있다.14) 걸프전쟁 후 세계 유일의 군사대국으로서 미국은 동북아 지역에서 이 지역의 경제·정치적 중요성의 증대 때문에 미국지도하의 세계 신질서를 형성하여 주도권을 가지고 관련국가의 이해관계를 대비하면서 질서재편의 역할을 수행하려고 한다.

그러나 미국은 세계최대의 채권국으로서 재정적자의 누적, 국제수지

---

14) 미국과 러시아 양국이 각각 보유한 1만여 개씩의 핵탄두가 3천 개 내지 3천 5백 개로 줄어든다. 또 러시아는 지상발사 SS18을, 미국은 잠수함 발사용 전략 핵무기를 줄이기로 했다. 《중앙일보》 1992년 6월 18일.

위기의 구조적인 병폐에 시달리고 있다. 걸프전쟁 중 전비의 태반을 일본, 독일, 사우디아라비아 등 타국에 의존한 군사 초대국의 승리는 경제력 뒷받침 없는 팍스 아메리카나의 장래 보장에 대한 의문이 나오고 있다. 그래서 경제력의 상대적 저하로 '세계의 경찰관'으로서 군사력을 유지하고 전개하는 일이 어렵게 되었다. 이에 미국은 탈냉전 후 신세계 질서 개편 과정에 전통적인 위협개념의 변화로 나타나는 우방국가와의 관계약화 가능성을 경제적인 상호의존성으로 보완하고자 경제협력체를 조직하려고 한다.

미국은 동북아에서 계속해서 일본과의 동맹을 유지하려 한다. 미국은 국가안보의 입장으로부터 안보태세의 급격한 변화를 바라지 않고 있기 때문이다. 미국은 태평양지역에 있어서 평화와 안정은 일본과 공동으로 유지하고자 하며, 동북아 및 한반도 안정을 위한 핵심적인 보장자의 역할을 지속적으로 수행하려 한다. 미·일 동맹체제가 동북아에서 미국의 정치적·경제적 입장을 안정적으로 유지할 수 있을 뿐만 아니라 아시아 국가들에 있어서도 미·일 동맹체제는 일본의 군사대국화의 길을 막는 보장이 된다고 보고 있다.

일본으로 봐서도 미·일 동맹관계가 있기 때문에 아시아 각국과의 정치적·경제적 접근이 가능하다. 미·일 안보조약의 초기에는 아시아·태평양지역의 방위는 미국이 담당하였으나 1980년부터 일본은 해군공동연습에 참가, 육·공 자위대의 군사연습참가, 주일미군에 대한 재정적 지원을 하고 있다. 또 1980년대부터 방위비를 증가 현재는 군사비 면에서 세계 3위, 군사력에서 초현대적 장비를 갖춘 선진 서방 7개국에 들어가 있다.15)

냉전시 구소련에 대한 일본의 안전보장은 미국이 담당해 왔다. 소련

---

15) 《조선일보》 1992년 6월 9일. 일본은 걸프전쟁 때 130억 달러를 지불하였다.

과 경쟁을 하는 냉전비용은 미국의 경제력을 저하시켰다. 미·소 냉전체제가 지속되는 동안 일본은 경제대국으로서 국제무대에 등장하였다. 강대국의 존재가 군사력과 경제력의 양각으로 떠받쳐 진다면 걸프전쟁 후 미국은 경제력 뒷받침 없는 초대국으로 나타나고 소련제국은 경제력 때문에 붕괴되지 않을 수 없었다.

탈이데올로기, 탈냉전의 지금의 국제사회에서는 경제, 기술, 문화의 비중이 증대하고 있는바, 일본은 이 시대 대국의 성격을 갖추고 있다. 일본의 GNP는 세계 제2위, 미국의 반을 넘고, 인구 한사람당은 미국을 능가하고 세계 제1의 외화보유고, 세계 최대의 채권국으로서, 원조국으로서 또 무엇보다도 많은 분야에서 첨단·실용적 기술의 최대 창조국이다.16)

일본의 현실은 세계 제2의 경제대국이면서 지금까지의 정치·군사적으로 제한된 역할로 만족할 수 있겠는가의 문제가 대두되고 있다. 미·일 안보체제는 미·소 냉전의 결과 소련을 상대로 존속하여 왔으나 지금은 미·일 안보협력체제의 존재이유가 되어 왔던 소련이 해체되고 얄타체제가 붕괴된 이상 미·일 안보체제에 대한 '신사고'가 나와야 된다는 보수파의 소리가 활성화되고 있다.17)

미일동맹의 단결을 보증하여 온 소련제국의 붕괴, 일본의 경제대국으로서의 역량과 미·일간의 무역마찰, 세계 질서의 재편에 직면한 일본은 그 경제력을 유지하기 위한 경제대국에 어울리는 정치적 책임에 대한 자각의 소리가 나오고 있던 차, 유엔평화유지활동 협력법안이 통과되어 국제사회 분쟁의 해결이라는 정치적 책임을 수행할 합법적 영역을 확보하였다. 과거 침략을 받은 한국, 중국, 싱가포르, 필리핀 등은

---

16) 藤井宏昭, *op. cit.*, p.12.
17) 高橋正, 『アシアわけるヤルタの崩壊知識』, 1991. 7, pp.178-183. 1990년 일본의 「防衛白書」에 의하면 소련은 일본에 대한 잠재력 위협의 존재가 아니라고 간주하였다.

일본의 군사력 역할에 의혹과 경계심을 가지고 있다. 안보 무임승차의 일본을 비난하여 오던 미국은 일본이 정치적 책임을 자각하여 경제대국만으로는 만족하지 않을 것이라는 경향이 대두하자 일본의 국제정치 면에서의 역할에 대한 경계가 나오고 있다. 걸프전쟁에서 미국의 요구에 따라 비용을 130억 달러나 부담하고도 그에 상응하는 역할로부터 제외되면서 경제대국으로서 국제적 책무를 수행하기 위해 새로운 사고의 전환의 요청이 강력하게 나온 것이다.[18]

경쟁 대상국이었던 소련이 붕괴하자 경제력의 뒷받침 없는 군사대국 미국은 미국을 추월하고 있는 경제대국 일본의 군사 대국화에 대한 두려움을 가지고 있다. 이에 대해 일본에서는 미국에 대해 "노"라고 말할 수 있는 일본을 바라는 여론이 높아지고 있다. 미·소의 차가운 평화의 최대의 수혜국이었던 일본은 이제 동북아에서 최대의 군사대국화의 길을 이미 걷고 있다.[19]

3. 20세기와 한민족

1) 근대화의 지연

오랜 역사 속의 여러 시대에 걸쳐 우리 한국인은 스스로의 역사를 흔히 '수난과 저항의 역사'라고 일컬어 왔다. 이는 주로 지난 4천여 년 동안에 겪었던 무려 1천여 회 이상의 크고 작은 외세 침략을 염두에 둔 것이었다.

---

18) *US News and World Report*, 1988. 9. 26.
19) Gottfried-Karl Kindermann, *Der Ferne Osten*, München 1970, pp.9-10.

그 긴 역사 가운데서도 20세기는 우리 민족에 있어서 전쟁과 위기, 고난과 불안, 시련의 연속 속에 지구상의 온갖 정치적 모순의 결절점을 이룬 수난의 역사였다.[20]

우리 민족은 이제 20세기 민족 고통의 역사를 청산하고 21세기의 통일시대를 여는 민족사적인 전환점에 직면, 20세기를 성찰하고, 21세기 민족의 장래를 준비해야 될 과제의식을 정리해야 될 시점에 와 있다.

우리 민족에게 20세기란 무엇인가? 우리 민족에 있어서 20세기는 우리 역사상 가장 치욕스런 세기였다. 지정학적 관계로 과거부터 오늘까지 늘 주변 강대국의 영향을 받아 왔으나 20세기에 들어와서 나라와 주권을 상실하였고, 일본으로부터 민족의 자긍심을 짓밟혔다. 전후 냉전시대에는 동서의 이념적·군사적 대결의 틈에 갇혀 민족간의 전쟁과 대결로 치달았다. 그리고 공산독재·군사독재로 점철된 20세기였다. 우리 한민족이 안고 살아온 20세기의 멍에는 너무 무거웠다. 고통과 수난과 모순으로 얼룩진 금세기를 청산하지 않고는 21세기의 성숙을 열 수가 없기 때문에 통시적으로 우리 민족에 있어서 20세기의 의미를 고찰해 보고자 한다. 우리의 20세기 멍에의 씨앗은 19세기 근대화의 지연과 1876년 타율적인 개항에서 잉태되었다.[21]

19세기는 대서양 문명이 세계를 지배하였다. 19세기는 정치적 이상주의 시대로 장미빛의 꿈을 가지고 있었다. 인간은 끝없이 진보하고 인류의 문명은 무한대로 향상한다는 환상이 지배하였다. 서양에서 이러한 정치적 이상주의가 전면적으로 파괴된 것은 제1차 세계대전에서였다. 그래서 역사의 문제로서 세기를 다룰 때는 20세기가 1901년부터 시작

---

20) Rh ea Foster Dulles, *Amerikas Weg Zur Weltmacht 1898-1956*, Stuttgart 1957, p.261.
21) 朴東雲, 『民族思想論』, 1978, p.323.

되는 것이 아니고 제1차 세계대전을 20세기의 개막으로 본다.[22) 그리고 현대의 시점도 제1차 세계대전에서 출발한다. 제1차 세계대전 전야까지 서구 시민사회 문화는 절정에 달하였다.[23) 그때까지 서양의 세계지배를 뒷받침한 것은 서양의 군함, 대포, 소총 등 선진적인 군사기술이었다. 그 선진적인 공업기술은 산업혁명 이래의 공업기술이었다. 선진적 공업기술과 선진적인 군사기술의 토대 위에서 서양이 세계를 지배하였다. 세계지배의 구체적인 형태로 서양은 지구상의 각지에 식민지를 만들었다. 영국은 해가 지지 않는 제국을 만들고 세계의 바다를 지배하였다.[24)

19세기 지구를 팽배하는 사고의 패러다임은 이 세상에서 선진문명과 후진문명의 선진국과 후진국으로, 선진국은 서양의 여러 나라로서 군사기술과 공업기술을 가진 나라들이었다. 그래서 문명국과 후진국이 접촉하면 후진국은 식민지화되고 말았다.[25)

19세기의 서양의 국내정치는 영국의 의회정치가 모델이 되어 의회정치는 정치제도의 이상이었다. 그래서 선진 문명제국에는 의회정치가 실시되고 그들은 후진국에서는 의회정치가 실현될 수 없기 때문에 식민지되는 것을 당연시하였다.

동북아에서 중국은 이미 1840년 아편전쟁에서 서양의 무력 앞에 굴

---

22) 京極純一, 『日本人と政治』, 1986, p.63.

23) 제1차 세계대전 전, 즉 한 세기의 전환점에 즈음한 서구의 지성들은 극도의 불안을 감지, 세기적인 고통에 휩싸였다. 그 대표적인 작품들은 또스또에프스키의 『죄와 벌』, 헤르만 헷세의 『데미안』, 그리고 제1차 세계대전 끝난 직후 지식인들의 지적 위기 상황 속에서 루카치의 『역사와 계급의식』이 1923년에 출판되었다.

24) 영국은 제1차 세계대전에서 이미 지쳐 있었고 제2차 세계대전에서는 이미 제국의 자리는 사양길로 접어들고, 프랑스는 제2차 대전 후 인도지나와 알제리아에서 고전을 겪었다. 19세기 후반 프랑스 뒤를 쫓아 독일이 아프리카 등지에 식민지를 만들면서 제국주의 전쟁이 터지기 되었다.

25) 문명국 사이에서는 기준이 다른 국제법이 적용, 후진국에서 치외법권과 조계(租界) 지역을 설정하였다.

복하였다. 일본은 1854년 개항을 하고 서세동점이라는 새 환경적응에 기민하게 대처, 서구화, 즉 문명개화를 왕정복고에 결부시키면서 서양의 여러 나라와 같은 문명국이 되기 위해 서양의 공업기술과 군사기술의 수입, 학습, 사용에 성공하였다. 일본은 서세동점의 첨명(尖兵)역할을 하면서 서양의 제국주의 국가들과 마찬가지로 한국의 식민지화를 노렸다. 이러한 위기상황 속에서 조선왕조 지배층의 대응책은 쇄국과 척사정책(斥邪政策)이었다. 일본은 1868년 명치유신 선포와 더불어 개국진취론적 입장에서 자본주의 근대화로 돌진, 서구식의 공업·군사기술로 구한국을 위협하여 1876년 강화조약을 체결하고 개항을 강제적으로 얻어냈다.

이에 대하여 개국전야의 우리 조선의 사회는 유교·관인 국가의 중앙집권적 봉건체제가 존속되었다. 특권적 지주가 토지를 점유하고, 신분차별, 노동천시, 인권유린, 생산력의 정체가 지배적인 사회의 상황이었다. 개항의 충격 속에 일본의 명치유신형 근대화를 촉진하고자 하는 개화사상과 서구의 기독교사상 또 민중 속에 뿌리박고 진취적인 반침략·반봉건 혁명사상이었던 동학사상의 새로운 사상조류가 있었으나 이러한 사상들은 한국의 근대화로 이어지지 못하고 다만 그 근대화 사업을 일정에 두면서 1910년 한국은 일본에 병합되고 말았다.

2) 식민지 시대와 민족해방운동의 분열

일본 자체의 진취적인 중산층의 결여로 한국에 대한 일본의 침략은 경제적 수탈로부터 시작하였다. 망국의 위기상황에서 싹튼 한국인의 근대화 의욕은 일본의 침략으로부터의 민족해방이라고 하는 당시의 지상과제의 그늘에 가려지고 말았다. 인권이나 민권의 진취적인 혁신사상은 나라를 잃은 비극에 직면, 민족의 자주독립이라는 과업 앞에 뒷전으로 물러서야 했다. 일본은 한국민을 강제적으로 복종시켜 그들의 지배력을 행사하려 하였으나 한국민족의 독립에 대한 강력한 의지는 3·1독립운동에 모아졌다. 3·1운동은 일본의 불의에 침묵을 지키지 않고 주권과 자유의 상실을 감수할 민족이 아니라는 것을 보여준 운동으로 제1차 대전 후 아시아 민족해방운동사에서 선구적 지위를 차지한 독립운동이었다.[26)]

그러나 3·1운동 이후 민족해방·독립운동은 자유 민주주의적 민족주의와 마르크스·레닌주의로 나뉘어 졌다. 1927년에 민족·사회주의의 공동전선인 신간회(新幹會)가 있었으나 곧 결렬되었다. 민족운동의 양대 조류는 항일과 독립에는 뜻을 같이 했으나 세계관과 국가건설 설계도 그리고 투쟁방식이 달랐다. 공산주의자들은 소련의 국제적 지원역량을 동원 마르크스·레닌주의 정당에 의해 지도되는 대중동원 방식을 주장했다. 이에 대하여 자유 민주주의적 성향을 가진 민족주의자들은 사회주의자들이 계급의 이익을 민족의 이익에 우선시킨다하여 반대하였다.[27)]

독립방안과 운동에 있어서 이러한 분열은 독립 후 새 나라 건설을 위한 조직화와 제도화에 있어서 국민들로 하여금 미래를 보고 희망을 가질 수 있게 하는 주체적 청사진 준비에 미비할 수밖에 없었다.

때문에 8·15가 가져온 민족 신생의 기회는 해방으로 인한 민족적 환희의 순간이 지나자 준비 없이 그대로 놓치고 말았다. 물론 미국과 소련도 한국의 통일독립국가 건설에는 어떠한 구체적 합의에 도달하지 못하였다.

---

26) 박동운, 앞의 책, p.214.
27) 李承晩 박사는 한국의 독립은 외교에 있다고 보았고, 朴容萬 선생은 무력 투쟁에서, 安昌浩 선생은 민족이 기술을 익히고 도의와 독립정신에 철저한 인재 교육에 독립방안으로서 역점을 두었다. 朴殷植은 비폭력 저항주의를, 申采浩는 의열단 방식의 민중직접혁명 방안을 강조하였다.

3) 민족의 분단, 전쟁 그리고 이질화

1945년 8·15해방은 우리 민족에게 새로운 역사의 길을 여는 신생의 기회였으나 8·15해방 그 자체가 미·소 연합군의 승리로 결과였고, 주체적으로는 항일 독립운동의 분열과 독립운동 지도자들의 미래 새 조국 건설의 뚜렷한 이정표와 청사진 미비로 해방은 완전한 독립으로 이어지지 못하고 분단과 미증유의 동족상잔의 비극을 가져 왔다. 뿐만 아니라 이름을 달리한 새로운 외세의 영향력 아래 한반도가 놓이게 되어 한반도는 제2차 대전 이후 세계사 부조리의 축소판이 되었다.

1945년 8월 15일 일본이 포츠담 선언의 무조건 수락으로 항복하자 한국은 해방되었다. 해방은 일제식민지 통치의 종식을 의미하였고, 우리민족에게 독립국가 건설의 전망을 안겨 주었다. 36년 동안의 식민지 통치의 억압과 착취로부터 독립을 바라오던 민족의 숙원이 이루어지는 줄 알았다. 그러나 한민족에 있어서 조국의 현실은 북쪽은 소련군에 남쪽은 미군에 점령되어 군사적 입장에서 그어진 38도선이 그 38도선을 중심으로 한 상반된 이질적인 체제를 향한 정치분계선으로 변하였다. 여기서 한국의 전후사는 미국과 소련군의 점령으로부터 시작하였다.

동서냉전의 대결구도와 더불어 세계는 자유진영과 공산진영, 서방의 자본주의 체제와 동방의 사회주의 체제로 나뉘어져 이로 인한 모순과 대립이 전 지구적 규모로 확산되기에 이르렀다. 지구의 동쪽에서는 한반도 38도선을 중심으로 두 체제의 대립이 심화됨에 따라 해방으로 인한 민족의 환희와 흥분은 불리한 객관적 정세와 주체적 조건의 미비로 통일독립으로 이어지지 못하고 민족의 에네르기는 새로운 지배 대국의 이데올로기를 앞세워 크게는 남과 북의 대결과 항쟁, 체제 내부에서는 권력과 이익의 독점에 반대하고 비판하는 세력을 억압하는 데 소모하는 결과를 가져 왔다.

한국문제를 처리하기 위하여 1945년 12월 모스크바 3개국 외상결정에 의한 미·소 공동위원회가 1946년 3월 20일부터 개최되었으나 동서 냉전의 격화로 통일한국 정부수립이 어렵게 되자 한반도에는 각각 미국과 소련에 우호적인 두 개의 정부가 수립되기에 이른 것이다. 그래서 남쪽에는 친미적·반공적인 우익정부가 북쪽에는 친소적·반미, 반자본주의를 지향하는 좌익정권이 형성되어 민족의 이익을 관철하려는 민족주의 세력은 남쪽에서도, 북쪽에서도 탈락 결국 한반도에는 극한적인 이데올로기·군사적 대결의 분위기가 고조되었다. 양쪽에서 정치는 세계 어느 곳에서도 유례를 보기 힘든 극한적이고, 비타협적 모습으로 전개되어 온건·중도세력은 역사의 냉대 속에서 그들의 영역을 어느 쪽에서도 차지할 수가 없게 되었다.

체제의 정립에 있어서 한쪽은 미국을 모델로 하고, 다른 한 쪽은 소련을 모델로 하여 결국은 38도선은 철의 장막으로 변하였다. 자연에 거역되는 분단은 두 개의 사회, 두 개의 역사, 다른 정치, 다른 경제, 다른 문화, 두 진영에의 귀속을 가져와 새로운 국가적 삶과 어색한 삶의 분위기를 조성하였다. 한 민족이 떨어져서 살아야 한다는 어색한 삶의 환경은 각각의 이질적인 이데올로기를 대변하면서 전 민족의 삶을 파괴하여 왔다.

즉 남과 북의 분단이 서로 다른 사회제도와 세계관을 강요함으로써 양쪽에는 독자적인 의식구조가 형성되어 왔고, 또 양쪽은 서로의 위협과 불신 속에서 군비를 증강하면서 극히 제한된 평화를 누려야 되었다. 또 분단은 인권이나 민권의 신장을 저해하여, 결국 민족의 분열은 우리 한민족의 공동체적 삶에 혼란을 야기시켜 분열된 의식상태 속에서 대국 외에 아무에게도 도움이 되지 않는 끝없는 남북대결의 연속을 자초하였다.

결국 북한은 오랫동안 '사회주의 진영의 동방초소(東方哨所)'격이 되고 남한은 '자유세계 방위의 제1선'이 되어 한반도에는 제2차 세계대전의 전후 처리 모순이 응집되어 동아시아에서 동서긴장의 제1중심에서 서로 싸우고 대립하면서 온갖 모순의 집중적 결절점을 이루어 왔다. 특히 1950년 6월 25일 한국전쟁은 건국의 진통을 체험하고 독립국가의 발전을 기하는 과정에서 또 한번의 중단을 가져왔다. 우리 민족끼리의 미증유의 동족상잔은 수백만의 인간을 죽음 속으로 밀어 넣었고, 수십만의 국민과 군인들은 불구자 혹은 폐인이 되었으며, 버려진 아이들이 거리에 즐비했으며, 도시에는 잿더미가 쌓였고 국토는 황폐화되었다.[28] 더욱이 금세기까지도 지울 수 없는 것은 마음의 상처와 증오 그리고 인심의 허탈이었다.

민족진로의 자체 확인의 새 정향을 찾을 사이도 없이 남쪽은 자유민주주의를 위하여 모든 것을 바칠 수 있는 인간이 바람직한 인간상이었고, 북쪽에서는 공산주의를 위한 인간상이 모델화되어 이 세상 어느 나라 국민 보다 상대방쪽에서는 체제에 적극적이고 이쪽을 증오하는 인간을 더욱 미워할수록 모범적인 국민의 상이었다. 그래서 양쪽에서 지도자 선출에 있어서도 온건한 민주적 타협적 인물보다 비민주적, 비타협적 강경일변도의 인물이 행세를 하게 되었다. 때문에 남북 상호간의 교류, 왕래, 서신교환, 협력은 이적행위에 해당, 엄두조차 낼 수도 없게 되는 가혹한 이질화가 끝없이 계속되어 왔다. 남북한은 상대방 체제의 '독(毒)'으로부터 국민을 격리시키기 위한 엄격한 이념관리 체제를 고수하여 왔다. 때문에 통일문제에 있어서도 남북한은 각각 한쪽만의 단

---

28) 한국육군 전사 137,100명, 순직 1,047명 사망, 사망 8,891명, 실종 131,907명, 부상 709,975명, 계 988,920명, 경찰은 16,816명, 유엔군 전사는 35,737명(미군은 33,629명), 부상 115,068명, 행방불명 1,554명, 계 152,359명이다 : 중공군 90만, 북한군 52만으로 1,120,000명, 민간 피해는 한국측 학살 128,936명, 고문사 244,663명, 고문부상 226,025명, 납치북송 84,532명, 행방불명 303.2112명, 의용군강제징집 40만, 가옥피해는 22억 8천1백5만 달러 이상으로 추정, 박동운, 앞의 책, p.435.

독 대표성과 정통성을 주장하면서, 북한은 공산주의에 의한 적화통일을, 남한은 자유 민주주의에 의한 통일을 주장하여 왔다.

국내정치에서 한국전쟁은 남한에 반공보수세력의 기반을 굳히게 하고 반공노선을 국시로 한 안보체제를 강화토록 하였다.[29] 이 속에서 사회주의 노선이나 민주사회주의는 공산주의와 가까운 노선으로 간주되어 혁신세력의 성장을 저해하였다. 또 민족주의 세력의 성장도 저지하였다. 대외적으로는 친미·친서방화 정책을 펴 한국의 대외정책은 미국의 세계 정책에 영향을 받았고 나아가서 한국의 반공정책은 미국의 그것보다 훨씬 강경한 반공정책이었다.

다른 한편 북한에서 한국전쟁은 김일성의 도전세력인 민족 공산주의자 박헌영과 전 남노당 간부 13명에게 '미제와 공모'라는 이름 아래 처형 내지 중형을 내리고 1인 독재체제를 구축토록 하였다.[30]

그리고 전쟁 후 소련의 지원이 없어지자 '자력갱생' 이름 아래 김일성 주체사상의 이데올로기를 보급하면서 반미주의를 강조하고 남한을 '미제가 강점한 식민지'로 규정, '공산주의에 의한 식민지 해방'을 통일정책의 기조로 하였다.

남북한 관계에 있어서 3년 동안의 한국전쟁은 남북 사이에 씻기어지기 어려운 상처와 원한·적개심을 남겨 상호 적대감과 불신감을 조장하여 대화, 협상, 교류, 협력을 통한 통일에의 접근 길을 차단하였다. 이에 따라 남북한 쌍방의 군비경쟁은 치열해지고 남북한의 관계는 더욱 멀어지는 개별적 발전을 지속하여 왔다. 그리하여 남북한의 체제대

---

29) 미국은 한국전쟁 계기로 군사력에 제1의 군사대국이 되고, 미국주도의 서방 진영의 군사동맹을 강화하였다. 그리고 일본의 재군비와 경제부흥의 계기가 되었으며 중·소·북한과 갈등이 나타나기 시작하였고, 중국의 국제적 고립이 초래되었다.

30) 1956년에는 延安派를 숙청하고 "소·한인 2세파"도 제거했다. 한국정치학회 편, 『現代 韓國政治論』, 1986, p.188.

결은 양쪽의 경제, 정치발전, 사회안정, 외교신장 등 모든 부문에 걸쳐서 국력의 소모와 부담을 가져왔다. 정치제도에 있어서 남쪽은 자유민주제, 권력분립 및 복수정당제를 기본으로 하고, 북쪽은 공산주의를 전제로 한 주체사상이라는 유일 이데올로기 아래 1인 지배체제, 일 지배의 일원적 사회를 운영하여 왔다.

경제체제는 이 쪽은 시장경제의 자본주의 체제이며 저쪽은 사회주의 통제경제체제이다. 그런 남쪽의 자유 민주주의도 그 바람직한 정착이나 실현이 본격적으로 도모되어 본적이 거의 없었고 시장경제도 건전한 메커니즘 작동으로 발전하여 왔다고는 볼 수 없다. 북한은 주체사상 아래 부자세습제를 합리화하면서 공산주의 사회에서도 보기 드문 전체주의적 독재체제를 운영하고 있다. 경제에 있어서는 시대에 뒤진 자력갱생이라는 목표아래 민생문제조차 제대로 해결할 수 없는 경지에 와 있다.

여하튼 두 한국은 정치, 경제, 사회, 문화 또는 역사해석에서 조차도 민족의 동질성 회복차원이 아닌, 반대의 이질화 방향으로 발전하여 왔다. 결국 한국전쟁은 남북한으로 하여금 전쟁을 경험하지 않는 세대가 다수를 형성할 때까지 기다려 통일의 길을 모색하도록 하였다. 젊은 세대는 기성 세대보다 더 이질화된 사회 속에서 자라왔기 때문에 커뮤니케이션이 더욱 어려울 것이라 생각되지만 구동독에서는 공산주의의 가장 열렬한 옹호자로 간주되어온 16세부터 30세까지의 젊은 세대들이 구동독혁명의 전위를 이루었다. 그들은 사회주의는 인간의 천국이라고 매일 들으면서 성장하였는데 전파를 타고 본 구서독의 현실은 그들이 기만 당하고 있음을 인식토록 하여 그들의 분노가 축적되어 오다가 구동독의 사회주의 체제가 완전히 폐지되지 않으면 동독을 떠날 것을 결심하고 혁명에 참가하였다. 그들은 체제를 변혁시킬 것인가, 떠날 것인가의 양자택일을 확신한 가장 비타협적인 세력을 이루었다. 이를 보면 우수한 체제가 뒤쳐진 체제를 흡수하게 되어 있기 마련이다. 그것은 인민의 지지가 따라야 체제유지가 가능하기 때문이다.

4) 분단시대 한국정치의 기조와 과제

20세기를 마감하는 8년을 앞두고 한국에 있어서 20세기란 무엇을 의미하였는가를 고찰하면서 분단 47년 동안 한국정치의 기조와 과제를 구분해 보는 것은 민족의 장래에 대한 기획과 관리의 청사진에 대한 지혜집중을 위해서 절실하게 요청되는 문제로 보아야겠다.

20세기에 19세기 식민지를 둘러싼 서구열강들의 대립이 막다른 한계에 이르렀을 때 제1차 세계대전이 발발하였고 뒤이어 폭력과 이데올로기 지배가 뒤따랐으며 식민지 제국의 해체와 더불어 새로운 강국이 세계를 지배하였다. 이와 관련 제2차 대전 후 지구촌은 미국을 중심으로 하는 진영과 소련을 중심으로 하는 진영에 의한 세력다툼의 장이 되었다. 여기서 한국처럼 새롭게 독립하는 구식민지를 자기세력권에 편입시키려는 정치공작이 진행되었다. 따라서 한반도에 미소의 영향력이 지배하는 동안, 독자적인 정치기획을 실현하는 데는 늘 제약이 뒤따르게 마련이었다. 한국은 미국의 대세계전략의 차원에서 움직여야만 되었다.

분단 47년, 민족국가로서 하나의 한국건설이 대국의 세계정책 희생으로 봉쇄된 것은 준비 없는 이 민족에 찾아온 어쩔 수 없는 시련이었다. 따라서 전 한국이 공산화되지 않고, 단독정부로서 출범한 1948년부터 50년대를 국가건설기, 1960년대와 1970년대를 경제건설기, 1980년대는 민주화시기 1990년대를 통일의 실현기로 구분해 보고자 한다. 이는 역사의 거시적 측면, 시대의 조류, 세계사의 흐름에 입각한 필자의 구분인데 전체적으로 보면 1948년 이후 국가 건설기의 정치적 기조와 과업은 공산세력으로부터 남한을 지키고 자유주의 진영에서 뒤에 국제사회 일원으로 그 기초를 다진 시기라 평가할 수 있다. 그리고 그 뒤 군사정부의 경제건설 업적은 그 어려운 민족적·국가적 시련 속에서 그 토대를 갖추어 국가의 운명을 개척한 근대화 성취의 과업을 수행한 것이다. 우리는 군사정부의 경제건설 기조 위에서 그 다음 과업을 정치의 파행선인 유신으로 달리지 말고, 경제성장의 성과를 분배하면서 정치·사회·경제의 민주화를 1980년대 실현했어야 했다. 당시 한국의 민주주의를 위해 군사적 권위주의와 투쟁해 온 세대들에 의하여 민주화가 달성되었으면, 지난 1989년 1990년 냉전의 해체기에 우리 민족 분단이 미·소가 화해할 때 민족주의 세력이 나타나 통일의 과업을 달성하여야 되었다. 바야흐로 지금은 이데올로기의 힘으로 얽혀 놓았던 민족들이 국제사회의 구성단위를 이루어가는 신민족주의 시대로 아직도 양쪽에서 민족주의 흐름은 활성화되지 못하고 역사의 기회가 지연되어 가고 있음을 볼 수 있다. 그러므로 6·29선언은 유신이 종막을 고하고 출범한 제5공화국 전야에 나와 민주화를 진척시키면서 1987년 민간정부가 정권을 담당케 하고 지금쯤은 통일세력이 한국의 역사를 주도해 통일에 매진토록 하여야 되었다. 이러한 민족의 당위적 차원에서 나온 시대의 과제에 직면 이를 필자는 우리 민족사에 있어서 '역사의 지각(遲刻)'이라고 부른다.

역사에는 비약이 존재할 수 없음을 볼 때 한 시대의 정치적 과업이 이루어지지 않으면 다음 시대로 지연·이행되기 마련이며 시대적 과제의 진정한 수행·청산 없이 다음 시대의 성숙이 열릴 수 없다. 예를 들어 민주화 없는 독재의 통일한국은 우리가 추구해야 될 가치와 어울리지 않는 것이다.

동서냉전의 기운이 한반도를 둘러싸고 짙어 질 때 통일·민주·독립의 한국정부 수립에 대한 기대는 무너져 가고 있었다. 그 대안은 유엔에 한국 문제를 상정해 국토 양단 조건 아래 단독정부를 수립하는 길이었다. 소련과 대결하는 입장의 미국은 한국의 지도자가 반공우익 세력이어야 했다. 그래서 민족주의 진영인 김구 선생이 탈락되고 이승만 박사가 각광을 받게 되었다. 그리하여 1948년 5월 10일 유엔 감시 아래 남한만의 총선거가 실시되고 7월 17일에 헌법이 제정되고 8월 15일 대한민국 정부가 수립되었다. 헌법은 민주주의를 이상으로 한 정치의 원리를 제도화하고 대의정치를 통하여 민주주의를 정치의 세계에서 구현하고자 하였다.

그러나 북쪽의 무자비한 동족상잔의 감행에 대응하는 남한정권은 반공일변도의 경직된 정치를 운영 중도세력은 그 입지를 잃을 수밖에 없었다. 또 한국전쟁 시 '은인'의 나라인 미국의 군사·경제원조에 의존해야 되었기 때문에 외교는 미국의 영향을 받을 수밖에 없었고 민주주의는 정상적 발전을 기대하기 어려웠다. 경직된 북한체제와 대항하기 위한 대안으로 반공우익의 이박사를 중심으로 뭉치는 것이 당시의 상황논리였다. 여하튼 50년대 한국정치의 과제는 분단 상황 아래 민주주의를 지향하는 한국을 공산주의로부터 어떻게 지키느냐에 있었고 이를 이승만 박사의 정권이 담당하였다.

분단된 불행한 상태에서라도 근대화된 사회를 구축하고자 한국은 단독정부 수립 후 그 사업에 착수하였다. 기본적 요건으로서 ① 민수수의를 기조로 한 정치, ② 사유재산제도를 기조로 한 자본주의 경제체제, ③ 전통으로부터 해방된 개인주의 사상에 입각한 국민의식의 고양을 위한 의무교육제를 실시하였다. 우선적으로 개인의 존엄과 합의 위에서 계약을 기초로 하여 유지되는 근대사회를 건설하는 데는 교육의 향상과 경제구조의 개선이 급선무였다. 의무교육이 1950년 6월 1일부터 실시되어 50년대 이미 문맹은 급속히 감소되었다.

그러나 경제구조의 개선은 교육의 보급과 보조를 같이 할 수가 없었다. 정치면에서는 미국의 원조 아래 부패가 심화되고 자유 민주주의는 허울뿐이었다. 1960년 3월 15일 이대통령의 3선 선거에 대한 부정의 규탄으로 이승만 정권은 막을 내렸다. 학생들에 의한 4.19는 이 땅에 민주주의를 위한 반독재 운동으로[31] 자유 민주주의와 배치되는 12년의 독재정치와 국민주권 유린에 대한 누적된 불만의 표출로 국민은 이승만 장기집권 12년에 국가의 새로운 국면을 개척코자 하였다.

이 정권을 이은 장면 정권도 경제구조의 개선에는 실패하였다.[32] 장면 정권 9개월 동안은 불안과 혼동의 소용돌이였다. 학생들은 남북학생회담의 개최를 추진하였다. 이러한 사회·정치·경제의 혼란 가운데 1961년 5월 16일 박정희가 주도한 군부 쿠데타의 성공으로 한국은 오랜 군사정권시대로 들어가게 되었다.

사회·경제적 측면에서 군사정권은 '조국 근대화'의 슬로건 아래 대외지향적인 경제개발정책을 적극적으로 추진하였다. 1962년을 기점으로 한 경제개발계획은 평균 10% 이상의 고도성장을 이루었다. 1962년에서 1971년까지는 자립경제의 기반을 구축하고 1972년부터 1979년까지 석유파동과 신보호무역주의의 대두 등 어려운 여건에도 중화학 부문의 투자확대를 통해 산업구조의 고도화를 거쳐 1987년까지 지속적 성장을 이루어 왔다.

1964년 1인당 GNP는 103달러였으나 1980년에는 1,589달러 그리고 1982년에는 2,813달러로 상승하였다. 수출규모는 1964년 1억 1천9백만 달러에서 1980년에 175억 달러(세계 27위), 1987년에는 4천728억 달러(세계 11위)로 증가하였다.

TV는 1964년 31,727대였으나 1983년에는 1,618,617대, 1987년에

---

31) 4月革命同志會, 『4月革命』, 1965, pp.544-545. 4·19의거 희생자는 187명으로 국·중·고교생이 약 52명, 대학생이 약 23명, 기타 약 112명이다.
32) 학생들은 조직화된 세력도 변혁의 주체도 아니었으므로 정치의 개혁과제는 기성 정치세력으로 넘어 갔다.

는 1,000만 대를 넘어 사회는 고도 정보화사회로 이행되었다. 교육의 보급 면에서도 초등학교에서 98% 이상의 취학률, 초등학교 졸업생 중 97%가 중학교에 진학, 중학졸업생의 89%가 고등학교에 진학, 고등학교 졸업생의 38%가 대학에 진학하게 되어 세계에서 유례가 없을 정도의 교육성장을 가져 왔다.[33]

환언하면 군사정권 아래 60년대는 공업화를 핵으로 한 근대화 작업이 본 궤도에 진입하였고 70년대에는 중화학공업이 본격화되어 대외지향적 경제개발 정책으로 수출입국의 기반을 조성 80년대 후반 한국은 수출대국이 되어 90년 수출 6백50억 달러로 세계 12위 교역국으로 되었다. 이것은 국토, 이데올로기, 민족 분단의 세계에서 가장 어려운 조건 아래서 이루어 놓은 경제적 업적이다.

그러나 정치적 민주화는 경제력과 과학기술의 신장에 따르지 못하였다. 군사정권은 경제와 행정의 효율성을 기한다 하여 '비생산적인' 정치를 억눌러 왔다. 1961년 등장한 군부세력에 있어서 자유민주주의는 '민족적 이념을 망각한 정치사상'으로 '행정적 민주주의'나 '한국적 민주주의'로 왜곡·전개되었다. 1972년 10월에는 사이비 자유 민주주의 체제인 유신체제가 출현하였다. 그 체제는 정치의 출력에 대한 충성만을 강요하고 정치에 대한 자유로운 비판과 참가를 제한하였다. 개인의 기본적 인권, 사상, 인론, 집회, 결사의 자유가 제한되어 유신체제에 대한 저하와 헌법개정 논의는 국가에 대한 도전으로 간주되었다. 뿐만 아니라 70년대에 들어서서 경제성장으로 축적된 부의 재분배에 대한 요구가 여러 집단과 계층에서 일기 시작하면서 체제에 대한 도전은 새로운 국면을 맞이하게 되었다. 박정희의 권위주의적 지배는 경제에 효율적이었고 국민소득 향상과 생활양식의 개선에는 성공적이었다.

---

33) 《한국일보》 1984년 6월 29일: 《동아일보》 1988년 1월 23일: 《한국일보》 1988년 2월 23일.

그러나 국민에 대한 정치적 억압이 강화될수록 민주주의와 이질적인 유신체제에 대한 국민의 저항은 정치적 억압으로부터 자유로워지기 위하여 더욱 거세어 졌다.

1978년 7월 박대통령의 재선으로 유신체제가 제2기를 맞이하자 야당측은 개헌공세를 전개하여 국민의 저항과 정당성의 위기가 고조되어 1979년 10월 26일 유신체제는 붕괴되었다.

한국에서 군정은 유신체제 붕괴로 종지부를 찍어야 했었다. 그리고 6·29선언이 그 때 나와 민주화 시대를 열어야 하였다. 경제 성장과 안보에 대한 업적을 남기고 정치발전의 과제는 문민정부에 넘겨주어야 했었다.

민주적인 정치질서 형성에 필수적인 국민적 동의와 합의라는 정당성 결여의 상황에서 출범한 '제5공화국'의 군사정권은 1979년 12·12사태와 특히 5월 광주민주화운동의 충격 뒤에 집권한 체제로 자유로운 토론, 비판 그리고 반대의 기능을 철저하게 억압하였다. 그러므로 제5공화국도 정치적 불안은 필연시되었다.

권위주의에 의한 언론탄압, 특권정치, 강권정치, 인권유린, 민중의 배제와 억압, 정보정치가 군사정권의 특징을 이루었다. 반대세력에 대한 경쟁을 인정치 않는 철저한 탄압이 따랐다. 그것은 40여 년에 걸쳐서 자유민주주의를 정치생활의 규범으로 해 조금씩 변용되어 온 정치문화와 맞지 않는 이질적인 군사정치 문화였다. 그러나 한국에서 민주적 정치문화의 조건을 촉진한 집단은 군부 집단이었다. 사회·경제개발에 따른 교육의 성장, 도시화, 신문, TV·라디오 등 매스 미디어의 발달과 보급으로 시민의 정치의식 수준이 높아져 정치문화는 중요한 변화를 가져왔다. 그리하여 70년대 국민의 정치의식의 성장은 정치적 요구수준을 끊임없이 증가시켰다. 70년대부터 비판 세력의 반독재운동과 이에 대한 탄압 그리고 그 상승적 악순환의 되풀이는 그 예를 현저하게 보여주었다.

한국의 경제·사회적인 변화에 따른 정치의식과 정치적 요구수준의 향상에도 불구하고 군부의 정치 지도층은 미련하게도 국민의 민주주의 요구에 대하여 어떻게 하면 더 잘 봉사하는가를 선택받을 발상을 중지한 채 산업발전과 안보의 명목으로 억압을 통한 충성만을 일방적으로 강요하여 정치불안은 더욱 에스컬레이트되어 왔다.

권위주의를 거부하는 국민들은 끊임없는 저항으로 6·29선언을 받아내 군정을 종식시키려 하였다. 그러나 헌신적인 민주화 투쟁을 하여 오던 두 김씨의 국민적 여망을 무시한 후보단일화 실패로 결과는 군사정권 계보의 계승 또는 연장으로 끝났다. 선거는 노태우 36.64%, 김영삼 28.04%, 김대중 27.05%, 김종필 8.07%로 55.09%의 유권자가 군사정치 종식을 바라는 두 김씨에 투표하였으나 실패로 끝나자 정치 변혁에의 기대에서 선거에 모든 정치적 정열을 투여한 55.09%의 국민은 실망과 좌절의 깊숙한 늪 속에서 망연자실하였다.

군정종식과 민주화에 대한 희망에서 26년간에 걸쳐 누적된 기대가 정치적 정열을 한꺼번에 분출시켰으나 모든 것이 물거품처럼 된 후의 허무감 때문이었다. 다시 말하면 야당 후보에 많은 지지표를 던졌음에도 불구하고 결과적으로 여당의 소수자가 승리한 현실 앞에서 다수의 유권사는 당혹감과 좌절감을 금할 수 없었다. 성치석 희망을 부여하면서 당시까지 모든 이성적·정신적 여러 힘의 결집체였던 민주세력은 현실적 힘을 장악하고 있는 현상유지세력 앞에서 꽃을 피울 수가 없었다. 자유롭고 정의로운 국민의 정치생활을 기대하고 권위주의 체제인 군정종식으로 해방 이후 쌓여 온 한국사회의 구조적 모순 분위기를 일신하는 새 계기를 삼고자 하여 양 김씨를 지지한 무명의 국민이 패배하였다. 정치인들이 나라의 장래는 생각하지 않고, 이용하고 더욱 조장한 지역감정의 함정에 깊이 빠져 있었다는 현실을 한국의 교양 있는 유권자들이 자각했을 때는 이미 선거는 현상유지 세력의 승리로 끝나 있었고, 지역감정의 골은 더욱 깊게 파져 있었다. 군사정권 기간 정의와 민주를 위해 독재에 싸워 온 대가는 87년 대통령 선거로 결국 그 군사정권의 정당성의 결여를 보완해 주었다. 그래서 국민이 사회와 국가의 미래를 결정적으로 좌우하는 국민 정치의식 성숙의 계기는 또 한번 놓치고 당시 군사정치를 종식하고 문민정치를 실현하여 민주개혁을 거쳐 통일에 매진하여야 될 시기를 뒤로 미루게 되었다. 87년 대통령 선거에는 반독재, 민주주의, 우리 사회의 가치규범, 왜곡되지 않는 사회정의를 이루고자 노력하여 오던 민주·양심세력의 뜻과 에너지가 쏟아졌으나 도중에 그 에너지가 야당 단일화 실패로 지역별로 분산되고 조정과 결정적 행위의 돌파구를 찾아내지 못하여 이른 바 선거혁명이 좌절되었다. 선거혁명을 뒤이어 통일혁명에 매진하여야 되었으나 이러한 국가·사회의 당위적인 이상을 향하여 노력해 오던 이성적·정신적인 여러 힘은 선거혁명 좌절로 무력해지고 실망이 뒤따랐다. 그로 인한 정신의 세계에 파인 깊숙한 허공은 강력한 현실주의와 물질주의가 메우게 되었다. 이성과 정신의 당위성 차원에서 현실의 적나라한 힘과 특권과 돈의 행사에 대한 비판이 민주화를 바라고 저항하는 국민의 지지를 받아왔으나, 그 비판의 대상세력이 선거에 의한 응징보다 다시 집권함으로써 이사회의 이성과 정신의 힘은 희미해질 수밖에 없었다. 지조와 도덕성을 지키면서 반독재를 위해 투쟁한 세력들은 해방 후 친일세력이 득세할 때와 마찬가지로 다시 한번 역사로부터 소외당하는 좌절을 금할 수 없었다.

87년 대통령 선거는 단독 정부수립 후 선거사상 가장 중요한 선거였다. 왜냐하면 그 선거로 해방 후 한국사회에 축적된 부조리를 일신하고, 명실공히 문민정치를 실현하고 통일의 시대를 여는 중요한 선거였기 때문이다.

반독재·민주세력을 적대시하여 오던 사람들은 반독재·민주주의를 아무리 주장해본들 오늘 "그 결과는 무엇인가"고 반문하게 되었다. 결론적으로 "독재를 옹호하면서 경제적 효율과 발전의 혜택을 향유하는 것이 옳지 않았느냐"는 것이었다.

87년 대통령 선거 후 정치인들에 있어서는 여야의 개념 또는 민주와 반민주주의, 독재와 반독재의 개념상의 상위가 애매하여 졌다. 민주당의 김영삼 총재는 그의 대부분의 정치생활에서 투쟁의 대상이었던 군사정권의 민정당과 신민주공화당에 민주당을 흡수 통합시켰다. 현실적인 힘을 장악하고 있는 집권세력과 손을 잡은 것이다. 이와 더불어 김대중 총재의 노선은 투쟁일변도에서 벗어나 집권세력을 인정한 바탕 위에서 유연한 정치전략을 구사하고 있다. 과거에 억압과 탄압·감시의 대상이었던 야당의 정치활동이 자유로워졌고, 언론의 자유가 활성화되었다.

이제 우리 국민은 대통령 선거를 앞에 두고 있다. 민자당에서 김영삼 대표가 대통령 후보가 됨으로써 이제야 우린 명실공히 문민정치 실현을 앞에 두고 있다. 해방 이후 평생을 민주화 투쟁에 헌신한 양 김씨의 대결이 지역감정만 부채질하지 않고 선거가 순조롭게 진행되면 누가 대통령이 되든 한국에서 독재정치가 과거의 유물로 되는 민주주의 시대가 열리게 되어 있다.

80년대 초에 실현되어야 하였던 양김(兩金)의 경쟁이 이제야 이루어진 셈이다. 늦었지만 늦은 만큼 우리 모두 각성하여 민주적인 깨끗한 선거를 치른다면 20세기 우리 민족이 경험한 식민지 유산으로 인한 정치의 부조리, 군사독재의 정치적 유산, 분단의 유산을 청산하고, 한 시대의 정치사를 제대로 정리하여 21세기 민족번영의 시대를 여는 계기로 삼아야겠다. 이번 선거는 한국의 민주투쟁에 생애를 걸어온 두 김씨에 대한 선택이 되고 1997년의 대통령 선거는 민족통일을 위해 헌신해

온 새로운 민족주의 세력이 등장해야 될 차례이다.

4. 평화통일의 조건형성

1) 주체적 조건: 민족화합과 사회갈등구조의 해소

(1) 지역갈등의 민족공동체의식으로의 승화

강대국의 틈바구니에서 민족의 자존을 회복할 겨를도 없이 민족이 부자연스럽게 갈라져 살아온 지 47년, 그것도 부족한 양 우리의 남한 내부 구조는 지역감정으로 동서 분열현상을 겪고 있다.

이것은 분단조국의 또 다른 분열로 앞으로 분열된 민족이 하나로 된다고 볼 때 그 분열의 요인을 이루는 모순을 극소화시키지 않으면 안 된다. 즉, 민족화합을 위한 전제로서 한국사회의 지역갈등 요인 극복이 선결과제로 등장한다.

지역감정은 정치학 사전에도 없는 한국 특유의 정치적 용어로 애향심과는 구별된다. 애향심은 세계 어디서나 긍정되며 찬양된다. 지역감정·갈등은 우리 정치사회의 비극적 유물이다. 이는 정치의 후진적 현상으로 1987년 대통령 선거에서 지역갈등의 골이 더욱 심화되어 한국사회에서 첨예한 쟁점으로 부각되고 있다.

사실 우리가 지역갈등에 시달리고 있는 한 민주화도, 민족통일도, 공허한 구호에 불과하다. 민족통일이란 우리 민족 모두가 혈연, 지연, 학연 등의 모든 분열적인 요인을 민족 공동체라고 하는 큰 용광로 속에 용해시켜 하나의 큰 힘을 형성하여 이룰 수 있는 거대한 작업에 속하기 때문이다.

지역감정 또는 지역주의는 농경사회에서 지역과 지역 사회의 커뮤니케이션 기회가 정체되어 있을 때, 자기 지역과 타지역을 구분하는 편견·선입관에서 나온, 봉건적 폐쇄사회의 속성의 하나이다. 지역주의적 차별정책은 고려왕조 때부터 거슬러 올라가고, 식민지시대 민족분열정책은 식민지 유지수단이었기 때문에 이를 조장하였다.

그래서 지연, 학벌, 출신 등 연고를 따져 파당을 형성하는 파벌주의 형태로 지역주의는 해방 전에도 있었으나, 지역갈등을 의도적으로 조장하며 정치적으로 이용하기 시작, 이 땅에서 지역갈등을 고질화시킨 연대는 5·16군사 쿠데타 이후였다.

국민적 기반이 없는 군사정권은 그 정당성의 위기를 보완하고 손쉽게 지지세력을 모으는 편의적인 수단으로서 대구를 중심으로 한 영남지방에서 소위 '경상도 정권' 운운하면서 집권의 기반을 굳히기 시작할 때부터 본격화되기 시작하였다. 1971년 대통령 선거는 지역대결의 선거가 되어 호남지역 유권자 3분의 2가 김대중 후보를, 영남지역 유권자 4분의 3이 박정희 후보를 지지하여 완연한 영호남 대립구도가 정립되어 지역갈등의 문제가 심각한 양상으로 변했다.[34] 나아가서 지역기반이 지지기반이 된 군사정권은 경제발전 추진과정에서 특정지역 출신 등용을 배제하여 정부관료 엘리트 충원은 지역집단을 배경으로 한 지역주의적 속성을 나타내, 지역간의 소득격차에 있어서 불균형이 심화되거나 다른 경제·정치 부문의 지역갈등과 결합되어 그 폐해가 증폭되었다.

군사정권 이래 정부의 고위관료나 전국구의원, 대기업 소유주 등이 영남 출신에 편중되기 시작 제5공화국에 이르러 영남출신 고위관료가 43.6%, 호남출신 9.6%, 전국구의원 40% 대 15%, 50대 기업소유주

---

34) 이종오, 「지역감정논쟁」, 『80년대 한국사회대논쟁집』, 1990, p.389.

23 대 4의 불균형으로 나타났다.[35] 이러한 영남지역에 대한 전폭적인 우대로 지역갈등의 확실한 틀이 만들어졌고, 이는 80년의 비극적인 광주사태를 거치면서 호남출신 반군부 민간 정치지도자 김대중의 체포로 더욱 고질화되어 1987년 대통령 선거, 1988년의 국회의원 선거를 매개로 지역갈등의 양태는 집단적인 적대적 대결의식으로 전형화되어 폐해의 내용과 범위가 심화·확대되었다.[36]

앞서도 지적한 대로 지역주의적 차별정책은 봉건적 폐쇄사회의 속성의 하나인데 오늘날 현대 정보사회에 와서까지 이러한 지역주의를 탈피하지 못하고 이의 연장선상에서 사회의 지배원리의 하나로 지역, 학벌, 출신 등 연고를 따져서 파당을 형성하는 비생산적이고 반사회적인 파벌주의가 만연한다면 진정한 의미에서 통일을 기대하기 힘든 것이다. 이러한 봉건적 폐쇄사회의 속성으로 우리나라 사람들에게는 공인(公人)이나 공(公)의 세계를 착각, 민족적 이기주의에서 벗어나지 못한 양태를 흔히 볼 수 있는데, '공'의 세계와 '사'의 세계를 분명히 구분하는 학습도 요청된다. 정치의 차원에서 민주화를 과감하게 진척시키고, 경제 개발과 정치·행정·문화 엘리트 등용의 다방면에 걸친 균형회복, 커뮤니케이션과 교류·협력을 통한 지역적 편견을 씻어냄으로써 지역의식을 민족공동체의식으로 승화시키는 광범위한 작업이 뒤따라야겠다. 또 혁신적 이념정당의 출현은 지역감정을 불식시킬 수 있다. 정책·이념적 정당 없는 현실에서 모든 계층은 지역으로 나뉘어져 투표하게 되기 때문이다.

21세기는 이데올로기와 폭력이 지배하던 20세기와는 달리 과학, 기술, 문화가 지배력의 근간이 되는 세기이다. 국가나 민족간의 경쟁은

---

35) 김만흠, 「한국사회 지역갈등 연구 – 영·호남 문제를 중심으로」, 현대사회연구소, 1987: 《동아일보》 1988년 1월 22일.

36) 유종해, 「韓國의 社會葛藤現狀과 그 解消方案」, 産學協同財團 用役課題 最終研究報告書, 1991년 6월 1일, p.57.

더욱 가속화되어 간다. 민족생존의 전략이 정립되어야 함은 물론이다. 이에 혈연, 지연, 학벌, 출신 등 제1차적 유대의 구속으로부터 해방되지 못한 전근대적 폐쇄사회의 속성이 21세기 통일된 정보·공업의 한국사회를 주도할 수는 없을 것이다. 소련은 80년대 가속화해 간 서방의 정보산업에 뒤떨어져 결국은 붕괴되었고 그것은 독재적 폐쇄사회의 속성 때문이었다. 독재적 폐쇄사회는 정보·공업사회를 만개시킬 수 없었기 때문이었다.

그래서 전근대적인 지역갈등을 단합된 정치적 이성으로 극복하고 민족공동체 관념을 형성해 나가야 한다. 그래서 20세기 민족분열과 이질화를 넘어서 21세기 민족사회에서 존재해야 될 연대를 재발견하기 위한 새로운 민족사의 지평을 열어가야 한다. 20세기에 겪었던 민족의 시련에 대한 이해와 경험을 바탕으로 지역, 계층, 이데올로기를 초극한 연대성의 관념에서 우리 다같이 결합하여 민족공동체를 건설해 나가는 것이다. 여기에는 모든 민족성원이 정치적 대화와 결정에 참여하여야 되고 민족의 새 단계로 가기 위해 어떤 지역, 어떤 계층, 어떤 성의 소외가 지양되어야 함은 물론이다.

그래서 민족이 단결하는 빛을 21세기에는 남겨야 할 것이다. 민족이 단결하는 것을 자각하는 것은 민족의 생활문제를 해결해야 될 일을 아는 것이 되는 것이다. 분단으로 인한 민족역량의 소모에 대한 우리의 역사의식은 남한에서는 경제발전과 사회적 이익으로부터 소외 내지 불평등을 받아온 지역과 계층의 고통스럽고 억울했던 과거와 또 끔찍한 독재체제 속에서 아직도 식생활문제조차 해결되지 않는 북한동포의 과거에 향해져, 전 민족의 자기의식의 역사적인 깊이를 축적해 갈 때 비로소 민족사의 새 지평이 열리는 것이다. 그러므로 우리는 동포 가운데서 늘 소외당하고, 억눌려 오고, 생의 출발에서 기회균등 없이 살아온 동포의 운명을 심각한 관심을 가지고 공생의 길을 모색하여야 한다.

1990년 10월 3일 독일이 통일되던 날 독일인들은 감동하여 서로 서로 껴안고 하나되었음을 기뻐하였다. 그러나 서로 같이 살아보니 한국인이 놀랠 정도의 동서독 교류와 협력의 업적을 쌓아 왔음에도 불구하고 서로의 차이점이 날이 갈수록 드러나 심지어는 옛 동독과의 국경지역에서는 많은 사람들이 장벽이 다시 있었으면 좋겠다고 말을 하고 있을 정도이다. 카바레에서 연극인들은 동독인들을 표적으로 삼고 풍자를 하면 많은 박수갈채를 받게된다고 한다. 지금 독일인들은 하나의 국가에서 살고 있지만 동서독간에 골은 더욱 깊어지고 극도로 분열된 상태라고 한다.

구동독인의 예민함과 구서독인들의 우월감 그리고 구서독인들은 구동독인들을 마치 폐쇄된 기존의 사회에 새로 들어온 사람들처럼 취급한다. 그리고 처음에는 아주 친절하게 대하다가도 그들 자신의 영역을 침해하지 말라는 확고하고 단호함을 가지고 대한다고 한다. 그 때문에 동독인들은 어디에서나 영향력이 없고 힘도 없다. 그래서 일상생활의 도처에서 동독인들이 오해를 받고 자유롭지 못하여 궁지에 빠져 있다. 동독이 와해되고 난 후에야 비로소 그동안의 이질성이 얼마나 컸던가에 대해 알게된 것이다. 그리고 서독인들은 자기들이 승리했다고 거만해하고 자신들의 생각 이외의 다른 것은 인정하려 들지 않는다고 한다. 베를린의 작가 페터 벤더(Peter Bender)는 통독이 민족주의 없는 통일이었기 때문이라고 지적한다.37) "그것은 동독의 경우 민족감정을 말살시켜버린 압박이요 서독의 경우 민족감정의 필요가 거의 생기지 못하게 해버린 삶의 안락감 다시 말해 초국가적 공동체에서 살고 있다는 그 안락감이다. 서독 사람들은 그들의 전유럽적 환경에서 편하게 느꼈고 민족이 최고의 가치가 아니라는 새로운 이론을 기꺼이 그리고 쉽게

---

37) 프리데만 슈퍼거, 임정택 공편, 『논쟁, 독일통일의 과정과 결과』, 1991, pp.320-329.

받아들였다"는 것이다.

민족주의 없는 통일이었기 때문에, 민족감정이 없었기 때문에 가장 중요한 것, 즉 동포가 겪고 있는 어려움에 내적으로 관심을 갖는 것과 기꺼이 도우려는 태도가 없다는 것이다. 정치가들이 권력과 재정과 조직만을 염두에 두고 통일을 해서 민족으로서 엄청난 일이 일어났어도, 독일인들은 돈만 얘기하는 아이러니가 일어나고 있는 현상이다. 그동안 한 쪽에는 자유로운 사람들과 부자들이 있었고 다른 한쪽에는 속박된 자들과 가난한 사람들이 있었는데 동독인들은 항상 2등 독일국민의 취급을 받아왔다. 통일 후 서로 직접, 항구적으로 만날 수 있는 지금에야 그 소외의 정도를 느끼고 있다. 이러한 통일독일의 현실은 우리에게 많은 것을 시사해 주고 있다.

우리 민족은 지금 반세기 동안 갈라져 살고 있다. 어느 정도 서로가 이질화되어 있고 불신의 구조 속에서 살고 있는 가는 통일이 되면 우리가 알고 있던 것보다 더욱 확실하게 알게 된다. 그러므로 우리는 통일을 앞두고 서로가 진정으로 하나가 되는 길을 모색하여야 된다.

남한 내부에서 지역갈등을 극복하고 하나로 되는 학습을 지금부터라도 시작하여 하나가 되어 단기간 내에 역동적인 지평을 만들어가고 굳게하여 통일될 때 새로운 민족의 삶을 규정해나가는 것이다.

(2) 계층갈등의 해소

앞에서 잠깐 언급한 대로 한국의 공업화는 1960년대부터 시작하며 경제의 고도성장을 이룩하여 오늘날 신흥공업국의 선두주자가 되었다. 관주도 아래 이룩된 한국경제의 성공적인 전략은 수출 위주의 경제성장 전략이었다. 우리 사회에서 절대적 빈곤이 사라졌고, 생산, 고용, 소득이 늘어났다.

그러나 우리 한국사회에는 1960년대부터 시작된 공업화와 1950년대 시작된 급격한 도시화의 과정을 겪는 동안 엄청난 변화의 소용돌이 속에서 선진자본주의 국가들의 200여 년 동안 공업화 과정에서 발생된 문제가 그 정도의 차이는 있지만 한꺼번에 쏟아져 문제가 구조적으로 쌓여왔다. 가장 큰 문제는 성장의 그늘에 가려진 계층과 집단 그리고 성장의 혜택을 받는 계층과 집단간에 이중구조가 심화된 것이다. 이는 사회·경제적 분배의 위기로 우리 내부에서 이 문제를 정면으로 다뤄 해결하지 않고 통일까지 끌고 간다면 그때 가서는 더욱 엄청난 문제로 확대될 수 있다.

그것은 지역간의 불균형 발전, 노사간의 갈등, 성장과 분배의 불균형 등을 들 수 있는데 사회·경제 변동의 가속화에 따른 이러한 문제는 정치권이 정면으로 다루어야 했던 문제들이다.

더욱이 한국자본주의 발전과정은 선진자본주의와 같은 정상적·독자적 발전을 거쳐 성장해 온 것이 아니어서 여러 겹의 모순을 안고 있다. 일본제국주의는 한국민족자본의 성장을 철저하게 억압하여 왔기 때문에 일부 매판적·친일 자본이 발전하여 왔고, 그 이후 오늘의 한국사회를 주도하고 있는 자본의 축적은 1965년 한일협정 이후 외국자본의 차관·합작 등이 관이나 권력에 의존하여 성장하여 왔기 때문에 독점자본의 성격을 벗어나지 못하고 있다. 그래서 우리나라에서 시장경제 체제는 분배의 정의나 형평에 무감각하여 약자의 편에 설 줄 모르고 있다. 민족화합이라는 큰 목표 아래서는 통일을 주도할 건전한 부르주아 계층이 형성되어야 되고, 그들은 통일이라는 민족적 과업을 위해서 자본의 논리보다 민족의 논리를 앞세워 자본주의를 발전시켜 나가야 될 것이다. 이에는 먼저 계층의 갈등이 해소되어야 되는데 힘과 금력이 있는 부르주아 계층이 앞장서서 해결할 때 사회적으로 큰 어려움을 덜 수 있는 것이다. 계층간 노사간에 배분의 정의가 이루어지지 않고 갈등이 첨예화되면 정치사회는 파열음이 생길 뿐만 아니라 더욱이 분단된 국가에서 우수한 체제는 어떤 체제가 더 많은 지지층을 확보하느냐에 결정적인 중요 변수가 달렸다고 보았을 때 계층간의 갈등해소문제는 체제 안정을 위한 근본적인 문제에 속하지 않을 수 없다. 동구와 소련의 사회주의 체제가 붕괴하였다고 아무렇게라도 자본주의만 하면 안심할 수 있다는 발상에서 갈등 현상이 나타나면, 좌경세력에 의한 자유 민주주의 체제에 도전이라는 위기감으로만 대처하려 든다면, 사회적 혼란과 사회적 분열현상은 민족화합은커녕 더욱 증대될 것임이 필지의 사실이다.

그래서 고도 성장 그늘에서 나타난 부의 편차로 인한 갈등을 조정하고 해결하기 위한 제도나 규범체계가 확립되어야 갈등이 폭력상태로 전환되지 않는다. 실제 다렌도르프의 말을 빌리면 갈등은 사회구조와 지배체제의 모순을 합리적으로 해결하기 위한 창조적인 원동력이며 공존의 한 부분이다. 그래서 계층갈등의 효과적인 조정을 위하여 ① 우리나라에서 계층갈등을 사회체계의 구조적 사실로 인정하고, ② 갈등의 대상계층은 지배적 규범체계의 갈등 조정에 균등한 자격으로 참가하여, ③ 시대에 상응하는 새로운 규범과 체계를 만들어 내야 한다.

우리 사회는 이러한 문제를 분단 직후부터 다뤘어야 했다. 구서독은 구동독과의 대립 시, 체제 우월성과 정통성 확보에 목표를 두고 분단 직후 구서독 사회의 정치적 민주화와 산업민주화 정책을 실시하였다. 그 길만이 분단의 상황 속에서 국내의 치안과 평온을 실현하는 방법이라고 보았기 때문이다. 경제적 부흥에 따른 노동세계의 인간화에 대한 요구에 급격한 사회변혁대책 보다 사회시장 경제체제를 유지하면서 경영자와 종업원이 사회를 위한 전체적인 결정에 공동으로 참가·결정하는 민주화를 통하여 모든 인간의 삶을 존중하는 영역을 형성·확대하면서 대처하였다. 그것은 직장의 보장, 성장혜택의 공정한 배분, 인간을 존중하는 노동환경, 노동시간 규정 그리고 모든 노동자들의 자율성 보장이 따랐다. 그래서 구서독의 노동계층은 '노동자의 나라'라고 하는 동독의 노동자와 비교되지 않는 중요한 생활과 자유를 누려 구서독 체제의 강력한 옹호세력이 되었고, 구동독의 노동자 계층은 자국의 사회주의 체제를 거부하고 뒤흔드는 반체제, 개혁세력이 되었다.

분단상황에서 우리 노동자들은 우리 체제의 유지세력 또는 안정세력으로 자리를 잡아야 한다. 이를 위해 소외문제를 극복하면서 생산력의 지속적 발전을 도모할 수 있는 최선의 방법이 나와야 한다. 그렇게 하려면 사회의 운영이 탐욕스런 자본 부르주아의 국가가 아니라 모든 계층이 근면, 성실, 협동의식의 건전한 가치관에서 동등하게 역사 발전에 영향을 미치고 국가의 법률이 모든 계층의 이익을 지켜주어야 한다. 선진자본주의 국가는 독점을 배제하고, 노동조합을 법률로 인정하여 노조의 기능을 활성화하여 공정하게 부를 배분하고, 사회보장 정책을 펴고, 자본과 경영을 분리하고, 또 기술혁신의 경쟁을 조장하고 있다. 서구 국가들은 자본가 본위의 자유방임 자본주의 시대를 과거의 유물로 하고 있다. 또 국유화 만능도 아니면서 민주주의와 사회주의 욕구를 충족시켜 왔다. 국가에 의한 필요한 경우만 산업통제, 창의발휘와 생산력 증대를 위한 자유경쟁의 보장, 노동자의 자율권의 확대, 소비자의 기업감시가 따름으로써 계층간의 갈등을 극소화해가고 있다.

우리나라에서도 1,000만 이상의 노동자 세력의 체제 내 안정은 시급한 문제가 아닐 수 없다. 우리나라 근로자들의 대다수는 대기업과 관에 대한 불신이 증대하고 있다. 그것은 대다수 근로자들이 정부는 대기업에 특혜를 부여하고 대기업은 국민이 보증해주는 국가자금에서 자기자본의 몇 배에 달하는 자금융자의 특혜로, 생산재투자나 기술개발보다는 탈세, 부동산 투기 그리고 재테크로, 또 조세와 금융상의 불공평한 조치로 형성·유지되고 있다고 판단하고[38] 임금인상, 근로환경 개선 외에 기업경영과 인사관리의 결정에 참여를 요구하기에 이르렀다. 때문에 건전한 노사관계를 정립하고 노사갈등 해소를 위해서는 ① 노·사의 공존의식 형성, ② 노조기능의 활성화, ③ 노·사·정의 관계 정립과 대화채널 구축, ④ 기업인의 권위주의 배격, ⑤ 노사협조체제 제도화가 요구된다. 이러한 조건들은 근본적으로 민주화의 과제와 직결되어 있으면서 한국 경제의 지속적 발전의 전제가 되는 것이다. 뿐만 아니라 기득권층은 민족화합의 차원에서 어느 정도의 기득권 포기가 있어야 통일이 가능함을 알아야 한다.

(3) 경제의 발전과 통일비용

독일이 통일될 때 구서독의 경제력은 통일을 민족자결에 의해 주도할 수 있을 정도로 충분히 성장해 있었다. 1988년 구서독의 국민 총생산은 유럽 공동체 국가들 가운데서 가장 높은 3.4%, 공업생산은 3.6% 증가하였고 산업시설 가동률이 89%에 달했다. 수출에 있어서도 그 신장률이 해마다 다른 나라들을 앞질렀고 국제금융 시장에서 외환거래액의 3분의 1을 장악하고 있었다.

남과 북에서 기존의 분단체제로 인하여 남다른 혜택을 입고 있는 사람들이 그들의 기득권을 고집한다면 순조로운 통일과 바람직한 민족의 미래는 진실로 염원할 수가 없다. 김태길 교수는 한민족 철학자 대회에서 "현재 남과 북에서 특권을 누리고 있는 사람들이 자의에 의해서든 타의에 의해서든 가진 것의 일부를 포기하지 않고서는 통일의 후유증을 극소화하지 못할 것이다. 밖으로부터의 압력에 의해서 보다는 자진해서 가진 것의 일부를 포기하는 편이 바람직하다"고 지적하고 있다.[39]

---

38) 유종해, 위의 논문, p.22.
39) 김태길, 「분단상황과 철학자의 임무」, 한민족 철학자대회 1991, 『변화하는 시대와 철학의 과제』, 1991, p.22.

통독에 대한 구소련의 승인을 얻어내기 위하여 콜 서독 총리는 1990년 6월 22일에 12년 만기의 31억 달러의 정부보증 융자를 소련에 제공하고 1994년 말까지 4년간의 소련국 독일 주류경비와 소련병사의 소련에서의 주거 건설비, 직업훈련비까지 제공키로 하였다.

독일 통일비용은 향후 10년간에 모두 8천억에서 1조 달러가 소요된다고 하는데 구서독의 경제능력 없이 과연 통일이 가능했겠느냐의 의문이 제기되고 있다. 따라서 그동안의 경제발전의 활력과 능률을 바탕으로 우리의 지속적 경제 발전에 의한 경제력의 축적은 시급한 과제로 대두되고 있다.

남북한의 통일비용은 류석열(柳錫烈) 교수에 의하면 향후 10년간에 2천억에서 4천억 달러가 소요된다고 보고 있다.

미국 국세조사국 중국부장 주디스 바니스터와 아메리카 엔터 프라이스 인스티튜트연구원 니콜라스 에버슈테트는 일본의 닛케이 비즈니스에 기고한 글에서 통일비용을 2천500억에서 5천억 달러로 추정하였다. 이 액수는 통일 후 추가지출분을 가산하지 않았다.

또 한국개발원은 통일 후 10년 내에 북한의 경제력 수준을 한국의 60%까지 끌어올리는데 10년 동안 모두 25조에서 1백50조원의 소요를 추정하고 있다. 북한의 도로의 총연장 2,300km는 7%밖에 되어 있지 않고, 이를 우리 수준의 80%로 끌어올려야 하고, 서울에서 대전 167km가 1시간 30분에 주파할 수 있는데, 개성에서 평양 168km까지는 3시간 30분이 걸린다고 한다.40) 시속 50km이상 달릴 수 없고 총연장 5,045km의 철도 중 98%가 단선철도라 한다. 전화도 우리는 1,600만 회선인데 비해 북한은 30만 회선에 미치지 못한 실정이다. 국민 1인당 총생산도 1990년 현재 우리는 5,569달러인데 비해 북한은

---

40) 유석열, 「統一성취와 우리의 대비노력」, 『展望』, 1992년 4월호, 제6권 제4호, pp.92-93; 《조선일보》 1992년 1월 20일.

1,064달러에 불과하다41). 이 모든 것을 한국의 수준까지 끌어올리는 데 엄청난 돈이 필요하다. 대부분 사회주의 국가와 마찬가지로 북한의 사회 자본은 노후화되었고, 교통, 통신체계, 주택, 의료시설을 신설해야 된다.

서독의 경우는 4백억 달러의 국제수지 흑자시대에 통독을 달성하고, 세금징수로 통일비용을 감당하고 있으나 우리나라는 국제수지에 있어서 적자 상태이기 때문에 이러한 상태로 통일은 세계최대 채무국으로 될 가능성도 없지 않으므로 우리는 주도면밀한 경제력의 준비가 요구된다.

21세기는 정보·공업사회로, 산업구조도 국제화, 가치관의 다양화, 문화욕구의 고급화, 기술혁신을 배경으로 산업구조가 변모한다. 경제사회의 국제화가 지구적인 규모에서 진행, 무역을 통한 국제분업이 진행되고 자본의 이동이 국제화, 기업의 국제화와 정보·문화가 국제화된다. 수요의 측면에서 일반적으로 선진공업국의 변화를 보면, 가계에서 소득의 향상, 자유시간 증대, 생활양식의 변화를 배경으로 소비가 다양화해지고 성숙화·개성화가 진전되어 모든 것이 선택적이 된다. 따라서 기업의 활동도 수요의 고도화가 생기고 기업간 경쟁이 격화되어 경영관리체제의 기술도 새롭게 진전된다. 이에는 선진국과 기술격차를 축소하는 기술투자도 선제석으로 첨난기술과 고급기술개발42) 신소재 개발이 국제화에 대한 기본전략으로 대두되므로 앞으로 우리나라는 관과 기업의 경제의 국제화에 대한 조직적이고, 체계적인 대응전략이 나와야 될 줄 안다.

기술혁신은 경제사회 발전의 커다란 원동력의 하나이고 미래의 문을

---

41) 통일원, 『南北韓 社會·文化指標』, 1991, p.58.: GNP는 남한 2,379억 달러, 북한 231억 달러로 10대 1의 차이를 보이고 있다.
42) 기술혁신은 노동생산성의 상승을 가져오고, 또 노동시간의 단축을 가능케한다.

여는 열쇠에 해당한다. 더욱이 오늘날은 고도 정보화의 진전을 배경으로 대규모 통신, 위성, 국제 데이터 교류가 비약적으로 증가되어 외국과의 거리의 벽이 없어지는 시대를 맞게 되었는데 이는 금세기에 들어서 모든 분야에 걸친 기술혁신의 가속화 때문이다. 그러므로 경제발전의 전제는 기술혁신에 달려 있고 이는 기술을 도입하고 개량하고 개선하고, 또 자체적인 개발이 지속적으로 이루어져야 한다. 또 기술에 지탱한 상품만이 품질에 대한 높은 신뢰성을 얻을 수 있고, 국제적인 높은 평가를 얻을 수 있다. 선진국의 21세기 전략을 보면 1990년대까지 태양전지, 연료전지, 신형축전지를 실용화 보급하고 핵융합관계, 광통신 시스템, 유전자 조작을 이용한 의약품 제조, 인공장기, 우주항공 분야에서 우주공장, 신통신 시스템, 고도의 정보 시스템 개발 등에 국력을 기울이고 있다.

2) 객관적 조건의 형성

(1) 한반도 평화체제 구축

동북아시아 육·해 교통의 요충에 위치한 한반도는 동북아 국제정치 체계에 있어서 그 구조 변화의 핵을 이루고 있다. 지구 위에서 가장 중요한 사대강국, 즉 대서양 국가임과 동시에 태평양 국가인 미국과 유럽 국가임과 동시에 이른바 아시아 국가인 러시아연방, 경제대국이면서 국방예산 규모에서 미·소에 이어 제3위의 군사대국으로 앞으로의 정치대국을 지향하여 꿈틀거리고 있는 일본, 그리고 영토의 규모와 그 위치로 보아 세계적 힘의 균형에 결정적 역할을 하는 세계 최대 인구보유국인 중국의 사대세력의 관심과 이익이 한반도에 엄연히 교차하고 있다. 그리하여 한반도는 흔히 '세계 화약고의 하나'라고 지칭되고 있는 형편이다. 주변 강대국들이 한반도를 인식할 때는 반드시 그들의 세계전략 및 지역전략의 입장에서 출발하기 때문이다.

이는 이 작은 한반도의 정치·외교·안보정세가 우리가 바라건 바라지 않건 간에 세계전략의 중요한 위치부여를 면치 못하고 있음을 의미한다.

한국은 가장 폐쇄적인 정권이라고 알려져 있는 북한의 존재의식에서 한정된 복지와 한정된 사회개혁이라고 하는 엄한 현실과 한정된 평화 속에서 살아왔다.

동서의 냉전과 열강의 대립 속에서 지속되는 민족·국토분단의 비극을 체험하였으니 이제는 이 시점에서 '우리 7천만, 민족의 이익'을 진지하게 생각하여 볼 때가 되었다. 남·북한의 극한적 대결이나 무제한한 무력경쟁을 최소한 회피하고 이 우수하고 활력이 넘친 민족의 장래와 관련된 '공통의 이해'에 대한 북한의 인식이 요청된다. 그것은 우리 민족의 가장 중요한 과제가 민주화와 평화와 통일에 설정되기 때문이다.

한국에서 통일은 물론 안전보장과 더불어 요청되는 문제로 한반도의 '국제성' 때문에 주체적인 측면과 국제적인 측면에서 고려되어야 한다.

주체적인 측면에서는 민족의 동질성 회복으로 분단을 극복하려는 노력이 있어야 되고, 국제 체계의 시각에서는 우리의 조국을 분쟁지역이 아닌 '평화지대'로 전변시켜야 된다는 당위성을 생각게 한다.

이와 관련하여 한국의 통일방안은 1974년 8·15 '평화통일 3대 기본 원칙'에서 남북한간에 평화를 정착하고 상호접촉으로 서로의 신뢰를 높여 총선거를 실시하는 방안과 1988년 10월 19일 7·7선언에 뒤이어 1989년 9월 11일 '한민족공동체 통일방안'의 선언으로 체계적 틀을 갖추고 있다. 이에 대하여 북한은 1980년 10월 노동당 제6차 대회에서 「고려민주연방공화국」 창설안을 제의하여 민족·국토의 통일을 지향한 점진적 문제해결이나 타협 가능성보다는 적화통일이나 '인민 민주주의 혁명'을 목표로 하고 있다.

안전보장이란 현재 있는 것을 지키는 '현상유지'[43]이고 통일은 '현상변경'을 의미한 것이다. 그러므로 평화적 통일은 동태적 단계설정으로서, 우리의 통일이란 일방적, 유혈적, 폭력적 통일이 아닌 평화통일을 의미한다. 이를 위해서는 진정한 남북한간의 긴장완화, 남북대화, 상호 군비 축소, 교류와 협력의 점차적 확대를 통한 상호신뢰와 민족적 동질성의 회복이 우선되어야 한다. 이것은 자유로운 총선거를 통하여 이룩되어야 할 정치적 통합을 의미한다. 그러므로 북한의 스탈린주의적 폭력혁명 노선을 신봉하는 자들의 군사적 모험을 체념케 하고 대화, 교류, 협력을 제도화하는 것은 거시적인 평화통일에 연결되는 필수적인 조건형성이 되지 않을 수 없다.

뿐만 아니라 한반도에서의 어떠한 변화는 동북아시아에서의 국제질서 구조의 직접적인 변화를 의미하므로 한반도에서의 현상변경은 한반도에서 직접적으로 이익이 교차되는 당사국의 어떠한 강대국도 현상변경이 자국의 세력관계에 이익이 되지 않는 한 바라지 않을 것은 사실이다. 다시 말하면 자국에 결정적으로 유리한 전략상의 변화가 따르지 않는 한 한반도에서의 현상변경을 어떠한 강국도 바라지 않는다. 또 한반도의 통일은 동북아시아에서 '7천만 공업대국의 출현'을 의미하기 때문에 어느 한 대국의 이익에 합치되는 통일은 다른 3대강국의 이익에 반대될 수가 있기 때문이다.

그러므로 한반도에서 평화구조의 제도화를 통한 평화정착은 우리 민족의 생존에 직결되는 문제에 해당한다. 이를 구체적으로 요약하면 다음과 같다.

1. 분단비용이 민족의 복지와 번영의 희생 위에서 예산의 많은 비중을 차지하고 있는 한반도에서 민족이 살기 위해서는 ① 먼저 군사적 대치를 완화하고, ② 통신교환, 물적교환 단계를 거쳐, ③ 자유로운 인

---

43) Forest L. Grieves, *Conflict and Order*, Boston, 1977, p.820.

간교류로 상호불신의 장벽을 없애는 평화구조를 정착시켜야 되고, 그 평화구조 정착을 위해서 평화적 공존체제를 마련하여 대국에 의존하지 않고 자주적으로 우리 민족의 길을 찾아야 한다.

2. 조국의 미래설계에 상호인식의 이원화의 현실에서 통일을 향한 전단계로서 평화의 제도화를 통한 평화정착의 단계가 필수적으로 요청된다.

3. 한반도에서 현상변경은 동북아시아에서의 국제질서 구조의 직접적인 변화를 의미하여 현상변경을 원하는 강국이 없는 현실에서 동족상잔은 또 다른 대전 유발가능성이 없다고 볼 수 없으므로 평화정착을 통한 자주적인 통일 능력의 배양은 우리 민족사뿐만 아니라 세계의 평화에도 공헌하는 것이 된다. 그러므로 상호협조, 교류로 민족 동질성과 일체감을 형성하여 통일의 기반을 다져야 한다.

여기서 국제정치의 다양한 안전보장체제의 모색 속에 앞으로 한국안보를 어떻게 위치 부여할 것인가는 국가 내지 민족의 생존 발전과 직접적으로 관련되며 또 불가피하게 인류평화에의 기여에 연결되는 문제제기라고 생각된다.

한반도는 현재 4강(四强)의 세력이 교착하는 아주 복잡한 지역에 속한다. 그리고 한반도를 둘러싼 주변 4강은 한반도를 중심으로 한 세력균형 체계가 동북아시아 지역의 평화를 유지하고 있다고 인지하고 있다.

일반적으로 '평화'44)란 물리적 폭력과 전쟁의 부재상태를 말한다.45)

---

44) Galtung과 Dieter Senghass는 구조적 폭력의 부재상태라고 정의하고 있다(Johan Galtung, "Peace Research. Education in Action", in *Essays in Peace Research*, Vol. 1, Copenhagen 1975, p.29).

45) 평화는 또한 국가간 전쟁의 부재상태라고 한다(Aron Raymond, *War and Industrial Society*, London, 1958). 그 외에 평화의 개념은 Ekkehart Krippendorff(ed.), *Friedens Forschung*, Koln, 1974, p.15, 18, 147, 538 참조..

한반도에서 평화란 민족생존의 위기라고 하는 사실인식과 그 위기의 회피를 위한 목적의식에서 적대적 가치가 성립한다. 남북한간에 바람직하지 못한 무기경쟁이 심화되고, 긴장이 높아지고, 상호의 감정적 상태가 높아져 적대적 관계가 어떤 일을 계기로 하여 전쟁상태로 들어간다면 그것은 민족의 공동자살은 물론 강대국들의 이익관계로 유사시 동북아 평화구조는 붕괴된다.

그러므로 앞에서 이미 언급한 한반도의 국제적 성격으로 보아 한반도에서 평화정착은 공통적 가치를 가지고 있을 뿐만 아니라 동북아시아의 국제정치에 참가하는 사대국들의 반대가 없어야 함이 사실이다. 그것은 한반도 문제가 동북아의 가장 중요한 갈등으로 동북아 평화의 전제는 한반도 평화체제에 달려 있기 때문이다.

우선 한반도 주변 강국들이 현재 지탱되고 있는 세력균형으로 인한 현상유지에 묵시적으로 인정하고 있는 상태에서 한반도 평화단계란 남북한간의 냉전단계를 공존단계로 높이는 것을 의미하고 이 단계에서 전쟁의 요인을 제거하고 통일의 기반을 서로가 구축하여 나아갈 때 한반도에 평화가 정착되는 것이다. 구소련의 초대국 지위상실로 동북아지역에서 영향력 감소로 동북아지역은 질서의 재편과정에 있으나 아직도 4강의 세력균형은 유지되고 있다.

이러한 한반도 평화정착의 개념은 위에서 지적한 대로 한반도를 둘러싼 4강에 의해 유지되는 세력균형의 안정이 뒷받침되지 않으면 안된다. 본래 평화체제기조의 하나에 속한 세력균형의 안정의 조건은 세력균형에 참가하는 국가의 수가 증가하는 데 있는 것이다. 따라서 한반도를 둘러싼 주변 강대국들의 관계가 미국과 소련을 중심으로 한 양극체제로 구성되었을 때보다는 4강체제로 형성되어 있을 때가 그 균형에 안정이 주어진 것이라고 볼 수 있다. 실제 우리의 역사를 돌이켜 본다면, 민족의 자주의식이 결여되고, 국방태세가 갖추어져 있지 않고 어느 한 일방적인 강국이 한반도에서 독점적인 위치를 차지하였을 때는 종속국이나 식민지로 전락한 적이 있고, 또 한반도에 두 세력이 대치하였을 때는 늘 전쟁이나 분단의 위험이 따랐다.[46]

그러나 세력균형에 참가하는 국가들은 자국에 유리한 세력균형에 주안점을 두기 때문에 균형 아닌 우위를 목표로 하고 있어[47] 세력균형에 의한 평화의 유지에는 부단한 관심이 따를 수밖에 없다. 참가국들의 국가이익, 국력, 지위 또는 위신의 변동에 따라 균형변동의 가능성이 주어지므로 세력균형은 평화유지의 영속적인 방법은 아니다.

포스트 냉전시대 국제정치는 냉전의 산물인 지역갈등을 평화적으로 해결하려는 노력을 증대시키고 있다. 동아시아에서 사회주의 국가들이 경제·국내 문제로 미·일·한국과 협력관계에 들어가고 있으며 한반도 안정을 바라고 있다.

미국도 한반도 안정을 위하여 북한과 관계개선을 모색하고 있으나 북한의 핵문제가 장해요인이 되고 있다. 미국은 러시아·중·일의 대남북한 관계개선에 한반도에 대한 영향력 유지를 위해 한국과 전통적 유대를 강화하면서 점진적으로 북한과 관계개선을 시도하고 있다. 북한은 경제난 해소를 위해 남한과 대화, 협력관계 의사를 보이고 있어 한반도에도 탈냉전의 기운이 퍼지고 있어 평화체제 구축에 어려움이 감소되고 있다. 한반도 주변 4강은 한반도 안정을 농북아 평화와 안정의 관건으로 보고 있기 때문에 이는 한반도 평화구축과 평화통일의 긍정적 요인으로 작용할 수 있다.[48]

---

46) 우리는 동북 아시아 4강체제 속에서 통일된 한국이 이 지역의 믿음직한 Balancer로서 역할하면 동북아 세력균형의 안정은 더 말할 나위 없이 흔들리지 않을 것이다.

47) Nicholas J. Spykman, *America's Strategy in World Politics*, New York, 1942, pp.21-22.

48) 민족통일연구원, 『蘇聯의 東北亞 政策變化와 東北亞秩序改編』, 1991, 12, pp.378-381.

그러나 남북한간의 오랜 기간에 걸친, 단절, 이질화로 남북한간의 상호신뢰 구축은 많은 인적·물적 교류의 축적을 필요로 하고, 그 축적 바탕 위에서 전쟁이 있어서는 안된다는 것을 목표로 전쟁을 억제시키고 종식시키는 협의체의 제도화로 평화체제를 구축하여야 평화통일에 접근이 가능하다고 본다.

(2) 동북아 안보협력체제 구축과 경제협력체제 강화

요즈음 아·태 지역 국가들 사이에 다자간 안보협력체제 구성에 대한 논의가 대두되고 이에 대한 필요성이 점차로 증가되고 있다.

동아시아에서 소련의 붕괴로 새로운 질서개편의 움직임 속에서 미국과 일본의 경쟁관계, 일본의 군사대국화 추세 앞에서 범세계적 보편기구인 국제연합의 권한이 강화되면서 유럽에서 집단안보체제인 유럽안보협력회의(CSCE: the Conference on Security and Cooperation in Europe)의 아시아 판에 대한 인식이 높아지고 있다. 마침 92년 7월 10일 헬싱키에는 CSCE 51개국 정상들이 모여 탈냉전시대 새로운 군축과 평화유지, 분쟁방지 및 위기관리 체제를 설정하고 새로운 유럽안보질서의 청사진을 마련하였다. 그들은 '변화에의 도전'이란 선언서를 채택하였는 바, ① 새로운 군축협상, ② CSCE가 뒷받침하는 평화유지활동 및 이를 담당할 평화유지군, ③ 지역분쟁을 예방하기 위한 소수민족담당 고등판무관제도 신설방침 등 구 소련 붕괴 이후 확산되고 있는 국지적 민족분규를 가라앉히고 평화정착을 가속화시키기 위한 일련의 새 질서 확립방안을 제시하였다. 또 유럽국가들로만 구성된 서유럽동맹은 내전중인 신유고슬라비아 연방에 대한 해상·공중봉쇄를 결정하여 효과적인 군사개입을 시작하였다. 냉전종식 이후 처음으로 유럽 안보에 위기상황을 가져오고 있는 유고사태에 대한 유럽인들의 안보질서에 대한 공동 노력인 것이다. CSCE는 유럽 협력관계를 제도화한 안보기구이며 '분쟁의 문명화'의 한 형태로 유럽 전체의 조약공동체를 목표로 하고 있다.

CSCE의 고유의 과제는 분쟁을 평화적으로 해결하는 제도를 구축하고 하나의 유럽안전 보장체제를 수립하는 것이다. 지구대에 걸친 군축의 필요성을 역설하고 폭력발생의 가능성, 군사적 폭력발생의 가능성을 사전에 배제하려는 노력을 기울인다.

냉전이 끝나기 전까지 지금까지 안보체제는 동서대립의 구도에서 출발하였으나 앞으로의 안보체제는 다국간에 기초를 둔 지역적 안보체제의 성격을 띠고 있다. 동서대립시대 안보체제는 군사동맹을 토대로 한 안보체제였으나, 지금의 CSCE는 새로운 전 유럽적 안전보장체제에로 이행을 서두르고 있다. CSCE는 1989년 이래, 유럽의 통상전력에 관한 교섭 및 신뢰와 안전보장의 조성에 관한 교섭을 지속하여 왔으며, 새로운 군축협상을 결의하고 있다.

유럽에서 새로운 군축협상은 군사력의 제한을 목적으로 함과 동시에 회의를 통하여 군사행동의 제한, 의사소통, 군사적 투명성 촉진조치로 군사적 충돌이나 군사력에 의한 위협을 피하는 것을 목적으로 한다. 구체적으로는 군사연습의 통보, 옵서버 파견, 부대의 소재와 장비에 대한 정보공개가 포함된다.

CSCE가 유럽에서 가능했던 것은

1. 유럽에서는 비교적 동질성의 정치권이 형성되어 왔으며 모든 행동의 주체는 서로 비교할 수 있는 법의 관념과 행동 원리에 따라 행동하기 때문이다.

2. 유럽집단안전보장 체제의 구축과 나란히 다른 정치분야에서도 아주 친밀한 협력관계의 제도화가 늘 있어왔다. 그래서 정치적 공동조정, 분쟁처리, 안정보장의 유지, 경제적 상호의존, 문화교류, 인적 교류가 늘 존속해 왔다.

3. 유럽은 개별국가적 상위에도 증대하는 공통의 이해에 관심을 집중해 왔고, 그것은 안전보장과 복지의 기초를 이루는 평화질서이며 민주적 제도의 안정과 확립이다.

4. 유럽의 주요 국가들 중에 과거와 같이 국경의 변경을 목표로 하는 국가는 존재하지 않는다. 그것은 오데르·나이제 서부국경의 최종 승인에서 볼 수 있고, 또 현상타파 방지로 인간의 국경 통과를 편리하게 하고 있으며, 종족적·민족주의적 운동에 대한 방책으로서, 헌법상 제권리를 보장하고, 소수민족을 보호하며, 해당국가 영역 내에서 연방주의 정치체제를 권고하는 경향이다.49)

이러한 아시아판 CSCE는 일찍이 소련에서 적극적으로 제안하였다. 유럽에서도 소련이 1966년 3월 제23차 당 대회에 브레즈네프가 제안하여 형성되었다. 구소련이 붕괴하기 전 아·태 지역 안보협력체제에 관한 제안은 다음과 같다. 즉,

1. 1986년 7월 고르바초프의 블라딕보스톡 연설: 아시아판 CSCE정책 제시, ① 타국에 대한 불간섭 원칙으로 국가간 신뢰 구축, ② 핵무기 감축, ③ 해군활동 감소, ④ 군사력과 재래식 무기 감축, ⑤ 블라디보스톡 개방.

2. 1988년 9월 그라스노야르즈크 연설: 아시아·태평양 지역에서 평화 구축 방안, ① 핵무기 추가배치 반대, ② 중·소·일의 한반도 군사적 대결완화를 위해 다각적 협의, ③ 아시아·태평양 지역의 안보협의체 창설논의, ④ 경제협력과 공해와 자연재해에 대한 공동 대처. 1988년 12월 UN총회연설: 아시아 지역에서 소련군대 20만 감축.

3. 1990년 9월 세바르나제 외상 블라디보스톡 제안: 아시아·태평양

---

49) Dieter Senghass, *Europa 2000*, Frankfurt am Main 1990; Mir A. Ferdowsi, "Die KSZE als Modell?" *Europa-Archiv*, Folge 3/1992, p.76.

지역에서 다자간협의체 구성.

4. 1991년 4월 고르바초프 대통령의 일본국회 연설: ① 아시아 지역의 군축과 협력을 위해 미·일·소 3개국 회의, ② 안보와 경제협력을 위한 소·미·중·일·인도의 5개국 회의, ③ 동북아·동해의 안전보장과 협력지대 창설.

미국과 일본은 소련의 제안에 부정적 태도를 취했다. 미국과 일본은 소련이 1975년 헬싱키에서의 CSCE구조를 아시아·태평양 지역에 기계적으로 적용하려 한다는 것이다. 특히 미국은 아·태 지역의 지리적 광역성, 문화적 상이성, 지역국가 간의 안보관 차이 등을 이유로 부정적 반응을 보였다. 그러나 소련의 지역안전보장에 대한 제안은 소련을 아·태 지역의 동반자로 격상토록 하였다. 또 호주의 이반스 외무장관은 1990년 7월 27일 *International Herald Tribune*에서 CSCA(the Conference on Security and Cooperation in Asia / 아시아 안보협력회의)를 제안하였다.

당시 미국과 일본의 소련의 지역 안보에 대한 제안에 대한 입장은 아·태 지역에서 독점적으로 향유해온 미·일의 기득권에 대한 소련의 도전으로 보았기 때문이다. 소련은 중국을 미·중·일 삼각 공조체제로부터 이탈시키고 미국과 안보동맹과 일본과의 경제교류 증진을 통해 한·미·일 삼각안보 결속을 약화시키려 하였다. 그리고 아·태 지역에서 소련도 아시아 국가임을 인정받고 싶어했다. 그것은 21세기 아·태 지역이 성장의 중심지임을 염두에 둔 것이었다. 소련이 당시 적극적으로 평화공세를 취함으로써 미국은 또한 아·태 전략을 재고하여야 되었고 일본도 대륙정책을 신중하게 재조정해야 되었다. 미국은 이 지역이 비핵지대화, 평화지대화로 되면 아시아에도 미·중·러시아가 참여하는 다국간 안전보장 기구가 창설돼야 한다고 말했다.[50]

베이커 미국무장관은 1991년 11월 8일, 한반도 주변 강대국의 안보이해를 조정하고 남북대화를 보장하기 위한 남북한과 미·일·중·소가 참가하는 '2＋4회담'개최 주선의 뜻을 표명하였다. 미국은 동북아 안보 및 한반도 문제해결을 위한 다자간 협상방법으로 북한의 핵개발을 저지하고 한반도 및 동북아 안정을 주도적으로 보장하고자 한다.[51] 미국은 또 동북아 지역에서 구소련의 붕괴로 대소 봉쇄정책의 전략구도를 변경하고 일본의 영향력 증대와 군사대국화 가능성을 견제할 필요성에서 다자간안보협력 체제 형성을 수용할 가능성이 있는 것이다.[52] 그 내용은 남북한 합의에 따라 실현될 군비감축 등, 한반도 평화구축에 필요한 주변세력의 보장문제를 동북아 세력들이 논의하자는 것이다.

미야자와 일본 수상은 1992년 6월 22일, 기자회견에서 "동서냉전이 종결됨에 따라 미국·중국, 러시아 등이 포함된 아시아 전체의 새로운 안전보장기구를 구상하는 것이 일본외교의 중요 과제"라 하여 총리 자문기관인 "21세기 아시아·태평양과 일본을 생각하는 간담회"를 통해 그 구상을 계속 검토할 방침이라 밝힘으로써 일본에서는 적극적으로 다자간 지역안보협력 체제를 구상할 것으로 알려졌다.

일본은 한반도 안보가 일본에 직결되어 있음을 감안하여 한반도 안보와 한반도 문제에 일본의 발언권 확대와 한반도 주변 강대국들이 호의적 반응을 보이고 있는 다자간 안보협력 체제에 일본의 불참은 동아 지역에서 고립을 의미하므로 일본 스스로 안보협력체제를 구상할 계획이다.

일본은 구소련의 붕괴로 그 붕괴된 힘의 공백을 일본 세력확대의 기

---

50) 일본의 나까무라 전 외상은 1991년 7월 아세아 擴大外傷會議(the ASEAN Post-Ministerial Conference, PMC)에서 ASEAN PMC를 아·태 지역 안보문제협의 장으로 제의하였다. 김국진, 「東北亞秩序의 變化 趨勢」, 『統一問題研究』, 제4권 2호, 1992, 여름, p.35.
51) 民族統一院, 『蘇聯의 東北亞政策 變化와 東北亞秩序 改編』, p.381.
52) 김국진, 위의 논문, p.381.

회로 보고 미국은 이를 저지하려 할 것이다. 그러므로 미국은 이 지역 다자간 안보체제에 긍정적이지 않을 수 없고, 또 미국의 동아시아에 잔류근거는 대소 봉쇄정책의 일환이었으나 구소련의 붕괴로 그 존재이유가 희미해져 다자간 안보협력기구는 동아시아 잔류 이유의 하나가 되고 또 세계 최대 채무국으로서 군비 부담을 덜 수 있는 안보정책이 되므로 전략적 변경 없이도 미국의 대 동북아 정책이 지속되는 것이다.

중국은 다자간 안보협력체제 형성에 소극적이지만 전통적인 대 한반도 전략적 중요성과 한반도 비핵화 추진을 위해 다자간 안보협력기구에 참여할 가능성이 높으며 중국의 경제개발을 위해서도 또 일본을 이러한 안보협력체제 틀 속에 넣어 군사대국화의 길과 핵무장을 방지하기 위해 안보협력체제에 참가할 가능성이 높다.

일본은 외교적 측면 외에 아·태 지역 국가들의 일본에 대한 두려움을 제거, 일본의 정치대국화와 경제대국화의 기틀을 키워나가기 위한 방법으로서 안보협력기구가 요청된다. 러시아연방도 일본에 대한 견제가 요청되고 이를 위해 미국의 동아시아 주둔을 찬성하며 일찍부터 제안하여 온 안보협력체제에 적극적이란 것은 말할 것도 없다. 우리 한국으로 보면 우선적으로 그 안보협력기구를 통하여 북한과 대화채널을 쉽게 이용할 수 있고 당사자간 협력·대화가 어려울 때 이 기구를 이용할 수 있다. 그리고 통일시대 준비에 있어서 이 지역의 평화질서가 유지되는 것이 그 관건임에 틀림없다.

1975년 8월 헬싱키선언은 동·서의 안보, 협력, 교류 등 10원칙을 명문화하였다. 안보에 관한 문제는 주권평등과 주권존중, 무력에 의한 위협, 억제, 국경불가침, 영토보전, 내정불간섭 등이었다. 유럽의 평화를 위하여 지난 시대의 대결과 긴장관계를 해소하고 보편적인 의미에서 정치적 긴장완화를 위한 상호노력의 확약이었다. 또 선언은 군사훈련시 사전통보와 옵서버 참가를 명시하여 상호신뢰구축 조치를 실시하여 유

럽에서 정치적 대화의 분위기를 촉진하고 상호의 안정과 안전을 기하
는 데 목적이 있었다. 또 전유럽적 차원의 경제, 과학, 기술 환경문제의
협력을 강조하였다. 나아가서 인권과 사상, 양심, 종교, 신념이 포함된
기본권의 존중에 합의를 확인하였다. 교류의 원칙에서는 문화·교육에
서 교류증대, 출판물, 전파 등의 정보교환 확대와 인적교류의 자유화를
촉구하였다.

동북아 평화의 관건을 쥐고 있는 우리가 외교력을 발휘하여 이 기구
필요성에 대한 분위기가 마침 무르익었으니 동북아 안보협력기구를 만
든다면 이 지대 평화정착과 통일 추진에 더할 나위 없는 보탬이 될 것
이다.

1991년 10월 18일 노태우 대통령은 유엔총회 본회의 연설에서 한반
도 및 동북아지역 문제를 협의하기 위한 '동북아평화협의회의'의 6자
회담을 이미 제의한 바 있다. 이를 기반으로 하여 우리 한국은 한반도
문제가 우리 민족 문제이므로 이니셔티브를 가지고 외교적 활동을 적
극화할 때이다. 중국과 러시아, 북한이 그들의 경제문제 해결을 위하여
한국과 협력 방안을 모색 확대하려고 하고 있으므로, 한국은 다각적인
외교채널을 동원하여 동아안보협력회의 기구를 창설할 때이다. 이 기구
는 남북대화가 당사간에 막힐 때 이용할 수 있는 국제기구 역할도 할
수 있다. 또 동아시아의 공해, 마약, AIDS같은 문제는 범국가적인 쟁
점들로 안보협력 기구에서 이러한 문제를 다룰 수도 있을 것이다.

그러므로 동북아 평화의 관건은 실제 한반도에 달려 있고 한반도 평
화체제 구축이 동북아 평화의 핵이 되고 있으므로 한반도를 중심으로
한 관련 국가들의 '동아시아 안보협력회의(the Conference on
Security and Cooperation in East Asia)' 체제가 구성되어야 된
다. 실제 동아시아에는 "유럽은 하나다"라는 전통이 없고 정치, 경제,
사회, 문화, 종교, 민족 등 여러 면에서 차이와 다양성을 가지고 있고

국가간의 평등성 이라는 개념과 법치국가적 민주주의 의식이라는 공통의 기준이 존재하지 않아 유럽에서와는 달리 많은 어려움이 따를 것이다. 그러나 이러한 기구 없이 이 지역의 미래의 성장센터로서 역할이 어렵게 될 것이다. 다양성, 창의성을 하나로 큰 틀에 묶어 상호의 이해와 관용을 증진시켜 나가는 방법도 모색해 볼 만하다.

동아시아 지역이 21세기 세계성장의 중심지로 되는 데는 이 지역에서 새 질서는 상호신뢰와 성실, 안정과 평화의 세계를 구축해야 된다. 그리고 국가와 국가 사이 경제적 협력과 무역이 공정하고 바르게 전개되어야 하며 학문적·기술적 협력이 촉진되어야 한다. 이 모든 것은 국가간의 우호적 분위기를 조성하여 아시아에서도 건강한 환경, 보건정책에 대한 구체적 노력과 정보를 교환하며 지구의 생태계 균형유지에 관심을 두어야 한다. 그리고 이질적인 문화를 받아들이고 수용하는 문화교류 없이, 이 지역 평화는 공허한 것이 될 것이다.

동아시아에서는 여러 형태로 경제협력체가 결성되어 왔다. 태평양경제협의회(PBEC), 태평양무역개발회의(PAFTAD), 태평양경제협력회의(PECC)등 민간차원 협의체가 있는데 이는 각국의 정부의 협력으로 정부차원의 공식적인 정책협의체로 발전할 가능성이 있는데 이를 EC를 모델로 지역 경제협력구상으로 '동아시아 경제협력권'을 이루어 그 바탕에서 의사소통을 거듭하면서 동아시아 안보협력회의를 구축할 수 있겠다.

(3) 동북아 평화와 경제발전을 위한 조건으로서 남북통일의 당위성을 부각시키는 국제여론 보급

20세기말까지는 분열의 원리가 아니라 통합의 원리로서 민족통일을 준비하여 21세기에는 통일의 시대를 우리들이 열어야 하고 동북아 평화의 관건이 한반도에 있으므로 궁극적인 동북아 평화는 한반도의 통

일로 가능하다. 한반도가 아직도 분단되어 있는 이상 동북아는 분단되어 있을 수밖에 없고 탈냉전시대는 아직도 오지 않고 있음을 뜻한다. 그래서 한국의 통일이 동북아 지역안보와 경제협력 증대를 위한 핵심고리로 세계의 평화와도 관련되고 있음을 우리는 모든 국가들에게 인지시키면서 평화체제를 구축하여 한반도 통일과 유관한 4대국의 협조 속에 궁극적인 통일을 이루어야 한다. 그리고 한반도가 통일이 되어야 앞으로 세계성장 중심지로서 아·태 지역의 번영을 기할 수가 있으며, 이곳의 통일 없이 장벽이 막혀있는 한 번영은 불가능하다는 것을 인지시켜야 한다. 그러므로 통일한국의 존재는 동북아 평화와 안정, 그리고 번영의 상징이 되고 이 지역이 전쟁의 진원지가 아닌 동북아에서 화해의 접점으로 되게 하는 것이다. 그때 비로소 우리 민족은 20세기에 안고 살아온 무거운 멍에를 벗고 민족의 르네상스기에의 진입이 가능하다. 그래서 우리는 통일과 더불어 민족의 신생이 재생으로 이어져야 한다.

　20세기 세계사의 부조리가 이 한반도에 모여져 동족상잔까지 가져온 국제전쟁을 치른 후의 우리 민족의 통일은 탈냉전시대 세계의 화합을 마무리짓는 작업에 속하지 않을 수 없다. 탈냉전의 국제정세는 20세기 갈등의 시대와는 달리 사상, 이념, 제도의 차이가 문제 안되는 새로운 차원의 국제관계가 형성되어가고 우리를 둘러싼 힘의 균형관계가 재편되어가는 국제환경이 분명 통일의 객관적 조건의 성숙에 해당하므로, 우리 민족이 통일함으로써 새로운 세계화합의 지평을 여는 것은 지금 이때 우리 민족의 지상과업이 되고 이데올로기의 한국전쟁에서 희생된 귀중한 생명들에 대한 보답이 되는 것이다.

　우리는 아직도 남과 북이 갈라져 민족 에네르기의 무한정한 소모전을 치르고 있는 형편이다. 사상, 이념, 제도의 분열에 아직도 시달리고 있다. 뿐만 아니라 국제정세의 새로운 흐름에 거역하고 북한이 핵을 개발하면, 일본의 핵무장을 서두르게 되는 원인이 되고, 그것은 동아시아의 평화에 결코 도움이 되지 않음을 말할 것도 없다. 그러므로 내적으로 우리는 교류를 증진시키면서 화해와 협력을 바탕으로 이질화를 극복하고 체제의 차이를 북의 자유화와 남의 사회개혁으로 완화해가면서 궁극적인 통일을 달성해야 한다.

통일하는 것은 20세기 우리 민족에게 드리워진 어둠을 타파하고 하나로 된 민족을 부활시키는 것으로 현상을 넘어서 극복하는 불굴의 힘이 될 수 있다. 그리고 강대국에 체계적으로 왜곡되어 있는 반민족적인 것은 과감하게 털고 일어서야 한다. 그런데 실제 냉전의 분열의식은 우리에게 추상적인 가능성에서가 아니라 긴박한 현실적 잠재력으로 되어 있으니 이를 청산하는 것도 시급한 과제에 속한다. 최근의 역사에서 좌절된 민족의 소망이 우리들의 생활에 깊이 뿌리하고 있으나 우리는 우리가 통일·화합하여 동아시아와 세계에 우리들의 단결·연대를 보여줌으로써 좌절을 털고 일어설 수 있다.

즉 국제정치의 온갖 모순의 결절점, 식민지경험, 해방이라는 이름아래 초래된 국토양단의 비극과 국제전쟁, 한국측의 16개 참전국, 북한측의 공산권과 합하여 300만의 희생을 초래한 동족상잔과 동서냉전의 국부적 열전화의 부조리, 20세기에 최대의 모순과 비극이 얼룩진 가운데 오늘 이만큼 이루어 놓았으니 이 민족한테 기대를 걸어야 한다. 인류 역사상 위대한 개혁의 횃불은 안주의 지역 아닌, 격동의 연속으로 얼룩진 모순지역에서 예외 없이 나왔다. 그 일환으로 타율에 의한 국토양단으로 동아시아에 마지막 남은 냉전의 잔재를 우리가 주체적으로 청산하여 동아시아 시대를 여는 향도적 역할을 해야 된다. 그토록 많은 역사의 멍에를 안고 살았으니 우리의 통일이 이뤄지면 물리현상에서의 가속도 법칙(the Law of Acceleration)과 같이 우리의 국력은 남한+북한의 그것이 아닌 셈할 수 없는 국력의 성장과 팽창을 기할 수 있다. 그것은 1990년 통독의 효과는 아직 미지수로 남아 있지만 1871년 독일통일에서 볼 수 있다.

제1차 세계대전 전야 독일의 국력은 너무 커져 주체할 수 없어 그 돌파구를 결국 전쟁에서 찾았다.

분명 한국이 통일되면 동아시아에는 거대 산업국가가 출현한다. 거대 한국의 출현이 기존의 세력균형에 영향을 미치게 될 것을 고려할 때 인접국과 유관대국에 복잡한 문제를 야기시킬 가능성도 있다. 그래서 우리 정치지도자들은 이러한 점을 충분히 인식하고 과거로 쇠퇴해 가지 않도록 하는 새로운 결의와 각오로 출발해야 한다.

우리의 외교정책에 있어서 미국의 동아시아에서 정치적 군사적 존재는 아직 이 지역 안보상 중요한 요소이며 미국도 유일 군사대국 지위 유지를 위해, 그들의 안보를 위해 이 지역에 머물기를 원한다. 그리고 통일된 한국은 새로운 동아시아 질서의 기초로서 동아시아에서 광범한 정치기구를 설정해가야 한다. 나아가서 우리는 자원이 빈곤한 나라이기 때문에 교역에 있어서 다른 나라와의 합의와 대화를 중시해가면서 동아시아 내지 세계 각국들과 협력을 강화하며 민주주의 강화와 지속적 경제번영을 통해 안정과 안전을 확립해나가야 한다. 그리고 통일 후 한국이 국제사회에서 맡아야 되는 역할을 위해 개인의 독립, 국제사회 공동의 이익에 대한 인식, 공동체의식, 장래세대에 대한 책임감, 문화적 수용성이 강조되어야 한다. 통일한국인은 한국의 이익을 확보하기 위하여 한 나라만의 행동보다는 다른 나라와의 협력이 필요하며 한 나라만의 안전과 번영은 확보될 수 없으므로 통일한국은 내일에의 도전을 회피하는 일이 없게 국제사회의 책임과 협조를 외교의 중심과제로 설정해야 한다. 물론 통일한국의 일관성 있는 외교설정은 통일한국의 성공 전제가 된다.

결국 중요한 것은 한반도 문제가 세계의 대국의 국력이 집중되어 있

는 동아시아 지역 갈등의 가장 중요한 관건인 바, 그 갈등요인의 제거
는 궁극적으로 한국이 통일하는 데 있으며 한국 통일 없이는 동아시아
지역의 안보와 경제적 번영이 불가능하다는 국제여론을 보급해야 된다.
통일한국만이 아시아의 공생의 길을 열 수 있기 때문이다. 평화 속에서
안정적인 국제관계를 유지해 가는 것이 또한 우리 한국의 길이기 때문
이다. 그러므로 통일한국의 외교적 기본방침과 정책의 홍보활동을 강화
하여 주변대국의 남북통일에 대한 이해와 지지를 얻는 노력을 부단히
지속하는 것이 필요하다. 즉 남북통일은 동북아의 평화와 경제의 안정
적 발전의 조건임을 인식시켜야 한다.

5. 21세기의 통일한국

1) 민주적 정치체제

1989년은 프랑스혁명으로부터 200년이 되던 해였다. 당시 동구혁명
을 브란트 같은 정치지도자들은 프랑스혁명에 비길 역사의 길을 여는
혁명으로 받아들였다. 동구에서의 혁명적 격동의 중핵은 민주주의혁명
으로서 그 목표는 정치·경제·사회 및 문화의 형성에 대한 일당독재의
지배를 폐지하는 것이었다.

그 혁명은 자유주의적인 질서의 여러 요소의 실현을 목표로 하였다.
그것은 국가의 간섭에 대한 방어권으로서 인권과 기본적 자유의 보장,
그리고 의회에 의해 행사되는 입법권의 확립, 유효하게 기능하는 헌법
재판 등을 포함한 독립된 사법의 강화를 통한 권력분립에 입각한 법치
국가 원리의 보장, 법 아래 만인의 평등실현을 요구하였다. 그리고 보

통·자유·비밀선거 실시로 국가의 지도자 선출을 원하였다. 오랫동안 프롤레타리아 독재체제 아래 모든 정치적 자유를 구속당하고 살아오던 국민들은 그 체제가 붕괴하자 자발적으로 민주주의적 법치국가 체제를 택하게 된 것이다.

프롤레타리아 독재국가 체제로 다시 돌아가자는 요구는 아무 곳에서도 나오지 않고 있다. 그러므로 사회주의적 구조원리에 의거한 정치체제를 구축하는 것은 어느 곳에서도 불가능하게 되었다.

본래 사회주의 정치이론은 처음부터 시민적·자유주의적 민주주의에 대한 이데올로기 비판에 에네르기를 소모하여 왔다. 선거·언론·결사의 자유나 권력분립의 민주주의의 성과를 부르주아 지배를 은폐하는 것으로 해석하여 왔다. 공산주의 사회에서는 당이 모든 권력을 독점하고, 국가의 사멸, 사회에 의한 국가권력의 탈환 등 소박한 조직론적 구성의 방식을 선전하여 왔다. 그리고 무계급 사회로 가는 과도기로서 불가결한 프롤레타리아 독재 관념아래 독재정치 체제를 영속화하고, 지배를 정당화하였다. 사회주의 사회를 민주적으로 조직하기 위한 상세한 설계도는 제시되지 않았다. 이러한 정치이론은 설득력이 결여되어 있어, 동구와 소련의 국민들이 국가의 강제적인 상태가 걷히기를 기다려 혁명적 기회의 도래를 계기로 선택한 체제는 민주주의적 법치국가 체제로 돌아온 것이다. 공산주의 사회에서 민주주의는 권력을 장악한 계급에 한정된 민주주의에 불과하였기 때문이다. 세계의 어떤 나라 국민도 스스로 독재체제의 지배 아래 들어가기를 원하지 않는다. 동구나 소련과 마찬가지로 북한 국민도 오랫동안 북한의 독재체제 아래 대부분의 정치생활을 보내 왔으나 어느 날 그 정치생활에 민주주의 정치체제와의 접촉이 생겨 정치적 운명을 그들이 택하게 된다면 과거의 독재체제에의 회귀는 상상할 수 없는 것이다.

한국은 지금까지 세계에서 보기 드문 자유 민주주의와 공산주의 체제 대립의 현장으로 양쪽 다 자유 민주주의다운 정치, 공산주의다운 정치 체제를 제대로 운영·정착시키지 못한 채 오늘에 이르고 있다.

두 체제 대립은 반공주의와 반자본주의 대립 형태로 진행되어 정치에서 극단적인 이데올로기의 편향적 적용은 권력 보유자에게 경쟁을 허락하지 않는 도구로 쓰여져 왔다. 특히 남한에서 반공주의는 군사정권이 장악한 국가의 헤게모니 지배성 확보에 유리하게 작용하였으며 군사정권의 정당성을 뒷받침하는 요소가 되어 왔다.

더욱이 북한은 다른 사회주의 국가들과도 달리 아직도 개방·개혁에의 길이 열리지 않아 언제까지 그 폐쇄적인 사회체제가 유지될지 누구도 모르고 있는 현실이다. 그러므로 우리측에서 진정한 민주주의 정치체제의 바탕 위에서 성숙된 민주사회를 정착시키는 것이 다른 어떤 과제보다 중요하다. 민주주의의 구상은 사회를 다양한 이익으로 분열된 구성체로 보고 개인은 자기의 이익을 정당화하려고 한다. 이러한 분쟁을 정당한 것으로 승인하지 않는 일은 권위주의체제나 전체주의체제에의 제1보에 해당한다. 한국은 제1공화국 건설이래 민주적 정치체제를 추구하여 왔다. 국민은 독재와 투쟁할 때도 민주주의 체제를 지키고, 계승하고, 발전시켜야 된다는 과제인식에 철저하여 민주주의 정치체제가 지극히 어려운 환경에 수없이 많이 직면하여 왔으나 애국적인 국민과 학생들의 투쟁의 대가로 독재와 권위주의를 거부하고 나라의 진로를 민주주의 정치체제 지향으로 결정·발전시켜 왔다. 또 국민은 인간답고 주체적인 삶을 누리기 위하여 국가가 기본권을 보장하고 신장하는 헌법적 규범 입장에서 민주주의를 갈구하여 왔다. 70년대는 좀 더 잘 살고 보아야 한다는 정치지도자 소리에 귀를 기울이고 경제발전에 우선적 가치를 부여하면서 살아왔으나, 80년대에 들어와 고도성장의 혜택으로 소득수준이 늘고 교육수준이 높아지면서 국민은 진정한 폭넓은 민주주의를 갈구하기에 이르러 얻어낸 것이 6·29선언이다.

그 후 민주화로 가는 일련의 개혁이 실시되고 있으나 그 속도가 너무 완만하다. 이제 민주주의 정치체제 과업은 국민주권과 인권옹호의 원리에 입각, 국민화합을 가져오고 언론자유의 창달과 노동 3권의 존중, 그리고 남녀평등의 보장, 특권·특혜의식을 불식할 중요과제에 직면해 왔다.

즉, 크게 보면 그동안 많은 상처와 시련과 역류와 갈등이 우리 정치사에 교차하는 가운데서도 우리나라는 민주정치체제의 이상을 향해 가고 있다는 점에는 아무도 이의를 제기하지 않고 있다. 높은 교육수준, 경제력 증강, 눈부신 정보·통신발달 그리고 다양하고 복합적인 현대사회에서 자기를 확인하고자 하는 개성과 창의의 주장, 그리고 민족통일에로의 민족의 간곡한 바람, 이런 모든 것이 어우러져 민주주의 정치체제를 필요로 하고 있다. 이는 어쩔 수 없는 역사의 방향이고 우리는 남북한이 이 방향을 향해 움직여 나갈 수밖에 없으리라는 점에 우리 민족 모두가 합의를 이루어야 하고 또 그런 확신을 가질 필요가 있다. 제2차 세계대전 과정에서 파생한 세계사적 부조리의 결과로 인한 타율적 분단해방도 어언 47돌을 헤아리게 된다. 여기서 우리 민족은 남북한의 사상과 이념 및 체제의 차이로 말미암은 민족사의 비극을 어떻게 타개해 나갈 것인가 하는 진지한 고찰이 유난히 요청되는 시점에 이르고 있다. 정치사회 발전의 측면에서 중요한 것은 민주주의 정치체제에 어울리는 정치 이념·사상에는 온갖 형태의 민주적 고안을 포용할 가능성을 내포하고 있는 자유 민주주의나 사회 민주주의 이외의 극좌나 극우의 극단주의 체제는 우리의 역사적 경험에 비추어 보다 나은 민족사의 미래를 안전하게 건설하기 위하여 배제되어 마땅하다고 본다.

우리 한국사회는 그동안 짧은 기간 동안의 공업화로 19세기 유럽사회가 직면했던 문제가 우리 문제가 되고 있다. 이에 사회 민주주의적 대안이 요청되고 있을 뿐만 아니라 우리 민족은 분단되어 냉전체제가 가시지 않고 있다. 북에는 극좌 남에는 강경 보수세력이 존재하고 있는 바 통일된 한국의 미래는 자유 민주주의가 강경 보수세력을 포용하고 사회 민주주의가 극좌세력을 포용하면 멋진 민족공동체의 정치가 구현될 것이라고 본다. 우리는 이데올로기의 극한적 대립에 20세기 대부분의 민족 에너르기를 소모하였으므로 그 에너르기 소모의 대가를 찾는 의미에서도 경험했던 각각의 체제에서 우수한 점만을 골라 남북이 서로가 수용 가능한 이념적 모형을 찾는 것이 바람직하다고 본다. 21세기 민주정치 운영에는 민주주의의 정보기술, 즉 국민의사의 집약기술과 결정기술의 개선이 요구되고 국민의 정치참가의 확대에 기초한 보이는 정치의 실현을 위한 제도의 개혁으로 신분의 평등, 기회의 평등, 교육의 평등에서 앞서가는 통일된 민주국가를 가능케 해야 한다.

출판·언론·정보·정치운동의 자유, 집회·결사의 자유와 더불어 자유로운 토론을 통한 합의의 도출을 생명선으로 한 것이 의회제 민주주의의 불가결의 요건이기 때문이다.

2) 사회시장경제 체제: 복지국가건설

동구와 소련의 사회주의 체제가 붕괴되자 보수주의 편에서는 자본주의 승리라고 주장하지만, 독일의 사회민주당 지도자 브란트는 농구와 소련의 사회주의를 스탈린주의였지 진정한 의미에서 사회주의는 아니었다라고 규정지으면서 동구와 소련의 사회주의 체제 붕괴는 마르크스·레닌주의에 대한 민주사회주의의 승리라고 규정하고 있다. 그것은 오늘의 서유럽사회는 이미 순수한 자본주의사회가 아니기 때문이다. 즉 자본만이 주체가 되어 자본의 논리대로만 움직이는 사회가 아니다. 그것은 서 유럽에서 150여 년 동안의 노동운동 쟁취의 성과로 서구 자본주의국가는 자본가의 특권 국가가 아닌 대중의 정치적 자유와 평등이 있고, 경제적 빈곤과 불평등이 제거된 대중 민주주의국가이다. 노동자와 일반 서민이 역사의 발전에 영향을 미치게 되었고 그들의 이익을 법률이 지켜주고 있어 19세기 자본주의는 이미 역사의 유물이 된지 오래다. 다시 말하면 사회 민주주의는 생산문제 보다 생산된 것에 대한 분배문제를 제기하여 생산결과에 대한 사회원칙을 적용함으로써 경제 성장은 성장한 만큼 사회복지를 대규모로 증진시켜 근대 대중들을 위협하였던 생존문제가 완전히 해결되고 정치적·사회적인 시민의 평등, 기본권의 향상, 인간존중의 사상, 문화의 발전이 계속 진행됨으로써 모든 사람에 있어서 실질적 의미의 삶의 기회가 증대되었다. 이를 랄프 다렌도르프는 "사회 민주주의적 합의가 이루어졌다"라고 표현하고 있듯이 서구 자본주의 국가에서 보수세력도 혼합경제 체제의 운영과 사회보장의 확충에 노력하고 있다.

우리 자본주의 현실을 보자. 우리의 자본주의 사회는 윤리부재의 사회이다. 본래 자본주의 사회는 자본중심의 사회이므로 윤리가 없을 때 그 자본주의는 천민 자본주의가 되어 계급대립의 격화요인을 잉태하는 것이다. 그리고 우리의 공업화 초기 단계에서는 단순생산으로 싼 노동력 집중·억압적 제품 생산으로 성장이 가능했으나 정보화·고도첨단 산업기술시대에는 훼손되기 쉬운 정밀한 기계공업 위주이기 때문에 고도의 주의력과 창의력을 요하는 산업시대에 해당하므로 노동자와 기업가의 협조성, 자율성, 창조성이 요구되고 이를 보장하는 윤리정착이 요구된다. 이윤을 저임금과 인플레이션과 부동산 투자 등 재테크로 증대하려는 것은 근대 자본주의 이전 천민 자본주의 단계에서 가능한 것이다. 뿐만 아니라 우리 경제는 불로소득과 낭비가 만성화되고 자본을 버는 과정자체가 공평하지 못한 왜곡된 현상을 거듭하고 있는데 그 전형적인 예는 지하경제가 공공연히 인정되고 금융실명제를 실시할 수 없는 상태에서 볼 수 있다. 이는 기득권 부유층·권력층은 결국 그 특권을 형성한 과정이 공정치 않았다는 것을 자백하는 것이 된다. 벌어들인 돈이 정직과 근면의 결과가 아닐 때 소비풍조가 잘못되고 퇴폐적 사회풍조를 조장하게 된다. 그래서 근년에 우리는 수출보다 수입이 늘고, GNP 2만 달러의 일본인 보다 GNP 5,000달러대의 한국인의 씀씀이가 더욱 화려하다는 것이 온 세상에 알려진지 오래이다. 자원의 절약과 환경보호가 절실하게 요청되는 이 시대에 개인적인 사치와 낭비 경쟁이 높아 부를 과시하려는 욕망을 억제하고 사회를 위하여 잘 투자하는데 왜 관심을 안 돌리느냐의 소리가 높아지고 있다.

그 과시경쟁은 외제품 소비에서 묘소확장에까지 이르러, 있는 자들의 소비탐익은 못 가진 자들의 좌절감과 부담을 증대, 소비를 강제함으로 그들을 흉내내지 못한 사람들은 수단·방법 가리지 않고 한탕하려 들어 범죄가 증가하고 있다. 또 비뚤어진 젊은이들은 소비탐익을 과시하려는 인간들의 인생을 표본으로 하려는 경향이 많아지고 있다. 이러한 비이성적인 소비와 향락 경향은 우리 공동체의 삶의 리듬을 파괴하여 갈등현상이 더욱 조장되고 있다.

다시 말하면 불로소득과 투지, 사치, 향락, 과소비로 인한 심리적 갈등과 저항감이 일할 의욕을 상실케 하고 있다. 싼 육체 노동이 자본이 되어 노동집중적 산업으로 성장이 가능했을 때는 일의 윤리가 별문제 아니었으나, 고도기술시대 진입에는 소프트웨어의 창조성, 혁신성, 전문성이 후기 산업발전의 성숙 단계를 열 수 있기 때문에 우리 자본주의 현상에 대한 총체적인 성찰의 기본 위에서 사회체제의 전반적인 재조직이 요청된다. 무엇보다도 우리 사회에서는 자본의 윤리 부재가 미치는 영향이 엄청나게 크다는 것을 고려하지 않으면 안된다. 가진 자와 기득권자와 권력자의 공공의식이나 공동체의식을 위한 제도적인 기틀 없이 민족통합의 전제가 성립될 수 없기 때문이다.

이에 필자는 그 실험에서 성공한 사회를 위해 필요시는 시장메커니즘에 정부가 개입하는 서독형의 자본주의 효율, 공평, 복지를 기본원칙으로 하는 사회시장경제 체제를 대안으로 제시한다. 앞에서도 언급한 바와 같이 오늘날 서구는 자본가 본위의 자유방임도 아니고 국유화 만능도 아닌 방향 설정에서 민주주의와 사회적 요구를 충족시키고 있다. 국가에 의한 필요한 범위에서의 산업통제, 창의발휘와 생산력 증대를 위한 자유경쟁의 보장, 기술혁신의 속도, 노동자 대표의 경영참가, 소비자 대표의 기업감시가 그 실천적 표현이다. 따라서 현대 자본주의는 후안무치의 실업가로도 안되고 화폐에 대한 욕망만으로도 불가능하다. 또 훈련 없는 제멋대로의 노동자 사용으로도 안된다. 근대 자본주의 이전 천민 자본주의 시대에는 기업가들이 해적처럼 이익만 얻는다면 지옥이라도 간다는 도덕의 한계를 두지 않는 모험정신에서 조세특혜, 전쟁, 궁정관리의 금융권을 이용, 수단방법을 가리지 않고 이윤을 획득했으나 오늘날은 합리적 경영사고를 가진 사업가와 합리적으로 훈련된 노동자가 전제로 된다.

가까운 일본의 자본주의도 성공한 예에 속한다.53) 제1차 석유파동시 일본의 기업은 물가 상승요인인 수입, 임금 이윤 가운데서 기업가가 이윤 부분만 절감하며 인플레이션 억제에 성공하였다. 일본에는 개인주주가 사라지고 법인주주화하고, 기업은 소유자인 개인주주의 지배를 안받고 경영자와 노동자가 중심이 된 무계급 자본주의를 이루어 국가내의 계급 대립 요인을 없애 대외 경쟁력을 강화, 세계 제1의 채권국, 가장 튼튼한 경제대국이 되었다. 협동, 예의, 친절, 성실, 자기를 낮추고

---

53) 엄민석 교수는 다음과 같이 지적하고 있다. "시장경제를 택한 나라들 중에서도 선진국이 된 나라는 많지 않다. 그리고 선진국이 된 나라들도 서로 다른 시장경제의 틀을 만들어 왔다. 독일은 사회시장경제(Social Market Economy)라는 틀을 만드는 데 성공했고, 미국은 다원적 시장경제(Pluralistic Market Economy), 그리고 일본은 협조적 시장경제(Corporatist Market Economy)라는 그 나라 국민의 특성에 맞는 경제의 틀을 만들어 왔다. 《조선일보》 1992년 7월 17일, 5면.

남을 존경, 근검, 절약, 절제, 멸사봉공 정신이 배어 있는 나라가 되었다.

사회시장경제 체제는 사회적 책임을 가진 자유로운 시장경제 원리를 근간으로 한다. 통화의 안정, 완전고용의 확보 그리고 일반 국민의 복지 향상을 목표로 한 국민경제의 입장으로부터 완전한 자유방임주의적 경제체제가 아닌 국민생활에 나쁜 영향을 미치지 않기 위한 기업의 존립조건을 사회적으로 규제하는 조처를 취하는 자본주의 틀 내에서 소득의 공정한 분배와 사회복지를 실현하는 제도이다.

자유경쟁의 시장경제 원칙 아래서 사회의 이익이 일부에 편재되면 정치, 경제적인 모든 사회집단은 균형을 이룬 활동이 요청된다. 즉 사회의 이익이 일부의 사회집단에 편재되면 국가는 일반 국민의 복지를 위한 법적인 조정의 의무와 책임을 다 하는 것이다. 이러한 사회시장경제 체제는 사회정의를 실현하기 위하여 국가가 사회, 경제적인 균형을 이루려는 제도이다. 독일은 사회시장경제 체제 아래서 사회구성원이 모두 평등한 의무를 짊어지고 의사결정에 동등한 참가의 기회 및 분배의 기회 보장을 부여받고 있다. 정치·경제적인 모든 단체가 균형을 이룬 활동을 통한 자유경쟁의 시장경제원칙을 지키면서도 이익이 사회의 일부에 편재되면 국가는 일반복지를 위한 법적인 조정과 의무를 게을리 하지 않는다. 그 체제는 사회정의를 실현하기 위하여 국가가 사회적인 균형을 이루는 국가로서 사회정책에 우선을 둔다. 즉 그러한 체제는 물질적 궁핍으로부터의 공포와 사회적인 차이를 제거하는 데 그치지 않고 더욱 많은 공정(正義)을 향하여서 노력함과 아울러 좀 더 실제적인 자유가 사회를 지배할 수 있도록 정의가 힘을 발휘하게 하는 것이다. 통일조국에서 민족성원의 사회적인 안전, 그리고 북한에서 빈곤한 생활에 쪼들려 살아오던 동포에게 앞으로 정책방향을 돌려야 하기 때문이다. 그래서 사회시장경제 체제는 경제 효율과 형평의 바탕 위에서 완전고용, 사회보장제도의 충실 그리고 공동결정이 근간을 이루므로 그러한 체제의 과업은 눈에 보이는 사회적인 불공정을 제거하는 데 그치지 않고 전체 사회성원 모두에게 인간의 존엄이 지켜지는 삶이 보장되고 가진 자와 가지지 못한 자의 차이가 메워질 수 있는 질서를 형성하는 데 있다.

그래서 그 공동체가 지향하는 인간의 '자유'는 원리 그 자체에 있어서도 법치에 의한 공정한 분배를 통한 궁핍으로부터 자유가 지켜지는 데 의의가 있다. 그에 따라 모든 민족성원의 기회균등 실현은 사회정의 실현과 불가분의 요소를 이루고 있다. 한 인간의 생존경쟁의 벌판에서 출발을 시작할 때 기회균등이 사회적으로 보장되어야 된다는 것이다. 출발시 기회균등이 보장이 되지 않으면 그 불공정은 한 세대에 걸쳐서 지속될 수 있다고 본다.

결국 사회시장경제 체제는 '효율', '공평', '복지'를 기본원칙으로 해서 운영된다. 즉 생산과정에서는 효율화를 위하여 시장에 있어서 경쟁을 중시하고, 분배과정에서는 공평과 복지를 조성하기 위하여 공적 개입과 계획화를 중시한다. 이는 혼합경제체제의 운영으로 생산면에서도 사기업과 같이 공유공영 또는 반공유공영의 기업이 중요한 역할을 하고 계획화를 도입하면서도 효율성의 기본원칙이 관철되어야 동구나 소련에서의 사태를 피할 수 있게 된다. 그래서 국가 개입이 있어도 효율성을 위해 경쟁의 자유를 보장하고 그 자체도 결국은 자유시장 기구의 메커니즘을 원만하게 운영하기 위한 데 있다.

그리고 사회적 가치판단에 있어서 재산분배의 평등화가 조정되어야 될 때 정부가 개입하고 또 소득배분은 자유시장 기구의 메커니즘으로는 해결될 문제가 아니므로 누진과세와 연결된 사회보장계획으로 이를 해결한다. 또 현실 경제의 상태가 불가피하게 불완전 경쟁상태라고 판단되면 완전경쟁을 목표로 하는 정책보다는 경제적 복지, 효율의 증진에 가장 유효한 형태를 경쟁을 할 수 있게 하는 데 목표를 두는 것이다. 독과점 형태의 산업에서 유효경쟁을 시키기 위해서는 근점력(根占力)에 대한 평형력(平衡力)을 이용할 수 있다. 그 평형력은 정부 또는 다른 공적 기관이나 자주적인 단체노조 등이 형성할 수가 있다. 북구라파 같은 국가들은 공기업, 협동조합이 이러한 근점력에 대한 평형력을 만들기 위해서 형성되고 그러한 역할을 과업으로 한다. 뿐만 아니라 교역이 지구대 규모로 진정됨에 따라 한 국가의 국제수지안정을 위해서도, 물가안정을 위해서도, 경기변동 평준화를 위해서도 이러한 공적 개입의 필요성이 증대되고 있는 현실이다.

실제 이러한 경제체제를 운영하고 있는 북구 국가들은 공공투자를 조정하는 중요수단으로 장기예산제도와 공공투자 준비금제도를 이용한다. 장기예산제도 아래서는 예산의 균형화 보다 경제 전체의 균형화 요인을 중시하고 불황기에는 적자지출을 해 정부투자와 지출을 늘리고 호황기에는 흑자를 남겨 경기변동을 평준화한다. 또 경제 위기시는 일반 임시예산을 편성해 투자기금·공공투자 준비금으로 악화된 고용상태를 개선하기 위한 공공투자를 주로 하는 것이 공공투자 준비금제도이다.54)

민간투자를 조정하는 수단으로 기업이 번성시 과세 전 이윤의 비율(통상40% 이내)을 세금 없이 투자기금화하다가 불황기에는 이로부터 인출하여 사용하는 권리를 부여한다. 기업이 이윤의 일부를 투자기금화하는 것에 대한 보상으로 세제상 혜택을 기업이 획득한다. 이러한 세금면제의 투자기금에 할당금이 기업의 유동성을 높여 인플레이션 압력을 방지할 수 있다는 것이다.

---

54) K. H. Cerny(ed.), *Scandinavia at the Polls : Recent Political Trends in Denmart, Norway, and Sweden, American Enterprise Institute for Public Policy Research*, 1977, pp.219-224 ; 早橋田大學 社會科學硏究所 北歐部會 編, 『北歐デモクラシー』, 1982, pp.157-170.

그 외에 중요한 것은 노동시장을 계획하여 직종간·지역간 노동력 수급을 조정하고, 적극적인 노동력 유동화정책을 실시한다. 이는 노동자 간 소득격차 해소방안으로도 우수한 정책에 해당되고 실업의 위험을 국가가 방지하는 것이다. 그리고 독점적 기업 내지 기업단체가 사적 독점력 행사를 배제하고 억제하는 데 협동조합 활동을 장려한다. 협동조합은 반독점선전, 불매운동, 자체, 독점상품 생산으로 대항한다. 개인기업의 독점에 대해서도 도전을 감행한다. 그리고 국민연금제도는 부의 배분·노후 생활의 보장, 국가재정의 안정에 도움이 된다.

앞에서도 언급한 바와 같이 오늘날 선진자본주의 국가는 자본 본위의 자유방임이 아닌 복지국가화 또는 사회국가화의[55] 방향 설정에서 국민들의 삶의 질을 높여가고 있는 바, 통제되지 않는 경제력의 집중과 정치적 민주주의 훼손 가능성까지 성찰하여 기존의 체제 집착보다는 우리의 현실과 미래 그리고 통일된 한국의 체제 설정에 사회시장경제 체제는 귀중한 모형이 된다고 본다. 순수한 이론적 측면에서 가설을 설정해 보면 북한의 사회주의도, 남한의 자본주의도 오랫동안 극단적인 이념형의 교조주의적 시련을 경험하였으므로 그 시련과 실험을 바탕으로 자본주의와 사회주의 쌍방의 바람직하지 못한 측면은 제거하고 바람직스런 특질만을 종합한 체제로 빈곤, 가치 박탈, 경제적 착취와 환경파괴가 배제된 현대 복지국가의 원형을 통일한국이 이뤄 인류에게 제3체제의 길을 20세기 이데올로기가 끝난 21세기에 들어서서 개척·제시할 수도 있을 것이다. 실제 자본주의 그 자체만 가지고는 파괴된 지구의 환경을 재생시킬 수가 없다.

변형윤 교수[56]는 통일한국의 경제체제를 복지국가의 실현과 자립적

---

55) 權寧卨, 「21世紀 韓國의 政治體制와 憲政構造」, 21세기위원회, 『21世紀 韓國政治 體制와 理念』, 1990, pp.31-61.

56) 邊衡尹, 「統一韓國의 未來像 - 經濟分野」, 『統一政策』, 1979, 제5권 제4호, pp.19-25.

민족경제 실현을 위해 자본주의와 사회주의체제의 수렴형태를 가정하고 있으며, 김윤환 교수[57]도 "통일한국의 미래상은 체제면에서 볼 때 우리의 현존 자본주의 체제가 장점을 살리고 결함을 시정하여 보다 바람직한 방향으로 개선·보강되어 북한의 공산주의 체제를 이겨 흡수·동화시킬 수 있는 최적체제로 전환하는데서 찾을 수 있다"고 지적하면서, 그 체제를 '복지사회체제'라고 제안한다.

결국은 시장경제체제와 계획경제체제의 장점들을 합한 혼합된 경제체제가 통일한국의 바람직한 경제체제로 지적되고 있다.

3) 의원내각제의 정부형태

1960년 장면 정권시 우리나라는 헌정사상 꼭 한번 의원내각제를 경험하고 계속해서 대통령 중심제의 통치구조 아래 정치생활을 영위하였다. 독재와 민주라는 시각에서 통치구조의 조직 원리를 논할 때 제5공화국까지 대통령제는 한결같이 독재정치와 장기집권의 역사를 남겼다. 이승만 정권 12년, 박정희 정권 18년 그리고 전두환 정권 8년이었다.

그럼에도 불구하고 일반적으로 우리나라 국민들은 대통령 책임제를 선호하는 여론이 지배적인 경향을 이루고 있다. 그것은 첫째로 1972년 유신성권 이래 전두환 정권 때까지 15년 동안 국가지도자를 국민이 직접 선출하는 권리를 박탈당하면서부터 군사적 권위주의의 일방적 통치를 배제하기 위한 국민의 민주화 전략이 대통령 직선제였기 때문에 그로 인한 국민들의 뇌리에는 책임 있는 제대로 시행되는 대통령제 아래 이 땅에 민주주의를 정착시켜 보자는 해방이래 새겨진 간절한 소망의 이미지가 버티고 있기 때문이다.

---

57) 金潤煥, 「統一韓國의 未來像－社會分野」, 위의 책, pp.26-35.

둘째로 실제 대통령 책임제가 한국에서 대부분 독재와 장기집권의 연속이었는 데도 지금까지 정권이 국민에게 선전적 차원에서 대통령제에 대한 장점만을 홍보해온 데 국민의 대통령제 선호의 또 하나의 이유가 될 수 있다.

그리고 다른 세번째의 이유는 우리나라는 아직 분단상황이니 민족통일이라는 대과업을 앞에 둔 이상, 강력한 리더십을 겸비한 민주적이고, 도덕적이고 사회적 부정을 증오하는 통합능력이 있으며 민족과 조국을 위한 헌신적이고 성실한 지도자에 대한 갈망에서 대통령 책임제에 대한 요망이 대두된다.

네번째는 1960년대 장면정권 때 경험한 의원내각제에 대한 부정적 이미지 때문이다. 당시 제2공화국은 내각책임제로 정부가 국회를 해산하고, 국회가 정부를 불신임할 수 있는 의원내각제를 통치구조의 조직원리로 택하였으나 장면 정권의 정치적 지도력의 미숙으로 안정된 정권 유지에 실패, 결국은 이념적·사회적·양극화 현상 속에[58] 정치적 불안과 혼란 끝에 군에 의하여 전복되었다.

당시 정권을 담당하였던 민주당은 신구파로 분열되어 집권 9개월 동안 네 차례의 개각으로 인한 불안정한 정국, 갑자기 주어진 자유로운 정치 상황 속에 분출한 각종 데모와 쟁의 그리고 당시 국내정치에서 정치적 좌절을 당해 왔던 소외권 세력의 통일운동에로의 방향 전환, 갑작스런 남북협상과 남북교류, 중립화통일론등은 정권의 권위를 흔들고 안보의 위기까지 조성하였다. 결국은 국민의 자치능력의 부족, 안보와 경제에 관련된 심리적 촉박감, 중산계층의 미약 그리고 일반 국민의 야당적 성향의 과잉[59]으로 연약한 제2공화국은 불과 집권 9개월만에 붕

---

58) 한승주, 「第2共和國」, 韓國政治學會, 『現代韓國政治論』, 1986, pp.194
　　-215.
59) 박동운, 앞의 책, p.484.

괴되었다. 이로 인하여 국민들의 뇌리에는 의원내각제는 약하고 무능한 정부의 대명사처럼 박혀 있다.

다섯번째는 의원내각제를 실시하고 있는 가까운 일본이 자민당 1당 장기집권의 예를 들어 정권교체를 보장하기 위하여 대통령 직선제가 좋다는 여론이 존재한다. 민정당과 민주당, 공화당이 합당할 때 일본 자민당을 모델로 보수대 연합으로 안정된 정권을 창출하여 통일에 대비하여야 된다는 당시 상황 논리에서 의원내각제는 정권교체 보장이 어렵다는 인식이 퍼지게 되었다.

그러나 대통령제가 우리나라에는 독재·장기집권을 가능케 하였고, 유럽 각국에서는 보수정당과 혁신당 사이의 의회 민주주의 체제 틀 속에서 정권교체가 체제·내화된 지 오래이다. 의원내각제 정부형태를 약체 정부형태라고 보지만 영국이 의원내각제였는데도 전쟁을 수행하는 데 어떠한 걸림돌도 되지 않았고 최근 독일통일 과업도 의원내각제 아래 거뜬히 수행되었다.

세계정치 차원에서 통치구조의 조직원리를 논할 때 냉전시 미국과 소련이 세계의 두 초대국으로서 세계전략을 수행하는 데 강력한 권력의 집중이 요청되므로 미국은 권력분산을 막기 위하여 다당제 아닌 양당제의 대통령 중심제로, 그리고 소련은 모든 권력을 장악한 프롤레타리아 일당독재를 중심한 서기장이 정치를 운영한데 대하여 권력의 집중이 필요 없는, 즉 세계 제2의 세력으로서 서유럽 각국과 일본은 그 상황논리에 따라 의원내각제 아래 긍정 운영이 적합하기 때문에 의원내각제를 실시하고 있었던 것은 사실이다.

그러나 이제 국제정치의 냉전상황도 후퇴한 지금 또 세계적 차원의 세력국가일 수 없는 우리나라의 위치상 초대국의 논리는 적용되지 않는다고 본다. 장면정권으로 인한 의원내각제에 대한 부정적 견해는 당시의 우리 국민의 정치의식과 오늘의 그것과는 비교될 상황이 아니다.

국민의 자치능력도 성장했으려니와 국민의 야당성향도 많이 후퇴한 것이 사실이다. 민자당 창당으로 우리나라에는 민주와 비민주, 독재와 민주구도가 여지없이 깨어지고 말았을 뿐만 아니라 무조건 야당을 지지하고 여당을 반대하는 태도가 사라진지 오래이다. 그것은 또한 두툼한 중산계층의 형성에 기인하기도 한다. 또 냉전의 종식과 더불어 안보와 관련된 압박감도 없어졌으려니와 경제에 대한 자신감도 과거와 비교될 바 아니다. 나아가서 의원내각제는 국회의 잦은 해산으로 선거비용이 경제에 미치는 영향을 고려하여 더욱 부정적인 견해가 있을 수도 있으나 선거는 국정에 대한 국민의 신임과 지지의 향방을 제때 파악할 수 있을 뿐만 아니라 정부와 시민·국민간에 통치자와 피치자의 관계가 영속적으로 고정되지 않는다. 그리고 선거가 다반사로 되면 국민의 정치의식도 고양되어 그저 일상적인 일로 인식되며 돈 선거의 위력도 희미해져 금권정치로 인한 정치적 부패도 막을 수 있다.

 지금까지 우리 정치사적 경험에 의하면 대통령의 출신지에 따라 정권의 이름이 붙여져 정치의 지역에 따른 분열현상이 만연되어 국민통합과 민족통합에 결정적 장해요인이 된 바, 이를 시정하기 위해서도 대통령 중심제 보다 의원내각제가 더욱 바람직스런 정치 형태로 부각된다. 물론 행정부의 장이 국민에 의해 직접 선출되지 않는 의원내각제에서는 정당의 조직이 결정적인 역할을 한다. 따라서 정당제 또한 바뀌어져야 됨은 물론이다.

 더욱이 통일한국에 있어서 정부형태가 대통령제가 된다고 가정해보자. 그동안 남쪽에서 어느 지역 대통령 운운되었던 바, 통일한국에서 그러한 현상이 재연된다면 민족의 앞날이 어떻게 될 것인가는 명약관화하다.

 각 국가는 고유한 통치구조를 생성시켜 왔다. 그 원동력이 된 것은 단순한 행정기술이 아니라 국민국가인 근대국가를 건설하여, 민족으로서 독립성과 자율성을 지키고, 국민이 번영하고, 복지를 향수하는 사회적 기반을 확립하려는 주체적 의욕의 발로라고 본다면 우리는 민족통일 국가의 형성을 앞두고 새로운 통치구조의 조직원리를 모색해야 될 시점에 이르렀다. 여러 정부형태의 장단점을 살피고 단점을 경험적 근거에 비추어 보완하여 통치구조를 선택해야 된다고 본다.

김철수 교수는 의원내각제로 정국의 불안정을 우려한 여론을 고려 직선 대통령에 외교·안보 권한을 준 오스트리아식 의원내각제를 제안하고 있다.60)

의원내각제는 의회에서 국민의 지지를 받는 다수정당의 당수가 수상이 되어 내각을 조직하고 통치를 담당하며 내각의 정치상의 책임에 따르는 진퇴는 의회의 신임에 의존하는 정치형태이다.

이는 내각정치(cabinet government)라고도 하는데 권력분립의 이론을 확연하게 구체화한 대통령제와는 달리 입법부인 의회와 집행부인 내각의 관계가 밀접하고 내각은 의회의 신임에 기초를 둔다. 내각은 국민과 의회에 대하여 그 정책과 행위에 대한 책임을 지는 의미에서 내각정치를 또 책임정치(responsible government)라고도 한다. 의회와 내각이 밀접한 관계에 있다는 것은 내각을 구성하는 각료가 원칙적으로 의회에서 의석을 가진 사람이어야 한다. 의원내각제에 있어서는61) 그 성립과정으로부터 의회를 떠나서는 존재할 수가 없기 때문에 의회에서 다수를 차지한 정당의 지배가 정당화된다.

내각은 의회의 신임이 있는 한, 존속하기 때문에 의회의 우월이 인정

---

60) 김철수, 「韓國未來政治體制의 發展方向」, 21세기 위원회, 『한국미래정책의 선택』, - 제5차 종합세미나 - 행사자료 91-5-38, p.11. 예를 들어 바이마르 공화국시대 의원내각제 불안정을 경험한 독인은 건설적 불신임 투표제와 국회해산권을 규정하여 운영하고 있다.

61) 의회에서 의석을 갖지 않는 각료가 있다면 그것은 내각정치의 취지로부터 예외에 해당한다. 예를 들면 제1차 세계대전 중 로이드 조오지(Lloyd George, 1863~1945) 내각은 88명의 각료가 있었으나 의원 아닌 각료는 5명뿐이었다.

된다. 내각책임제 아래서는 의회가 내각에 대해 불신임안을 가결하거나 신임안을 부결하면 내각은 해직하거나 또는 의회를 해산하여 국민에게 직접 신임을 묻고 선거에서 패배하면 사직을 하여야 한다.

다시 말하면 내각책임제는 입법과 행정의 두 기관이 분리·독립하는 것을 전제로 하기 때문에 의회는 내각에 대하여 불신임 결의로 정치적 책임을 추궁하고 내각은 대응수단으로 의회를 해산할 수 있음으로써 권력의 균형을 이룬다. 민주정치는 국민에 의한 정치이다. 국민의 신임과 지지를 많이 받는 정당의 당수가 직접 정치권력을 장악하여 국민의 의사를 정치에 반영하고 내각은 국민에 의하여 선출된 의회에 대하여 책임을 지기 때문에 의원내각제는 책임정치가 가능한 이점을 가지고 있다. 의회는 총선거에서 국민으로부터 많은 지지를 얻어 다수의석을 차지하여 국가 정권을 획득하기 위하여 정책을 제시하고 법률안을 제출·비판하는 경쟁의 장이다. 의원은 그의 소속정당이 집권할 수 있게 소속 정당의 정강(政綱), 정책 그리고 입법의 방침을 유권자에 알려 지지를 확보하고 정책에 유권자의 여론을 반영하여 국민의 지지를 얻으려고 노력한다. 그러므로 국민은 정책과 정강을 보고 우수한 정책과 정강을 갖는 정당을 선택한다. 내각책임제의 기능을 충분하게 수행하기 위해서는 의회의 해산은 불가피하다는 결론을 가져오게 한다. 의회해산은 법률적 주권자(legal sovereignty)인 의회로부터 정치적 주권자(political sovereignty)인 국민에게 정부에 대한 신임에 의존하고 있음을 의미한다. 즉 정부는 의회의 의사가 국민의 의사와 다르다고 생각할 때 의회를 해산한다. 의회의 의사를 국민의 의사에 맡긴다. 의회가 해산하고 총선거를 실시하여 선거에서 패배한 정부당은 정권을 의회 다수당에 인계한다. 이는 철저하게 선거에 의하여 결정된 의회의 세력 분포에 의존한 정부형태이다.

의원내각제의 특징을 들어보면 다음과 같다.

첫째, 내각과 의회는 밀접한 협력관계에 있다. 내각은 의회에서 다수당을 차지하는 정당의 당수가 구성하고 그 재직요건은 의회의 신임이다. 내각책임제 아래서는 의회에 있어서 입법은 의원이 제출하는 법률안 보다 내각에서 제출하는 법률안이 많다. 내각에 법률안의 제안권을 인정하지 않은 나라에서도 내각은 실질적으로 법률안을 제출할 수가 있다. 그것은 내각의 각료는 의회에 의석을 가지고 있기 때문에 의원으로서 법률안을 제출할 수 있다.

둘째, 내각은 의회에 책임을 진다. 내각은 법률을 집행하고 정책을 시행하며 세금을 거두어들이고 쓰는 데에 책임을 진다. 그 책임은 직접 의회에 대하여 지나 하원에 대하여 진다. 하원이 상원보다 선거인에 가깝기 때문이다. 내각의 정책과 그 집행이 하원으로부터 불신임되면 내각은 그 존속이 불가능하다. 그러나 내각이 그들의 정책과 집행이 의회의 불신임을 받아도 국민의 신임을 받고 있다고 생각될 때는 의회를 해산하여 직접 국민에게 그 신임을 묻는다. 국민의 대표기관인 의회의 신임에 의존하는 내각은 해산 때 국민의 지배를 받기 때문에 국민주권의 우월성을 인정하고 국민의 의지에 복종한다.

의원내각제는 의회와 집행부와의 협력조화를 실현할 수 있고 의회의 신임을 기반으로 한 집행부는 강력한 시정을 신속하게 처리할 수 있다. 또 의회와 정부 사이에 대립이 생겼을 때는 의회의 불신임결의 및 정부의 의회해산으로 그 대립이 해소될 수 있다. 또 의원내각제는 책임의 소재를 명확하게 함으로써 국민에 의한 정치책임에 대한 추궁을 최대한으로 가능케 하는 정치형태이다. 그러나 책임의 소재를 명확하게 하기 위해서는 책임이 집중되어야 되는데 책임의 집중은 권력의 집중을 가져와 다수당과 그 지도자인 수상에게 커다란 권력이 부여되어 권력 강대화의 가능성이 그 단점으로 지적된다. 즉 권력분립이 명확하지 않는데 그 비난의 점이 있다. 그러나 국민이 정치적으로 성숙하여 부단하게 정치를 감시하고 책임을 묻는 자세를 갖는다면 이 제도는 권력의 남용에 빠지지 않는다. 그리고 소당분립제인 경우는 정당의 이합집산으로 정부가 단명하여 장기계획과 정책수행이 어려운 단점이 있다.

오늘날 의원내각제를 실시하고 있는 대표적인 나라는 영국을 비롯하여 서독, 캐나다, 오스트레일리아, 인도, 영연방국가, 이스라엘 그리고 일본 등이다. 유럽의 내각책임제도 국가들 중에서 영국을 제외한 다른 국가들은 하원에서 절대다수를 차지하는 정당이 없어 거의 연립내각을 형성하고 있다. 영국의 노동당은 '요람으로부터 무덤까지'라고 하는 사회보장제도에 철저한 노력을 기울여 중요산업의 국유화를 단행하였으나 보수당의 정부가 되어도 사회보장제도나 국유산업을 중지함이 없이 사회정책 입법을 기본상 계승하고 있어 정권의 변화에도 국가의 정책이 급변하는 일이 없다.

독일의 경우를 보면 바이마르체제가 의원내각제였음에도 불구하고 민주주의 경험부족으로 붕괴된 사실을 고려하여 민주주의 원리를 확고하게 하고 안정정권의 수립을 도모하여 권력을 연방 수상에게 집중하고 있다. 대통령은 바이마르 시대와 달리 연방회의62)에서 선출한다. 대통령 임기는 5년이고 재임은 1회 할 수 있다. 대통령은 국제법상 국가를 대표하고, 조약체결, 사절의 신임, 접수를 하고, 수상과 대신의 부서로 연방재판관, 연방공무원, 사관 및 하사관의 임명, 사사권을 행사한다. 대통령은 수상후보를 연방의회에 제의, 연방의회 의원의 과반수를 얻어 임명한다. 수상후보는 의회의 세력분포에 의존한다. 연방의회 과반수를 얻지 못할 때는 선거수속후 14일 이내에 연방의회가 수상을 선거할 수 있다. 또 독일헌법은 의회가 정권을 자주 붕괴시키는 것을 방지하기 위

---

62) 연방의회 의원과 주정부가 파견하는 주정부 구성원으로 성립되는 연방참의원으로 구성된다.: Siegfried Schöne, *Von der Reichskanzlei zum Bundeskanzleramt*, Berlin, 1968.: 김동훈 역, 『大統領制와 議員內閣制』, 서울, 1987, p.137.

하여 수상 불신임 의결조건으로 의원의 과반수로 수상후임을 선출하고 대통령에게 현 수상 파면을 요구한다. 이를 '건설적 불신투표'라고 한다. 또 수상이 요구한 신임의 과반수 동의를 얻지 못하면 대통령은 21일 이내 연방의회를 해산하도록 제의를 한다. 이 해산권은 연방의회가 그 의원 과반수를 가지고 다른 수상을 선출하면 소멸한다.[63] 독일의 의원내각제는 분단국가이며 동서냉전의 제1중심에 위치하며 바이마르 시대의 경험을 토대로 의원내각제의 단점을 보완하게 정치가 수상을 주축으로 전개되도록 하며, 흔히 '수상 민주주의(Kanzlerdemokratie)'라고 불리는데, '아데나워', '슈미트', '콜' 수상은 강력한 리더십, 확고한 신념으로 결단력 있는 정치를 지도한 수상으로 기록되고 있다.[64] 그래서 독일의 의원내각제는 "복잡한 정치를 인격화하고, 책임의 소재를 명확히 할 수 있는 강력한 리더십의 필요성을 마치 예견한 것처럼 그렇게 하기 위하여 필요한 권한과 제조건을 명문의 규정으로 준비하고 있다"[65]고 평가되고 있다.

4) 다당제의 정책운영

우리 한국에서는 자연스런 정당 발전이 이루어지지 않았다. 그 이유는 해방 이후 강경 보수세력이 분단상황의 심화와 더불어 보수정당과 다른 정강과 정책을 가진 새로운 정당의 발생운동을 인위적인 힘으로 저지하여 시대의 변화에 따른 온건 보수정당 자체의 발전마저 원천적으로 봉쇄해 왔기 때문이다. 정치의 세계에서 정연한 논리나 이성적 차

---

63) 김동훈, 위의 책, pp.138-139. 바이마르 공화국은 14년에 12명의 수상과 19번의 내각 교대에 정부의 평균수명은 239일이었다. 백경남, 『바이마르共和國』, 서울 1985, p.205.
64) 김동훈, 위의 책, p.143.
65) 김철수, 앞의 논문, p.12.

원에서 개혁 노선은 늘 이념에서 보수적 편향성을 극복하지 못한 강경 세력에 의해 도태되어 왔다. 그 결과 정책 노선의 건전한 경쟁보다는 적나라한 힘의 논리 아래 격동기에 무원칙한 이합집산이 정치의 본연의 모습인양 자리를 차지하게 되어 각 보수정당들의 이념·정책기반을 더욱 불분명하게 되었다.

그 결과 산업화·도시화 과정에서 다양화한 각계 각층의 의견과 저변에 대변 안되는 욕구분출은 그 조직적 역량의 체제내화가 이루어지지 않아 한국정치의 만성적 불안 요인이 되어 왔고, 그로 인한 사회적·정치적·경제적 부조리는 젊은이들의 급진적인 이념의 비판대상이 되어 일부 좌경급진세력을 키운 셈이 되었다.

그러나 산업화를 거치면서 계층의 다양화와 민의(民意)의 다원화는 피할 수 없는 경향으로 되어 이념, 정강, 정책이 거의 비슷한 그리고 제 몫을 다하지 않은 보수정당들을 앞에 놓고 국민은 차선의 선택기준을 지역성에 놓고 있는 실정이다.

이러한 정당 정치의 구조가 통일까지 그대로 연장된다면 북한에서는 북한당이 나와야 될 판이다.

민주주의사회에서 국가는 정당을 통하여 분열된 사회의 이익과 갈등 세계관을 합리적으로 조정·중재하여 전체 사회의 조화를 기하여 가는 것이다. 그리고 정치발전이란 사회 내부에서 서로 대립·모순되는 이익과 가치의 다양성과 경합을 정치시스템 내에 흡수·정착시켜 정치체계 능력을 증대시켜 나아가는 것이다.

더욱이 2000년대는 고도기술·정보세기로 인간의 다원주의에 대한 인식이 증가하고 의식주의 기초적 욕구 충족을 넘어서 인간의 욕구가 고도화·선택적 경향으로 진전된다. 그리고 의식에 있어서도 고정적인 것보다 유연한 것으로 변화, 문화에의 욕구도 높아진다. 이러한 포스트 산업사회의 환경 속에서 정당 정치도 변화, 대부분 양당제의 신화가 깨어지고 다당제의 연합정권이 지배적으로 되고 있다. 지금도 양당제의 국가는 극히 드물게 되었다. 양당제는 정치의 안정을 기할 수 있는데 반하여 다당제는 불안정하다는 인식이 아직도 존재하나 1970년도 이후 부터는 다당제의 연립정권이 정상적인 정치운영의 모습으로 되어, 오히려 그로 인해 정치의 안정을 더욱 기할 수 있다는 설이 유력해지고 있다. 즉 다양한 국민의 의사를 대변하고 국민의 특수이익을 대표하기 위한 다당제는 필연적인 추세로 되었다.66)

그러므로 가치, 의식, 행동양식, 사회이익, 계층이념, 집단이 다양해지는 포스트 산업사회에서 양당제도로 사회통합이 가능한가에 문제가 제기된다. 나아가서 21세기 민족통일 시대에는 20세기에 살아온 정치·경제·사회·문화의 이질화가 겹친 민족사회 출발이 되는 데 민족의 다양한 의사와 욕구를 양당제로 시스템 내에 흡수·통합할 수 있다고 보는 것은 무리일 수밖에 없다.

그러므로 통일한국의 정당제는 다당제가 되어야 한다. 앞으로 세계는 더욱 다극공존형으로 변해가고 통일한국도 이러한 형태의 사회가 될 것임을 가정할 때 양당제도 아래 이 당 아니면 저 당의 양자택일 경우 다양한 의사나 욕구, 이익이 소외되어 사회는 파열될 가능성을 가진다. 그러므로 소수파의 거부권도 되도록 존중해야 된다는 당위성이 나오게 된다. 민주주의란 서로 다른 관심, 관점, 의견의 만남일진대 중요한 것은 양자택일이 아니라 다양한 토론과 대화와 설득의 작업을 거쳐 민주적인 미래 민족사회에 활력을 부여하고 의견과 관심을 서로 수정하고 맞추어 통합을 성취해가야 된다. 그래서 민족성원의 진정한 참가가 존재하는 공동의 생활에 관한 통찰력을 발견해 가야 한다.

통일한국에 들어가기 전 우리 한국의 정당 현실은 암담한 상태에 있

---

66) 위의 논문, p.14.

다. 우리 사회가 정면으로 다루어야 될 문제는 최근에 가장 심각하게 대두되고 있는 노사간의 문제인데도 근대적 산업 노동자들의 이익을 대변하고 대표하는 혁신정당이 존재하지 못하고 있다. 물론 기존의 보수정당들이 사회에 존재하고 있는 진보적인 요구와 주장을 수용·흡수하여 체제의 능력을 증대할 수 있다면 혁신정당의 존재가치는 그렇게 절실하지 않을 것이다. 그러나 유감스럽게도 현재 우리나라의 보수정당들은 산업화에 따른 사회이익의 다양화를 통찰할 여유도 가지고 있지 못할 뿐만 아니라 다양화된 사회이익을 체제에 흡수하고 수용할 수 있는 채널도 제도화되어 있지 않다.

여당은 의회제도의 틀 속에서 정책결정을 통하여 태어나지 않았고 정권의 출현과 더불어 인위적으로 급조된 정당의 생리를 가지고 있고, 야당은 여당이 조직된 후 파벌 중심으로 이루어졌기 때문에 근대적인 정당정치가 행해지고 있지 않다. 그것도 모두 지역당의 특성을 면치 못하고 있다. 어떠한 입장으로부터 국민적 이익과 가치를 추구하여 국민적 이익에 기한다는 중심적인 당의 개념이 결여되어 있고, 그들의 특정의 입장이 밝혀져 있지 않기 때문에 그들이 제시한 이념 내지 이상을 실현하기 위한 정책이 제시되어 있지 않아 정당 본래의 의미와는 먼 거리에 있다. 먼저 보수정당들이 정당의 제몫을 해야지 혁신정당의 활동을 긍정하고 협력하여 서구에서와 같이 체제 내적 정당으로 육성할 수 있는 것이다. 그러므로 한국에서 혁신정당은 우선적으로 보수정당들이 근대적인 정당으로 탈바꿈을 하고 정당의 제기능을 수행할 때 혁신정당이 제자리를 차지할 수 있을 것이다. 이는 이른바 정치의 선진화와 동시에 해결 될 문제이다. 보수정당들이 정당다운 정당이 아닐텐데 혁신정당의 출현이나 성장은 보수정당의 상대적인 약화를 의미할 것이기 때문이다.

오히려 혁신정당의 출현을 저지하기 위하여 한국의 보수주의자들은 자연스런 계층의식의 발로를 인위적으로 막기 위해 이를 지역의식으로 변화시켜 보수정당의 이익을 챙기고 있다. 서양에서는 종교가 한국에서 지역감정의 역할을 하여 보수정당의 집권을 가능케 하여 왔다. 왜냐하면 산업사회에서 가장 다수의 응집된 계층은 산업 노동자이기 때문에 이들의 지지 없이는 집권이 불가능하다. 그러므로 한국에서는 혁신정당이 출현할 충분한 조건이 갖추어져 있는데도 불구하고, 보수세력들의 인위적인 방해 때문에 혁신정당의 출현이 어렵게 되어 있다. 그러나 현재 한국 자본주의 진전에 비춰 볼 때 사회 민주주의 정도의 혁신정당 역할은 한국 사회에서 계층의 양극화 현상을 막고 산업사회의 갈등을 해결하기 위하여 중차대한 일이 아닐 수 없다. 혁신정당의 제기능 수행은 사회갈등의 완충 역할을 기하고 또 한국 자본주의 시대변화에 따른 적응능력을 강화하여 사회의 급진화를 막을 수 있다.

더욱이 우리는 통일을 앞두고 있는 시점에서 북한의 사회주의적 경제체제와의 통합에 갈등을 되도록이면 제거하기 위해서도 혁신적 이념 정당의 필요성이 증대하고 있다. 고도 산업화된 통일한국에 노동운동을 정치체계에 수용하는 혁신정당의 안정적 구축 없이는 국가·민족의 통합 발전을 기대할 수 없기 때문이다. 이는 통일 순응적인 사회경제적 기반의 조성책에 해당한다.

1992년 12월 우리는 대통령 선거를 앞두고 있다. 이 나라 민주주의를 위하여 앞에서 헌신적으로 투쟁해 온 양 김씨의 대결로 대통령이 결정되어 정치사의 한 시대가 정리되면 정당의 재편이 불가피하게 대두될 것이다. 이제는 통일에 대비하여야 되고, 또 제대로의 혁신정당이 존재하고 민족주의 세력이 결집된 정당이 존재하여 근대적인 정당체제 아래 통일의 시대를 열어야 정치가 제대로 수순을 거쳐 발전할 수 있다. 이제는 두 김씨 지도자는 이러한 역사의 필연성을 인식해, 한국정치와 통일한국의 정치발전에 눈을 돌려야 될 때라고 믿는다.

다당제란 적어도 3개 이상의 정당이 의회 내에서 의석을 획득하여 그 중에 어떠한 정당도 과반수를 얻지 못하면 의회에서 과반수를 얻기 위하여 2개 이상의 정당이 연합하여야 되는 정당제이다. 다당제 아래서는 사회내부에서 서로 대립, 또는 모순된 이익과 가치의 다양성(예를 들자면 기업가 단체와 노동자 단체의 현실적 이익과 가치는 서로 대립된다)과 그들의 경쟁을 정치 시스템 내에 흡수하고 정착시킴으로써 국가는 정당을 통하여 분열된 사회의 이익과 가치와 세계관을 중재하여 전체사회의 조화와 통일을 기할 수 있다. 국민은 또한 그들의 이익과 가치와 세계관과 관련된 정당이라고 하는 매개체를 통하여 정치에 참가하는 것이다. 그러므로 다당제는 산업화 이후 사회의 변동에 따른 정치적 견해와 경제·사회·종교적 이익과 가치의 다양성에 대한 합리적인 해답에 해당한다.

오늘 서구의 국가들은 영국을 제외하고는 대부분 다당제 체제 아래 정치가 운영되고 있다.

다당제 출현은 정치, 사회, 경제, 민족, 인종, 종교, 외교에 따라 나라마다 차이를 나타내고 있다. 19세기 정당 발전의 과정에서 최초에는 구제도의 군주주의와 관련된 토지 귀족계층과 정치적 자유를 확대하려는 신흥 부르주아 계층의 대립 형태로 보수주의 정당과 자유주의 정당의 대립이었다. 이러한 양당의 대립은 19세기 후반부터 산업의 집중, 도시에 있어서 프롤레타리아트의 성장, 노동조합의 발전, 마르크스주의의 보급, 보통선거제 보급 등에 따라 제3의 사회세력을 대표하는 사회주의 정당이 대두되었다. 그래서 지금까지의 2당제 기본 도식은 3당제 병립의 다당제로 변천하였다. 그러나 사회주의 정당의 성장은 자유주의 정당에 하나의 선택을 강요하였다. 즉 사회주의 정당도, 자유주의 정당도 구체제인 군주제나 귀족계급에 반대하여 평등과 정치적 자유를 정치이념으로 하는 점에서는 같은 입장이었다. 그러나 자유주의자가 자유

경제와 생산수단의 사유를 옹호한 것에 대하여 사회주의자는 자유경제와 생산수단의 사유의 철폐를 주장하여 통제경제를 요구하였다. 이 두 당의 입장은 보수주의자를 단결시켜 보수당의 정책이 자유주의자에 가까워져 보수주의 정당과 자유주의 정당의 대립은 무의미하게 되었다.

이와 관련하여 영국에서는 보수당과 자유당의 2대 정당의 대립이 노동조합, 사회주의 단체를 배경으로 한 노동당이 등장 3당 대립시대를 맞이하였으나 제1차 대전 중에 자유당이 분열, 쇠퇴하여 보수당 대 노동당의 2대 정당의 패턴이 형성되었다. 자유당은 오늘날 18% 내외의 지지를 얻고 있다. 오늘날까지 영국만이 2당제를 견지해 온 것은 국교(國敎)의 전통, 국민성, 전통적 기성정당의 유연한 정책과 정치제도의 특질에 기인한다. 다른 서구 여러 국가들은 종교 등 복잡한 이해관계가 얽혀 자유주의 정당이 존속하였다. 벨기에, 네덜란드, 북구제국, 독일, 프랑스가 그 예에 속했다. 나아가 1917년 러시아혁명에 의한 소비에트 체제 성립은 사회주의 정당에 격한 영향을 미쳐 3당체제를 견지하던 국가들은 공산당 성립에 의한 4당 대립의 정당제로 이행하였다. 그리고 제1차 대전 이후는 정치·경제적 갈등에 대처하는 데 의회정치가 무력하고, 보수당과 자유당이 기능하지 않은 국가에는 파시스트 정당이 형성되었다. 또 보수주의 정당 내에서 극우파와 중도우파, 사회주의 정당 내에서 급신파와 온선파의 대립은 다낭제 출현을 촉진하였으며 문화적 요인으로서 정당분립을 조장한 것은 종교와 언어가 있는데 그것은 인종과 지역의 차와 일치한다. 네덜란드에서는 보수주의 세력이 카톨릭 보수당과 프로테스탄트 보수당 둘로 분열하고 프로테스탄트 보수당이 분열, 그리스도교 연합을 가져와 3당이 분열하였다. 특히 벨기에는 언어 대립이 정당분립을 복잡하게 하고 있다. 그 외에 다원화된 사회적 요인 외에 다당제 경향을 조장하는 요인으로는 제도적 요인으로서 국민여론의 동향에 충실하기 위하여 의회에 있어서 의석을 당의 득표율로 배분하는 비례대표제를 들 수 있다.

세계 각국에서 지금까지 다당제 경험에 비추어 그 장점으로는 다음과 같이 지적을 할 수 있다.

1. 국민의 선택이 다원적이어서 국민의 의사가 보다 충실하게 의회에 반영된다.

2. 다당제 연립정부 아래서는 급격한 정부 시책이 억제되고 유연한 정권 교체가 가능하다.

3. 다당제 아래서는 의회에서 소수파도 발언의 기회를 가진다. 그래서 국민의 다양한 이익과 가치가 의회에서 수렴된다.

4. 다당 연립정권 아래에서는 정당상호의 감시로 정치적 부패를 미연에 방지할 수가 있다.

5. 국내 정치 사상의 양극화 내지 대립의 격화를 완화시킬 수 있다.

이와 반대로 다당제의 역기능은 다음과 같다.

1. 다당제는 연립정부를 불가피하게 하므로 정국 불안정의 가능성이 있다.

2. 정책 방향에서 선명성을 결여한다.

3. 유연한 정당이 존재하지 않을 경우 정책통합이 어렵다.

4. 정국 불안이 계속되어 정치사상의 양극화 또는 대립이 격화되어 양자택일의 상황으로 치달으면 건전한 양당제 아래서 정국안정과는 전혀 다른 결과를 초래할 수 있다.

5. 국민 이익표출의 다양화로 사회·경제적 여건이 순조롭지 못한 경우 국민통합의 어려움이 따른다.

따라서 다당제가 그 순기능을 위해서 다음과 같은 전제조건을 필요로 한다. 그 조건이 필요한 것은 다당제 아래서 비례대표제가 소당 또는 최소당의 성립에 도움이 되어 의회에 있어서 어떤 정당도 절대다수를 지배할 수 없으면 의석 수에 있어서 불가결한 다수 구성이 본질적으로 약해지기 때문이다.

1. 정당연합의 필요성 앞에서 정당들은 적은 이익에 집착하지 않고, 국가적인 이익에 결합할 줄 아는 자세가 되어 있어야 한다.
2. 이익 표출이 다양화되어 있을 때 국민의 보편적 이익을 정형화할 수 있고, 설득력 있는 그리고 힘의 균형감각에 뛰어난 유능한 의회 엘리트가 있어야 한다.
3. 사회의 이익과 갈등 앞에서 의회 엘리트들의 유연한 조정술이 필요하다.
4. 정당은 국민적 이익표출 기능을 수행할 줄 알아야 한다.
5. 정당은 정당 상호간의 이익을 조정·통합하면서 국민적 이익을 표출하고, 국민의 의사를 집약할 줄 알아야 한다.
6. 정부에 참가한 정당은 서로 당간의 이익 협정을 준수하여 조직된 정부를 붕괴시키기보다는 국민과 정부 전체에 대한 약속과 책임을 이행하여야 한다.

정치개념 속에는 늘 대항, 분쟁, 통합의 과정이 존재하여 통합에 도달하면 새로운 대항, 분쟁, 통합의 과정이 시작된다. 통합의 과정에는 타협이 있고, 타협 속에는 당사자 쌍방간에 장기적인 전망이 세워져 그 장기적인 전망에 기초하여 협정이 상정된다. 협정은 상대방에 대한 관용의 정신을 포용한다. 그래서 정치는 그들에 있어서 최선을 바라는 것이 아니라 차선을 추구하는 '가능의 기술'로 불린다. 그리고 정치에 있어서는 결과에 대한 책임이 윤리의 기준으로 된다. 흔히 결과에 대한 책임을 회피하기 위하여 자기의 입장을 절대화하려는 경우 정치에 폭력이 도입되기에 이름을 알고 있다. 그래서 정치의 세계를 '친구와 적'의 관계로 보고, 적의 말살에 수단방법을 가리지 않는다면 정치에 관용이 존재할 여지가 없어지고 만다는 것을 상정한다.

그리고 정치의 세계에는 늘 정치권력을 둘러싼 대립과 투쟁이 이 전제 위에서 사회 세력간에 상호의 안전과 유지가 이루어지는 조건은 그 세력간의 '힘의 균형'이 그 전제가 되는 것이다. 그것은 정치세력 간의 공존의 조건으로써 어떤 정치세력이 그 정치세력의 의지를 다른 세력에 강제할 수 있을 정도로 강대하여지면 정치세계의 안정이 붕괴되는 것으로 간주, 그 위협을 방지하기 위하여 각 세력간에 밀접한 협력, 접촉, 타협, 양보, 연합을 형성한다.

따라서 민족통일 시대에는 20세기에 미숙하고 존재하지 않았던 진정한 의미에서 정치가 있는 시대의 도래를 기할 수 있다.

5) 대선거구제와 정당 비례대표제

다당제 운영에는 1선거구 1인을 선출하는 소선구제보다는 1선거구 2인 이상을 선출하는 대선구제에 정당별 비례대표제 선거방법이 바람직하다. 소선거구제는 소수파와 여성에 불리하고 사표(死票)가 증대한다. 그리고 투표가 분산되는 경우는 소수의 득표로도 당선이 가능하다. 그리고 지방적 명사의 당선을 용이하게 함으로써 정당보다는 인물본위로 투표하여 정당의 발전육성에 장해가 된다. 나아가서 선거비용이 많이 들어 정치부패의 원인이 된다. 일반적으로 소선거구는 정부의 간섭을 용이하게 하고 당 간부의 독재를 조장하는 결함을 가진다.

또 현재 우리나라에 정당이 지역화되고 있는 실정에서 소선거구제 실시는 이를 더욱 조장한다. 그 대신 대선거구제는 투표가 정당 본위로 행하여짐으로 정당발전에 도움이 될 뿐만 아니라 신인이나 혁신정당, 여성의 의회진출을 가능케 한다. 또한 의원내각제, 다당제, 대선거구제는 그 구조적인 특성이 연결될 수 있다.

소선거구 다수대표제는 양당제도에 바람직한 제도이다. 그리고 다당제 운영에 있어서 비례대표제 방법 도입은 군소정당들의 의회진출을 용이하게 한다. 비례대표제는 정당에 대한 투표·방법으로 정당이 미리 선거구별로 피선거인 명부를 작성하여 그 명부의 상위부터 배분 의석수만큼 당선자를 결정해 간다. 이러한 제도 아래서는 유권자는 선거구의 후보자에 1표를 던지고 정당의 후보자 명부에 대하여 1표를 던져 그 표의 투표권을 행사한다. 정당에 대한 투표 방법도 득표가 많은 정당에 유리하게 되어 정당이 얻은 표는 사표가 되지 않음으로서 정당발전에 도움이 되는 것이다.

정당운영에 중요한 것은 정당의 재정문제인데 국고에 의해 당 재정을 원조하면 당 재정문제도 해결되고 정치자금 제공자와 상호의존관계 성립으로 인한 정치부패의 정기적인 구조화를 청산할 수 있다. 현대 정치에서 기능적으로 가장 중요한 위치에 있는 정당은 이익의 집약기능 국민과 권력과의 가교기능이라는 본래의 기능을 의욕적으로 수행하는 데는 그만큼의 당 재정이 필요하게 된다. 이러한 당의 제대표의 기능 수행에 직면 정당이 특정 세력과 의존관계에 들어가면 정치적 부패는 단절되기 힘들게 된다. 그리고 의원내각제 아래서는 국민에 중요정치의 방향을 묻게 되므로 선거가 자주 있게 되는데 그러한 경우 정치자금이 공영화되지 않으면 정치의 부패는 철저하게 구조화되고 만다. 그래서 정부가 의회에 일정한 의석을 가진 정당에게 또 선거에서 총 투표수의 일정한 비율을 획득한 정낭에게 국고보조를 실시하는 것이나. 물론, 정당의 발전, 군소정당에게 기회제공, 정치에 신인의 등장을 기할 수 있다. 이러한 제도 실시는 정경 유착을 단절하고 시민과 정당을 직접 연결시킴으로서 정치가 말 그대로 국민의 정치가 되게 하는 길에 해당한다.

6) 양원제의 국회

통일국회 운영은 단원제보다 양원제를 주장하는 의견이 대부분이다.

현재 우리 국회운영은 단원제로 운영됨에도 불구하고 참의원 회의실까지 마련되어 있는 실정이고 보면 국민도 통일이 되면 의례이 양원제로 될 것임을 전제로 하고 있는 것이다. 대통령 책임제 보다도 의원내각제가 실시되면 의회의 역할이 결정적으로 중요하며 내각은 의회의 세력분포에 의존한다. 양원제의 경우는 상원과 하원으로 구성되며 하원은 국민의 대표로 구성되고 상원은 지방정부가 파견하는 대표로 구성된다.

하원은 국민을 대표하는 입법기관으로 소재지는 수도에 있기 마련이며 입법, 수상선출, 예산심의 및 결산 등의 주요 권한을 가지며 구체적 권한은 법률로 정해진다. 실제 양원제의 국회 운영은 입법에 신중을 기하고, 각 지방의 이익과 의사가 전국적인 정치문제를 다루는 데 반영되기 위하여 존재하게 된다.

김철수 교수는 지방자치제도를 더욱 발전시켜 연방제로 가는 경우 지방의 이익을 대표하는 상원제를 제의하고 있다. 구체적으로 영남주, 호남주, 기호주, 서울주로, 북한에서는 함경주, 강원주, 평안주로 된 연방제 아래 하원은 국민대표로 구성하고, 상원은 지방의 대표로 구성할 것을 제의하고 있다.67) 이에 대하여 정경섭(丁敬燮) 박사는 더욱 구체적으로 상원과 하원의 법률적 지위, 권한, 임기, 구성까지 상세하게 연구하고 있다.68)

6. 결론

탈냉전과 여러 국가간의 구래의 대립의 완화와 더불어 세계 각국은

---

67) 위의 글.
68) 정경섭, 「統一韓國의 政治統合 모델에 관한 연구」, 정무제1장관실, pp.3
   1~32.

역동적이고 복잡한 2000년대의 새 국제질서를 향해 정치, 군사, 경제의 전략 틀을 전면적으로 재조정해가고 있다. 군사력의 경쟁과 이데올로기 대립으로 특징지어졌던 냉전시대가 가고 공동의 이익 중심의 대화시대가 열리고 있다. 이러한 동서간 긴장의 해체, 분열의 해체, 사상·이념 제도의 차가 문제 안되는 새로운 차원의 국제관계 형성은 우리의 민족통일 접근에 자체 준비가 되어 있으면 우리의 민족분단이 냉전의 산물이기 때문에 결정적으로 유리한 환경변화에 해당한다.

동아시아에서는 소련이 해체되고 우리 민족을 역사상 가장 불행한 운명으로 밀어 넣었던 일본이 정치대국화를 지향하고 있다. 이러한 국제환경과 세계의 21세기를 향한 신질서의 움직임은 우리 민족에게 분명 기회임과 동시에 도전이고, 재생의 각오로 맞이하여야 될 입장에 우리는 직면해 있다. 또 미래는 우리 선택에 달려, 민족의 21세기 설계도 요청된다. 이에 통일한국의 정치적 좌표를 모색하기 위하여 제2절에서 한반도 통일의 환경변화로 탈냉전시대의 세계정치 특징과 동북아 국제정치구조 변화를 살폈다. 미시 전자혁명의 정보공업발전 때문에 가속화의 시간성 위에서 전개되는 다극화의 세계는 지구적 규모에 걸친 상호의존이 확대되고 국민국가나 민족국가의 생존전략의 단위로 국경을 넘는 경제권이 형성되고 있다. 또 국가간의 평등성이 증대되고 중심적인 정치의 흐름은 민주주의와 경제적 자유화를 특징으로 하고 있다. 이러한 상황의 인지는 우리의 미래 설계에 기초적인 구도설정과 민족의 자리매김에 도움이 될 뿐만 아니라 우리 한국의 위치에 대한 국제정치 속에서 상관관계 이해에 도움을 얻고자 고찰한 것이다.

제3절에서는 20세기가 한민족에 있어서 어떠한 의미를 가졌으며 그 20세기에 대한 대성찰이 바탕이 되어 20세기를 극복할 현실적인 조건을 검토하였다.

20세기 우리 민족에게 닥친 불행의 잉태는 타율적인 개항과 근대화의 지연, 그로 인한 식민지 경험 그리고 민족해방 운동의 분열로 인한 민족의 분단, 전쟁 그리고 이질화로 이어졌다. 분단 47년 민족국가로서 하나의 한국건설이 대국의 세계정책 희생으로 봉쇄된 것은 준비 없는 우리 민족에 찾아온 어쩔 수 없는 시련이었다. 그래도 전 한국이 공산화되지 않고 단독정부로서 1948년 출범하여 반쪽이나마 국가건설의 기초를 다졌으나 1950년대 한국전쟁은 남북 상호간에 가시기 어려운 상처, 국토의 황폐화를 가져왔고 그로 인한 남북한의 체제대결은 양쪽의 경제, 정치발전, 사회안정, 외교신장 등 모든 부문에 걸쳐서 국력의 소모와 민족역량 형성에 부담을 가져왔다. 정치에서 남쪽의 자유 민주주의는 그 바람직한 정착이나 실현이 본 궤도에 올라본 적이 없었으며 북한은 주체사상 아래 부자세습제의 전체주의적 독재체제를 운영하여 왔다. 실제 한반도에서는 미소의 영향력이 지배하는 독자적인 정치기획을 실현하는데는 늘 제약이 따르기 마련이었다.

한국에서는 군사정부가 들어서면서 경제건설 업적을 민족적·국가적 시련 속에서 이루어 국가의 운명을 개척한 근대화 성취 과업을 수행하였다. 경제건설 기조 위에서 그 다음의 정치적 과업은 정치의 파행선인 유신으로 달리지 않고 경제성장의 성과를 분배하면서 1980년대 초 6·29선언이 나와 당시까지 군사적 권위주의와 투쟁해온 세대들에 의해 민주화가 달성되었으면, 이제 민족사의 당위적 차원에서는 지난 1989년과 1990년 냉전해체 시 민족주의 세력에 의하여 통일의 과업이 달성되었어야 하는 시대적 당위가 부각되었다. 이렇게 시대적으로 과제를 분류해보면 시대의 과제가 제때에 이행되지 않아 필자는 이를 "역사의 지각"이라 부른다. 역사에는 비약이 존재할 수 없음을 볼 때 한 시대의 정치사적 과업이 이루어지지 않으면 다음 시대로 지연되고, 다음 세대가 역사의 멍에를 짊어지게 된다. 한 시대의 과제에 대한 진정한 수행·청산 없이 다음 시대의 성숙이 열리지 않기 때문이다. 예를 들어 민주화 없는 독재의 통일한국은 우리가 추구해야 될 가치와 어울리지 않을 뿐만 아니라, 그 통일은 민족에게 또 다른 역사의 시련을 안겨 준다.

이러한 의미에서 1987년 대통령 선거는 우리 정치사에서 늦었지만 참으로 중대한 의미를 가진 선거였는데 대중적 순수 민간 정치지도자 두 김씨의 후보단일화 실패로 선거를 통해 당시까지 민주주의 우리 사회의 가치규범, 왜곡되지 않는 사회정의를 이루고자 노력하여 오던 민주세력의 뜻과 에너지는 지역별로 분산되었다. 국가사회의 당위적인 이상을 향하여 노력해 오던 이성적·정신적 여러 힘은 선거혁명 좌절로 무력해지고 실망이 뒤따랐다. 선거 후 정치인들에 있어서는 여야의 개념 또는 민주와 반민주주의, 독재와 반독재의 개념상의 차이가 애매하여졌다. 민주당 김영삼 총재는 현실적인 힘을 장악하고 있는 집권세력과 손을 잡고, 김대중 총재의 노선은 집권세력을 인정한 바탕 위에서 유연한 정치전략을 구사하고 있다. 이제 두 김씨의 대통령직을 향한 대결구도가 이루어져 누가 되든 한국에서 독재정치가 과거의 유물로 되는 민주주의 시대가 열리게 되어 있다. 80년대 초 실현되어야 했던 양김의 경쟁이 이제야 이루어진 셈이다. 이제 1997년의 대통령 선거는 민족통합 과정을 조화롭게 리드하는 새로운 민족주의 세력이 민족통일을 위해 등장해야 될 차례이다.

제4절의 평화통일 조건형성에는 우리 내부의 주체적 조건으로서 사회의 중요한 갈등구조 해소로 민족화합을 위한 공동체의식에의 승화를 들었다. 전근대적이고 봉건적인 지역갈등을 정치적 이성으로 극복하고, 민족분열과 이질화를 넘어서 21세기 민족사회에서 존재해야 될 연대를 재발견하기 위한 새 지평을 열어야 할 과제가 나온다. 모든 민족성원이 정치적 대화와 결정에 참여해야 되고 민족의 새 단계로 가기 위해 지역·계층·성의 소외가 지양되어야 한다. 소외당하고 억눌려오고, 생의 출발에서 기회균등 없이 살아온 동포의 운명을 심각한 관심을 가지고

공생의 길을 모색하는 데 민족사의 새 지평이 열리게 될 것이라는 가설이 성립한다. 1990년 10월 3일 독일이 통일되던 날 독일인들은 감동하여 서로 껴안고 하나됨을 기뻐하였으나 그동안의 이질화 때문에, 같은 동포의 운명에 무관심하여 다시 장벽을 느끼는 그들에게서의 교훈이 이를 시사해 주고 있다. 베를린 작가 페터 벤더는 통독이 민족주의 없는 통일이었기 때문이라고 지적하고 있다. 실제 구동독에서는 민족감정을 말살해 왔고 구서독은 정치교육으로 초국가적 공동체 의식에 익숙해 왔기 때문에 동포가 겪고 있는 어려움에 내적으로 관심을 갖는 것과 기꺼이 도우려는 태도가 결여되었다고 한다. 우리 민족은 지금 반세기 동안 갈라져 살아 왔다. 남한 내부에서는 지역·계층 갈등을 극복하고 하나로 되는 학습을 지금부터라도 시작하여 민족주의 입장에서 민족이 하나로 된 삶을 규정해 가야 된다. 또 노동의 소외문제를 극복하면서 생산력의 지속적 발전을 모색하고 경제사회 발전의 원동력의 하나인 기술혁신으로 통일 비용을 마련해야 된다. 나아가서 객관적 조건으로는 평화체제를 확보하고 동북아 안보협력체제를 한국의 이니셔티브로 구축하여 동북아의 갈등구조를 문명화하는 것을 제안한다. 그리고 한국의 통일이 동북아 지역안보와 경제협력 증대를 위한 핵심 고리이며, 세계의 평화와도 관련되고 있음을 우리 통일과 관계 있는 국가들에 인지시키면서 국제적인 장해요인 없이 통일을 성취하는 것이다. 20세기 세계사의 부조리가 이 한반도에 모여져 동족상잔까지 가져온 국제전쟁을 치른 후의 우리 민족의 통일은 탈냉전시대 세계의 화합을 마무리짓는 작업에 속하기 때문이다. 통일을 하는 것은 20세기 우리 민족에게 드리워진 어둠의 운명을 타파하고 하나로 된 민족을 부활시키는 것으로 현상을 넘어서 극복하는 불굴의 힘의 근원이 되는 것이다. 그런데 실제 냉전의 분열의식은 우리에게 추상적인 가능성에서가 아니라 긴박한 현실적 잠재력으로 되어 있으니 이를 청산하는 것도 시급한 과제라 하지 않을 수 없다. 모든 분열적 요인을 녹여 하나의 힘을 형성하는 것이 민족통일의 전제가 되기 때문이다.

최근의 역사에서 좌절된 민족의 소망이 우리들의 생활에 깊이 뿌리박고 있으나 우리가 통일·화합하여 동아시아와 세계에 우리들의 단결·연대를 보여줌으로써 좌절을 털고 일어 설 수 있다.

국제정치의 온갖 모순의 결절점, 식민지 경험, 분단과 국제전쟁, 한국측의 16개 참전국, 북한측의 공산권과 합하여 300만의 희생을 치른 동족상잔과 20세기 후반 최대의 모순과 비극이 얼룩진 가운데 오늘 그래도 이만큼 이루어 놓았으니 이 민족한테 기대를 걸어야 한다. 인류 역사상 위대한 개혁의 횃불은 안주의 지역 아닌 격동의 연속으로 얼룩진 모순지역에서 예외 없이 나왔다. 그 일환으로 타율에 의한 국토양단으로 동아시아에 마지막 남은 냉전의 잔재를 우리가 주체적으로 청산하여 동아시아 시대를 여는 향도적 역할을 해야 한다.

정치체제는 극우와 극좌의 독재정치 체제를 배격하는 민주정치 체제로 이념적으로 자유 민주주의와 사회 민주주의 길을 택해 자유 민주주의는 강경 보수세력을 포용하고 사회 민주주의가 극좌 세력을 포용하면 화합의 민족공동체의 정치가 구현될 것이라고 가정한다. 이데올로기의 극한적인 대립을 20세기의 유물로 돌리는 것이다. 그리하여 국민의 정치참가의 확대에 기초한 보이는 정치의 실현을 위한 제도의 개혁으로 신분의 평등, 기회의 평등, 교육의 평등에서 앞서가는 민주국가를 가능토록 해야 한다.

경제체제에 있어서는 자본가 본위의 자유방임도 아니고, 국유화 만능도 아닌 방향설정에서 민주주의와 사회적 요구를 충족시키는 '사회시장경제 체제'로 경제의 효율과 형평의 바탕 위에서 완전고용, 사회보장 제도의 충실 그리고 공동결정이 근간을 이룬다. 순수한 이론적 측면에서는 북한의 사회주의도, 남한의 자본주의도 오랜 동안 극단적인 이념형의 교조주의적 시련을 경험하였으므로 그 시련과 실험을 바탕으로 쌍방의 바람직한 특질만을 종합하여 현대 복지국가의 원형을 통일 한국이 이루어 인류에게 제3체제의 길을 제시할 수도 있을 것이다. 실제 자본주의 그 자체만 가지고는 파괴된 지구의 환경을 재생시킬 수가 없다.

각 국가는 고유한 통치구조를 발전시켜 왔다. 그 원동력이 된 것은 단순한 행정기술이 아니라 민족의 독립, 자율성, 번영, 복지를 위한 사회적 기반 확립이라는 주체적 의욕의 발로였다. 필자는 민족통일국가의 형성을 앞두고 정치사적 경험을 바탕으로 한 근거에서 의원내각제를 제안한다. 국민의 자치능력도 성장했고 국민의 야당성향도 후퇴하였다. 그것은 중산계층의 형성에 기인한다. 또 냉전종식으로 안보와 관련된 압박감도 없어졌고 경제에 대한 자신감도 과거와 비교될 바 아니기 때문이다. 정부와 국민간에 통치자와 피치자의 관계가 영속적으로 고정되지 않고 돈 선거의 위력도 희미해져 정치적 부패도 단절시킬 수 있다. 정치의 지역에 따른 분열 현상도 단절시킬 수 있다. 그것은 국민통합과 민족통합의 장해요인을 제거할 수 있기 때문이다. 이에 따라 정당제도 다당제 운영으로 하여 산업화·도시화 과정에서 다양화한 각계 각층의 의견과 저변에 대변 안되는 욕구분출은 그 조직적 역량의 체제내화로 정치의 만성적 불안요인을 제거하여야 된다. 특히 2000년대는 고도기술, 정보의 세기로 다원주의에 대한 인식이 증가하고 의식주의 기초적 욕구 충족을 넘어서 인간의 욕구가 고도화·선택적 경향으로 진전되는 데 양당제 정당조직으로는 정치의 안정을 기하기 힘들다. 21세기 민족통일시대에는 20세기에 살아온 정치·경제·사회·문화의 이질화가 겹친 민족사회와 민족의 다양한 의사와 욕구 행태를 양당제로 시스템 내 흡수·통합할 수 있다는 것은 어불성설이다.

양당제도 아래 양자택일의 경우는 다양한 의사나 욕구, 이익이 소외되어 사회는 파열된다. 또 혁신정당이 있어야 사회갈등의 완충 역할을 기하고 자본주의 적응능력도 강화할 수 있다. 양 김씨의 대결로 정치사의 한 시대가 정리되면 권력의 모체집단에 전반적인 이동이 생겨 정당의 재편이 불가피하게 대두될 것이다.

같은 맥락에서 투표가 인물보다 정당본위로 신인이나 혁신정당, 여성의 의회진출을 가능케 하는 대선거구제는 의원내각제와 다당제의 구조적인 특성이 연결된다. 또 정당별 비례대표제 도입으로 근대적인 정당제에 운영을 기하는 것이다. 나아가서 국회운영은 양원제로 운영하되 하원은 국민을 대표하는 입법기관으로 상원은 지방정부가 파견하는 대표로 구성하여 입법에 신중을 기하고 각 지방의 이익과 의사가 전국적인 정치문제를 다루는데 참여토록 한다.

냉전시대 우리나라에서 진정한 민족주의는 소외되어왔다. 이제 그 개화의 환경적 조건이 얄타체제의 해체에 따른 각 국가의 평등성 증대와 대국에 의한 내정간섭의 쇠퇴 경향으로 성숙되었으므로 이제부터 진정한 의미에서 민족주의가 제 위치를 찾아 민족의 미래를 설계할 때이다. 이에 대한 연구가 진행되어야 되고 민족주의 세력이 성장해야 한다. 문제는 어떻게 세계의 보편주의와 우리의 특수성을 조화시킬 것인가 이다. 또 민족주의 없이 통일된 독일이 현재 안고 있는 수많은 어려움과 한쪽의 좌절을 고려해 본다면 우리 민족이 진정으로 하나가 되는 방법과 길을 조국을 진정으로 사랑하고 아끼는 우리 모두의 지혜가 모아져 진지하게 모색하고 연구해야 될 필요성이 더욱 증대된다.

『정책자료 92-2』, 1992, 정무제1장관실

남북교류협력 강화 방안
- 대북정책의 기조와 화해·협력의 틀 모색 -

1. 서론

김대중 대통령은 1998년 8월 15일 '대한민국 50년 경축사'에서 지난 50년간 한반도를 지배해 온 남북 대결주의를 넘어서 확고한 안보의 기반 위에 남북간 교류협력의 시대를 열어나갈 '제2의 건국'을 선언하였다.

대통령은 이미 천명한 대북정책의 3대 원칙, 즉 ① 평화를 파괴하는 일체의 무력도발 불용, ② 흡수통일 배제, ③ 화해·협력의 적극 추진 원칙을 다시 밝히고, 평화·화해·협력의 실현을 통한 남북관계 개선이라는 '국민의 정부' 대북정책의 목표를 천명하였다.

그리고 대북정책의 추진 방향은 남북간의 오랜 불신을 해소하고 정경분리의 원칙에 따라 경제교류와 협력을 증진하고 문화 종교 등 여러 분야의 교류를 촉진하는 데 있음을 밝혔다.

한반도에서 전쟁의 위험을 없애고 평화통일의 기반을 쌓아가기 위한 교류와 협력의 기본적인 틀은 이미 남북한 사이에 1991년 체결된 '남북한 화해와 불가침 및 교류협력에 관한 기본합의서'이다.

기본합의서 정신에 따라 남북한 관계를 공존공영의 관계 구조로 형성하고, 북한의 안정과 발전을 지원할 용의, 금강산 개발과 농업 개발 등의 경제협력 지원 의사가 표명되어 있다. 그리고 인도주의적 정신과 동포애로 이산가족 상봉을 추진할 것이며, 남북한간의 합의로 구성된 분야별 공동위원회를 가동하고, 장차관급 대표의 남북상설 대화기구 창설을 제안하면서, 북한이 원하는 경우 대통령 특사 평양파견 용의를 밝혔다. 새로운 세기로의 진입과 세계적인 격변의 한가운데서 맞이한 50년 경축사에서 밝힌 대북정책의 기조는 민족의 활력과 창조력을 억눌러 왔던 남북한간의 50여 년에 걸친 대립과 갈등의 역사를 종식시키고 21세기의 민족 르네상스를 향한 새 출발의 전제가 되는 창발적이고 생기발랄한 민족공동체의 삶과 복리를 도모해 가는 실천적인 길을 제시하고 있다.

'국민의 정부'에 있어서 민주주의와 시장경제는 국내 정치와 경제의 발전 목표이고, 보편적 세계주의 지향은 세계와 우리나라와의 대면을 규정하는 원칙인 데 반하여, 안보와 화해협력의 병행추진에 기초한 대북정책은 민족문제 해결의 기본 목표가 된다. 그러므로 '국민의 정부'의 국정비전에 의한 정부와 국민 사이는 '쌍방통행정치'이고, 남한과 북한 사이는 '쌍방대화정치'로서 햇볕정책은 북한체제의 예측불허의 속성에서 나오는 위기와 불확실성이 상존하는 한반도에 정성스럽게 평화를 심고 가꾸는 적극적 의미의 '평화정책'이고 남북한 화해와 교류·협력시대를 열기 위한 '협상·접촉·교섭 정치'이다.

이러한 '국민의 정부'의 대북정책목표 실현을 위하여 필자는 대외 정책환경, 역대 정권과의 정책구조의 특징과 의미부여, 추진기조, 기대효과, 대북정책의 과제와 기본틀, 대북정책 제언과 실천 방안을 살펴보고자 한다.

2. 정책환경

1) 대외환경

1989년 베를린 장벽이 붕괴되고, 동구와 소련이 해체되면서 20세기 냉전체제는 막을 내렸다. 자본은 세계 어느 곳이나 이익이 있는 곳을 찾아 시장의 세계화를 가속화시키고 있다. 1648년 웨스트팔리아 국민국가 시스템은 냉전 때까지 질적·양적으로 비약적 발전을 거듭하더니, 그 마지막 단계에서 세계화를 실현시키고 시장의 경제적 이성 앞에서 국민국가를 상대화시키고 있다.

이에 따라 종래의 국력의 개념 외에 정보, 과학기술, 지식, 환경이라는 새로운 국가 이익과 국력의 요인을 갖춘 선진국들은 지구대의 규모에서 탈국가적·초국가적 시장권을 형성하고 정치통합을 추진하면서 국가와 민족 생존의 새 전략을 총체적으로 재구성하여 가고 있다. 이와 같이 다른 선진국가들이 세계화 시대의 경기규칙을 만드는 일에 참여하여 새로운 세기를 맞이하기 위한 기획과 준비에 여념이 없는 동안 남북한은 20세기 동서냉전의 유물인 분단과 끝없는 대결을 지속하는 냉전의 외로운 섬에 움츠리고 있다.

수송과 커뮤니케이션 기술의 혁명적 변화 극적인 가격파괴는 개인, 집단, 기업의 국경을 넘는 상호작용과 상호의존을 증대시키고 해외 직접투자, 다국적으로 조직화된 생산체제, 노하우와 자본의 자유로운 유통으로 인한 새로운 네트워크와 연결을 지구대에 걸쳐 형성하고 있다. 이러한 세계의 거대한 문명사적 변화의 시간대 속에 한반도의 시간대를 맞추기 위한 길이 남북화해·협력의 시대를 여는 길이 되는 것이다.

한반도를 둘러싼 주변 4강들도 세계수준에서 탈냉전의 물결을 주도적으로 헤치면서 세계화의 경기규칙을 만들어 가고 있다. 주변 4강은 우선적으로 한반도에서 중단된 탈냉전의 해체를 바라고 있다. 즉 한반도의 안정 지향성과 현상 유지에 관심을 모으고 있다.

미국은 기존 동맹관계의 바탕 위에서 외교와 안보, 경제의 번영, 지구적 차원에서 민주주의 증진을 동북아 평화를 위한 필수적인 조건으로 보고, 북한의 갑작스런 붕괴 등 한반도에서의 급격한 현상변화를 방지하려고 한다. 미국의 입장에서 미·일 안보체제와 한·미 동맹체제는 한반도에서 불안정과 불확실성을 안정화시키는 동북아정책의 중요한 축으로 되어 있다. 1994년 북·미 핵합의는 북한의 핵동결을 유지하는 현상유지를 기본으로 하는 동북아에서 안정 지향적인 미국 주도의 질서관리와 관계된다.

일본은 미·일 안보체제를 기반으로 국제사회에서 적극적 협조주의를 취하면서 독자적인 정치·외교력의 발휘를 모색하는 대외정책 맥락에서 북한과의 관계정상화를 도모하고, 21세기 군사·경제 강대국으로 부상하고 있는 중국은 미국과 전략적 동반자 관계를 추구하면서 경제건설을 위한 안정된 외교환경 조성을 위하여 주변국가들과 우호선린관계 발전에 외교의 기조를 설정하고 한반도에서의 현상유지를 중국의 국익과 일치된다고 보고 있다. 또한 중국은 북한에 대해서 중국식 시장경제 변화를 바라면서 기본적인 우호협력 및 군사동맹 관계를 유지하고 있다.

러시아 외교 목표는 미국과 협력 관계를 유지하면서 안보유지와 민주주의, 시장경제에의 적응으로 동북아 지역에서 유리한 안보환경 조성과 지역국가들과의 경제협력 및 아·태국가로서의 위상 확립을 바라고 있다. 때문에 러시아는 4자회담에 불만을 표시하고 있다. 국내 경제난 극복에 제1차적인 관심을 기울이는 러시아는 한반도에서 현상유지를 바라며 남북한 등거리 외교 전개에 관심을 쏟고 있다.

대북정책의 객관적 조건으로서 이러한 국제 환경에 대한 우리의 대응책을 정리해 보면 다음과 같다. ① 남북한의 평화공존·공영을 위한 한국의 대북정책은 주변 강대국의 한반도 안정과 현상유지 정책과 일치하므로 남북대화 단절상태에서 '한반도 문제의 국제화'의 가속을 저지하고 남북한 평화공존·공영을 위해 주변국가들이 한반도와 동북아에서 평화정착과 유지·번영을 대외정책 및 정책목표로 하여 그 정책을 지속적으로 추구하도록 만든다. ② 한·미 공조체제의 공고화와 주변국들과의 새로운 선린·우호·협력·동반자 관계구조를 형성하고 북·일 교섭에 대한 미국과의 공조가 필요하다. ③ 한반도 분단의 평화적 관리를 위하여 남북관계 개선과 북한의 개혁·개방·변화에로의 유도를 위하여 북한이 포함된 쌍무적·다자적 경제·안보 협력체 구성이 바람직하다. ④ 김대중 대통령의 동북아 운명공동체라는 외교·안보 철학의 구체화로서 동북아의 평화와 공동번영에 목표를 설정하고 21세기를 향한 포괄적 상호·호혜적 동반자 관계를 구축한다. ⑤ 동북아에서 정치·군사적 신뢰구축과 안정적 질서의 기초가 되는 지역 군비통제 협상에 북한을 포함시키면, 북한의 국제사회 진출과 세계의 변화에의 적응을 도와주는 것이 되고, 대화의 장으로 유도하는 기회를 부여하게 된다. ⑥ 한국은 무엇보다도 북한이 강경정책을 고집하지 못하도록 주변대국과의 공조적인 설득노력을 지속하여야 한다.

2) 국내환경

1998년은 건국 50년 만에 이룩한 여야의 평화적 정권교체 원년에 해당한다. 이로써 50년 동안 굳어 있는 한반도 정세를 타개할 수 있는 획기적인 계기가 마련되었다. 한국의 대북정책은 미국의 대북정책보다 더욱 경직되어 왔으나, 50년 만의 여야 정권교체로 새로운 차원의 대북정책 노선을 추구할 정권이 등장하게 되었다.

지난 50년간 대결과 갈등으로 얼룩진 남북관계를 차분하게 성찰하고, 남북한이 같이 살고, 함께 번영하는 길이 모색되지 않고는 21세기 민족의 삶이란 20세기의 운명을 되풀이할지도 모르는 기로에서 한국 국민은 건국 50년 만에 처음으로 남북화해 시대를 개막하여 한반도를 민족의 평화와 번영의 터로 가꾸는 역사적 작업을 준비하는 '국민의 정부'를 선택하여 새로운 대북정책의 대안제시를 가능케 하였다.

나아가서 우리 국민은 여야 정권교체로 민주주의에 대한 자신감을 가질 수 있게 되었고, 이에 따라 국민의 성숙된 민주주의 능력은 앞으로의 정치사적 과제를 민족사적 연결선 상에서 통일의 치밀한 준비로 설정할 수 있게 되었다.

김대중 대통령은 정치생활의 태반에서 남북화해론을 일관되게 주장해와, '북풍'과 '색깔론'의 큰 희생을 치렀다. 그의 민족문제에 대한 경륜은 1994년 북한 핵문제로 한반도에서 전쟁폭발 직전 카터 전 미국 대통령과 김일성 주석과의 면담제의를 실현시켜 국가의 위기를 구한 바 있다. 그러므로 '국민의 정부'의 출범은 한반도에서 굳건한 평화정착으로 분단구조에 기초한 남북 상호간의 첨예한 대결주의를 해체시키고 새로운 남북 화해·협력시대를 개막시킬 수 있는 토대 마련을 의미한다.

'국민의 정부'는 남북분단의 근원적 해결이라는 역사적 의미를 인식, 출범과 동시에 튼튼한 안보에 기초하여 냉전의 대립구조를 청산하는 남북화해와 협력에 의한 남북공존공영 시대로의 진입을 위한 현실적 실사구시적 대북정책을 선언하였다. 이는 남한의 IMF체제, 북한의 경제 위기를 극복할 현실적 정책수립의 계기와 일치한다.

결국, 한반도 문제는 민족 내부의 문제인 동시에 동아시아 체제대립과 맥을 같이하고 있어 현정부의 대북정책은 한반도 주변국가들의 한반도 평화·안정정책과 국제평화주의적 성격을 띠고 있어 국제적 지지를 얻고 있다.

3) 북한의 정치상황의 진전

1998년 9월 9일, 북한에서는 대내외적 위기 상황 아래서 김정일 1인 지배체제 시대가 공식적으로 개막되었다. 북한 유일지배체제 이데올로기로서 수령론에 입각한 주체사상이 체화된 김일성의 카리스마가 김정일에게 전이되게 하여 유훈통치를 도모하고 있다.

공산권의 붕괴로 인한 국제적 고립, 심화된 남북한간의 국력의 격차, 악화된 극심한 경제난 속에서 김정일 국방위원장의 제1차적 관심은 그의 아버지가 만들어 놓은 '우리 식의 사회주의 주체체제'의 유지에 있다. '9·9절'의 '사회주의 강성대국 건설' 슬로건은 이러한 북한의 절박한 사정에 기인한다.

지난 8월 31일, 김정일은 인공위성 발사로 한국, 일본, 미국을 놀라게 하면서 외부 세계에 대하여 북한의 군사적 입장을 명확하게 하고 있다. 장거리포, 탄도미사일 및 잠수함대 발전으로 북한은 기계화된 대규모 전력을 유지하고 있다. 물리력·군사력 과시로 대외적 외화벌이와 정책적 협상능력을 높이려 하고 있으며 대내적으로 사회통제 및 지배엘리트 단결을 도모하려 한다.

북한은 1990년 동구와 소련의 붕괴, 김일성 사망으로 정치적 천재지변을 겪으면서도 나름대로 적응능력을 확대하여 왔다. 그러나 1996년 잠수함사건 등은 제네바합의 이후 외부세계와의 접촉을 목적으로 하는 실용주의적인 노선유지에 대한 신뢰와 국제사회의 일원이 되는 데 부정적 기여를 하고 있으나, 전문가들에 따르면 전쟁도발은 북한체제의 '국가자살'로 귀결되므로, 자살행위를 자초하지 않을 것으로 보인다.

3대혁명 노선의 변화는 없고, 남한에 대한 국가보안법 해체, 안기부

해체, 주한미군철수 주장에는 변화가 없으나, 남한의 대북한 정책의 완화 희망을 피력하고, 개정헌법에 초보적 수준의 경제개혁을 명문화하고 있다. 현재 북한체제는 유훈통치의 제도화, 군부중심의 적극 방어적 위기관리 체제, 경제 중심의 실무내각운영을 특징으로 하고 있다.

실제 북한의 금강산 개방은 '국민의 정부'의 일관성 있는 대북포용정책의 성과로 개방과 변화의 신호로 보이고 있다.

앞으로 북미관계 변화는 향후 북한 정책방향의 주요 요소가 될 것이며, 인공위성 발사와 같은 북한 내부 돌발변수와 국제적 돌발변수로 '급변사태' 발생의 가능성이 상존하고 있다.

북한은 일차적으로 경제협력에 기대를 걸고 있으며, 당국간 대화에 소극적일 것으로 예상되며, 한·미·일 안보 공조체제에 강력한 거부 반응이 예상된다. 남한의 적극적 교류·협력 정책을 북한은 자신의 존재에 대한 위협으로 인식, 따라서 한계설정 정책을 취하고 심리적 완화 방어 태세를 취할 것이다.

북한은 정치적으로 남한의 개혁·개방 압력에 대처 허무맹랑하게 남한을 자극하며, 앞으로 교류·협력 진행 중에 기본합의서 정신과 문구를 위반하면서 당국자 접촉을 회피하려 할 것이다. 이는 남한 사회의 보수경화증(保守硬化症)에 자극을 가하는 것이 되지만, 동서독의 관계에서 보면 흔들리지 않는 일관성 있는 대북정책 추진이 무엇보다도 중요하다.

3. '국민의 정부'의 대북정책의 기대효과

지난 50년의 남북대결이 냉전시대의 분단을 고착화시켰다면 앞으로의 50년은 탈냉전시대의 통일국가 건설로 이어져야 한다. 따라서 '국민의 정부'의 새로운 대북정책의 기본 방향은 냉전체제에 기반을 두고 있는 김정일 병영국가체제를 변화시키는 데 있다. 한반도 평화정책을 구사, 한반도 평화체제를 구축하면서 북한 변화를 위한 교류·협력 정책을 추진하여, 북한의 개혁·개방 및 산업화를 통해 한반도 평화통일 여건을 조성하려는 전략을 의미한다.

한반도를 둘러싼 주변환경과 북한 정세를 보아 당장 통일의 실현은 쉬운 일이 아니기 때문에 남북한간의 평화적 공존·공영을 위하여 국민의 정부는 대북정책의 기본목표를 평화·화해·협력의 실현을 통한 남북관계의 개선으로 설정하였다.

박정희 정부는 「7·4공동성명」에서 남북한간 신뢰분위기 조성과 교류협력 실시를 북한과 합의하였다. 전두환 정부도 「남북한 기본관계에 관한 잠정협정」을 북측에 제의하였고, 노태우 정부는 「한민족 공동체 통일방안」에 입각, 대북 화해·협력 정책으로 「남북기본합의서」를 체결하였다. 이와 같은 역대 정부의 대북정책은 '국민의 정부'의 대북포용정책과 다를 바 없이 보이나 실은 북한 흡수통일정책의 일환이었다. 그 예로 김영삼 정부는 북한 붕괴론에 입각, 외교·군사적 대북한 봉쇄정책과 북한 체제 개방을 유도하는 개입정책의 양면 정책을 취하였다.

이에 북한은 북한체제 수호에 비중을 두고, 대남 '분리차단정책'을 쓰고, 외교·군사적으로 대미관계 개선을 위해 '통미·봉남정책'으로 당국간 대화를 회피한 채, 제한적으로 남북한 경제교류를 하였다. 이러한 북한의 대남정책으로 북한붕괴론의 대북정책은 북한정권의 상대적 공고화와 분단의 고착을 결과하였다. 그 결과 분단의 고통과 인권훼손이 증대하였고 한반도 평화와 안정에 저해요인이 되었다.

이러한 문제점을 인식한 '국민의 정부'는 당장의 통일보다 평화적 공존·공영 실현을 우선적으로 추진키로 하고, '평화·화해·협력'을 통한 남북관계 개선에 대북정책의 목표를 설정하였다.

당장 통일이 어려운 실정이므로 한반도에서 무엇보다 필요한 것은 무력에 의한 전쟁의 위험을 제거하고 평화와 공존·공영을 우선시하는 '선평화·후통일' 정책이다.

전쟁의 위협이 상존하고 있는 한반도에서 남북한이 소모적인 냉전·대결·갈등을 지양하고, 상호체제를 인정·존중하는 가운데 한반도 분단을 평화적으로 관리함으로써 화해·협력을 통한 남북한간 평화와 공존·공영을 이룩하자는 것이 김대중 정부의 대북정책 기본철학이다.

한국정부는 1991년 '1민족 2국가론'에 입각하여 북한과 기본합의서를 체결하였고, 유엔에도 동시 가입하였다.

'국민의 정부'의 대북정책은 통일을 포기하고 분단을 고착시키자는 것이 아니라, 남북한간의 평화적 교류와 협력의 활성화로 민족의 동질성과 상호신뢰를 구축하여 남북한간 상호의존성을 제고하여, 평화통일의 기반을 남과 북이 같이 구축해가자는 것이다. 그러므로 지난 50년 동안 북한은 대결과 적대, 고립과 봉쇄의 대상이었으나, '국민의 정부' 시대 북한은 화해와 협력을 통한 민족 번영의 동반자이다. 과거 정권의 대북한 고립봉쇄 정책과 북한의 대남 분리차단 정책간의 충돌은 남북한간의 냉전적 대결정책을 되풀이하여 한반도 긴장과 불안을 지속시키고, 남북한에 과중한 군사비 부담을 강요하였다. '만인 대 만인의 전쟁상태'의 세계화라는 무한경쟁의 국제 경제 질서 속에서 이러한 민족역량의 비생산적인 목적에의 낭비는 결코 바람직한 일이 되지 못한다.

그러므로 분단질서의 평화적 관리와 화해·협력의 대북정책은 현실적·실사구시적 바람직한 정책이라고 볼 수 있다. 북한이 이 부담을 견뎌내지 못하고 붕괴한다면 흡수통일이 되는데, 그것은 남한에게도 견디기 힘든 과중한 부담이 되므로, 북한의 변화와 개혁·개방의 유도는 대북정책의 중요한 목적이 된다.

한반도 문제는 민족 내부의 문제인 동시에 동아시아 체제대립과 맥을 같이 하고 있어, 한반도 평화 정착 문제 해결에는 국제사회의 협조와 지지가 필요하다. 이러한 의미에서 한반도 주변국가들의 한반도 평화·안정 정책과 '국민의 정부' 대북정책은 국제주의적 성격을 띠고 있다.

한편 '국민의 정부'의 대북정책은 경제난에 처해 있는 북한 주민들에게 식량지원, 농업지원을 추진하고 이산가족 문제를 해결하는 인도주의적 성격을 가지고 있다.

특히 전쟁의 방지는 대북·통일정책의 기본전제가 된다. 굳건한 평화의 토대 위에서 남북한은 활발한 교류와 협력을 전개하고 경제분야에서의 비교우위적인 요소의 상호교환을 통해 공동발전을 추구할 수 있다. 일관성 있는 남북교류를 추구하는 가운데 장기적으로는 한민족 경제공동체를 건설함으로써 오늘의 경제위기를 극복하고 새로운 세계경제의 경기규칙을 만드는데 능동적으로 대처할 수 있다. 분단된 두 경제의 대립체제로는 더 이상 세계의 경제전쟁에서 우위를 점할 수 없기 때문이다.

대북정책의 3대 원칙은 ① 평화를 파괴하는 일체의 무력도발 불용, ② 흡수통일 배제, ③ 화해·협력의 적극 추진이다.

'국민의 정부'의 대북정책의 '제1의 원칙'은 북한의 어떠한 형태의 무력도발도 허용하지 않으며, 전쟁억제를 위한 강력한 안보에 바탕을 두고 무력도발에 대해서는 상응하는 대응조치를 즉각 취한다는 것이다. 북한의 대남 테러, 무력도발, 무력통일 노선 등, 민족공멸을 초래할 수 있는 폭력이나 무력은 결코 용납하지 않는 것이다. 이를 위해 '국민의 정부'는 북한의 무력도발을 방지할 과학적인 대북억지력을 강화할 것이다.

대북 포용정책은 주(主) 한반도 평화·안보정책, 종(從) 대북교류협력 정책으로 대북 포용정책이 국가안보를 볼모로 북한체제를 이롭게 한다는 북한유화론적 비판과는 다른 입장이다.

더불어 '국민의 정부'는 한반도에서 미래지향적인 평화체제 구축과 긴장완화를 위한 노력을 지속하면서 한반도를 한민족 번영의 터로 만들기 위한 적극적 의미의 평화를 정착시키고자한다.

한반도 평화·안보를 위한 하부원칙으로, 안보태세의 유지, 남북한 군사적 신뢰조치 구축, 정전체제의 평화체제로의 구축, 집단안보 및 남북한, 미·중·일·러와의 다자간 안보협의 추진을 들 수 있다. 평화정착과 평화적 공존·공영의 대북정책은 남북한의 강경보수주의 경향을 유화시켜 북한으로 하여금 중국이나 베트남 정도의 개혁·개방 방향으로의 전환을 기대한다. 남북관계의 정상화는 동북아 평화지지와 일치한다는 전제 아래 정부는 대북정책을 동북아시아 정책과의 연계성 아래 추진하고 있다. 그 예는 동·서독간의 관계정상화에서 볼 수 있다. 한반도 평화문제, 남북한간의 안보문제, 동북아 전체의 평화 연계 정책은 미국의 대북제재조치 완화·해제 및 북한의 대미·대일 외교관계 개선 용인, 대북 경수로 지원사업을 들 수 있다. 그 외에 '국민의 정부'는 북한의 국제기구, 국제사회 진출을 도울 것이며, 북한을 포함한 동북아 경제협력을 강화시켜, 국제적 상호의존성과 협력을 높여 정치·군사적 갈등을 완화하고 공동번영의 기틀을 다질 것이다. 4자회담에서는 한반도 평화체제 논의와 동북아 다자간 안보협력체 추진이 예상된다.

대북정책의 '제2의 원칙', '흡수통일 배제원칙'은 무력 대결의 위험을 제거하고, 평화공존을 이루기 위하여 북한을 포위·압박하여 북한 붕괴를 유도하기보다 북한의 대남정책의 점진적 변화 유도가 현실적 대안이라는 이유에 근거하고 있다. 북한 스스로가 변화를 선택할 수 있도록, 여건을 우리가 조성해 주는 정책으로 접촉과 대화, 그리고 협력이 북한 안정에 도움이 된다는 사실을 인식토록 하자는 것이다. 그래서 남북관계 개선은 그 자체로 북한의 과도한 군비부담을 경감시켜 주게 될 것이다. 뿐만 아니라 군사적 대결상태를 지속하고 군비경쟁의 첨예화를 초래, 장기적으로 북한의 개혁개방에 어려움이 되는 대북한 압박정책은 남북한 상호 과도한 안보부담을 가져오고, 한반도 정세의 불안을 촉진하여, 남한의 해외자본 유치도 어렵거니와 IMF구제금융체제 극복도 어렵게 된다. 동서독과 달리 동족간에 전쟁을 치른 남북관계의 가장 큰 흡수통일 공포를 제거하고, 협력과 대화의 장으로 유도하는 획기적인 대북정책이 될 것이다.

남북화해·호혜 협력을 추진하여 적대적 관계를 지양하고 상호이해와 신뢰를 구축하기 위한 화해·협력의 대북정책의 '제3원칙'은 한반도의 평화·안보 정책과 함께 남북한간 분단과 전쟁, 냉전, 대결이 자초한 배타성, 이질성, 분열성, 적대성을 녹여 상호이해의 공간을 마련하는 데 그 목적이 있다.

화해·협력정책은 ① 정부차원에서 동등한 대화·협상의 동반자적 관계를 설정한 상호주의, ② 민간차원에서는 남북 정치·군사적 사안과 경제교류 협력을 연계시키지 않고, 상호이익 원칙의 사회·문화 차원에서는 인도주의 원칙에서 수행되고 있다. 정경분리 원칙은 정치·군사부문에서는 점진적인 접근을 경제·사회·인도주의 문제에서는 적극적인 접근을 촉진할 것이다.

민간주도의 교류협력부문에서 정경분리 원칙이 적용된 금강산 개발 합의는 북한 잠수정 침투사건에도 남북경협을 활성화하는 일관성 있는 정부의 대북정책 기조에 입각한 것이다.

국민의 정부는 북한동포에게 인도주의적인 차원의 대북지원을 하고 북한이 시급히 필요로 하는 분야부터 대북지원을 추진한다는 입장에서 남북 농업개발 협력 및 경협 활성화로 북한 식량지원 문제를 근원적으로 해결하는 방법을 모색하고 있다.

4. 대북정책의 과제와 화해·협력의 모색

대북정책의 과제는 남북한간 비정상적 관계를 정상적 관계로 발전시키고, 평화와 공존의 틀을 한반도에 정착시키는 데 설정된다. 정전상태를 평화상태로 돌리고 남북 상호간 합의된 기본합의서를 이행·실천하여 공존·공영 관계의 구조화 작업은 남북한이 당면한 이 시대의 소명에 속한다.

남북한 헌법은 평화통일을 명문화하고 있어 이는 평화통일의 당위성을 제시하고 있다. 그리고 1972년 「7·4 남북공동성명」은 남북한 평화통일의 장전이 되고, 1991년 「남북한 화해와 불가침 및 교류협력에 관한 합의서」는 남북화해, 남북불가침, 남북교류 협력의 합의를 이루어 분야별 공동위원회를 가동하여 남북관계 개선 방안을 논의하는 구도가 틀지어 있다.

그 외에 교류·협력·화해의 틀로서 다음과 같이 제시할 수 있다.

- '제2건국' 선언에서 제의한 장차관급 대표의 남북상설대화 기구 창설.
- 남북대표사무소의 판문점 설치.
- 남북한 위기시 평양·서울 Hot Line 설치.
- 비무장지대의 평화지대화를 위한 남북공동계획위원회 구성.
- 평화지대를 통한 동북아 또는 남북의 관광연계 패키지 개발.
- 군사훈련의 상대방 통보 또는 남북한 군 당국의 참가제도 설치.
- 평화지대를 동북아의 인적·물류의 중심지 또는 동서물류센터로 만듦.

- 평화지대에서 세계 젊은이들의 평화와 사랑의 축제개최.
- 비무장지대에 남북한 물류교환·매매 센터 설치.
- 비무장지대에 스포츠·문화·예술·학술촌을 마련하여 남북한이 스포츠·문화·예술·학술회의 개최.

o 국제적 수준에서 협력틀
- 한국의 이니셔티브에 의한 북미관계·북일관계 정상화 지원 협력.
- KEDO의 차질 없는 지원과 협력.
- 한반도에서 항구적 평화체제를 만들기 위한 1998년 10월 24일 합의된 4자회담의 긴장완화위원회와 평화체제구축위원회의 차질 없는 가동.
- 동북아 경제협력권 형성.
- 아시아 경제위기에 동북아 국가들의 공동대응책 마련.
- 한국, 북한, 중국의 경제협력체 형성.
- 중국 길림성 중심으로 연변조선족 자치주가 남북경협의 중재자로서 역할 기대.
- 두만강 유역 개발의 동북아 각국 참여.

o 현재 유엔사와 북한간 장성급 회담을 통해 남북군사문제가 자연스럽게 논의되고 있는 사실에 의거, 이를 기본 틀로 해서 한국이 참가하는 식으로, 확대·개편하는 문제도 검토되어야 할 사항임.
- 군사 안보적 차원을 넘어 경제·사회·문화적 차원의 교류를 뒷받침할 수 있는 동북아 다자간 안보 및 협력체제 구축.

o 동북아 기존 안보질서가 양자적 관계를 근간으로 형성되어 있으나, 우리 정부는 6자회담을 통한 러시아, 일본을 포함하는 동북

아 다자간 안보체제 구축을 적극 제안·실행에 옮길 수 있는 좋은 환경을 맞이하고 있음.

- 중국은 미국의 패권주의 및 일본의 민족주의를 견제하기 위해 다자간 안보협력체 구성을 원하고 있고,
- 일본의 세계경제 위기 경향 아래서 엔화의 국제화를 위해 다자간 안보협력체 추진을 반대하지 않을 것이며,
- 러시아도 한반도에 영향력 확보를 위해 동북아 다자간 안보협력체 구성에 찬동할 것이며,
- 미국은 세계경제 주도력을 일본, 중국 등에게 부분적으로 할애할 것으로 예상됨.

5. 대북정책의 기본전략과 제언

대북정책 추진 방향에 있어서 가장 중요한 사항은 남북문제 해결을 위한 민족의 장전이 되는 「남북기본합의서」의 이행과 실천으로 특사교환 추진과 분야별 남북공동위원회를 가동, 합의 가능한 분야부터 이행하는 것이다. 그리고 남북이산가족문제 해결과 대북 경수로 지원사업의 추진은 미룰 수 있는 사안이 아니다.

'국민의 정부'의 대북정책은 분단 50년을 극복하고 남북의 화해와 협력, 평화를 이룰 수 있는 가장 현실적·합리적·획기적인 방안으로 국민의 지지를 받고 있으며 햇볕정책에 대한 국제적 호응도 뒤따르고 있다.

o 정부는 '평화·화해·협력'의 실현을 통한 남북관계의 개선이라는 대북정책의 목표에 도달하기 위해서는 평화정착에 상응하는 대

북정책의 재정립이 요구되고 있는 바, 이를 위해 '평화를 파괴하는 일체의 무력도발 불용 원칙을 우선 현재 강력한 안보태세를 유지하는 가운데 미래지향적으로 한반도 평화구축을 적극 추진한다는 것으로 재해석할 필요가 있음.

○ 남북분단을 단순히 민족문제로 치부하지 않고 동북아시아 내부의 체제 갈등 문제와 맥을 같이하고 있는 것으로 인식하는 한, 정부는 남북한간 관계뿐만 아니라 동북아시아에서의 평화와 안정을 고려하는 가운데 한반도 평화정책을 추진해야 할 것임.

- 남북관계의 정상화 및 통일로의 접근은 동북아시아의 평화유지와 긴장완화를 통해 가능하며, 대북정책과 동북아시아정책과의 연계성 인식.
- 그럼에도 불구하고 동북아시아 평화와 안정을 훼손하지 않는 가운데 '민족자결'에 의한 통일로 접근한다는 원칙을 강조함으로써 한반도 문제의 과도한 국제화 저지.

○ 한반도 평화문제가 남북한간 안보문제 뿐만 아니라 동북아시아 전체질서와 연계되어 있다는 인식하에서 북한의 변화를 유도하는 평화문제 관련 제반 여건을 마련하는 것이 필요하며, 이러한 정책의 일환으로 전쟁억제력, 주한미군 및 한·미 동맹관계 유지 등의 안보태세의 견지를 통한 「소극적 평화」를 정착시키고 남북한 군사적 신뢰조치 및 한반도 평화체구축, 다자간안보협의체 구성을 추진 「적극적 평화」를 구축해야 한다.

○ 정부는 교류·협력정책의 추진에 있어서 단기적이고 가시적인 성과를 얻기 위하여 무리한 정책을 추진하거나, 북한이 수용하기

어려운 정치적 양보부문과 연계하는 대북 교류·협력정책은 자제할 필요가 있음.

- 엄격한 조건과 등가성을 갖는 상호주의 원칙을 구사하는 것이 바람직함.
- 남북한간 교류·협력정책 추진 시 남북한간의 자유여행 및 접촉보장, 이산가족 재결합 등 북한당국이 체제위협 요인으로 간주하는 현안에 대해서는 신중한 접근이 요구됨.

o 정부의 대북정책이 북한의 호응을 얻기 위해서는 북한당국에 직접 위해를 가하는 전략구사는 가능한 한 삼가하고 대북 심리전은 자제할 필요가 있음.

기타제언

- 국제적으로 알려진 「햇볕정책」 용어를 지속적으로 사용할 것.
- 북한의 전략을 면밀히 분석, 유연성 있는 대응책 마련.
- 철저한 정경분리원칙을 실천하되, 북한의 도발에 대해서는 그에 상응하는 조처로 대응.
- 정치적 변화와 상관없이 남북한 경제 교류협력을 꾸준하게 지속시켜야 함.
- 북한급변사태에 대응키 위한 위기상황 시나리오를 작성, 대비책 마련.
- 비무장지대의 평화적 사용 제안.
- 이산가족면회소를 판문점에 설치, 면회가 이루어지면 남쪽에서 그 대가를 지불.
- 탈북자 대책 마련 시급.

- 국군포로문제는 UN을 통해 해결하는 방법모색.
- 이산가족 정보통합센터 설치.
- 경제, 사회, 문화, 여성교류·협력은 다차원적으로 일관성 있게 추진.
- 학술활동 등의 학자 예술인의 방북허용.
- 해외동포의 대북 접촉에 협력.
- 2002년 월드컵 대회의 남북공동개최제안.
- 국제경기에서 남북공동팀 구성 참가.
- 남한은 북한의 국제사회와 국제시장 진출에 협력하고 국제사회에서 적응능력을 키워줘야 함.
- 국제회의에서 비정치적인 문제에 대해 남북한이 공동으로 대응하는 화해의 기회를 포착.
- 북한의 국제기구에 가입을 위한 남한의 적극적 협력.
- 북한의 생필품, 식량지원에 민간차원의 창구를 활성화하기 위한 정부의 적극적인 뒷받침 필요.
- 남북화해를 위한 민주·통일교육 실시.
- 지방자치단체 수준에서 교류협력 활성화.
- 북한방송 청취·시청 제한 폐지.
- 당국자간 대화활성화, 민간접촉 확대방안 강구.
- 남북 당국자간 대화와 「4자회담」을 병행하고, KEDO 사업의 다자간 접근을 하고 다양한 형태의 대화 채널확보 노력.
- 유연성 있는 정책대안 개발.
- 미국과 일본이 북한과 관계 정상화를 조속히 실현하도록 한국정부의 적극적 노력.
- 북한은 자신의 체제에 대한 국제적 인정을 받고 싶어하므로, 북한의 국제 사회진출을 외부로부터 위협의식을 약화시킴.

- 외부위협을 느끼지 않으면 남한과의 신뢰관계를 구축하는 계기가 될 수 있음.

1998. 11. 대통령 자문 정책기획위원회 보고서

- 외부위협을 느끼지 않으면 남한과의 신뢰관계를 구축하는 계기가 될 수 있음.

3 젠더와 정치

가부장적 권력 구조 해체의 신호

1999년 8월 26일 모든 일간지는 '옷로비 청문회'로 장식되어 서민들에게 냉소 섞인 볼거리를 제공하였고 사회면 일부에는 '70대 황혼이혼 승소' 보도기사가 나와 우리 사회에 충격을 안겨주었다.

옷로비 청문회는 정치 세계에서 보이지 않는 어떤 허위의 파장을 움직이려는 치맛바람의 극치를 이루고, 교양 있는 사모님들의 일그러진 표정은 최순영 씨의 1억 6,500만 달러에 달하는 외화도피 혐의를 희석시키고도 충분하였다. A할머니의 이혼 승소는 평생을 죽음보다 견디기 어려운 가부장적 질서 속에서 무시당하고 짓밟혀온 한 인간의 존엄회복을 위한 눈물겨운 승리의 긴 한숨소리로 이 땅에서 가부장적 권력구조의 벽을 허무는 역사적 의미를 남긴 큰 사건이었다.

청문회 사모님들은 외출의 자유도 시간의 여유도 있었다. 이에 반해 A할머니 경우는 외출의 자유도, 종교의 자유도, 언론의 자유도 없는, 기본권을 완전히 박탈당한 채 결혼생활을 강요당하였다. 40여 년 동안 인간으로서 인정을 받아보지 못한 A할머니는 인간으로서 인정받고 싶었으나 허사였다.

70대 할머니 '황혼이혼' 승소

우리 사회환경은 이혼을 공식적으로 청구한 여성은 어디서나 왕따를 당해왔기 때문에 이혼청구는 죽음보다 더 무서운 각오를 필요로 한다. 때문에 대부분 우리의 어머니들은 가부장 질서를 당연한 것으로 받아들이고 운명에 돌리면서 적응해 체념 속에 살아왔다. 그래서 아직도 이 땅의 대부분 여성들의 체념은 사회 전반에 걸쳐 유효한 이데올로기로 재생산되고 있다.

A할머니는 그럼에도 불구하고 1993년 이혼소송을 청구했고 첫 소송은 화해로 끝났다. 그 뒤 1997년 20년 연상의 남편이 수십억대 재산을 모 대학에 일방적으로 기증하자 최소한의 생활비에도 쪼들려 온 A할머니는 두번째 소송을 제기하였다. 그러나 재판부는 기왕에 가부장적 질서에서 살아왔으니 "해로하라"는 어처구니없는 판결을 내렸다.

현대 인권의 개념에서 여성이 제외된 판결이었다. 모든 여론은 수십억대 재산을 사회에 기증까지 한 남편을 동정했다. 그때 A할머니의 소원은 "내일 죽더라도 오늘 이혼하고 싶다"였다.

"언제 죽을지 몰라도 단 하루만이라도 인간으로 살고 싶다"는 오늘의 가부장적 사회에 던지는 강력한 메시지였다. 바로 항소심을 청구한 A할머니는 마침내 "40여 년간 부부로 생활해 오다 뒤늦게 이혼소송을 제기한 A씨에게도 책임이 있으나, 더 큰 책임은 평생을 봉건적이고 권위적인 방식으로 일관한 남편에게 있다"는 판결을 얻어내는 데 성공하였다. 이 사건을 두고 많은 남성들은 "그렇지 않아도 요즘 세 쌍이 결혼하면 한 쌍이 이혼한다는데 그 판결로 이혼을 조장하여, 한국 가족사회도 서구 가족사회처럼 해체되는 것이 아니냐"면서 일본 사회에서 일고 있는 이혼공포증을 나타내고 있다.

여성에 대한 경제적·사회적 종속을 담보로 가정을 유지하고 사회적 질서를 지키자는 발상은 이제 한계에 달하였다. 이전과 다른 방식의 사회해체를 방지하는 새로운 대안이 요구되고 있다. 그것은 상대방을 평등한 대화 파트너로 인정하는 평등사회 구현에 있다. 이러한 논의가 새삼스럽게 대두된다는 것은 우리 사회발전의 현주소를 그대로 반영하는 것이다. 아직도 우리들의 가정과 사회와 국가에 온존하고 있는 가부장주의가 현실 세계에서 가치의식·규범의식·사고방식을 전반적으로 규제하고 사회적 결합양식의 기본적인 정형으로 자리하여 오늘날까지 부단하게 재생산되고 있는 것이다.

여성종속 통한 사회유지 한계

가족관계에서 가부장주의는 국가의 정치에서 확대 재생산되며 일반 국민들의 정치적 근대화에 대한 욕구를 억압하고 민주주의 체계와 상반된 감시기제 작동으로 배타적인 지배체제를 구축하여 왔다. 그래서 권력집단은 모든 국민에게 유형화된 감정과 의견을 강제적으로 소유하도록 하고 A할머니의 남편이 할머니에게 한 것처럼 국민을 감시해 시민의 독자성과 자기책임을 허용하지 않았다. 그러므로 국가는 가족관계에서 가부장주의 확대재생산 판으로, 철저한 가부장적 권력구조로 이루어져 왔다. 그 가부장주의에 맨몸으로 도전해 승소의 결과를 얻은 이번 사건은 독재권력시대에는 거대한 리바이어던 같은 국가의 강력한 가부장적 권력구조에 대한 도전이었다. 그러므로 이름 없는 한 연약한 할머니의 이야기는 가부장적 권력구조 해체의 시작으로서 민주주의의 정통성과 도덕성을 지향, 이성이 지배하는 희망의 새로운 세기로의 전환을 알리는 역사적 의미를 가진다.

《대한매일》 1999. 9. 2.

여성 정치참여 확대전략

1. 21세기와 여성의 정치참여

21세기라는 새로운 밀레니엄을 앞두고 인류는 문명사적 대전환기를 맞고 있다. 경제, 인권, 정보, 지식, 환경문제에서 국제경쟁과 협력이 일상화되고 지구촌 성원으로서 자각과 글로벌 휴머니즘의 가치 이념이 촉진되는 시대를 맞이하고 있다.

여기서 인간의 존엄과 평등한 인권, 복지, 평화, 연대, 번영, 쾌적한 환경권은 모든 인간에 열려진 보편적 이상과 목적 가치에 속한다. 나아가 정보, 통신, 소통기술의 혁명적 발달로 한 국가, 한 지역의 정치활동이나 결정이 전 세계에 영향을 미치게 되었으며 한 국가로는 해결할 수 없는 새로운 이슈가 시시각각으로 등장하고 있다.

국가간, 국민간, 지역간의 다차원에 걸친 상호의존성이 심화·확대되고 지구의 모든 사람들은 새로운 정보·과학기술을 모태로 '가상의 정치적 공간'을 확보해 가고 있다. 제한된 인간의 의식과 시야는 세계를 축으로 넓혀져 가고 있다.

한편 베를린 장벽의 붕괴와 더불어 20세기 냉전체제가 종식되자 국경을 넘는 시장의 경제적 이성이 사회적 이성을 압도하여 '만인 대 만인의 경쟁상태'의 세계화가 국민국가를 상대화시켜 가고 있다. 이러한 시장의 세계화 속에서 시민사회는 어떻게 시장을 상대화하여 제어·조정할 수 있는가를 의제에 두고, 모든 인간의 열려진 보편적 이상과 목적 가치인 인간의 존엄과 평등한 인권의 상호승인에 입각한 다원적이고 복합적인 사회관계를 만드는 공공(公共) 공간으로서 존재하여 가고 있다. 시민사회는 국민국가 내부에서 새로운 정치적 공간을 형성하면서 국민국가의 경계를 넘어서는 NGO의 활동으로 네트워크를 형성하여 가고 있다. 따라서 국민국가의 상대화에 따른 위기 해결이 지구적인 시민참여운동으로 확산되고 있다. 또 다국적 기업의 글로벌 확장으로 생산자본의 개발전략이 여성의 세계적 빈곤화를 가속화시키자, 여성의 주변화를 극복하고, 남성 중심주의에 의한 성의 불평등과 불공정을 시정하기 위한 지구적 규모의 시민의 자각적 연대확산을 목적으로 하고 여성 정치참여를 중심테제로 하는 민주주의 운동이 국민국가를 넘는 지구차원으로 중층화되고 있다.

그러므로 지구적 차원에서 증대하는 상호의존의 세계와 국민국가를 넘어서는 시대에 노동, 인권, 복지, 성을 포함하는 시민사회에 대한 국가정책의 지원이 당연시되고 있다. 여기에서 중요한 것 중의 하나가 정치의 세계에서 젠더의 형평을 실현하는 문제이다. 이와 관련, 1975년 '세계 여성의 해'를 기점으로 1995년 제4차 북경여성회의에 이르기까지 공동의 행동강령 아래 국경을 넘는 계몽된 연대의식이 확산되어 가고 있다. 특히 1997년 2월 뉴델리 IPU특별회의는 "전세계의 여성정치교육 실시"를 강조, 1997년 4월 서울의 IPU이사회는 그 구체적인 방안을 제시하였다. 사회구조나 권력의 작동을 성의 형평성에서 설명하려는 이러한 움직임은 '여성정치문제의 세계화'로 불리어질 수 있으며, 여성의 세기라고 기대하는 21세기에는 여성이 정치의 세계에서 가장 주목받을 만한 대안적 정치세력이 될 것임을 예고하고 있다.

2. 차이의 인정과 여성의 정치참여

이론적 측면에서 오늘날은 민주주의를 한층 더 구체화하고 실질화하기 위한 논의가 다양하게 전개되고 있다. 투표와 선거의 메커니즘에 기초한 다수결 원칙이라는 절차적 민주주의만 가지고는 규범적으로 구속력 있는 정치적 결과를 산출할 수 없기 때문이다.

정당이나 정치적 단체들의 전략이나 조작, 그리고 의제 통제로 인한 투표의 불안정성과 애매성 때문에 산술적 질서에는 도덕적 자원이 결여되어 있다. 현대의 복잡하고 다양한 사회분화는 각자 계층의 이익이나 개별이익들의 대립으로 합의를 도출해 내지 못하는 의제들이 존재한다.

투표와 다수결 원리에 의한 대의정치가 근대 정치기획에서 배제된 여성들의 영역을 수용할 수 없기 때문에 정당성의 문제가 야기된다. 즉 역사적 진보의 성과물인 1인 1투표제의 형식적 평등으로는 여성의 주변화를 피하기는 역부족이 된다. 이러한 민주주의의 수동적인 정통성을 보완하기 위하여 다른 사람들은 나와 다른 가치, 시각, 이익을 가지고 있다는 차이를 이성적인 성찰과 판단에 근거하여 공적 문제에 대한 참여를 통하여 재조정하고 상호 수용하는 민주주의 입장에서 여성의 정치참여가 요구된다. 그것은 여성들이 상호의존성을 자각하여 법 앞에서 자유롭고 평등한 연대와 결사로 발전하는 것을 의미한다. 여성들의 이익과 연대 그리고 공공선에 대한 지향은 사회 통합의 원천이 되고 여성차별에 대한 배제 메커니즘의 작동을 저지하는 대안정치의 모색은 참여에서만 얻어질 수 있다.

그래서 근대 정치기획에서 보장되지 않았던 차이와 다양성을 정치영역으로 수용하여 남성 중심의 대의 민주주의의 폐단을 축소하여 여성의 정치참여로 민주주의의 정통성을 보완하고 민주주의에 도덕적 자원을 공급하자는 것이 탈근대 참여 민주주의 논쟁의 핵심이다. 이것은 정치적 공동체 속에서 민주주의에 활력을 부여하고자 하는 새로운 차원의 민주주의 논의라 볼 수 있다.

이와 관련 우리의 민주주의는 정치적·국가적 수준에서 근대 민주주의 기획을 완성해야 되고, 다른 한편으로는 시민적 사회적 수준에서 근대 정치기획에서 배제된 성의 차이를 수용한 탈근대 참여 민주주의를 지향해야 되는 과제에 직면하여 있다.

3. 여성의 정치참여 현황

1948년 제헌국회에서 현재 15대 국회까지 여성의 입법부에 진출은 유권자의 대표성과는 거리가 먼 그저 남성정치의 부산물적 위치로서 상징적·형식적인 평등의 의미만 부여되었을 뿐이다. 제헌국회이래 지금까지 여성국회의원의 비율(99년 현재 299명 중 11명, 3.68%)은 우리 사회가 정치·경제·문화적으로 상당한 발전과정을 거쳐왔음에도 불구하고 전혀 증가하지 않았다. 15대까지 국회의원 총수는 3,532명인데, 여성의원은 85명으로 여성의원 비율은 평균 2%밖에 지나지 않는다. 더군다나 지역구에서 유권자들에 의해 선출된 의원은 15대 국회까지 19명에 지나지 않고, 그 나머지는 제3공화국 때부터 실시된 전국구 제도의 혜택으로 얻어진 의석이다. 전국구 제도에 의한 여성의원의 의석은 실질적인 권력자들의 임명형식으로 얻어진 것이기 때문에 정치의 세계, 특히 정책결정 과정에서 직접 참여하는 여성의 대변자로서의 기능은 약화될 수밖에 없다.

또한 1998년 UNDP가 조사한 여성의 정치·경제 참여척도(GEM : Gender Empowerment Measure)의 경우 우리나라는 그간의 경제

발전에도 불구하고 102개국 중 83위를 차지하여 여성의 정치참여에 관해서는 후진국임을 드러냈다. 이는 지금까지 한국에서 정치는 가부장적 권위주의의 새로운 형태로서의 재생산의 바탕 위에서 남성만의 영역으로 간주하는 성고정관념, 고비용의 정치구조 아래 여성들이 후보로 나서기를 꺼리고 있는 점, 특히 정당들이 여성후보 발굴과 육성, 선거운동 지원 등 여성의 정치참여를 위한 지원에 소극적인 점 등의 이유에서 기인하는 것으로, 그 결과 여성의 정치참여 비율이 현저히 낙후되어 있다.

유럽에서 독일의 경우 여성의원 비율은 연방의회에서 1998년 30.9%, 유럽의회에서 1995년 35.3%이며, 영국의 경우는 하원에서 1997년 18.2%, 유럽의회에서 1995년 18.3%, 노르웨이 경우는 국회에서 1997년 36.3%이다.

4. 정치참여 확대를 위한 대안적 전략의 모색

1) 정치적 시민권으로서 할당제 실시

제 54주년 광복절 경축사에서 김대중 대통령은 신당에 여성지도자를 적극 영입하고 여성에게 비례대표의석 30%를 배정하겠다고 천명하여, 여성 정치참여에 획기적인 계기가 만들어지고 있다.

한편 모든 중요한 직위에서 여성할당제 이야기가 나오면 대부분의 남성들은 왜 할당제 혜택을 여성이라는 이유 하나만으로 부여해야 되느냐고 묻는다. 또한 남성들은 할당제가 헌법의 평등개념에 정면으로 위배되며, 인간평등 원리라는 자연법 원리에도 모순된다는 이유로 반대한다. 또 미국이나 유럽사회에서 사회의 지주인 가정이 와해되어 가고 감당할 수 없이 급격한 사회의 변혁이 따르는 것은 가정을 지켜야 할 여성의 경제적·사회적 지위가 높아져 남성에의 의존성이 사라져 제멋대로 이혼을 하는 데 이유가 있다고 해석하여 여성우대 정책을 부정하는 여론도 없지 않다.

남녀 평등의 정치적·사회적 불균형 시정은 수요와 공급으로 이루어지는 자본주의 원리인 시장법칙으로 교정되어야 하는 것이지 국가나 사회가 강제적으로 교정하는 것은 국가 사회의 권력남용이라고 할당제에 이의를 제기하고 있다. 그것은 여성할당제 개념에 대한 이해의 부족에서 나온 언설에 지나지 않는다.

현대사회는 국가, 사회, 가정이 남녀 공동의 책임과 의무로 운영되는 것을 원리로 한다. 우선적으로 국가, 사회, 가정 등 모든 위치에서 균형을 이루어 놓고 새로운 대안을 모색하는 것이 진정한 자연법의 원리에 일치하는 것이다. 후기 산업사회를 앞장서서 이끌어 가는 국가들은 가정과 국가, 사회의 정체성을 유지하기 위하여 차이를 넘어선 평등을 새로운 사회의 원리로 정착시켜 나가고 있다. 따라서 모든 직위에 있어서 성의 불균형 시정은 할당제로 보완할 수 있다.

19세기 민주주의는 경쟁의 자유만 국가에서 보장하면 되었다. 그러나 20세기 이후 오늘날의 민주주의는 시민의 사회적·정치적 균형에 일차적인 관심을 기울인다. 사회정책적 면에서 모든 시민의 실질적인 인권과 삶의 기회를 국가가 보장하여야 참다운 자유와 평화를 이룰 수 있다는 현대 계몽된 국가기획의 원리가 작동한 것이다. 이 원리는 선진 사회에서도 당연한 명제로 수용되고 있다. 때문에 이러한 원리는 선후진 국가를 가늠하는 중요한 기준이 되었다.

예를 들면 미국에서 흑백차별을 그대로 자유시장경제 원리에 맡겨둔다면 100년이 지나도 해결될 문제가 아니다. 미국정부와 사회는 흑백문제 해결을 국가 기획의 일환으로 시행하였는데, 그 결과 현대국가의 과업수행에 일치하는 미국의 존재이유와 정당성과 도덕성을 한층 높여

주었다. 다시 말하면 정치적·사회적 불균형을 시정하기 위한 국가나 사회의 자의적인 권력행사나 통제는 현대국가의 당연한 임무에 속하므로 이를 수행하지 않는 나라의 시민은 불균형이 시정될 때까지 국가·사회에 이를 요구할 권리가 있다. 할당제는 수천년 동안의 불균형과 인습을 인위적으로 해소시켜 균형이 이루어질 때까지 한시적으로 실시하자는 것에 지나지 않으므로 여성의 삶의 모든 영역에 걸친 할당제 요구는 시혜적 차원의 요구가 아니라 당연한 인간권리와 정치적 시민권에 해당한다. 중요한 모든 직책에 여성할당제 실시는 여성에 동기와 자아실현 욕구를 부여하여 여성인구의 인위적인 감소도 막을 수 있고 국가사회의 기본인 가정의 와해도 막을 수 있을 뿐만 아니라 현대국가의 조건도 갖추게 되는 것이다. 그리고 민주주의에 도덕적 정통성이 보완된다.

이러한 의미에서 현대사회에서 당연한 권리로서 불균형을 시정하기 위한 할당제는 모든 삶의 영역에서 확대 실시되어야 한다는 당위성을 가지게 한다. 때문에 우리 여성계는 정치·사회·문화 모든 영역에서 성의 차이가 해소될 때까지 정치적 시민권으로서의 요구인 할당제의 한시적 실현으로 민주주의를 완성하는 길을 택하여야 할 것이다.

2) 새로운 대안: 선거구 조정

오래 전부터 선진국가에서는 정치조직에서 여성의 대표성이 최소한 15%가 되어야 여성의 정치적 삶의 요구를 수용할 수 있는 정책결정을 가능하게 할 수 있다는 주장이 일반화되어 왔다. 이와 관련 한국에서 2~3%의 여성의원만으로는 남성과 대등한 정치적 동반자는 커녕, 21세기 대안적 정치세력화의 이정표도 설정할 수 없게 된다. 이에 새로운 대안으로 선거구 조정을 고려해 볼 수 있다.

　여성 국회의원이 전국구 비례대표제나 유신시대 유정회 국회의원 식으로 보충되는 형식으로는 여성의 정치세력화에는 한계가 있을 수밖에 없다. 따라서 여성의 권익의 증진은 물론이고, 차이를 극복하고 다양성과 균형을 수용하는 현대 민주주의 차원에서, 그리고 여성과 관련된 일을 원활하게 토론하고 법을 제정하기 위해서는 인구비례에 의한 투표에 의해 선출되어야 한다.

　여성의 정치적 욕구가 분출되고 있으나 유형화·정형화되지 못하고 있으며, 정치적 욕구를 대표할 의원이 부족한 현실에서 여성의 이익을 대변하기 위한 유일한 수단은 인구비례에 의한 방식으로 여성을 대표할 수 있는 의원을 선출하는 것이다.

　각 나라에서는 여성정치참여 확대를 위하여 특수한 선거방식이 존재한다. 좋은 예로 정당의 여성의원을 위해 일정비율을 할당하는 오스트리아, 덴마크, 독일, 네덜란드, 스웨덴 등이 있고, 당 내부에 여성지원 특별기금과 기구를 설치하는 캐나다가 있으며, 1978년 헌법에 국회 및 지방의회 선거에 10% 여성의원을 할당하는 방글라데시도 존재한다. 그러므로 진정한 정치주체로서 여성의 정치참여를 확대하기 위해 우리나라에서도 선거구 조정에 의한 여성의원 선출도 하나의 방법이 될 수 있다. 예컨대 각 지역구당 1명의 의원이 선출되면, 인구비례에 따라 3~5개의 지역구를 다시 하나로 묶고 각 당에서는 이러한 중·광역 지역구를 대상으로 여성 피선거권 자를 각각 공천한다. 그리고 유권자들의 투표를 거쳐 중·광역지역구 여성의원을 선출한다. 그리고 그 여성의원은 기존의 방식대로 선출된 국회의원과 동일한 법적 지위를 갖고 국회의원으로서 활동을 한다.

　이러한 방식은 여성의 정치진출이 어려운 상황에서 진정한 정치적 의견의 주체로서 형성하기 위한 정치적 대안이 될 수 있다.

3) 여성의 정치 세력화와 정치교육

15대 대통령 선거에서 여성계의 화두는 '여성 유권자의 결집을 통한 정치세력화'였다. 불평등한 사회관계와 역할체계를 한 단계 높은 곳으로 끌어올려 정치 자원의 공급에서 균형을 이룰 때 우리의 정치사회는 제대로 발전한다는 대전제의 출발 때문이었다. 그래서 여성계는 일반 단체와 정당을 막론하고 연대하여 여성관련 정책을 제시하고 할당제의 도입을 요구하며 각 정당의 정책과 여성계에 대한 공약을 얻어내는 데 성공하였다.

그러나 선거기간 동안 여성정책이나 공약은 과거의 선거 때와 마찬가지로 크게 쟁점화되지 못하였다. 물론 각 정당의 여성관련 공약과 정책이 비슷한 데에 하나의 이유가 있었지만 여성유권자들의 표의 결집도 없었다.

따라서 아직도 여성의 정치세력화는 요원하게 보인다. 미국에서 여성유권자들의 뚜렷한 투표성향은 행정부를 차지하는 데 결정적 역할을 하였다. 그러므로 한국에서 여성의 정치세력화는 평상시에도 일상적인 여성의 정치교육을 통해서만 그 결실을 거둘 수 있다는 가정이 또다시 설정되는 것이다. 정치과정에의 참여로 여성의 영향력이 증대되어야 되고 정치과정에 영향력을 행사하려면, 그리고 정치적 차원에 평등하게 접근하려면 정치에 관한 지식과 정보가 요청되기 때문이다. 그래서 여성들은 공적, 정치적 공간에서 공동체에 관한 민주적 대화를 하고, 회의를 하고 결사를 하는 여성의 적극적 참여를 통해 성숙한 정치문화를 만들어 갈 때 정치세력화가 가능하다.

여성의 정치세력화는 여성의 정치참여 없이 이루어질 수 없다. 그러므로 여성들에게 정치의식이 성숙되고 또 정치과정에 영향을 미치는 지식과 능력이 형성되어야 한다. 여성에 대한 정치교육은 정치적 무관심, 정치에 대한 혐오로부터 해방된 정치의 주체로서 자각을 가지게 한다. 정치에 대한 책임의식, 과제의식, 이해, 비판, 참가의식을 높여 지구촌, 국제사회, 민족사회, 국가사회, 지역사회에서 자신의 좌표설정과 더불어 이성적인 성찰과 판단에 근거하여 상호이해를 지향하는 공적의사 소통의 연대구조를 형성하면서 민족문제, 평화문제, 정치문제의 해결을 진지하게 모색하는 성숙한 정치문화를 목표로 한다.

한국은 반세기 만에 세계 어느 나라에서도 그 유례를 볼 수 없을 만큼 압축적인 근대화 프로젝트를 촉진하여 왔으나, 그 과정에서 가부장적 전통사회의 원리의 온존 속에서 근대사회의 합리성의 원리가 정착되지 않아, 성의 불균형 발전과 여성의 정치적 소외를 심화시켜왔다. 정당성의 자원이 확보되는 21세기 참여 민주주의 좌표는 동의와 상호 승인의 소통적 과정을 통하여 문제를 상호 발견하고 교정하면서 공공의식을 형성하고 다양한 시각과 이익들에 상호이해와 공동의 행동으로 사회가 통합되는 데 설정된다.

그러므로 여성들은 대화, 담론, 토론, 심의의 자율적 공론의 영역을 형성, 정치구조와 제도에서 여성에게 비합리적, 비인간적 요소를 추방하여 자기 결정권이 있는 정치적 토대의 구축 조건으로서, 그리고 정치세력화의 기본 조건으로서 정치교육을 필요로 한다. 정치교육의 이념은 계몽, 참여, 민주주의 공고화로서 여성의 정치적 욕구 충족과 더불어 생존여건을 개선시켜 우리 여성들은 모든 여성들로 하여금 정치·사회적 상황을 바르게 인식하고, 판단할 수 있게 필요한 정보를 제공하고, 정치사회 발전을 촉진시킬 수 있는 정치적 의식, 행동양식, 태도 등을 형성·발전시키는 데 기본목표가 설정되어야 한다.

한국여성단체협의회, 『새 천년의 시작, 여성운동의 방향과 과정』,
제36회 전국여성대회, 1999. 9.16.

여성 정치참여운동의 역사

1. 정치와 여성

고대 그리스의 철인 아리스토텔레스는 "인간은 정치적 동물이다"라고 하여 타고난 자연성으로서 인간의 정치적 자질과, 정치와 인간의 불가분성을 밝혔다. 아리스토텔레스의 '정치적 동물'로서 인간의 규정성은 정치가 사회적 생존의 본질을 이루며, 사회적 행위에는 반드시 정치적 관계가 수반됨을 의미한다.

동시에 인간은 사회에서 혼자 떨어져 살 수도 없고, 또 사회와 떨어져 살고 싶어하지도 않는 '사회적 존재'로서 사회에서 자기의 위치를 확보하고 그 위치에 대한 안전을 추구하고, 그리고 자기의 입장을 표명하여 공동체 생활에 영향을 미치려는 소질이나 경향을 누구나 타고난다는 것을 뜻한다.

이러한 의미에서 모든 인간은 시간성과 공간성을 초월하여 자연스럽게 정치에 참여하고 영향을 미치는 정치적 소질을 가지게 되어, 사람으로서 참되게 자아를 실현하고 문화적 생활을 누리기 위하여 '공동체'를 만들어 서로 도와 인간다운 삶을 이루어 나가려고 한다. 여기에 인간의 특성이 주어진다. 다시 말하면 인간이 다른 동물과 구분되는 것은 그가 속한 사회의 주어진 조건에 그대로 순응하면서 살아가는 것이 아니라

한 인간의 위치에서 무엇이 문제가 되고 있으며 공동체의 발전을 더디게 하는 요인이 무엇인가를 규명하려고 의식적으로 노력하여 그에 따른 정치사회를 변화, 발전시키는 계기를 만들고 모두가 잘사는 공존의 기술을 터득해 가는 데 근본적 차이가 있다.

여기에는 의식의 각성이 전제된다. 인간이 시간의 흐름과 공간적 제약성, 타고난 '젠더(Gender)'의 차별성, 자연적 과정, 사계의 순환이나 인간의 주어진 일생 등의 관점에서 보지 않고, 이 조건을 뛰어넘어 의식적인 변혁과 영향을 미치려는 이성의 가동이 전제된다.

고대 그리스에 이미 이성과 인격의 분명한 인간 존재에 대한 인식의 출발에서 민주주의가 있었고, 평등의 개념이 존재하였다. 소크라테스도 공공의 세계에서 여성의 소외는 본성에서가 아니라 관습에서 온 것이라고 지적하였다. 페리클레스는 아테네의 민주주의를 대변하면서 민주주의는 ① 정치권력이 몇몇의 소수가 아닌 시민 전체에 있고, ② 모든 사람은 동등한 권리를 가지며, ③ 공공생활에의 참가는 인간의 자유로운 계발을 가능케 하고, ④ 정치는 토론으로 운영되어야 하며, ⑤ 국가 일에 대한 국민의 정치적 관심을 고취하였다고 주장했다.

시민공동체의 생존이 보장되려면 자유로운 시민에 의한 컨트롤이 전제되었다. 평등과 자유에 의한 시민의 정치참여의 규범성이 고대 그리스 시대에 있었고, 그 규범성을 중시한 아테네에 민주주의가 있있다. 그러나 아테네의 평등, 자유, 민주주의는 노예와 외국인과 여성은 제외되었다.

여성을 포함한 최초의 보편적인 평등 개념은 중세기의 기독교에서 비롯되었다. 기독교는 모든 인간의 신 앞에서의 평등을 주장하여 신 앞에서는 외국인도, 노예도, 여성도 평등하다고 함으로써 처음으로 보편적인 평등사상이 보급되기 시작하였다.

중세기에 민주주의는 도시공동체(urban community)에 있었다.

도시공동체는 시민 스스로에 의해 자치적으로 운영되었다. 도시민의 '공공의 세계'가 있어 시민 도덕과 시민의식의 고양으로 도시의 정치가 자율적으로 운영되어 도시는 사회의 존재 형태, 개인의 삶의 모습이 평등하고 자유롭게 교차하는 공동의 삶의 터전이었다. 시민이 평등하고 자유롭게 참가하는 선거에 의해 대표가 선출, 임명되는 도시의 공공행정이 있었고, 도시민이 스스로 제정한 공법과 민주적으로 운영되는 재판소가 있었다. 시민이 세운 공공의 세계는 시민을 착취하거나 억압하지 않은 평등한 관계의 결사적 성격을 가지고, 단체의 장은 시민에 의하여 위임된 사항을 처리하였다.

그래서 도시는 시민의식의 훈련의 장이었고 공동체 의식의 자각은 오늘날 참여와 연대에 의한 민주주의의 시민의식의 기본이 되었다. 서구의 시민으로서 자율성과 자치의식의 장이 된 참여 민주주의가 가동을 한 중세의 도시공동체 형태의 민주주의에서도 여성에게는 평등한 정치참여가 배제되었다. 봉건적인 중세적 질서가 붕괴되기 시작하자 '개인의 관념'이 나타나기 시작하여, 자연법의 입장에서 자연권 사상이 등장하였다. 인간 개개인의 본래적인 권리 관념이 나타난 것이다.

근대 자연법의 본위는 인간의 이성이었다. 사회형성의 원리를 인간의 이성이 가르치는 자연법에서 찾고 이성을 중요시함으로써 사회는 신의 의지에서가 아니라, 인간의 계약에 의해서 이루어진다는 사회계약설은 인간중심주의 경향의 이론적 표현이었다.

그것은 '근대적 합리주의' 경향으로 나타나 봉건적 억압을 거부하는 인간 권리의 근거를 밝히고 '인간 존중'을 법률의 궁극적 이념에 둘 것을 제시함으로써 근대 민주주의와 시민사회의 확고한 사상적 기반이 되었다. 자연법 사상에 근거한 개인의 관념이 성립됨과 더불어 전통적·봉건적 제도는 완전한 해체에 직면하게 되었다. 그러나 자연법 사상에서 영향을 받은 18세기 계몽사상은 모든 인간의 보편적인 평등을 대변하였으나 특별히 남녀평등사상을 제창하지는 않았다.

인간의 관념에 혁명을 가져온 계몽사상을 이데올로기로 한 프랑스혁명은 인권선언을 통해 모든 인간의 평등을 주장했다. 그러나 혁명에 의한 인권선언은 남성의 인권선언에 불과했다.

혁명으로 보급된 평등과 인권의 관념은 여성의 자각과 의식을 촉진하여 마침내 여성들은 역사상 처음으로 여성의 정치참여를 요구하였다. 여성이 처음으로 집합된 의지로 정치적인 생존의 권리를 의식하게 된 것이다.

새로운 정치적 정열이 지금까지 없었던 깊이와 넓이를 가지고 근대에서 살고자 하는 혁명적 충동은 여성들을 붙들어 봉건적 지배와 남성에 의한 일방적인 전통적 지배 질서의 좁은 틀이 파괴되어야 한다는 이정표가 나오게 되었다. 여성의 이성적 삶을 일깨우고, 정치적 이성에 새로운 차원을 덧붙이며 역사의 균형운동에 새로운 차원을 덧붙인 것이다.

여성을 둘러싼 정치적 환경을 의식하고 동등한 정치참여를 위한 법칙을 만드는 정치적 삶의 권리를 의식하게 된 것이다. 따라서 본 연구는 여성의 정치참여 역사를 초기 여성 정치참여운동, 산업혁명으로 나타난 부르주아 여성 정치참여운동과 프롤레타리아 여성 정치참여운동, 그리고 현대 여성 정치참여운동을 중심으로 고찰한다.

2. 초기 여성 정치참여운동

성의 차이가 자아를 실현하고, 능력을 발휘하는 인간의 자질이나 사회적 능력의 차이를 의미하는 것이 아닌데도 여성들은 남성에 비하여 이성적 능력, 상상력, 논리전개 능력이 부족하고, 비정치적이라고 인식되어 왔다. 그리고 여성의 덕성으로 침묵, 인내심, 신앙심, 순결, 절제, 성실, 희생, 현모양처, 성적 매력을 들고 있다.

따지고 보면 여성의 이러한 덕성은 정치권력을 독점하고 있는 남성우월주의가 편의상 여성을 인위적으로 남성에 종속시키는 데 중요한 조건이 되고, 능력면에서 여성의 열등성 강조는 남성지배 이데올로기를 유지하기 위해 만들어진 사회적 편견에 불과하다. 미래학자 앨빈토플러의 말대로 여성은 가정이라고 하는 좁은 영역에서 제한된 역할을 강요당했기 때문에 지금까지 사회적·경제적·정치적·문화적 능력이 공정하게 평가받을 기회가 없었다.

다시 말하면 여성의 사회적 능력은 남성 중심 이데올로기의 지배 속에서 역사적으로 은폐되고 억눌린 채 여성에 대한 차별 의식은 인간의 심리적·주관적 차원에서 집합적 형태로 표명됨으로써 각 사회성원의 집단적인 기억으로, 관습으로, 내면화된 상징으로 작용하여 여성에 대한 편견이 고정적으로 주조되어 왔다.

그렇기 때문에 여성에 대한 이러한 고정화된 편견의 장벽을 부수고 인간의 진정한 평등을 이루기란 쉬운 일이 아니다. 그렇지만 역사는 인간적인 자질과 본성을 타고난 여성의 인격을 남성과 같이 존중하고, 그 가능성 발휘에 어떠한 부당한 제약을 가해서는 안된다는 방향으로 열려왔다. 역사에 대한 신뢰가 여기에 있고, 이는 인간의 해방을 지향하는 모든 사람의 마음을 사로잡아 역사를 발전시키는 추진력이 되어왔다.

즉 인간은 점차적으로 자기 발전을 통하여 자기 자신을 전체 역사적 맥락에서 이해, 불평등이나 차별 그 자체가 타고난 것이 아니라, 힘있는 자가 임의로 만들어 놓은 경제·사회의 구조적 산물임을 깨달아 현실을 지배하는 지혜를 터득하여 온 것이다.

이러한 인간의 자기발견의 맥락 속에서 버림받은 계급의 문제, 즉 사회에서 버림받고, 억압받고, 착취당하고, 업신여김을 당한 계급문제가 역사에 대두될 때 여성 정치문제가 같이 대두하게 되었다. 이러한 연관 속에서 각국의 여성운동이 전개되어 왔다.1)

여성정치운동의 최초의 진원지는 프랑스이다. 1789년 프랑스혁명에 여성은 적극적으로 참가하였으나 남성들만이 모여서 만든 혁명의 인권개념은 여성의 인격개념을 제외시켜, 혁명은 여성의 참정권과 여성의 평등을 인정하지 않았다. 이때 로자 라꽁브(Rosa Lacombe)와 오랭쁘 드 구제(Olympe de Gouges)등은 '여성의 권리선언'을 명문화하는 데 성공하였다. 이 때문에 구제는 혁명에 대한 반역의 이름으로 단두대의 이슬로 사라졌다. 그러나 프랑스에서의 여성정치운동의 사상과 목표는 뒤를 이어 각국의 여성정치운동에 영향을 미쳤다.

영국에서는 1790년 울스톤크래프트가 '여성옹호론'2)을 펴서 남녀평등, 교육과 직업의 평등, 여성의 경제적 독립, 여성의 참정권을 주장하였다. 울스톤크래프트는 여성에 대한 억압과 남녀불평등은 사회·제도적 모순에서 유래하였다고 보고, 과감한 사회개혁만이 남녀평등을 실현시키는 지름길이라 하였다.

1865년 하원의원에 당선된 존 스튜어트 밀은 남녀동등의 여성참정권안을 하원에 제출하였으나 부결뇌었다. 밀은 「여성의 예속」3)에서 "모든 남자들은 여자들이 강요된 노예가 아니라 자발적인 노예이기를,

---

1) 영국, 미국, 스웨덴에서 페미니즘 운동의 비교 고찰: Joyce Gelb, *Feminism and Politics, Berkeley*: University of California Press, 1990.
2) Mary Wollstoncraft, *A Vindication of the Rights of Woman: With Structures on Political and Moral Subjection*, 1790, rep. ed., Carol H. Poston, New York: Norton, 1975, 이진옥, 「울스톤크래프트의 생애와 사상」, 한국여성연구회 편, 『여성과 사회』, 제5호, 1994, pp.184-193.
3) 동국대 대학원 인문사회과학연구회, 『페미니즘』, 월례발표회 자료집 제4권, 1992, pp.183-190.

단순한 노예가 아니라 총아이기를 바란다. 따라서 남자들은 여자의 마음을 노예화시키기 위해 온갖 노력을 다한다"라고 지적하였다.[4]

1867년 '여성참정권협회 국민동맹'이 결성되고 하원에서 여성참정권의 통과를 위한 운동이 전개되었으며, 1918년에 여성참정권이 인정되었다. 미국에서는 여성참정권운동이 급진적으로 전개되어 1848년 뉴욕에서 최초의 여권대회가 개최되고, 1920년에 참정권이 인정되었다.

프랑스는 1946년 여성운동이 시작된 지 1세기 만에 여성참정권이 보장되었으며, 1848년 시작된 독일여성의 참정권운동은 1919년 바이마르 공화국 헌법에서 그 결실을 보았다.[5]

3. 산업화와 여성 정치참여운동

여성참정권이 법적으로 보장되기까지 여성의 정치운동은 서구에서는 자유주의 입장에서의 부르주아 여성정치운동과 사회주의 입장에서의 프롤레타리아 여성 정치운동이라는 두 방향에서의 조직적인 운동이 전개되었다.[6]

---

4) 나아가서 여성의 주인은 단순한 복종 이상의 것을 바랐으며, 따라서 그들은 교육의 총력을 이 목적을 달성하는 데 기울였다. 여성의 이상적인 성격은 자기 의지나 자제에 의한 통치가 아니라 굴복과 타인의 통제에 굴종하는 것이라는 신념으로 길러진다. 모든 도덕규범은 남을 위해 사는 것이고, 철저히 자신을 부정하고 애정 이외의 모든 삶을 포기하는 것을 여성의 의무로 지적하고 있으며, 모든 통념들은 또한 그것을 여성의 본질이라고 말한다. … 자신과 관련된 한 남자와 그 관계에서 첨가적이고 파기될 수 없는 유대로서의 자녀들에 대한 애정이 강조된다. … 결국 밀은 아내의 특권과 쾌락은 남편의 선물이고, 남편에 대한 의존 그리고 여성이 인간으로서 생각하고 추구하는 중요한 목표나 사회적 야망의 대상은 남자를 통해서만 주어질 수 있으므로 남자에게 매력적인 존재가 되고자 하는 목표가 여성교육과 성격형성의 북극성이 된다고 지적하고 있다. *Ibid*, p.186.
5) 백경남, 『韓國女性政治論』, 문음사, 1981, pp.93-126.
6) Rosemarie Nave-Herz, *Die Geschichte der Frauenbewegung in*

부르주아 여성 정치운동은 그 초기에는 주로 남성과 여성의 평등한 교육의 기회 획득을 핵심적인 요구사항으로 설정하였으나,7) 점차 정치·사회·경제·문화적 영역에서 평등운동을 전개하였다. 다시 말하면 부르주아 여성운동은 정치변혁과 더불어 여성의 자유와 평등을 목표로 하는 일상적인 권리요구의 운동이었는데, 그것은 참정권의 요구, 임금과 직업기회의 평등요구로부터 높은 직위에의 기회균등의 요구, 여성의 직업활동이 열등시되는 경우 남성의 직무와 여성의 직무 분리를 반대하였다.

이에 대하여 프롤레타리아 여성 정치운동은 여성들의 완전한 해방은 오직 사회주의 사회에서만 가능하고 여성해방운동은 자본의 지배에 대항해서 일어나야 한다는 입장을 내세웠다. 즉 자본주의는 인류와 여성에 대한 억압의 근원이므로, 현존의 사회 시스템과의 공존을 비판하고 그 문화의 근원에 있는 여성의 종속상태로부터의 해방을 목표로 하였다.

제1차 세계대전을 계기로 유럽에서 70여 년에 걸친 조직적인 정치운동의 목표였던 참정권과 그 기본적인 요구가 형식적인 법제화로 이루어져 동등한 교육의 가능성, 직업의 가능성 그리고 정치적 권리와 의무와 책임을 얻게 되었다.

Deutschland, Hannover Landeszentrale für politische Bildungsarbeit, Berlin, 1989, p.9.

7) E. Dautzenroth, *Kleine Geschichte der Mädchenbildung*, Rotlingen, 1971: 19세기까지 유럽에서 여성교육은 극히 적은 일부의 상류계층에 제한되었고, 중세시대에는 귀족층의 여성들만이 수도원에서 예술과 문학에 관한 교육을 받았다. 르네상스의 여성상은 여성의 도덕, 정신, 문화에서 여성의 개성을 존중하였으나 부르주아 계층들이 남자의 상대가 될 수 있는 여성의 교육을 중시한 것에 지나지 않았다.

4. 현대 여성 정치참여운동

제2차 세계대전 후 여성의 정치참여와 지위문제는 제도 내에서 수용이 거의 이루어졌다. 법률상 여성에 대한 남성의 지배권이 폐지되고 가정생활 영역에서도 여성의 지위는 현저하게 개선되었다. 그러나 공적 생활이나 직장생활 영역에서 여성은 남성에 비해 불이익을 감수하여야 했다. 1960년대 후반에서 1970년대 초, 선진 자유주의 국가에서 새로운 여성참정권운동이 대두되기까지8) 여성의 차별은 어느 영역에서나 온존하여 있었다. 그것은 임금에서 차별, 직장의 승진에서 차별, 직업연수에서 차별, 정치영역에서 미성숙 등이었다. 이전의 여성운동은 많은 여성대중들의 관심을 끌지 못하였으며 여성은 정책결정의 영역과 고위 공직에서 영향력을 행사하지 못하였다.

1960년 후반부터 세계 여러 나라에서 젊은 학생들은 미국의 베트남 전쟁개입에 반대하는 차원에서 자기 국가의 가부장적 권위에 이르기까지 체제 전체를 모두 거부하는 반체제운동을 전개하면서 민주주의의 정당성의 근거에 심각한 의문을 던졌다.

젊은이들은 존재하는 모든 가치에 의문을 던지고 나왔다. 풍요로운 사회 속에서 자란 그들은 적절하고, 능률적이고, 생산적이라고 인식되는 모든 범주의 틀이 사회적 조건의 의미를 왜곡하는 허위의식에 지나지 않는다고 인식, 고도 산업사회와 대량소비사회를 비판하였다. 산업사회는 생태계의 가공할 파괴를 가져와 지구는 인간에게 인간다운 삶을 보장해줄 수 없는 자기 한계를 노출하였다.

그들의 눈에 비친 고도성장정책에 따른 대량소비사회와 기술사회는 공기와 토양과 식물의 오염을 가져왔고, 녹색을 빼앗아 갔으며 토지는

---

8) 허금윤, 「서독의 새 여성운동」, 『여성과 사회』, 창간호, 1990, p.361.

유실되었다. 제3세계에서는 기아상태가 계속되고, 관리사회 속에서 인간의 정신은 황폐화되어갔다. 또 경제성장 위에 다져진 시민사회는 권위주의적으로 규격화되어갔다.

그들은 사회의 모든 분야의 개혁을 요구하였다. 즉 정치, 경제, 교회, 경찰, 사법기관, 학교, 스포츠, 방송, 증권단체, 미술협회, 유치원, 병원, 교도소 등의 사회적 환경의 변혁을 요구하였다. 당시 모든 요구의 일반적 내용은 개혁과 변혁으로, 학생운동의 중심적 요구는 모든 생활부문의 민주화였다. 국제학생운동의 단서가 된 제3세계에 대한 서구 민주주의 여러 국가들의 관계양식에 대한 비판적 반항에서부터 국내 사회의 모든 부문에 걸친 변화의 요구가 당시 학생운동에 결집된 것이다. 젊은 이들은 사회문제를 직접적인 참여로 해결코자 하였다. 민주주의를 단순한 다수결 원리의 차원에서 볼 것이 아니라 자유와 평등, 구성원의 참여에 바탕을 둔 것으로 간주하고, 정치적 민주주의에서 경제적 민주주의, 그리고 모든 사회분야까지 민주주의를 요구하였다.9)

구체적으로 정치문제에서는 권력국가 대 민주주의, 사회적 복지 대 반파시즘, 자본주의 대 제3세계의 문제를 중심으로 논쟁을 불러일으켰다. 새로운 형태의 여성해방운동이 싹트면서 많은 여학생이 이런 학생운동에 참가하였다. 서독에서는 1968년 9월 23일 반권위주의운동의 본부라고 할 수 있는 '독일사회주의 학생연맹(der Sozialistische Deutsche Studentenbund: SDI)'이 프랑크푸르트에서 전 독일총회를 열었을 때 남학생들이 여학생들에게 "커피를 끓이고 전단이나 타이핑하라"는 요구를 하자, 민주파의 온상이라고 자부하던 그들이 가장 가부장적이고, 강압적이고, 권위주의적인 행동을 하고 있음에 눈떠, 여학생들은 그들에게 분노의 토마토 세례를 퍼부었다. 이 사건은 1960년대 말 서독

---

9) Walter Hollstein, *Die Gegen Gesellschaft*, Bonn: Verlag Neue Gesellschaft GmbH, 1980.

에서 여성운동의 근본적인 변화를 가져온 새로운 여성운동의 탄생이
되었다.10)

여학생들은 그들 남성 동료들 속에 전체 사회구조의 모순된 현실이
그대로 반영되고 있음을 갑자기 알아차리고, 투쟁의 목표를 우선 그들
에게 돌렸다. 그들은 남학생들을 향해 데모를 하고, 강연을 하고, 전단
을 뿌리고 서로 토의를 하였다. 그것은 여성의 주체성에 관한 새로운
물음을 기성 정치사회에 제기하는 새로운 여성 정치참여운동의 태동이
었다.

1968년 베를린에 '여성해방을 위한 활동평의회(der Aktionsrat
zur Befreiung der Frau)'가 조직되고 여성운동은 이제 여성들이 살
아가는 구체적인 삶과 그 속에서 집단적으로 경험한 성모순을 바탕으
로 여성대중 속으로 전개되었다.11) 그들의 구호는 "사회주의의 귀한
여성들을 소시민적 남성들로부터 해방시키라"는 것이었다. 남성들을
통해서가 아니라, 여성들 자신이 사회적 지위를 변혁시키고 전통적 여
성의 역할에서, 소시민적 가정에서 해방을 지향, 모든 기성정당과 단체
와 결별, 독자적 소그룹 운동을 지역 단위에서 전개하였다. 새로운 형
태의 삶의 모습, 스스로 강력해진 자율적 여성이 되고자 하였다.

기존의 여성운동은 소수의 지도층 여성의 지도로 행해진 형태라 하
여 비판의 대상이 되었고, 이제는 개개 여성이 자율적 주도권을 가지고
각기 다른 성원이 제각기 기획하고 조직을 하는 형태로 전 독일에 자
발적인 여성서클이 형성되고 자아체험에서 성, 출산제한, 가족구조, 자
녀양육, 직장, 대학에서의 모순된 현실을 확인하고 앞으로의 지향점을
토론하였다. 총회에는 모든 성원이 참가하여, 그곳에서 모아진 문제점

---

10) Eva Marie Münch, 「독일여성해방운동의 배경과 목표」, 여성개발원, 한국
　　여성 관련 세미나 발표논문, 1990, p.5.
11) 이금윤, 앞의 책, 1990, p.361.

들을 새로운 관심과 소망에서 제기하였다. 여성들은 개인적으로 만나서 토론하고, 다른 조직과 정보를 교환하였다.

거리에 부엌살림을 내놓고, 여성의 일은 여성의 일만이 아니고 남성과 분담하여야 된다고 하였다. 또한 여성센터, 여성서점, 여성극단, 여성호텔, 여성술집, 여성신문, 여성학 등이 생겨나고 여성문학이 나오기 시작하였다. 여성들은 체험을 정리하고 조직하여 새로운 길을 개척하기 시작한 것이다. 여성들은 사회에서 여성 억압의 중요한 요인인 가부장적·권위주의적인 담론체계를 해체시키고자 하였다.

새로운 여성운동에서 중요한 점은 민주주의의 보급으로 남녀평등 사상이 확대되어 법률상의 남녀평등권을 확보하였으나 그것만으로는 여성해방은 불가능하다는 것을 강력하게 사회에 제기하였다는 점이다. 그리고 새로운 여성해방운동은 곧 많은 도시에 여성센터를 설치하여 그곳에서 토론·정보교환으로 여성에게 억압된 사회구조를 인식, 폭로하고, 새로운 전략을 모색, 그리고 새 기획을 시도하였다. 여성센터는 1970년대 말에는 전 유럽차원으로 발전하였다.

과거의 어두운 벽을 헐고 새롭게 여성들이 태어나려는 희망에 찬 분위기가 선진 자유국가를 지배하였다. 누적된 여성의 사회적 문제, 즉 여성의 앙가주망과 삶의 문제에 대한 팽배한 무관심의 괴리가 의식 있는 여성들의 전형적인 경험으로 대두되었다. 남성들에 의해서 규정된 여성의 역할, 과제, 기능의 개념으로부터 해방하려는, 즉 정치적으로 여성 스스로의 입지를 확립하려는 의식을 구체화시켜 가는 작업이 확산되었다. 하나같이 억압에서 벗어나려는, 1970년대 새로운 여성운동의 입장은 통일적인 것이 아니었다. 마르크스주의 입장, 신좌익주의 입장, 비판이론 또는 이론적인 어떤 뚜렷한 입장보다는 순수한 삶의 체험을 바탕으로 운동을 전개하는 방향 등이 있었다.

그러나 공통적인 것은 남성 이외에 여성들 자신 스스로 모든 문제에 참가하여 여성의 사회적·정치적 상황을 변혁시키고자 하는 것이었다. 남성들에 대한 적대적인 태도는 초기 여성참정권운동 때와 같은 양상을 보여주었다. 여성들은 자아를 각성하고, 자신의 강력함을 찾고, 자체 여성성을 찾으려 하였다. 지금까지 여성성은 수세기 동안 남성에 의해 허위로 주조되고, 그것을 여성들이 그대로 받아들인 것에 지나지 않았다. 새로운 여성운동의 대표의 한 사람인, 잉그리드 슈미트 할쯔바하(Ingrid Schmidt Harzbach)는 페미니즘은 하나의 새로운 정치적 신념에 그치지 않고, 그것은 하나의 삶의 형태로 그 진보를 위해서 투쟁하여야 되며 여성은 늘 자신이 중심적 위치에 서야 한다고 주장, 여성들의 단결과 집단적 활동과 전략을 강조하였다.

자기체험 그룹운동은 서로 모여 자신들의 경험과 상황을 보고하고, 체험을 나누고, 분석하고, 다른 개별적 경험을 종합·분석·개념화하여 변화를 위한 총괄적 전략을 마련하였다.12)

이 시기 이탈리아와 영국에서는 가사노동에 대한 임금요구가 대두되어13) 구서독에서도 이 요구가 나왔다. 가사노동에 대한 임금요구는 국가나 남편이 책임자라 하여 지불되지 않은 가사노동이 사회적으로 필요한 노동이라는 인식을 넓히게 되었다. 여성의 경제적 자립성의 요구도 높아져, 물질적 조건의 개선요구는 지적 활동의 확대, 사회적·정치적 활동에의 참가, 정신적·육체적 행복추구에의 요구를 높여 여성의 자기발견, 고유의 인식세계와 가치감정을 촉진하였다.

새여성운동은 정치가 남성의 독점물이었다는 데 대한 인식을 얻게 하여 여성들의 정치적 태도에 중대한 변화를 가져왔다. 1975년 세계여성대회는 이러한 새여성운동의 흐름을 배경으로 대부분의 나라에서 사

---

12) Rosemarie Nave-Herz, *op. cit.*

13) I. Ostner, *Beruf und Hausarbeit*, Frankfurt, 1978: A. Oakley, *Sociology of Housework*, London, 1974

회적 분위기를 바꿔놓음으로써 지금까지의 구조적 차별대우를 고발하고, 제기된 문제에 대한 제도화 작업을 착수토록 하였다.[14]

한편, 위에서 언급한 1970년대 새여성운동은 여성들의 정치참여 욕구를 증대시켰다. 여성들의 정치참여 욕구를 수용하고, 제도화하여 그 질적·양적 확대로 정치체계의 능력을 증대시키는 경향이 보편화된 것이다. 따라서 1970년대 새여성운동은 3천 년간 남성의 전유물이었던 정치가 여성에게도 확대되는 기폭제 역할을 하였다.

당시 새여성운동의 사조는 참여와 대화를 중심으로 여성정치문제를 해결하려고 하였다. 대화는 공동체 구성원이 서로 이해하는 과정으로, 화자(話者)는 상대방의 의견을 듣고 의견을 고려하여 이해를 터득하는 의미에서 상대방에 자기를 이입(移入)시키는 진정한 회화(會話)의 특징이다. 회화에서 파악해야 될 것은 상대방의 옳은 점을 찾아내서 서로 일치점을 찾는 것이다. 상호이해와 상호존경으로 상대방에 귀를 기울이고 자기의 의견과 선입견에서 해방되며 진정한 공동체를 복원시키자는 것이었다.[15]

진정한 자유도 상호승인이 요청된다. 만인이 자유롭게 태어났다는 원리는 두 번 다시 흔들릴 수 없는 원리로서, 그 자유를 실현시키기 위해 세계의 역사는 늘 미래를 향해 열려 있으나 타자와 하나가 되어 진정한 연대와 진정한 공동체가 형성될 때 모든 사람의 자유가 실현될 수 있으므로, 정치적 공동체에서 대화와 참여와 실천이 필수적이라는 것이었다. 실천이란 것은 연대 가운데 자신을 두는 행위로 연대야말로 사회적 이성에 의한 결정적인 조건임과 동시에 기반이다.[16] 따라서 이

---

14) 새여성운동은 여성이 노예와 흑인과 함께 유사 이래 억압을 받아왔다는 인식과 인간해방의 인식에서 출발하였다.
15) Hans-Georg Gadamer, *Dialogue and Dialectic*, New Haven : Yale University Press, 1980.
16) Hans-Georg Gadamer, *Reason in the Age of Science*, trans. by

제야말로 여성들이 정치적 고립과 정치적 무관심, 정치적 무력감에서 탈피, 참여와 관심 그리고 실천적 행동으로 창조적으로 참여하여 경험을 공유하면서 새로운 세계를 만들어가자는 것이 새여성운동의 특징이었다.

5. 새로운 여성 정치참여운동

1970년대 새여성운동은 토론과 대화로 서로의 의견을 조정해가면서 사회에서 여성이 억압받고 있다는 상황에 의견일치를 보았다. 그리고 이러한 의식의 기반 위에서 연대방향을 모색하였고, 그 결과는 1975년 7월 19일 멕시코에서 '세계여성대회'를 개최하는 것으로 이어졌다. 이 대회에서 100여 개국 대표들이 '세계행동계획'을 채택했고, 1990년 유엔 여성지위위원회는 정치·의사결정에 여성이 평등하게 참여하는 문제를 각국이 우선 과제로 다룰 것을 촉구하였다. 성차별은 인간의 권리인 자유와 평등, 정의를 존중하는 민주주의에 위배되는 것인데, 선·후진국을 막론하고 성차별이 존재한다는 기본적 인식 때문이었다. 민주주의 발전을 기회균등의 확대로 해석할 수 있다면, 역사는 만인, 즉 노예에게, 외국인에게, 흑인에게 그리고 여성에게 기회를 확대하면서 발전하였다.

민주주의적 정치란 서로 다른 관심, 관점, 의견을 가진 사람의 만남의 광장이다. 그 광장에서 공동체의 구성원은 개인적인 의견이나 공동적인 의견이나 관심을 서로 수정해서 공동행위의 방침을 합의로 찾아내는 것이다. 여기서 의견의 충돌이나 반대는 민주정치에 적대하는 것

Frederick G. Lawrence, Cambridge, Mass: M.I.T. Press, 1981, p.87.

이 아니라 열린 설득과 토론이라는 민주주의적 방법이 취급되는 한 민주주의는 활력을 얻는 것이 된다.17) 그래서 1970년대 유럽에서 새여성운동의 주체들은 진정한 민주주의를 실현하기 위해 수없이 많은 소그룹이 조직되며 왜곡되어온 편견을 파헤치면서, 경험을 공유하면서 새로운 여성의 길을 모색하였다.

일상적 실천에 있어서 구체적으로 억압되고, 왜곡되고, 방해받고 있는 현대사회의 조직형태를 소그룹별로 토론하고 듣고 대화를 통한 정치적 이성을 찾으려 하였다. 대화적 공동체가 폐쇄된 사회구조 속에서 여성의 참가는 거부되어 왔으므로 참다운 공동체를 형성하기 위해서는 여성들의 집합적 의지를 남성에 맡겨서는 불가능하고, 또 비참한 결과를 가져온다고 결론지었다.18)

상호동의를 청하고 상호설득하여 타자를 이해하는 방법을 배우면서 인간성의 자각에 기초한 인간의 연대의식이야말로 지구상의 문제를 해결한다고 보고, 1970년대 이후 유럽에 녹색운동, 환경운동, 평화운동, 반전·반핵 실천운동에 여성들이 구체적으로 뛰어들었다.

여성들의 입장에서 보면 남성들의 정치는 야만적인 권력투쟁으로 음모와 조작과 전쟁과 무기와 이데올로기로 얽혀 있다. 인간적인 규범이 제외되어 있는 적나라한 생존의 모습이 투영되어 있다. 정치 틀을 단지 지배와 피지배의 관계구조 속에서만 파악하려고 한다. 그러나 여성들에 있어서 정치는 적나라한 지배가 아니라 토론하고 설득하고19) 삶의 방

---

17) Hanna Fenichel Pitkin and Sara M. Shumer, "On Participation", *Democracy* 2, 1982, pp.47-48.

18) 당시 젊은 여성들은 현대는 공동적 판단력, 합리적 설득에 기초한 공동체 형성이 어려우므로 우선 행위하는 것을 배워야 한다는 전제 아래, 저항운동을 확산시켰다. 당시 그들은 그들의 제어(制御)를 넘는 강대한 권력과 금력의 힘이 그들이 파악할 수 없는 곳에 있다고 여겼다.

19) 설득은 타자를 조작하는 것이 아니라, 평등한 사람들이 모여서 자유롭게 열린 토론을 하고 그 열린 토론을 통하여 개개인이 서로 자기 의견을 명석하게 테스트하여 세련되게 해가는 것이다.

식을 합의로 도출해 가는 인간의 복수성과 시민적 동등권에 뿌리한 상
호협동적 행위이다.

그러므로 개인 차원에서 여성의 정치의 장에 참여, 행위, 실천은 자
기 실현과 자기 정체성을 회복하는 자기 개발과 그리고 자아 성취[20]와
관련된다. 권력 획득이나 리더십의 행사는 실제 자아의 성장 및 성숙과
동일한 의미를 획득하고 여성은 과거에 그 자신이 할 수 있었던 것보
다 더욱더 자아를 성취함으로써 자아를 강화한다.

따라서 여성은 자아를 이해하는 데 보다 많은 노력을 기울일수록 보
다 많은 권력을 획득하고, 권력을 실현하는 정도에 따라 더욱 강력해진
자아를 갖게 된다. 여성들이 자아인식 행위를 반복하면 모든 행위의 실
천 토대가 굳건해져 자아는 자기 자신에 유의미한 가치들[21]을 생산해
내는 원천이 된다. 그래서 당시 새여성운동은 자신들이 처한 억압적인
상황을 극복하고 무력감으로부터 해방됨으로써 자신들이 진정으로 실
행하고자 하는 것을 여성사회에 명백하게 인식시켰다. 그때 여성 주체
들은 여성이 진정한 자아에 근거하여 사회적 삶을 영위하지 못할 때,
자아왜곡으로 자아와 타인에게 파괴적인 행위를 하게 됨을 알았다.

여성 전체의 차원에서는 사회에서 구조적인 불평등과 소외를 타파한
다. 사회의 차원에서는 참여의 활성화가 활기 있는 사회통합과 권력의
정통성을 가져옴으로써 여성의 정책결정과 고위직의 확대는 전체 사회
의 민주화와 인간화를 의미한다.

현실적으로 여성은 대부분의 나라에서 정책과정의 기본과정, 즉 정
책형성과정, 정책결정과정, 정책집행과정, 그리고 정책평가과정으로부
터 차단되어 있다. 또 정책결정의 본질은 선택이고 그 선택의 기초는

---

20) C. Margaret Hall, *Women and Empowerment, Strategies for
   Increasing Autonomy*, Washington: Hemisphere Publishing Corp.
   1992, p.24.
21) *Ibid.*, p.25.

정책에 대한 정보인데도 정보통로가 막혀 있으므로, 정책결정에 참여할 수 있는 기회가 주어지더라도 기준 없는 선택에 그치기 쉬운 형편이다.

앞에서 지적한 바와 같이 1970년대 선진 민주국가에서 여성들의 '참여혁명'의 물결은, 대의제 민주정치가 남성 중심으로 제도화된 상황에서 그 자체 민주주의의 한계 상황을 극복하기 위한 여성들의 '참여의 재발견'이었다.

이미 정치에 있어서 남성 간부들이 중심이 된 정당의 독점적 지대는 일반 여성대중에 정책선택의 시야가 제한되어 있었다. 그것은 오늘날 우리 정치사회의 현실을 보면 알 수 있다.

이익집단의 파워, 행정의 지배, 대중매체의 거대한 조작은 사회에서 지배적인 집단으로 하여금 정부의 제도적 이익을 권위주의적으로 결정토록 하여 다른 정책선택을 제한하였다.

이에 반해 정치적 후진국의 현실은 대의제 민주주의 제도 그 자체도 정착되지 못하며 더욱 구조적인 복잡성과 어려움을 내포하고 있어 이러한 국가에서 여성은 이중 삼중의 억압이 강요되고 있다.

다른 한편, 냉전시대에 정치·사회·경제·문화의 구조적 모순과 부조리의 유산, 도시문제, 환경문제, 주택 부족, 교통재해, 소년범죄, 소비자문제, 보건, 여가, 쓰레기 처리문제 등이 어느 나라에서나 폭발적으로 증가, 이 모든 문제를 남성 중심의 정치에 맡길 수 없게 된 것이다. 여기서 남성의 정책결정 독점은 이미 한계에 달하여 여성은 종전대로 더 이상 정치의 소비자나 고객으로만 머물 수 없게 되며 여성의 정치에의 참여가 절박한 문제로 대두한 것이다.

한국여성정치문화 연구소, 「여성과 정치Ⅱ」, 1997.

정보화시대의 대안적 리더십: 여성의 정치권력
- 국가전략으로서의 세계화와 여성의 정치권력 문제 -

1. 세계화와 정치의 과제인식

1989년 동구의 해체, 1990년 독일통일, 그리고 1991년 소련의 붕괴를 계기로 세계가 크게 바뀌어가고 있다. 그 어느 세기에서도 찾아볼 수 없는 혁명적·역사적인 변화가 전개되고 있다.

1993년에는 EU가 출현하고, 1994년에는 NAFTA가, 그리고 1995년에는 WTO체제가 출현한 가운데 정치의 세계는 근본적인 패러다임의 수정에 직면하고 있다. 얼마 전까지만 해도 세계 정치구조를 지탱했던 기본적인 틀은, 1648년 웨스트팔리아 체제의 주권 국민국가 시스템과 이데올로기·군사력 중심의 미·소 양대국의 세계 패권을 둘러싼 동서냉전 시스템이었다. 그러나 이런 시스템들의 기능은 쇠퇴하였고, 이에 따라 국제·국내 정치도 변화의 파도 앞에 서 있다.

동서냉전은 인간과 인간의 접촉을 규제하였고, 커뮤니케이션을 방해하였으며, 문화교류에도 영향을 미쳤다. 군사력의 균형을 위해 물질적 재화가 낭비되었으며, 사고(思考)의 세계와 창조적 에너지의 분출도 억제 당했다. 그러나 이제 한반도를 제외하고는 이러한 냉전의 장애물이 제거되었다. 이와 더불어 국경 없는 경제와 국제 주체의 다양화, 그

리고 국가간·국민간·지역간의 다차원에 걸친 상호의존성이 심화·확대되어가고 있다.1)

24시간 내내 세계의 모든 지역에서 화폐와 금융자산의 거래가 이루어지고, 세계의 사람들은 인터넷을 통해 지리적 경계를 넘어서 순간 순간 정보교류를 하고 있다. 초고속 정보·통신망을 통해 모든 지역이 시공(時空)을 초월하여 동일한 시간과 공간처럼 여겨지는 지구적 세계관이나 가치의식의 생활화를 촉구하는, 국경을 넘는 세계화된 사회 공간이 열리고 있다.

과학과 정보·통신의 혁명적 발달이 인간의 의식을 넘어서고,2) 개인의 시야도 국경을 넘어 세계적인 수준으로 넓혀짐에 따라 지구의 문제도, 자기 문제도, 어떤 단일 국가나 개인의 노력만으로 풀 수 없다는 점을 자각해가고 있다. 따라서 여성과 인간의 삶의 문제도 이제는 지구적 차원에서 접근해야 한다는 지구촌 연대의식이 확산되어가고 있다. 그것은 인류 차원의 운명공동체 의식을 뜻한다.3) 운송수단, 원격통신(telecommunication), 정보기술의 발달이 세계를 고도로 통합시켜가고 있기 때문이다.

따라서 21세기에는 정보·지식사회가 만개된다. 21세기는 현재의 연장이지만, 과학·기술·정보의 발전이 예측 불가능할 정도로 급속하게 바뀌이, 그 변화의 물결을 주도히는 국가는 흥하고, 뒤쳐지는 국가나 민족은 쇠퇴의 길로 접어들 것이다. 급격한 과학기술이 빚어내는 가속

---

1) Joseph S. Nye, "What is New World Order?" in *Foreign Affairs*, vol. 71, No.2, Spring 1992, pp.83-96.

2) 포스트산업사회는 정보화사회(情報化社會)라고 불린다. 이는 정보통신의 기술 발달이 사회에 침투하여 정보 생산·유통·소비의 대량성이 근대사회가 형성한 사회구조, 가치관 그리고 생활양식을 변화시킨다. Daniel Bell, *The Coming of Post-Industrial Society*, N.Y.: Basic Books, INC., 1973.

3) 전 세계 컴퓨터들은 하나의 거대한 통신망으로 연결되며 지구의 수많은 사람들은 인터넷을 통하여 모든 정보를 주고받을 수 있게 됨으로써 정치의 세계도 보편적인 정치원리가 확산되기에 이르렀다.

도 효과 때문이다.

자본은 동서장벽 붕괴 후, 자본의 논리에 따라 이익이 있는 곳이면 세계 어느 곳에나 달려가고 있다. 이데올로기적 경계가 걷힌 뒤 무역과 생산품의 국제화, 자본의 국제화 또는 지구화 경향이 증가되었다.[4] 더욱이 WTO체제의 출범과 더불어 인간, 상품, 자본의 지구대에 걸친 이동이 국가간 상호의존과 상호작용의 밀도를 증가시키고 있다.

한편, 21세기를 앞두고 인간은 생존의 위협을 받고 있다. 공기·물·토양·식수·식물의 오염, 녹색의 상실과 토지의 유실, 테러, 마약, 제3세계에 있어서 기아상태, AIDS, 그리고 어느 나라나 공업화된 곳에서 겪는 관리사회에 있어서 인간정보의 황폐로 인류는 심각한 위기에 처해 있다. 앞에서도 언급하였듯이, 이러한 문제는 한 국가의 차원에서 해결될 문제가 아니기 때문에 범세계적 차원의 대응이 필요하다.[5]

다른 한편 냉전시대 정치관계는 선과 악의 인위적 구분이 분명하였다. 국제관계에 있어서도 군사력의 균형과 동맹체제의 공고화로 안정성과 예측성이 높았다. 그러나 냉전구도의 해체는 공동의 적의 상실을 수반하여 기존의 국내 정치체계와 국제 정치체계에서 미래에 대한 예측성보다는 불확실성을 제고하여 세계의 각 국가는 총체적 국가 경영전략을 다시 짜는 상황에 직면해 있다.

그러므로 앞으로 정치의 세계도 과거의 경험에서 유례를 찾을 수 없는 새로운 형태로 변모되어야 할 당위성의 차원에서 각 국가의 정치권은 새로운 진로 모색을 앞두고 큰 폭의 진통을 겪고 있다.

공산권에서는 체제의 붕괴와 더불어 기존의 관료주의체제가 무너졌다. 자본주의 세계는 공산권이 버티고 있을 때 그 적대적인 상대체제가

---

4) Likhit Dhiravegin, "Das veränderte internationale Umfeld und die neue Weltordnung," in *Europa Archiv*, Folge 23, 1991, p.684.
5) 1992년 6월 브라질의 리우에서 열린 세계환경 정상회담은 지구를 살리기 위한 범세계적 대응의 일환으로 국가간의 상호의존성을 높이고 있음을 뜻한다.

존재 이유가 되어, 어떠한 부패도, 부정도, 억지도 통용되었으나, 이제
는 그 상대체제가 붕괴된 마당에 그 동안 누적된 부패와 비합리적인
모순이 백일하에 드러남으로써 세계의 정치권은 뚜렷한 방향성을 잡지
못한 채 그저 변화의 필요성에 대한 인식만 높아지고 있다. 유럽에서
도, 일본에서도, 탈냉전과 더불어, 탈정당현상이 두드러지고, 냉전시대
에 출현했던 기존의 정당들이 핵분열현상을 일으키고 있다. 미국의 유
권자들도 그저 분노의 표시로 정당을 바꿔가면서 투표를 하고 있다. 정
치권의 이러한 불확실성은 과학과 정보·통신의 혁명적 발달에 의한 변
화가 인간의 의식을 넘어서고 있는 데서 가속화되고 있다. 즉, 하부구
조의 변화를 상부구조가 따르지를 못하고 있기 때문이다.

2. 새로운 국가전략으로서 여성의 정치참여 확대

이상에서 언급한 바와 같이 21세기를 앞두고 세계는 크게 변하고 있
다. 이 변화의 물결을 주도하고, 이 변화에 적응하는 국가만이 생존 경
쟁에서 앞설 수 있음은 당연한 논리에 해당한다.

이에 선진국들은 이 변화에 앞서서 국가 경영전략으로서 여성의 정
치참여를 확대하여왔다. 이미 1970년대 국제관계의 동·서 데탕트의 물
결은 동서의 인위적 장벽과 이데올로기 대립의 붕괴를 잉태하고 있었
다. 데탕트를 계기로 동·서 교류와 협력의 폭이 넓어지고 서방측의 정
보·과학기술은 동·서의 세계를 사회·경제·정치적으로 거리를 좁혀가
고 있었다. 특히 미시전자 혁명과 관련된 기술적 혁신의 효과는 1989
년 동구 붕괴와 독일통일, 소련제국의 붕괴라는 대전환을 야기하였다.

냉전시대 국가전략 수행의 중심적 수단은 이데올로기와 군사력이었

으나, 이제는 그 가치나 유효성이 감소하여 군사·정치·영토 대국으로부터 경제나 무역국가의 시대가 도래하고, 국제·국내 정치에 있어서 행위주체의 양식도 변화되었다. 이에 따라 여성정치참여 문제가 본격적으로 부각되기에 이르러, 선진국은 이미 데탕트시대부터 여성정치참여 문제를 국가전략 차원에서 진지하게 다루어왔다.

냉전시대 정치적 리더십의 유형은 하드웨어 시대에 상응하는, 즉 군사력과 무기가 국가의 힘의 상징이 되어 군대를 통솔하고 무력을 증강하여 국력을 집중하는 데마고기적인 정치지도의 유형이 바람직스러웠다. 그 대표적인 지도자로 스탈린, 처칠, 루스벨트, 드골, 아이젠하워, 마오 쩌둥, 아데나워, 이승만 등을 들 수 있다.

정책결정에 참여하는 지도자들의 리더십도 선과 악의 테두리를 정해 놓고 양자 택일을 강요하는 냉전형이 그 전형을 이루었다. 그러나 데탕트와 포스트 냉전시대의 리더십은 하드웨어적이 아닌 소프트웨어적인 테크노크라트 유형이 요청되기에 이르러, 각 국가에서 여성지도자들이 등장하고 소프트웨어 시대에 어울리는 새로운 세대들이 정치의 세계에 등장하고 있다.

냉전시대를 여성이 지도하기에는 어려움이 따를 수 있으나 포스트 냉전시대는 허구적·추상적인 이데올로기나 권력 일변도 지향적이 아닌 구체적이고 대화·관계 지향적인 여성의 정치지도력이 국가전략을 수행하는 데 효율적일 수 있기 때문이다. 다시 말하면 21세기에는 여성 특유의 감수성과 유연함, 그리고 관찰력이 요구되는 소프트웨어적인 리더십이 어울리기 때문이다. 경직성에서는 창의력·다원성의 존립이 어렵다.

20세기 중엽까지 정치세계에서는 남성들의 물리적 힘과 폭력이 가장 중요한 요소로 작용하였고, 특히 냉전시대에는 이데올로기 이름 아래 군사적인 폭력을 중심으로 한 적나라한 획일적·강제적인 권력 정치가 정치세계를 지배하였다. 그러나 냉전이 종식되고 물리적인 거리 개념이 없어져 가는 지구적 차원에서 전개되는 정보사회의 도래를 앞두고 새로운 가치관이 대두됨에 따라 경직된 정치체계는 시대의 유물로 사라져가고 있다. 뿐만 아니라 20세기까지 생산의 3요소는 자본, 노동, 자원이었으나 탈공업사회의 그것은 5요소로 되어 자본, 노동, 자원, 문화, 정보로 되었다. 국력의 개념도 과거에는 경제력과 군사력이 중심이었으나, 오늘날에는 문화, 정보, 지식이 추가되고 있어 국가의 경영전략도 다시 짜여가고 있다. 그리고 이와 관련한 세계화 정책이 나오게 되었다.[6]

나아가서 21세기의 가치관은 20세기와 다른 가치관이 지배하게 된다. 의식주의 기초적 욕구 충족으로 욕구의 선택적 경향에 따른 욕구의 다원화와 자기실현의 욕구가 높아진다. 소득과 물질의 풍요로 자유시간을 선택하고 인공적인 것보다는 소박한 자연을 추구한다. 물질보다 자연을 중시하고 인간성 회복에 대한 욕구도 높아진다. 그리고 하드보다는 소프트를 지향하고 의식도 고정적인 것보다는 유연함으로 변화, 논리보다 감성, 그리고 정보·서비스 중시로 문화에의 욕구가 높아진다.

양보다는 질을 중시하는 욕구의 개성화에 따라 대량생산보다 다품종 소량생산, 그리고 무겁고 큰 것보다 가볍고 작은 것에로의 생산에서 변화가 오고 있다.[7] 따라서 목표에 있어서도 디원회·다양화를 지향하는 개성적 삶의 방식이 다채롭게 전개된다.

정치의 세계에 있어서도 시민은 자기의 아이덴티티를 회복하기 위하여 자기의사의 참가를 중시함으로써 획일적인 강제력이 힘을 잃어가고 국민의 합리적인 권리의식이 강화되었다.[8] 또 사회운동도 소집단운동

---

6) 1995년 1월 25일 세계화 추진위원회에서 발표한 김영삼 대통령의 '세계화 구상'.

7) E. F. Schumacher, *The Small is Beautiful*: 배지현 역, 『작은 것이 아름답다』, 전망사, 1980.

의 확대 속에서 연대감과 안정감을 얻게 되는 방향으로 지향된다. 따라서 정보사회에 있어서 정치 시스템은 직접 참여 민주주의 형태로서 정치·경제·사회·문화 시스템의 각 분야에 있어서 정책결정과 운영에 시민의 참가요구가 높아지고 정치·사회 운영의 전제는 시민의 합의와 참가가 된다.9)

또 남성과 여성, 이성과 감성, 의식과 무의식의 이분법에서, 남성, 이성, 의식만을 강조했던 남근이성 중심주의(phallogcentrism)가 해체되어 가는 경향이 나타나고,10) 근대주의를 넘어선 다원성과 상대성 그리고 비결정성을 기본적인 철학적 입장으로 하는 포스트모더니즘운동이 일체의 위계구조를 거부함으로써 합리적 주체의 대상으로 설정되어 온 타자의 복원을 추구하고 있는바, 그 타자는 여성이기 때문에 이제는 타자의 자리에서 복원되는 여성이 주체가 되는 사상의 방향을 알리고 있다.

그 이전에 인간의 이성은 편견·선입견, 전통으로부터 완전히 해방된 과학이라는 장대한 건축물을 구축했다는 견해가 지배적이었으나, 이제는 자기성찰의 힘으로 역사적 맥락이나 지평을 넘는 새로운 인식을 필요로 한다는 현대 포스트모더니즘의 운동방향은 분명 여성들에게도 새로운 삶의 방향을 제시해주고 있다. 실제 지금까지의 이성의 관념은 역사적 맥락이나 지평으로부터 자기 자신을 해방시킬 수 있는 능력이나 기능은 아니었다는 것이다.

그러므로 이상에서 살핀 포스트 냉전시대의 정치의 세계, 세계화시대의 정치적 인식, 21세기의 가치관과 관련된 시민사회의 모습은 여성

---

8) Ithiel de Sola Pool, *Technologies of Freedom*, Boston: Harvard University Press, 1983.
9) 增田米二,「原典情報社會-機會開發者の時代へ」, in 『TBS ブリタニカ』, 東京, 1985, pp.144-147.
10) 김성곤, 『포스트모더니즘과 현대미국소설』, 열음사, 1990, p.115.

성의 지향과 더불어 국가의 경영전략 차원에서 여성의 정치에의 참여
문제를 다루어야 되는 당위성이 강조되고 있다. 그 외에 21세기 무한
경쟁시대에 21세기 기업의 성장문제에서 가장 크고 어렵게 대두되는
문제는 우수인력의 확보문제인데, 기업의 국제경쟁력 차원에서도 성장
의 기반 조성, 능력개발, 의식향상이 전제가 되고 있다.

인력의 수급문제는 노동문제라 하지만, 국가의 가장 중요한 문제는
정치와 관련되지 않은 영역이 없기 때문에 우선 정치영역에서 여성문
제가 해결되어야 한다. 여성이 국가적 삶을 결정하는 정치 및 정책 결
정과정에 참여함으로써 여성에 대한 고정된 편견을 없애고 여성의 삶
의 조건을 향상시키고 여성의 요구와 이익이 고려되어11) 실질적인 남
녀평등을 가져올 수 있을 때, 국가경쟁력이 제고되고 정치가 활성화된
다.

이와 관련 선진국가는 이상에서 언급한 새로운 시대의 도전에 대처
하기 위해서 여성의 정치 및 의사결정직에의 참여문제를 국가의 경영
전략 차원에서 모색하고 있다.

그것은 남성이 지배하는 국가 스스로가 여성의 권력 획득과 참여기
회를 확대하기보다는 그 필연성과 당위성의 인식 확산에 영향을 받고
또 1975년 '세계 여성의 해' 선포를 계기로 한 여성정치운동의 결과이
기도 하다. 여성의 소외를 극대화한 나라가 국력을 극대화할 수 없다는
인식의 확산에 따른 결론이다.

---

11) 여성은 정치활동에서 남성보다 진보적이고(Louis Maisel and Joseph
Cooper, eds., *The Impact of Electoral Process*, Beverly Hills, Cal.:
Sage, 1977) 페미니스트 안건을 더 지지한다(David B. Hill, "Woman
State Legislators and Party Voting on the ERA," in *Social Science
Quarterly* 63, June 1982, pp.318-326.): R. Darcy, Susan Welch and
Janet Clark, *Women Elections, and Representation*, N.Y.: Longman
Publishing Group, 1987: 김현자·주준희 공역, 『여성, 선거, 의회진출』, 한
국여성개발원, 1990, pp.210-211.

앞으로의 정보사회는 물리적인 힘을 필요로 하는 영역이 감소되고 두뇌에서 나오는 창의력이 모든 힘의 원천이 되는 영역이 증대하기 때문에 여성문화, 여성적인 가치관, 또 여성의 능력, 자질과 특성이 더 요구된다. 소프트웨어 시대에 필요한 리더십도 하드웨어 시대의 그것과 다름은 물론이다. 전쟁도 물리적인 근육의 힘이 아니라 정보와 두뇌의 전쟁으로서 소프트웨어 전략이 요청되어 군대에 여성의 입대 금지가 풀리고 있다.

이러한 다음 세기를 향한 세기의 거대한 물결 속에서 1980년대를 기점으로 많은 여성 정치지도자가 배출되었다. 대처 영국 수상, 아키노 필리핀 대통령, 핀보가도티르 아이슬란드 대통령, 브룬트란트 노르웨이 수상, 찰스 도미니카 연방 수상, 시몬느 베이유 유럽의회 의장, 페트라 켈리 서독 녹색당 대표, 제럴딘 페라로 미국 민주당 부통령 후보, 부토 파키스탄 수상, 찬드리카 반다라나이케 쿠마라통가 스리랑카 대통령이 대표적이다.

세계 각국은 1990년 여성의 지위향상을 위한 우선 과제로 정치 및 의사결정직에의 여성참여를 위한 공동전략을 모색하여왔다. 그 결과 1993년 현재 노르웨이에서는 여성이 내각의 47%, 의회의 38%, 지방의회 32~40%를 차지하고, 스웨덴에서는 내각의 38%, 의회의 32.6%나 차지하고 있다. 여성들의 정책결정직 참여전략을 국가경영전략과 연계시켰기 때문이다.[12] 이제 여성의 정치참여는 세계적으로 확산된 보편적 현상으로 되었다.

다시 말하면 이제 각 국가들은 여성은 무한한 자원이고, 여성 발전은 국가 발전의 열쇠라는 기본인식에서 여성의 정치참여 문제를 다루고 있다.[13]

---

12) 한국여성개발원, 『여성일정비율할당제 도입에 관한 연구』, 1994, pp.46-56.
13) 한국여성개발원, 『200년을 향한 國家長期發展構想』, 1986, p.1.

1979년 유엔총회는 '여성에 대한 모든 형태의 차별철폐에 관한 협약'14)을 채택하고 협약 제18조는 당사국으로 하여금 협약을 실천하기 위한 입법, 사법, 행정 또는 기타 조치와 관련된 보고서를 차별철폐위원회에 보고토록 하였다. 또 이 협약 제7조는 국가는 정치적 및 공적 생활에서 여성에 대한 차별을 철폐하기 위한 당사국의 의무를 규정하고 있다. 1990년 유엔여성지위위원회 제34차 회의는 '정치·의사결정에의 평등참여'를 우선 과제로 다루었고, 1995년 제39차 회의는 경제적 의사결정에서의 평등과 '평화·국제적 의사결정에서의 여성'을 다루게 되어 있다.

이러한 유엔에서 공동의 노력과 더불어 각 국가에서 고위직에 여성들이 임명되고 유엔 및 국제기구에서 여성대표들이 쏟아져 나오고 있다. 우리나라에서도 대통령의 세계화정책 구상과 더불어 여성들의 정치 및 정책결정기구에 참여하는 문제가 심도 있게 제기되고 있다.

지금 세계화는 국가의 발전전략이 되고 있는데, 중요한 것은 여성의 정치적 지위 향상 없이 세계화는 그 열매를 거둘 수 없다는 점이다. 김영삼 정부는 21세기 국가 비전을 '통일된 세계중심국가'에 두고 있다. 그리고 그 발전 원리를 정치적·사회적 통합력에서 찾고, 제도의 개혁과 합리화에 세계화의 의미의 비중을 두고 있다. 뿐만 아니라 삶의 질의 향상과 여성의 지위향상을 강조하고 있다.

현재 우리 한국은 세계 12위의 무역대국이다. 이에 어울리지 않게 여성의 정책결정 참여비율은 세계에서 110위에 올라 있다. 여성의 정치적 지위향상 없이는 세계화는 그 내실을 기할 수 없음이 너무나도 명백한 명제에 속한다. 반수의 의미가 상실된, 즉 여성의 정치적 소외

---

14) Convention on the Elimination of All Forms of Discrimination against Women, Text, in 여성개발원, 『유엔 여성차별철폐협약 이행 제3차 보고서』, 1994, pp.219-252.

가 극대화되면 정치적·사회적 통합이라는 국가 발전의 원리에서 차질이 생기게 마련이다. 여성을 존중하지 않는 나라는 세계의 중심국가로 부상할 수가 없다.

세계사회에 적응능력과 학습능력을 키우기 위해서도 보수의 틀 속에 안주함이 없이 여성정치문제를 정면으로 다루는 지혜가 모아져야 한다. 우리나라가 반의 의미가 복원되는 날, 타자(他者)의 복원이 이루어질 때, 즉 여성의 평등한 참여가 이루어질 때 국가는 정통성이 부여되어 강력한 국가가 형성된다. 세계의 각 나라에서 고위직에 여성들이 임명되고, 유엔과 국제기구에서 여성대표들이 쏟아져 나오는데 우리나라만 남성들만의 지혜와 외교로 국제협력의 필요성이 다차원적으로 요구되는 국제사회에서 경쟁이 가능하다고 보는 것은 위험천만한 발상에 지나지 않는다.

예를 들어 미국에는 여성 통상전문가가 300여 명이 된다고 하는데 우리나라에는 한 사람도 없다고 한다. 우리 여성인력의 결핍을 탓하고 있으나, 그것은 우리나라에서 오랫동안 여성들에 대한 제도권으로부터의 소외로 인한 자기 정체성의 혼돈과 좌절 때문이다. 이를테면 외교에 있어서도 다른 나라에서 여성 외교대표가 나오면 지구적 차원에서의 고도의 경제적 상호의존과 경쟁시대 참여국간의 관계형성과 관련, 칼 만하임의 사유의 '존재 구속성(Seinverbundenheit)[15]의 의미에서 우리도 여성대표를 보낼 수 있어야 한다.

그 외에 정치에서 여성을 소외시키는 나라는 여성정치참여를 위한 국제적인 공동의 노력 때문에 국제적 고립도 면할 수 없게 된다. 국제무역계의 움직임인 블루라운드에 대처하기 위한 노동외교의 적극적인 강화 필요성이 나오고 있으나 여성외교 강화의 담론은 아직 형성되어

---

15) Karl Mannheim, *Ideologie und Utopia*, 1929.

있지 않다. 그러므로 초국가조직이나 단위체 역할이 불가피하게 증대되는 세계화시대의 국가안보는 다차원적이고 강력한 국가가 요구되기 때문에 국가이익의 관점에서 여성정치참여 정책을 다루어야함은 물론이다.

앞으로 사회변화는 하나의 지역변화가 독립적으로 일어나는 것이 아니라 반드시 또 다른 지역적 변화를 야기한다. 그러므로 우리나라의 전략은 여성들의 정치참여 문제를 세계 지향적, 미래 지향적 또 통일 지향적으로 다루어 민족의 미래를 열기 위해서도 세계의 구조변화 추세에 적극적으로 대응, 국경을 넘는 사회체제를 우선적으로 정비하여야 한다. 올해는 해방 50년, 분단 50년의 해이다. 통일한국의 웅비를 위해서이다.

3. 여성의 정치권력 획득의 필요성

여성의 정치권력 획득은 궁극적으로 세계의 반의 의미를 회복하여 자유와 평등과 정의가 보장되는 민주주의를 실현하기 위해서이다.

남성과 여성은 동등한 존엄과 권리를 지니고 자유롭게 태어났다. 여기서 성(性)의 구별은 출생의 근거가 된다. 그러므로 남성과 여성의 상호관계는 인간의 출생과 생존의 근거임과 동시에 보장이다.

인간이 생존을 영위하는 한, 양성(兩性)의 관계는 존재하는데, 그 관계가 평등을 기초로 할 때 인간은 모두가 보다 높은 단계에서 자기를 실현하는 삶이 가능하다. 남녀평등은 서로가 필요한 상호공존의 중요한 원리이다. 그리고 이성의 인격의 인정은 이 공존의 원리를 인정하는 것을 의미하고, 양성간의 상호 대화적, 관계 지향적 원리를 뜻한다.

또 보다 높은 단계를 향한 양성의 동등한 발전은 인류의 진보에 대한 신뢰를 뜻하고, 어느 한 성(性)의 인간으로서의 차별은 인류문명의 발전을 거부하는 것과 마찬가지이다. 인간을 인간으로 존경하는 일이야말로 높고 고귀한 인격과 덕의 기초가 되어 문명의 근저를 이루기 때문이다.

"남성과 여성은 동등한 권리를 가진다", "인간은 성별로 인하여 차별을 받거나 우대를 받지 아니한다"라고 하는 남녀평등은 너무나도 당연한 진리이다. 그러나 이 당연한 진리가 법률상 보호를 받도록 각국에서 규정된 것은 겨우 금세기의 일에 지나지 않는다.

고대 그리스에도 이미 평등의 개념은 존재했다. 소크라테스도 여성의 공공 세계에서의 소외는 본성에서가 아니라 관습에서 온 것이라고 지적하였다. 여성을 포함한 최초의 평등개념은 중세기의 기독교에서 비롯되었다. 기독교는 모든 인간의 신 앞에서의 평등을 주장하여 신 앞에서는 외국인도, 노예도, 여성도 평등하다고 함으로써 처음으로 보편적인 평등사상이 보급되기 시작했다. 자연법사상의 영향을 받은 18세기 계몽사상은 모든 인간의 보편적인 평등을 대변하기는 하였으나 특별히 남녀평등사상을 제창하지는 않았다.

그후 프랑스혁명은 인권선언을 통해 모든 인간의 평등을 주장했다. 그러나 혁명에 의한 인권선언은 남성의 인권선언에 불과했다. 혁명으로 보급된 평등과 인권의 관념은 여성의 자각과 의식을 촉진하여 마침내 여성의 참정권을 요구하기에 이르렀다. 그러나 당시의 여성참정권 요구는 혁명에 대한 반역이라고까지 낙인찍혔다. 사람은 날 때부터 평등하다고 하는 계몽사상에 고무되어 프랑스의 절대주의를 타도한 당시 혁명가들의 인간에 대한 생각에는 여성이 제외되었다.

그러나 혁명 후, 스스로의 생존 및 향상의 조건을 타개하고자 하는 각국의 여성들의 정치적인 투쟁을 거쳐서 남녀평등이 인간적 평등으로서의 정치상, 또는 법률상 평등의 권리가 문서화되는 데에는 제1차 세계대전 전후의 일이었다. 그후 세계의 선진국가들은 남녀불평등이 인간의 기본적인 권리의 존중과 민주주의 발달에 중대한 장애임을 알고, 헌법상 남녀평등권을 규정함으로써 인간의 가장 기본적인 평등의 이념이 법제화되는 데 이르렀다.

1948년 12월 10일, 유엔 3차 총회에서 채택한 세계인권선언은 인류의 양심에 입각한 행동의 지표를 제시하고 있다. "모든 사람은 날 때부터 자유롭고 평등한 존엄성과 권리를 가지고 있다. 사람은 천부적으로 이성과 양심을 가지고 있으며, 서로 동포애의 정신으로 행동하여야 한다. 모든 사람은 종족, 피부색, 성별, 언어, 종교, 정치적 혹은 기타 의견, 민족적 혹은 사회적 신분, 재산, 가문(家門) 혹은 기타 지위여하로 인하여 차별을 받음이 없이 본 선언에 발표된 모든 권리와 자유를 향유할 자격을 가진다"라는 인간 행동의 지표는 인류가 역사의 발전과정으로부터 얻어내고 학습한 결과이다. 각 역사의 발전단계에는 언제나 여성의 지위 향상을 동반하여 여성의 지위는 한 나라의 번영과 발전의 척도가 되었다.

인류의 복지와 진보란 남성과 여성의 자유와 평등이 실현되는 사회의 지향과 일치하고, 모든 사람이 그 사회의 정치, 경제 그리고 문화적 생활에 최대한 동등하게 참여할 때 가능한 것임을 일깨워수었다. 그 동안의 정치적 현실은 여성에 대하여 정치, 경제, 사회 그리고 문화에서 남성과 동등한 인격으로서의 참여를 거부하고 여성을 비정치적인 존재로 인식함으로써 여성의 자기실현과 능력개발이 저지되어, 모든 인간의 존엄이 고루 유지되는 생의 보장을 추구하는 민주주의가 장애를 받아왔다. 그러므로 남녀평등 없는 곳에 민주주의는 공허하고, 민주주의 없는 곳에 여성의 기본권리는 남성지배자의 수중에서 임의로 처리되어왔다. 즉, 정치적 인식에서 객체로 존재하여왔다.

민주주의의 인간상은, 인간은 인간에 있어서 한 인간이다. 모든 인간은 평등한 가치를 소유한 존재로서 각 인간은 이성을 가지고 있다. 지식, 판단력 그리고 행동의 능력을 포함한 이성의 힘은 실체로서 이웃과 환경을 인식할 줄 안다. 인간은 자기 생의 주인공으로서 생의 목표와 의의를 상실할 때는 무위도식의 생을 영위할 수도 있다.

이러한 민주주의 인간상에는 남성과 여성을 차별하지 않는 동등한 가치의 인간을 전제로 함은 말할 것도 없다. 여성도 그들이 처하고 있는 자연, 사회 그리고 환경을 정리, 형성, 발전시킬 수 있으며, 정치 기본질서도 부여할 수 있다. 따라서 민주주의에서는 모든 인간이 차별 없이 인간의 자기형성과 자아실현을 위한 자유가 보장되어야 하고 인격은 어느 누구도 침해받아서는 안 된다. 민주주의를 인류가 보편적으로 추구하는 가치로서 전제할 때 남녀불평등의 존립은 인류 진보에 반(反)하는 문명의 수치에 속할 수밖에 없다.

정치의 세계에 있어서 민주주의는 정치지배의 양식, 즉 국가권력과 시민과의 관계, 국가 공직담당자와 정치적 단위의 구성원간의 관계에 따라 판단된다. 더불어 정치, 경제, 사회, 그리고 문화에 있어서 여성과 남성의 지위 여하는 한 사회의 민주주의를 판단하는 기본적인 척도가 될 수 있다.

우리의 현실은 남성이 정치적 결정권을 독점하고 조직의 원리를 명령하는 권력을 행사하여왔다. 권력으로부터 배제되어온 여성들의 의견은 진지하게 받아들여지지 않고, 또한 인간으로서의 존경도 덜 받아왔다. 사회는 그들을 대화나 논쟁의 대상으로 받아들이는 것을 회피하였다. 정치, 사회, 경제 그리고 문화적인 영역에서의 소외감이 증대되고 있다. 여성들이 실제 활동을 시도할 때 적지 않은 여성들이 사회에서 좌절된 존재의 양식을 체험하고 경쟁의 장소에서 경쟁에 동등한 기회에 참가를 체념한다.

많은 사회의 영역에서 적나라한 객체로 전락된 존재의식에서 헤어나지 못하고 남성 지배의식이 무의식중에 잠재되어 정치는 남성의 몫으로 알았다. 자아와 독립성을 가지고 생존의 조건을 개선하려는 시도에는 너무도 많은 장애가 놓여 있어 여성의 올바른 비판과 판단능력, 창조성, 자발성 그리고 모험정신이 제대로 공정하게 평가받을 수 있는 기회가 주어지지 않고 있기 때문이다.

여성은 남성에 비하여 모든 면에서 뒤진다는 결정론이 상존한다. 그러나 제도권에서 소외된 여성의 능력이 공정하게 발휘될 수 있는 환경과 기회를 주지도 않은 채 여성에 대한 결정론이 과연 얼마만큼의 타당성과 설득력을 가질 수 있을까? 인간적인 불모를 극복하고 남성과 여성의 인격이 동등하게 존중되는 방향으로 변혁되지 않은 정체된 사회에서는 인간존중의 승리가 불가능하다.

여기서 그 변혁의 불가피성이 뿌리를 내리려면 인간대우를 받지 못하고 진지한 대상으로 받아들여지지 않는 혜택받지 못하는 여성들 스스로가 생존의 조건을 개선하려는 노력을 계속하는 데 있다. 여성의 인권이 법적으로 보장되어 있다고 하여 그대로 방심만 한다면 그 인권은 상실될 가능성을 안고 있다. 권리에 대한 법의 보장이 실질적인 보장으로 실현되기 위해서는 여성 스스로가 모든 사회의 결정과정에 적극적으로 참여하여야 한다.

여성의 지위를 높은 단계까지 올리기 위해서는 새로운 문제를 제기하고, 방향을 설정하여 여성의 이익과 관련된 정치, 사회, 경제, 그리고 문화적인 환경이 여성의 정치참여로 해결되어야 한다. 더불어 자기책임과 자기관념의 계발을 강화하기 위하여 다양한 참여의 방안이 모색되어야 한다. 지금까지 숨어 있던 여성의 긍정적 가능성이 발굴, 연마, 그리고 발휘되는 것은 인간의 타고난 권리이며, 이러한 권리가 지켜지는 사회가 민주주의 사회이고, 사회는 그 역량이 활성화된다.

인간은 사회와 관련된 상호의존적인 생명체적 존재이다. 인간이 모여 이룬 사회에 있어서 다른 인간의 동의 없이는 타인에 대한 지배는 불가능하다는 것이 오늘날 사회의 원리이다. 여성이 국민의 절반을 차지하고 있다.

따라서 모든 생활영역과 국민의 직접적인 운명과 결정적으로 관련되어 있는 정치의 결정에 여성의 참여 없이는 근대정치의 원리는 뿌리를 내리기가 불가능하다. 여성의 정치참여가 제도적으로 허용되고 있으나 여성을 지배하던 봉건적인 관례들이 민주사회의 규범에 내재화되지 못하여 여성의 정치에의 참여를 방해하고 있다. 가장 비민주적인 요소는 남녀불평등이다. 따라서 모든 여성론의 출발은 민주화를 지향하는 인간의 평등, 즉 남녀평등의 실현이라고 하는 문제의 시각에서 출발하지 않으면 안 된다. 민주주의의 구현은 남녀평등의 구현을 의미한다.

남녀평등을 실현하려는 여성의 해방은 정치, 경제, 사회, 문화의 모든 사회적 영역에서 성의 차별 없이 자기의 인간적 가능성을 최대한으로 발휘시키는 데에 있어서 기회균등의 보장과 관련된 사회적 환경의 변혁을 의미한다.

정치는 국가에 대립하는 개인의 문제가 아니라 사회의 소망과 성취를 달성하기 위한 사회조직의 도구인 국가를 통하여 활동하는 만인의 문제이기 때문에, 오늘날 여성의 정치권력 획득문제는 민주주의와 국가적 힘의 증대를 위한 가장 절실한 과제에 속하는 문제이다. 결국, 미국의 건국 지도자 존 애덤스가 "대의기구는 전체 인구의 정확한 축소판이어야 한다"고 주장하였듯이, 정책결정과 국가건설에 인구의 반을 차지하고 있는 여성과 남성의 평등한 참여 확대는 모든 사람에게 정치적 능력과 권한을 발휘할 수 있도록 동등한 기회를 부여하는 민주주의의 구현을 뜻한다.

정치에서 소외되어온 억압대상의 정치에의 복귀가 남녀 같은 비율의 정치참여로 이루어진다는 것은, 그만큼 민주주의에 정통성을 부여하는 것이 되기 때문에 강력한 국가의 기반이 이루어진다. 또 여성들 자신으로 보면 여성의 사회적인 특수한 요구와 이익이 고려된 여성의 생존과 복지가 절대적으로 정치관계에서 형성되므로 여성의 권력 획득은 여성 역할에 대한 역사적으로 굳어진 '여성은 정치적 무능력자'라고 하는 편견을 없애고, 모든 차원에 걸친 사회적 지위와 삶의 질을 향상시킬 수 있다.

즉 여성의 정치권력 획득은 여성에 대한 억압을 중립화시킨다. 만일 여성이 권력을 얻지 않으면 여성의 희생은 전통적인 종속을 통해 자동적으로 연장됨을 의미한다. 여성의 권력 획득이 남성으로부터 권력을 빼앗는 것이 아니라 남성을 그대로 존중하면서 여성 자신의 능력을 개발하는 것이 되므로, 여성의 권력 획득은 모든 사람을 위한 인간해방과 권력 획득의 토대가 된다.

다른 한편 사회적 가치인 권력의 권위적인 공정한 배분이 여성의 대표성 증대로 이루어질 수 있다는 것은 사회통합과 정통성에 강력한 힘을 부여함으로써 무한경쟁의 세계화시대를 주도하는 활력소가 된다. 더불어 탈근대를 요구하는 21세기의 다가오는 정보화시대의 특성에 따른 정치적 리더십의 유형과 관련하여 대상과 거리를 두고 지배하는 남성과 달리 여성 특유의 감수성, 유연성, 구체성, 관찰력, 대화시향성, 관세지향성은 다양성 속에서 총체성을 확보해가는 대안적 리더십으로 우리의 통일된 민족국가 건설에 기초를 마련하는 불가분의 정치적 요소로 작용될 수 있기 때문에 여성의 권력 획득의 필요성은 더욱 높아지고 있다.

4. 여성의 정치권력 획득의 선택적 전략

1) 여성의 정치참여

정치참여란 일반적으로 정치사회의 구성원에 의한 의사반영을 위한 활동으로, 정치사회 구성원이 직접 어떤 형태를 통하여 영향력을 행사하는 행위를 말한다. 이와 관련하여 참여의 개념 속에는 정치과정에 자기의 의사를 정치적 결정에 반영시키기 위한 행동이 포함되어 있으며, 구성원의 자발성과 자율성이 그 전제로 깔려 있다. 정치사회에서 구성원의 정치참여 행동은 아주 다양하다. 투표, 정부당국에 대한 진정, 청원, 소송, 또 정부 당국자의 매수 등이 있는데, 정부의사결정의 '행위경로'에 의해 참여행동을 유형별로 분류하면, 다음 3가지로 나눌 수 있다.

1. 일반 정치사회 구성원 자신이 행동경로의 정당한 참여자가 되는 행동으로, 선거를 통하여 의원이 되기 위한 운동 외에 자기 이해가 밀접하게 관련된 관청의 구성원이 되기 위한 행동을 말한다.

2. 정치사회의 일반 구성원이 행동경로의 자격자를 선출하든지, 파면하는 과정에 영향력을 행사하는 행동으로 합법적인 형태로는 후보자를 지원하고 투표하는 행위이다.

3. 행동경로의 자격자의 의사결정에 대하여 영향을 미치는 행위로 진정, 청원, 소송, 데모, 매수, 로비활동, 공갈 등이 이에 속한다. 특히 시민의 생활과 관련된 이익을 추구하기 위한 시민운동은 행정에 대한 직접행동(시위, 단체교섭, 실력행사)으로서, 매스컴을 이용한 시민사회의 여론 환기로 현대 민주정치에 있어서 일반 시민의 정치참여는 선거에 관계된 활동 외에 다양한 참여형태가 중요성을 가지고 있다.

현대 민주정치는 선거를 포함한 다양한 참여가 제도화되어 있다. 정치참여형태는 나라에 따라 다르나 어떤 나라는 투표라는 참가형태에 종사하는 시민의 비율이 높은가 하면, 미국 같은 나라는 투표에 참가하는 시민의 비율은 낮으나 지역활동, 시민운동, 선거운동 참가율 등이 대단히 높다. 그것은 각국의 역사나 정치문화에 따라 다른 양상으로 나타난다. 예를 들면 미국과 달리 유럽 국가들은 정치이념과 정책 중심으로 정당이 조직되어 있어 이념과 정책을 따라 선거민이 조직된다.

여성들의 정당 참여도 이념과 세계관을 중심으로 이루어진다. 따라서 유럽 여성들의 정치체계의 담론 속에는 세계관과 이념이 포함되어 정치행위를 규제한다. 오늘날 유럽 여성들의 정치적 지위가 다른 어떤 대륙보다도 높은 것은 정당이나 정치행위가 이념에 따른 가치 구속성을 가지고 움직이고, 정권의 틀이 보수당과 진보정당의 균형을 유지하면서 선택적으로 교체되기 때문에 여성들은 여성정책을 보고 지지정당을 결정한 데 기인한다.

다수 정당제를 운영하면서 이념지향으로 체계화된 정당제도는 사회주의 정당이 이미 체제내화되어 있어 인간의 삶의 기회 증대 정책경쟁에 따른 다렌도르프의 '사회 민주주의적 합의'16)가 이루어진 곳에서 여성의 사회적 지위가 높다.

한편 정치참여는 4가지 양식으로 나누어진다. 제1양식은 두표이다. 이는 공직 후보자를 집단 구성원의 다수의사에 따라 선임하기 위해 집합적으로 의사를 표명하는 방식이다. 선거과정은 주기성을 가진 정치현상으로 임기완료→선거공고→입후보확정→운동기간→투표→개표, 집계, 당락 결정을 말하는데, 시민은 정치체계의 정책적인 경향을 결정한다. 선택기준은 ① 정책본위, ② 인물본위, ③ 정당본위, ④ 지역본위를

---

16) Ralf Dahrendorf, *Life Chances*, Chicago, 1979, 김병서 역, 『삶의 기회』, 이화여대 출판부, 1986, p.158.

들 수 있으나, 선진국 여성들은 여성정책의 중요성에 상대적으로 높은 비중을 두기 때문에 투표에 의한 여성들의 정치세력화가 각 국가에서 문제로 등장하고 있다.

제2양식은 선거활동이다. 이 형태는 투표행위와 마찬가지로 선거과 정에 관련되나, 선거운동에 직접 참가하며, 선거·정치집회에 출석, 후보자나 정당에 헌금 등을 하는 선거활동을 통하여 시민이 바라는 정치 시스템에 대한 전달을 명확하게 나타낼 수 있으며, 이는 시민에 의한 자발성의 정도에 따라 당선에 영향을 미친다. 선거활동 기간에 여성단체들은 여성정책을 지지하는 후보자를 지원할 수 있다. 입법부 의원들은 정치적으로 살아 남기 위하여 선거구민들과의 부단의 지속적인 관계를 유지해야 되기 때문에 선거운동을 지원하는 여성들의 의견은 유력한 영향력의 재원이 될 수 있다.

제3양식은 지역활동인데 지역문제를 해결하기 위하여 여성이 협력하는 양식이다. 지역의 특수 이익도 있겠지만 일반적인 문제는 다른 지역 주민들과 연대를 통하여 해결하는 방법도 있다.

제4양식은 정부나 지역의 당국자와 접촉하는 개인적인 접촉이 있다.

1960년대 후반과 1970년대 미국이나 유럽에서 페미니즘운동이 보여준 두드러진 참여운동양식으로는 '항의 시위'와 '커뮤니케이션 행동'을 들 수 있다. 항의시위는 가두시위에 참가하며 공직자의 부정을 고발하고 필요한 경우 폭동도 불사하며 정부시책에 도의상 용납되지 않으면 항의집회 행진에 참가하여 정부당국에 항의하기 위한 집단행동으로써 불공정한 법에 반대하였다.

커뮤니케이션 행동은 정치에 대한 정보를 획득하여 정치지도자가 나쁜 정치를 하면 항의문을 보내거나 서로 토론하여 자신이 속한 지역주민에게 정보를 전달하는 행위이다. 항의 행동은 그 특징이 행동적인 것에 반해 커뮤니케이션 행동은 정보유통과 관계되는 데 그 특징이 있다.

이상에서 본 바와 같이 시민으로서 여성 정치참여형태는 아주 다양하다. 정치참여의 관점으로부터 여성은 국민·시민·정치사회 구성원으로서, 또 직접 정책결정기구에 자격을 가진 정책결정자나 정책을 집행하는 행정가, 항의자, 소비자, 지역활동가, 정당활동가, 선거운동자, 커뮤니케이터, 투표자, 애국자로서 참여의 방법이 열려 있다.

2) 여성 정치참여 활성화와 권력 획득 방안

여성들의 정치참여 활성화와 권력 획득 방안으로서 필자는 ① 여성 개개인의 차원, ② 조직적인 운동과 활동의 차원, ③ 국가 정책의 차원에서 모색해보고자 한다. 이상의 3가지 차원에서 참여활성화 방안은 서로 밀접하게 연관되어 있으며, 상호보완적으로 작용한다. 여성 자신들의 자발성, 사회의식, 공고의식, 공동체의식, 연대의식이 고양되지 않고 사회적 차원에서 조직적인 정치참여와 투표의 정치세력화 확대 운동이 전개될 수 없으며, 여성들의 적극적인 관심과 집합적인 노력이 결여되고서는 국가정책 차원의 방안이 구체화·실현화되기도 어렵기 때문이다.

(1) 여성 개인의 차원

이는 어느 하루아침에 이루어질 수 있는 사안이 아니다. 환경적·문화적 요인과 더불어 유아 때부터 모든 문제의 선택과 결정에 독립적이고 자발적으로 참여를 유도하는 학습과정과 관련된 평등교육 실시가 필요하다. 자기의 삶과 공동체 삶의 상호 관련성을 강조, 모든 일에 적극적인 주체로서 참가하여 결정한다는 자율성을 가진 인격체 양성에 관점이 놓여져야 한다. 자기선택, 자기결정능력, 책임의식, 비판적 이성, 판단력이 양성되면, 결정의 영역에서 소외가 지양된다.

마가레트 홀은 그의 저서 『여성과 권력 획득』에서 실증적 연구를 통하여 개인 차원에서 권력 획득의 전략을 상세하게 분석하고 있다. 위에서 언급한 대로 그는 환경적 요인을 중요시한다. 성에 대한 역할 기대(gender expectation)는 처음에 가족관계에서 내면화되므로 가족의 역학관계와 기대는 성의 사회화 원천이 된다. 그래서 보다 안정적인 여성은 자신의 신념에 있어서 여성성을 강조하면서 여성적이 되기보다는 오히려 남성과 여성의 가치를 결합시킨다. 그러나 내면화된 성 역할 기대는 여성 자신의 일관된 노력이 있으면 공적인 삶의 패턴을 수정할 수 있으므로 가족에게서 학습된 성의 가치는 개인에 따라 여성의 운명을 결정짓는 것은 아니라는 것이다.[17]

물론 성에 대한 역할 기대는 상이한 역사적·문화적 환경, 사회계층, 인종집단 사이에 매우 다양한 형태로 나와 있지만, 개개인 여성이 공적 삶의 기능적 영역에서 재사회화된다면 성에 대한 여성 자신의 역할 기대는 고정·불변의 것이 아니다.

한편 가족 내에서 보다 자율적이 된 여성은 자신의 성에 대한 규정을 약화시켜 자신과 관련된 주요 타인들로부터 독립을 요구함으로써 성에 대한 규정으로부터 해방될 수 있다.

종파적인 종교는 성에 대한 보수적인 고정된 유형(stereotype, 定型)을 지지하고 강화시키는 경향이 있으나 이러한 종교적 신념을 검토함으로써, 여성은 종교적 전통 내에 자신을 안주하도록 하며, 동시에 성의 가치와 신념에서 자유를 획득하도록 하는 가치를 선택할 수 있다. 성의 가치와 신념에 있어 더욱 경직화되고 양극화될수록, 여성은 정신적 및 정서적 혼란에 보다 쉽게 빠질 것이다. 때문에 여성 자신의 선택이 가장 중요한 역할을 한다.

더욱이 여성들은 1970년대 신여성운동의 경험처럼 여성은 서로에

---

17) C. Margaret Hall, *Ibid.* p.34.

대한 지지를 통해 자신의 삶에 있어 성이란 무엇인가에 대한 이해를 명확히 한다. 여성은 서로간의 경험 속에서 자신을 이해하며, 그리고 다른 여성의 삶에 미친 성의 영향력을 듣고 봄으로써 자신의 삶의 기회에서 성의 영향력의 중요성을 평가할 수 있다. 여성의 경험들을 역사적이고 다문화적으로 비교하는 것은 경험의 객관성을 증가시키고 이해를 심화, 확대시키는 데 필수적이다.[18] 그리고 여성이 권력을 획득하기 위해서는 우선 여성은 권력 획득이 무엇인지를 알아야 하고, 그 가능성을 믿어야 한다. 권력 획득을 유익한 과정으로 인정하는 자신의 결정이 권력 획득 성취행위에 우선하여야 한다.

효과적으로 권력을 획득하기 위해서는, 여성은 자신의 사고, 감정 그리고 행동에 대한 책임을 자신할 수 있어야 한다. 여성이 타인으로부터 받는 지지와는 무관하게, 그녀 이외의 누구도 그녀에게 권력을 부여하는 것은 불가능하다. 각 여성이 지는 이러한 책임에 대한 가정은 모든 효율적이고 기본적인 정치적 행동에 있어서 핵심적인 권력 획득의 한 조건이 된다. 권력 획득은 여성이 다른 여성과 관련을 맺거나 혹은 선택적으로 결합하기 위한 결정을 요구한다. 여성의 상호 후원은 개인적이고 사회적인 수준에서 여성 권력 획득의 필요조건이다.

여성은 세계 도처에 있는 여성의 경험들을 자신의 경험과 동일시하기로 결정해야 한다. 여성이 자신의 생존이 모든 다른 여성에 부과된 기존 조건들에 달려 있다는 것을 인정할 때, 보다 자유로워지고, 남성에 덜 종속된다.

권력 획득을 충분히 달성하기 위해서는, 각 여성은 삶에 대한 보다 광범위한 모습을 이해하고, 가능한 한 광범위한 맥락에 자신의 삶을 의도적으로 위치지울 때 더욱 현명한 상호적인 그리고 사회적인 결정을

---

18) *Ibid.* p.35.

내리게 된다.

여성의 권력 획득은 자신의 삶에서 사실들을 인식하기로 하는 각 여성의 결정에 기초한다. 여성이 자신은 어디에 존재하는가, 그리고 타인은 자신을 누구라고 생각하는가 등의 현실을 이해할 때, 그녀는 자신이 어떠한 존재인가를 인정하도록 점차 동기부여가 될 것이며, 그리고 자신이 원하는 인물이 된다.[19]

전통적인 가부장적 사회에서 여성의 권력 획득은 그렇지 않은 사회에서보다 훨씬 큰 고통과 어려움이 따른다. 전통적인 가부장적 사회의 제도적인 위계구조들이 여성의 권력 획득을 억제하기 때문이다. 개인의 차원에서 여성의 권력 획득은 개인의 결정과정을 반드시 통과한 뒤 타인들과의 일상적인 상호작용 속에서 결단이 필요한 문제이다. 일반적인 남성 위계질서의 기능으로 인하여 여성의 권력 획득이 계층과 인종, 집단의 구성 요건으로 지대한 영향을 받게 되지만, 다른 여성들과의 통합이 기초가 되며 진실하게 행동하면 계층과 인종집단의 구성요건은 권력 획득에 결정적 요인이 될 수 없다. 여성의 권력 획득에는 가부장적 사회에서 많은 반발이 필연적으로 따르나, 그 장애요인에 철저하게 대비한다면 권력의 현상유지가 용이하게 된다. 여성들이 독립성과 선택권을 증가시키는 데 상호협조함으로써 여성권력 획득의 가능성이 증대한다. 여성은 고립적으로 행동할 때보다 상호의존적일 때 더욱 많은 것을 얻을 수 있다. 한 여성이 가족 내에서 독립적으로 되면 될수록 여성은 다양한 사회환경에서 권력을 용이하게 획득할 수 있고, 종속을 향한 가족의 압력에 대처할 수 있을 때 공적인 환경에서도 통제에 대한 대처 능력이 증가한다.

다른 한편, 여성의 종교적 신념과 실천적 의지는 평등과 사회의 복지

---

19) *Ibid.*, p.88.

실현에 중요한 동기가 되고 우월한 존재에 대한 믿음은 생존과 성취를 모색하는 과정에서 힘과 능력을 부여한다.

또 가정과 외부의 노동환경에서 상호협력은 일을 통한 여성의 권력획득에 절대적인 조건이 되며, 전 세계에 걸친 여성들의 삶의 규제조건에 대한 지식의 증가는 여성 자신의 조건에 대한 지식의 증가는 여성 자신의 조건에 대한 객관적 태도를 증대시키고 여성의 예속과 종속에 관한 이해를 심화시킨다.

여성의 삶에 대한 광범위한 분야에 걸친 지식과 경험은 타인뿐만 아니라 자신의 역사적·문화적 환경을 넓고 정확하게 이해시켜주는 내적 힘이 될 수 있다. 또 광범위한 사회구조가 자신의 삶에 미치는 영향을 관조하면서 자신의 일대기와 역사를 결합시켜보면, 사회문제는 여성의 가정환경의 삶의 특성에서 각인되고, 인간 상호간의 문제로 여겨지는 대부분의 고통은 가부장적 사회구조와 제도의 결과임이 밝혀진다. 보편적으로 개별 여성은 혼자서는 자신의 잠재력을 개발할 수 없고, 사회에 대한 최대한의 공헌도 어렵다.

사회에서 진정한 자아가 되기 위해서, 그리고 잠재력을 개발하기 위해서는 파워 획득이 전제되고 여성이 생산적으로 살기 위해서는 자신의 삶의 질에 대한 근본적 질문을 제기할 수 있는 용기가 필요하다.

여성의 권력 획득은 타인을 지원하고 사회에 대한 보다 건전한 공헌을 할 수 있는 강력한 위치에 서게 된다. 여성은 사회조직의 모든 레벨에서 자신의 삶과 연관된 사실들을 직시하는 개인 상호간의 문제와 공동체 문제를 구체화하게 된다. 여성이 처음에는 자신의 권리를 사회 현실 내에 정립하기 위해 가부장적 구조를 중립화시킨다 해도 남성의 희생으로 권력을 얻을 수 없으므로 그들의 협력을 설득으로 얻을 필요가 있다.

여성이 사회적 지위와 힘을 얻으면, 처음에는 반발을 야기하나 그것은 사회관계에 평화로운 균형을 되찾는 일이 된다. 사회적 저항이 여성의 힘의 획득에 따르나 지속적인 노력이 전제되지 않으면 여성은 다시 종속의 위치로 되돌아갈 수 있다.[20] 그래서 여성들은 개인 차원에서 전략으로 새로운 세계를 건설하기 위한 신념이 요청된다고 볼 수 있다.

(2) 조직적 운동과 정당활동 차원

정치참여운동의 조직화 또는 여성표의 정치세력화는 참여하는 개개 여성들에게 여성의 개별적 욕구보다는 여성의 집단적 복지가 우선적으로 실현됨으로써 여성 전체에게 새로운 지향의 길이 열린다는 것을 인식토록 한다. 실제 의도적으로 페미니즘과 거리를 두고 따로따로 행동하는 여성지도자는 자신의 진정한 이해관계의 일부분을 간과 할 수 있다. 여성의 개인적인 생존과 복지가 전 여성의 운명과 직결되어 있기 때문에 여성의 조직적인 운동은 여성의 확대된 자유를 지향한다. 그래서 조직화된 여성의 세력은 보다 직접적으로 여성의 삶에 영향을 미치고 여성 자신들이 다른 여성에 의해 지지되고 있을 때 그 도움은 여성의 정치권력 획득에 중요한 변수가 된다.[21]

여성의 조직적인 활동의 목표가 여성을 통합하고 여성의 이익을 대변하는 것일지라도 많은 여성들이 정치적 조직운동에 동조를 부정할 수도 있다. 대부분의 나라에서 페미니즘운동은 중산층의 교육받은 여성에 의해 주도되고 있으나 각종 계층의 여성과 공통되는 가치의 차이가 그 중요한 요인이 되고 있다. 여성의 조직적 운동이 취약한 이유, 즉 많은 여성들이 동조하지 않은 이유는 산업사회에서 존재하는 다양한 이질적인 여성집단간의 연대감 결핍과 여성들이 모래알처럼 흩어진 상태로 있기 때문이다. 여기서는 같은 가치를 지향하는 여성끼리의 소그

---

20) *Ibid.*, p.105.
21) *Ibid.*, p.80.

룹운동이 상호 네트워크를 형성하는 큰 '연대' 운동이 조직되어야 한다. 오늘날의 이러한 연대운동은 그 전략의 목표 달성을 위해 상호인격적이며 지구대적인 함축과 결과를 가질 수 있기 때문에, 변화의 큰 물결을 지엽적인 소규모 환경으로부터 광범한 사회구조로 퍼져나갈 수 있는 환경만 조성한다면 페미니즘의 가치의 영향은 모든 수준의 사회구조 속에서 여성들의 의식변화를 가져온다.

그래서 여성의 조직적인 운동에 있어서 생명력 있는 진정한 척도는 일상적 생활 속에 갇혀 있는 다수의 여성 회원을 위한 의미 있는 지침이 어떻게 작용할 수 있는가의 여부에 달려 있으므로, 가치지향이 다른 작은 집단들을 위한 다양한 프로그램 설정의 실현이 중요하다.

조직적인 여성운동이 지향하는 궁극적인 목표가 모든 여성에게 신뢰 가능한 지침으로서 작용하면 그 자체 모든 여성에게 도움이 되기 위한 정책결정 참여가 이루어져 여성의 삶의 조건을 개선하게 된다. 그러므로 조직적인 목표 아래서 전개되는 여성의 연대활동은 행동의 결정과 행동의 명확한 지침을 부여함으로써 하나의 큰 후원자 내지 길잡이 기능을 여성들이 얻게 된다.

여성정치권력 획득을 위한 조직활동은 정당운동, 시민운동, 노조운동, 빈민보호운동, 소비자보호운동, 공명선거운동, 환경운동, 인권운동, 청소년보호운동, 동일운동 등을 전개하고 확대함으로써 그 효과를 극대화할 수 있다. 여기서 나온 힘은 여성을 위한 정치변혁의 에너지를 집중할 수 있기 때문이다. 압력정치(pressure politics) 형태로서 전개할 수 있는 여성의 조직운동은 '보이지 않는 정부' 또는 '왕자의 배후에 있는 권력'의 역할을 하는 압력단체의 전술활동을 취할 수 있다. 시위, 청원, 진정, 정부에 집단적인 압력이 있을 수도 있고, 심의회, 조사회, 공청회에 대표자를 보내고 입법부에 여성후보를 진출시킴과 동시에 남녀동등한 대표권 행사가 민주주의임을 인식시키고 여론의 지지를 얻기 위해 선전활동을 전개한다.

이러한 활동은 여성을 위한 정치의 변혁을 향한 기대의식을 높이고, 그들의 활동에 성과가 있을 때는 여성들에게 '정치적 유력감(Political Competence)'[22]을 가져온다. 즉 여성 자신들의 힘으로 그들이 바라는 정치를 가능케 할 수 있다는 신념이야말로 변혁을 있게 하는 힘의 원천이 된다. 뿐만 아니라 이러한 활동을 통하여 이루어진 여성들의 '연대의식'은 사회통합을 가져와 진정한 공동체 정신의 발양을 가능케 한다. 여성 이익의 조직적 표출행동은 사회의 기저적 이해 상황을 공적 레벨에 명확히 표현, 정치에 반영시키는 데 도움이 되므로 민주화를 추진, 철저히 정착하게 한다. 또 다원적인 여성정치 리더의 등장을 촉진, 정치 그 자체를 활성화하는 효과를 가져온다.

정치권력 획득에 사회적 차원에서 가장 중요한 전략으로는 정당활동을 들 수 있다.

정당은 본래 국민 대표의 원리 위에서 의회 민주주의 형성과 더불어 발달하였다. 그리고 정당은 다른 정당과 선거를 통한 경쟁에서 국가 권력의 획득과 행사를 목적으로 한 정치조직체로서 그 활동과정에서 개개인으로서 활동하는 것이 아니라 정당기구의 구성요인, 조직의 성원으로서, 조직적 행동의 일환으로 활동한다.

의회는 국민의 정치적 의사의 통합기관, 대표의 국가기관, 또는 국가 의사의 결정에 대하여 국민이 참가하기 위한 국가기관인 데 대하여 정당은 국가기관이 아니라 국민 자신의 정치적 집단, 또는 조직으로서 그

---

22) Political Competence는 정치문제에 대하여 영향력을 획득할 때 가능하고, 정치가 자기의 요구와 다르게 행해질 때는 어떤 형태의 가치 박탈감을 가지게 된다. 그래서 시민정치문화(civic political culture)는 다수의 개인이 시민으로서 정치적 유력감을 갖는 정치문화이다. Gabriel A. Almond and Sidney Verva, *The Civic Culture: Political Attitudes and Democracy in Five Nations*, Princeton: Princeton Univ. Press, 1963, pp.214-215.

국가기관을 구성하는 의원을 조직적으로 싸안고 관리하는 조직체이다. 또 정당은 의회에서 뿐만 아니라 입법 이외의 분야에 대한 활동도 전개하므로 정당은 의회정치의 중요한 원리에 해당한다.

오늘날은 대중정당 시대로서 의회 내부에서 중요한 정치상의 대립은 모두가 정당 상호간의 대립으로 나타나고 있어, 정당은 국민 사이의 다양한 갈등과 이해의 대립을 합리적으로 조정하여야 되기 때문에 국민 전체의 이익을 지향하게 되어 있다. 이는 국민정당의 이념으로 사회통합의 요청에서 나온 것으로, 그 사회통합은 국민의 자유와 평화와 평등이 존중되는 것을 전제로 한다.

정당의 본질적인 사명은 정책을 개발, 제시하고, 국민들로부터 정책에 대한 지지를 얻기 위한 끊임없는 조사, 연구 그리고 선전을 해 나가는 데 있다고 볼 수 있다. 시장경제체제가 지배하는 자본주의사회에서 각 정당의 정책은 소비자에게 제시하는 상품에 해당되어 소비자의 구미와 취향에 알맞은 상품의 개발 연구와 마찬가지로, 정당은 국민이 선택할 정책의 개발이 무엇보다도 중요하다. 신용 있는 상품이 소비자의 수요를 충족시킬 수 있듯이 국민의 신뢰와 지지를 획득할 정책이 중요하다. 국민은 마음에 들지 않는 정책에 대하여 자유롭게 평가하고 비판하고 우수한 정책을 제시하는 정당을 선택하여 국민이 바라는 사회를 만들어간다.

정당은 국민의 지지를 얻기 위하여 사회적 사고의 동향을 명확한 강령으로 표명하고, 세계관, 즉 종합적인 사회적·정치적 사상의 체계를 선언한다. 인간 생활 전체를 포괄하고 특징짓는 데에 있어서는 전체적일지라도 강령과 사상체계 선언은 정당의 독특한 특징을 나타낸다. 국가의 공통적인 이상을 추구하면서 그 전체적인 이상에 접근해 가는 방법론상의 길과 내용과 구조를 밝힌다.

즉, 전체 국민적 이익을 추구하기 위한 일정한 입장으로부터의 이익,

가치, 주의 및 주장이 밝혀지고, 자기 당의 이상을 실현하기 위한 구체적이고 과학적인 정책이 밝혀져 국민은 정책에 대한 명확한 선택의 기회를 갖는다.

또한 국민의 정치의사 형성에 영향을 미치면서 선거를 조직하고 시대의 동향이나 사회의 불만을 통찰하며 적절한 대책을 강구하면서 조직적인 지지자의 획득을 필요로 한다. 그래서 정당은 국가 정치에 대한 장기적이고 현실적인 시야와 성숙을 가진 정치지도자의 보충, 후보자 지명, 선거전 수행, 강령 발표, 조직의 확대, 정책 선택, 국민의 정치 계몽, 사회적 갈등 해소, 정부의 정책 결정안을 작성하는 기구의 조직 같은 기능을 가진다.

더욱이 오늘날은 인간의 생명과 건강을 끊임없이 위협하는 요소가 증대하고 있다. 학문적인 지식이나 새로운 과학기술 등에 의한 위협, 즉 나날이 새롭게 발전되는 의약품, 생활필수품을 위한 저장원료, 교통수단의 발달, 기계장치, 농약의 사용 등 이전의 시대에는 생각할 수 없었던 위험이 커지고 있다. 이에 따라 이러한 위협에 대한 국가의 예방, 제어능력이 국가 업무 가운데 주요 시책이 되어야 하는데, 우리 사회는 이러한 위험에 대한 무방비상태가 계속되기 때문에 국민의 세금이 어디에 어떻게 쓰여지는가에 대한 의심도 커지고 있다. 국민의 세금으로 운영되는 국가의 업무에 대하여 세금을 내는 국민 스스로의 조직화한 여론으로 감시하고 바로잡는 기능을 손에 쥐지 않는다면 국민의 안녕은 지켜질 수 없음을 우리 모두 알아야 된다고 본다. 그리하여 개인과 사회의 생존이 위협당하지 않고 건전하게 생존을 영위할 수 있도록 정치권에 새로운 위험과 변화에 대처할 준비를 늘 촉구하여, 정치의 과업이 국민들을 더욱 안전하게 물리적·심리적으로 보호하는 데 적극성을 발휘할 수 있어야 한다는 것을 일깨워야 될 것이다.

여성들은 정당의 이러한 본질로부터 정당활동에 되도록이면 많이 참

여하여 표를 조직하고 여성당원이 다수를 차지하여 정당고위직을 여성
들이 차지하는 데 앞장서야겠다.23) 유권자의 표가 여성 정당활동을 통
하여 모아지면 각종 입후보자의 당락이 결정되고, 정책이 여성 유권자
의 지향에 따라 채택된다. 앞에서도 언급한 대로 여성의 문제는 개개인
으로는 해결될 수 없으므로 그룹운동이 확산되어 주부는 주부대로, 직
장인은 직장인대로, 학생은 학생대로 경험에 비추어 의견을 모으고 활
발하게 토론하여 전체적 네트워크를 통해 의견이 집약되면 큰 규모의
행동으로 정치사회에 선전, 제안하여야 한다. 여기에 정당에서 여성당
원의 역할이 중요시되고 여성사회의 다양한 의견을 집약하여 정당 간
부회의에 제안하여 정치체계 작동시스템에 들어가 권위 있는 결정으로
환원토록 노력하여야 한다. 이는 정당제의 정착에도 도움이 된다.

　정당 내부의 민주주의가 이루어진 조건 안에서는 많은 여성들이 정
당에 가입하면 정당의 상층지도부를 자연스럽게 장악할 수가 있다. 또
지도자로서 훈련을 받아 정책을 입안하고 집행하는 영향력 있는 정책
결정 형성과정에 참여하는 직접적인 자격을 획득하는 것은 더할 나위
없이 바람직스런 일로서 많은 여성들의 성취동기를 유발할 수 있다. 여
성 입후보자의 선거운동을 지원하고 정당에서 지도자 위치를 확보하는
데는 실제 정치, 경제, 외교, 사회, 문화 등 전문분야에 정통한 지식도
필요하고 남성지도부를 압도하는 리더십, 그리고 중요한 대회에서 타월
한 설득력도 필요하다.24) 그래서 성을 초월한 새로운 리더십 개발과

---

23) 민자당은 1992년 현재 360만 당원 중 56.3%가, 민주당은 120만 중 54%가
　　여성이다. 1993년 1월 현재 민자당은 대의원 6,800명 중 540명(7.9%), 민주
　　당은 800명(13.6%)이 여성이고, 당무위원은 민자당이 52명 중 4명(7.7%),
　　민주당이 60명 중 3명(5.0%)이다.
24) 구체적으로 정책결정에 참여하려는 여성은 ① 미래를 보는 식견, ② 시대변
　　화와 발전과정에 헌신적으로 참가하려는 의욕, ③ 인격적인 통합력, ④ 정치·
　　경제·외교 분야에서의 전문적인 지식, ⑤ 사회에서 여성의 정당한 기회제공을
　　위하여 노력하고자 하는 책임의식, ⑥ 출발점의 재확인, ⑦ 가족과 사회의 정
　　치적 의사형성의 노력, ⑧ 가정에서는 가정의 행복에 대한 책임, ⑨ 정치무대

새 유형의 리더십 개발이라는 시대에 따른 요청을 확산시켜 나아가야 된다.

한국은 통일을 앞두고 있다. 통일과정에서 여성이 소외되면 통일한 국에서 여성의 지위는 과거로 돌아간다. 이를 위해서도 여성의 정치세력화(political empowerment of women) 및 통일세력화를 위한 운동이 전개되어야 한다. 정치의식화와 통일의식화 교육의 확대도 필요하다. 그리고 조직적인 통일운동의 활성화 프로그램 개발이 요망된다.[25]

(3) 국가 정책의 차원

1992년 12월 실시된 제14대 대통령 선거시 총 유권자 2천942만 2,658명 중 여성은 1천492만 3,300명으로 전체의 50.7%를 차지하였다. 남녀가 같은 비율로 정치적 의사결정에 참여하여야 헌법상, 또는 상식과 인간성의 토대에서 양성의 평등이 실현된다. 이 실현을 위해 제도적 보완이 요청된다.

입법부에서 1995년 현재 제14대 국회의원 비율은 296명 중 여성은 5명으로 1.5%이며, 기초지방의회의 여성의원은 4,304명 중 40명으로 0.9%, 광역의회는 866명 중 8명 당선으로 0.9%이다. 행정부에서는 국무위원은 2명이고, 1992년 12월 31일 현재 행정부 소속 공무원 총수는 87만 1,527명 중 여성공무원은 21만 9,845명으로 전체의 25.6%, 5급 이상 행정부 소속 일반직 여성공무원은 총 492명으로 전체 1.9%이다. 사법부 공무원은 1992년 말 현재 총 9,089명 중 여성은 1,955명으로 21.5%이며, 여성법률가는 1,133명 법관 중 42명이 여성

는 공동체의 새로운 생존조건의 향상을 위하여 일하는 작업장이라는 인식이 있어야 한다.

25) 한국여성개발원, 『나이로비 여성발전 미래전략과 우리나라 여성단체활동』, 94 여성관계자료 400-29: 1993년 현재 여성단체 수는 2,200여 개이다.

으로 3.7%를 차지하고 있다.26)

이상의 통계는 한국여성의 정치적 지위를 그대로 나타내고 있다. 남성에 비하여 여성의 지위는 아직도 열악하다. 행정관리는 정치적 결정의 주인임과 동시에 그 결정을 집행한다. 실질적 권력을 행사하는 행정부를 보면 여성공무원의 수가 증가 추세에 있으나 직위면에서는 아직도 하위직에 머물고 있다. 사회의 가치인 권력, 존경, 부, 명예, 기술, 사랑, 건강, 자유, 안전에서 여성은 합당한 가치를 배분 받고 있지 못하다. 이러한 불평등한 조건을 타개하기 위해서는 할당제 도입이 정책결정체계의 민주화를 위해서도 우선적으로 요청된다. 특히 과거에 누적된 차별을 조정하기 위해서이다. 소수집단이 조직에 영향력을 행사하기 위해서는 할당률은 30~35%는 되어야 한다고 유엔은 보고하고 있으나,27) 유엔 여성지위위원회는 1995년까지 정부, 정당, 노조, 직업단체의 지도적 위치에 여성이 30%는 참여하여야 된다고 권고하고 있다.

1996년 총선에서 민자당과 민주당은 비례대표의 20% 여성 할당을 약속하고 있다.28) 새정치국민회의는 25% 이상을 공약하였다. 지역구 입후보자도 할당이 나와야 된다. 모든 기업체, 정부기관, 지방자치단체, 교육기관, 정당, 언론기관, 노조, 사회단체, 이익집단, 민간시민단체, 기타 모든 공동체의 중요사항을 결정하는 고위직에 30%의 여성을 할당하여야 유엔의 권고에 상응할 수기 있다. 여성개발원은 할당제 도입의 우선 순위를 의회, 지방의회, 국가의 공공위원회, 직업교육훈련, 공무원 승진, 교육행정고위직, 국·공립 대학 교수 채용, 공기업에 두고 있다.29)

---

26) 정무장관(제2)실, 『유엔 여성차별철폐협약 이행 제3차 보고서』, 정책자료 94-7, pp.40-41.

27) United Nations(1992. 12), No.38: 한국여성개발원, 『여성일정비율할당제 도입에 관한 연구』, 94 연구보고서 200-6, p.133.

28) 주준희, 「외국여성 정치참여 현황」, 김정숙 편, 『女性과 政治』, 한국여성정치문화연구소, 1992, pp.253-267.

29) 정무장관(제2)실, 앞의 책, p.151: 독일의 사민당은 1988년 각급 당직과 대

정부에서 연차적으로 할당제를 실시하고 중앙정부 차원에서 임용통계를 도입하여 매년 국민에 임용실태를 보고하면 투명성과 감독효과를 가져올 수 있다. 이를 모든 공공기관, 단체, 기업에서 실시하여 이행치 않은 대기업의 상품은 여성소비자단체에서 불매운동을 벌인다면 더 큰 효과를 가져올 수 있다. 현실적인 정책 대안과 관련, 여성의 공직 참여, 임용·승진과 정책결정 참여 보장책으로 읍·면·동장 임명직, 시·군·구 부단체장 임명에 할당제를 실시한다. 각 부처에 여성국 내지 여성담당 관제를 신설하고, 여성 아카데미커들을 국가 공무원의 전문인력 내지 기업체 연구소, 정부출연기관, 언론기관, 노조, 대학연구소에 할당배치한다.

한국의 여성정치참여 현실을 감안하여 우리 여성계는 다음과 같은 획기적인 방안을 모색해 볼 수 있다. 그것은 이중적 선거방식을 택하는 것이다. ① 기존의 방식대로 소선거구제에 근거한 각 지역의원을 선출한다. ② 그리고 인구 비례에 따라 3~5개의 지역구를 다시 하나로 묶는다. ③ 각 정당은 이러한 중·광역지역구를 대상으로 여성 피선거권자를 각각 공천한다. ④ 유권자들의 투표로 중·광역지역구 여성의원을 선출한다. ⑤ 여성의원은 소선거구 출신 국회의원과 동일한 법적 지위를 가지고 국회의원으로서 활동하면 60~64개의 의석을 차지하여, 전체의 약 18%를 차지하게 된다.

한국여성정치문화 연구소, 「여성과 정치」, 1997.

의직 40%의 여성보장 결의안을 채택하여 여성의 정치적 진출 가능성을 높였다. 현재 투표권이 있는 대의원 40% 이상을 여성이 차지하고, 부총재, 재정부장, 사무총장은 여성이다. 당지도부 여성 40%, 연방의회는 27.2%(65명)가 여성이다. 그리고 녹색당은 1986년 중앙당 모든 회의체 기관에 여성이 최소한 50%를 대표해야 한다고 결정하였다. 주로 보수당은 이를 반대하고 있다.

4 유럽의 재생과 평화의 구축

사라예보 60억 명째 아기 탄생 메시지
푸틴 시대와 러시아
CSCE와 유럽안보환경의 변천
네오 마르크스주의의 성립과정과 주요 관심영역
Die Analyse des außenpolitischen
Krisenverhaltens und Krisenmanagements

사라예보 60억 명째 아기 탄생 메시지

1999년 10월 12일 0시2분 새 천년을 90일 앞두고 보스니아-헤르체고비나의 수도 사라예보에서는 지구 인구의 60억 명째의 남자 아기가 태어났다. 사라예보의 코소보 대학병원 분만실에서 태어난 3.55kg의 그 아기는 코피 아난 유엔사무총장으로부터 지구상의 60억 번째 인류로 지정되는 기념행사를 받으면서 온 세상의 축복을 받았다.

유엔의 더글러스 코프먼 대변인은 아난 사무총장이 마침 그 날 사라예보에 있었기 때문에 그 아기를 품에 안아주고 출생을 축하해 주었다면서 그 사실을 우연으로 돌렸다. 그러나 유엔은 새 천년 90일전 10월 12일을 세계인구 60억 돌파의 날로 알고, 아난 사무총장의 일정에 맞춰 사라예보 탄생의 아기에게 60억 명째라는 행운을 안겨준 것이다.

지구평화를 관리하는 코피 아난 유엔 사무총장의 품에 안긴 60억 명째 아기가 이 세상에 전하는 메시지는 결코 우연이 아니라는 느낌을 인류의 가슴에 충분히 전해주고도 남았다. 왜냐하면 보스니아-헤르체고비나의 수도 사라예보는 제1차 세계대전의 진원지이고 냉전이 종식되고 인종·종파·정파·민족간의 갈등이 야수성(野獸性)보다 훨씬 더 음산하고 포악한 형태로 재연되었던 곳이기 때문이다.

1차 세계대전의 진원지

보스니아 평화협정이 체결될 때까지 1992년부터 1995년의 3년 7개월 동안의 보스니아 내전은 20여만 명의 희생자를 기록하였다. 내전동안 총성이 끊긴 날이 없었던 사라예보에서는 1만 명 이상이 사망하고 어린이는 1,600여명이 사망했으며 전 보스니아에 75만 명의 어린이 중 50여만이 굶주림을 당한 곳이다.

발칸반도에서 여러 민족의 반목과 질시는 오랜 역사를 지니고 있다. 오랫동안 터키제국은 세르비아를 지배하였고, 합스부르크 왕가는 크로아티아를 지원하였다. 그러던 중 터키제국이 몰락하고 러시아가 세르비아를 지원하자, 이에 반발한 합스부르크제국이 1908년 보스니아-헤르체고비나를 합병하였다. 이에 유고-슬라브 민족대연합의 세르비아 민족주의의 이상을 품은 세르비아 청년이 범게르만주의 신봉자인 합스부르크 페르디난드 황태자를 사라예보에서 암살하자 제1차 세계대전이 발발하였다.

제1차 세계대전으로 합스부르크 제국이 붕괴되고 세르비아는 제2차 세계대전중 연합군 측에 가담하였다. 그러자 크로아티아 테러단체는 나치스의 지원 아래 세르비아 대학살을 감행한다. 그리고 제2차 세계대전 후, 반나치 투쟁의 영웅 티토가 1980년 사망하고, 1989년 베를린 장벽이 붕괴되자, 당시 유고의 슬로보단 밀로셰비치 대통령의 대(大)세르비아 야망과 크로아티아의 프탄요루즈만 대통령의 크로아티아 단일 민족국가 건설의 야망이 발칸반도의 맹목적인 민족주의를 부추겼다. 그러자 보스니아에서 평화롭게 이웃하고 살던 각 민족은 갑자기 서로를 적으로 하는 인종청소의 참혹한 내전에 빠져들었다.

잘못된 정치지도자의 사리사욕이 역사적으로 축적된 적대감을 재생

시켜 죄 없는 인민들에게 희생을 떠맡기고, 어이없게도 평화를 깨뜨리
려 문명사회를 멍들게 하는 우를 범하였다.

비극의 현장서 평화 꽃피우길

그 참담한 보스니아 내전 당시 유엔평화유지활동을 헌신적으로 총지
휘하였던 아난 사무총장은 보스니아가 1996년 유고연방에서 분리 독립
한 후 그 비극적인 역사의 현장 사라예보를 처음 방문하여 60억 명째
사라예보의 아기 천사를 품에 안은 것이다. 그 아기가 이 세계에 보낸
새 천년 메시지는 안트예크록 반인종차별 시인의 "나는 너를 가난과
총알과 폭력과 에이즈로부터 침묵과 어리석음과 부패한 인간들로부터
지킬거야"에 나타나고 있다. 그것은 사라예보 아기 세대가 새 천년에
바라는 간절한 소망임과 동시에 이 세상에 태어난 인간들의 책무를 일
깨워준 메시지임에 틀림없을 것이다.
　인류 역사상 위대한 구원과 개혁의 횃불은 안주의 지역이 아닌 격동
의 연속으로 얼룩진 모순 지역에서 예외 없이 나왔다. 새 천년의 질서
를 자리매김하는 지각의 판이 요동치는 사라예보 모순의 현장에서 60
억 명째로 태어난 아기의 고고한 외침의 의미를 새겨봄직하다. '이 세
상에 나온 인간은 모두가 평등하고 존귀하다'는 하늘이 지구에 보낸 메
시지이거나 평화를 바라는 온 인류의 간절한 소망일지도 모르기 때문
이다.

《대한매일》 1999. 10. 23.

푸틴 시대의 러시아

  2000년 3월 26일, 러시아에서는 '강한 국가', '법질서 확립', '범죄와 의 전쟁'을 공약한 47세의 블라디미르 푸틴(Vladmir Putin) 대통령 대행 및 수상이 53%의 과반수 득표로 러시아의 새로운 대통령으로 선 출되었다.

  1991년 말, 소련의 공산제국이 붕괴되는 역사의 소용돌이 속에서 민 주주의와 자본주의적 시장경제로의 급진적 체제개혁을 단행한 옐친이 연 신생 러시아는 이제 '애국심', '대국', '국가주의', '사회적 연대'라는 러시아의 전통적 가치에 기반한 21세기 러시아를 구상하는 푸틴 시대 를 맞이하게 되었다.

  푸틴은 소련체제의 보루였던 KGB에서 성장하였다. 7개월 전 옐친 의 후계자에 지나지 않았던 푸틴은 체첸 전투에서 보여준 결단력과 행 동으로 러시아 국민에게 어필, 대통령에 당선됨으로써 권력의 논리에서 대담한 현실주의자로 부각되고 있다.

  푸틴은 신·구의 모든 러시아의 사회적·물적 자원을 동원하여 러시아 인들의 자존심을 회복하는 새로운 러시아 제국의 건설을 기획하고 있 다. 우선 푸틴은 헌법개정으로 강력한 중앙집권적 대통령제와 대통령의 임기 연장으로 강력한 대통령이 되어 무기력하고 지친 러시아를 재건 하겠다는 것이다. 푸틴 시대의 러시아는 대통령 당선이 확정된 3월 27

일, 북구 바렌츠 해의 핵잠수함에서 발사된 2기의 대륙간 탄도미사일이 8,000Km를 날아가 극동의 캄차카 반도의 목표물을 명중하면서 출발하였다. 이미 푸틴은 2000년 1월 10일 서측으로부터 NATO의 동진확대, 유고공습, 남측으로부터 이슬람 원리주의의 위기를 배경으로 세계질서에서 미국 중심의 단극체제의 견제, 핵무기 사용 가능성 확대, 재래식 무기의 현대화와 핵 전력의 강화로 강대국지위 회복을 위한 러시아의 신국가안보 개념을 발표한 바 있다.

푸틴이 본 옐친 시대 9년은 '잃어버린 시대'로 알코올과 심장병에 시달린 옐친처럼 무기력한 러시아의 현실이었다. 옐친은 경제개혁의 실패, 무력에 의한 의회 진압, 서방측의 금융에 과도한 의존, 자금순환 부족으로 시행착오의 연속에 시달렸다. 그 결과 소련 제국시대 일상적인 현실로 정착된 실업, 매춘, 마피아, 마약, 알코올 등은 소련 붕괴의 좌절감과 겹쳐, 새로운 형태의 '러시아 병'으로 자리하였다. 옐친 정부 아래 가격자유화와 사유화 정책은 경제의 장기침체를 가져와 인플레이션과 빈부격차, 산업붕괴, 탈세, 지방정부에 대한 통제 불능, 공공보건 시스템의 붕괴로 이어져 156억 달러의 외채고, 관료주의의 부패, 탈세, 범죄, 무질서가 만연하였다. 독재로 인한 좌절과 우울, 불만의 알코올로부터 찌든 소련체제의 때를 청소하지 못한 옐친 시대의 짐은 푸틴 시대로 그대로 이양된 셈이다.

이에 러시아 국민들은 그들에게 자신을 불러일으키고, 현재의 어려움으로부터 보다 나은 밝은 미래를 열어줄 기대를 국가재건에 강력한 의지를 가진 푸틴에 맡기게 되었다. 과연 3월 27일 푸틴의 대통령 당선이 확정되자 러시아 주식시장 RTS지수는 22개월만에 최고치인 249.2를 기록하였다.

푸틴은 공정한 경쟁과 시장을 보호하기 위한 시장경제 운영에 필요한 법제도를 만들면서 경제재건, 질서회복, 국가위신 회복을 위한 대혁신을 단행할 것으로 예상된다.

국가 대혁신에서 돈과 정보의 막강한 파워를 휘둘러온 올리가르키와의 관계설정이 주목되지만, 푸틴은 러시아의 운명과 세계질서에 영향을 미치는 러시아의 강자가 되었다. 그러나 푸틴 시대의 러시아는 군사력과 획일성을 바탕으로 한 지난 세기의 강국과는 달라야 한다. 이를 위해서 러시아 국민에게는 20세기 이데올로기의 수동성에서 탈피, 21세기 다원적 민주주의의 자율성이 요구되고 있다. 이제 푸틴의 세대들은 특정의 이념으로부터 해방, 강력한 현실주의 입장에서 새로운 러시아를 건설해 갈 것이다.

톨스토이, 도스토예프스키, 차이코프스키, 뚜르게네프의 조국 러시아의 장래는 민주주의를 열어 가는 신흥중산층과 지식인들의 개혁 요구를 어떻게 수용·실천해 갈 것인가에 달려 있다. 자율성을 중시하는 디지털 혁명의 프론티어 국가시대, 국가주의를 우선하는 강력한 권위주의 부활이 21세기 대국의 조건이 아니기 때문이다.

《뉴스피플》 2000. 4. 20.

CSCE와 유럽안보환경의 변천

1. 머리말

얄타체제 속에서 유럽분단에 대한 공식적인 인정, 즉 전후 유럽의 현상유지를 상호 인정한 1975년 8월 1일 '헬싱키선언'[1]으로부터 15년 만에 전 유럽과 미국·캐나다 등 34개국의[2] 정상들은 1990년 11월 21일, 소련과 동구의 변화 그리고 독일통일을 계기로 한 유럽의 새로운 안보환경에 직면하여 40년에 이르는 유럽분단의 종식을 공식적으로 선언하고 새로운 유럽의 탄생헌장을 채택하였다. 그리고 나토와 바르샤바조약기구의 22개 회원국은 역사상 가장 광범위한 재래식무기 통제협정과 상호불가침협정에 서명하고 40여 년간의 나토와 바르샤바조약 기구간의 적대적 관계도 청산하였다. 이데올로기와 권력정치의 대결 청산이 군사적 대결을 제거하는 자유로운 길을 열게 한 것이다.

파리에서의 전 유럽안보협력회의(CSCE; Conference on Security and Cooperation of Europe)는 반세기에 가까운 긴장과

---

1) 헬싱키선언 35개 서명국: 벨기에, 불가리아, 덴마크, 동독, 서독, 핀란드, 프랑스, 그리스, 바티칸 왕국, 아일랜드, 아이슬란드, 이태리, 유고슬라비아, 캐나다, 리히텐스타인, 룩셈부르크, 말타, 오스트리아, 모나코, 네덜란드, 노르웨이, 오스트리아, 산마리노, 스웨덴, 스위스, 스페인, 체코슬로바키아, 터키, 헝가리, 소련, 영국, 미국, 사이프러스, 지금은 18개 신규회원국들이 참가 52개국으로 됨.
2) 파리헌장 서명국은 독일통일로 34개국이 되었다.

대립을 종식시켰다. 즉, 이데올로기적 적개심과 지구상의 생명 그 자체를 위협하여 왔던 무기경쟁 대신에 유럽 분단 극복, 유럽의 얄타체제로부터의 해방, 유럽인에 의한 유럽건설의 다짐이 부각되었다.

본래 얄타체제는 독일의 분단선 위에서 유럽세력권에 대한 미국과 소련의 영역설정과 그 최종적 확인이었다. 그러므로 전후 유럽인들의 잠재의식 속에는 유럽인은 두 초강대국에 의해 지배되는 세계 시스템의 심벌인 얄타체제의 희생자라는 의식이 늘 도사리고 있었다. 이에 얄타체제를 파괴하는 것이 애국적인 모든 유럽인의 생각이었으나 세력권의 변경에 대한 어떠한 시도도 전쟁을 의미하였다. 이에 유럽국가들은 데탕트로 전 유럽문제를 해결하기 위하여 전 유럽의 현상유지 위에서 유럽안보체제의 질서를 형성하려 하였다.

이와 관련하여 1975년 헬싱키선언의 유럽안전보장의 개념은 정치와 사회체제를 달리하여 동서의 국경을 변경하지 않고 현상유지에 대한 상호인정의 바탕 위에서 인간, 직업 및 사회간의 접촉을 통하여 서로의 신뢰와 이해를 증진하면서 양 체제의 이질적인 가치의 차를 최소로 줄이는 데 중점이 두어졌다.[3]

그러나 데탕트에 대한 동기는 미국과 소련이 서로 달라 그 결과는 순탄하게 진행되지 못하였다. 그러나 헬싱키선언은 서유럽국가들에게 세계정치의 현장에 행동의 주체로서 복귀토록 하는 계기를 마련, 유럽인들이 현실을 자각하여 오던 차[4] 고르바초프 신 사고외교로 동구가 무너지고 베를린장벽 붕괴와 독일의 통일, 그리고 얄타체제 붕괴는 유

---

3) Willy Brandt, *Begenungen und Einsichten-Die Jahre 1960-1975*, Hamburg, 1976, p.314.
4) 이러한 유럽인들의 문제의식은 '유럽의 특성'과 '유럽의 강제상황' 그리고 '유럽의 기회'로 집약된다. Richard Lowenthal, Europas Eigenart-Eropas Zwangslage -Europas Chancen, in Leonhard Reinisch(ed.), *Dieses Europa Zwischen West und Ost*, München, 1982, pp.152-161.

럽의 해방을 가져오게 되었다.

독일의 통일은 유럽질서의 기본적인 좌표축의 변화와 관련되어 유럽에서 국가체계는 변혁의 과정으로 들어가게 되었고, 유럽의 안보환경은 근본적인 변화에 들어섰다.

2. 분단 유럽의 현상승인: 헬싱키선언

1) 얄타체제와 유럽

미국과 소련이 유럽열강들을 훨씬 능가하는 초대국으로 등장하기까지 유럽은 세계사의 중심지였다. 과거 유럽열강은 권력정치의 주역이었다.5) 그로 인하여 제1, 제2차 세계대전의 주 전장이 유럽이 되었다. 그 주역들도 유럽인들이었으나 유럽의 전후문제를 처리하고 국제질서를 재편성하는 1945년 2월 크리미아 반도의 얄타회담에서는 유럽이 소외·격하되었다.6)

반(反)히틀러의 유럽전선에서 연합국의 전쟁목표는 히틀러의 독일을 패전시키는 일이었고, 히틀러의 독일은 연합국간의 어려운 단결을 보증하는 주요 조건이었으나 독일의 패배가 확연해짐에 따라 과거 독일이 지배하던 지역의 힘의 공백지를 둘러싸고 미국과 소련사이 냉전의 싹이 트기 시작하였다.

이에 1948년 3월에는 서유럽국가들의 '브뤼셀조약'이 체결되고 1949년 4월에는 미국을 맹주로 한 나토(NATO)가 창설되었다. 1950년

---

5) von Karl Jaspers, *Europaischen Geist*, Würzburg 1979, p.8.
6) Churchil Winston S., *The Second World War: Triumph and Tragedy, Cambridge*, Massachusetts, 1953, pp.329-466.

나토는 한국전쟁에의 응답으로서 무력증강을 서두르면서 연합군은 서독의 동엘베강에서 방위하여야 된다는 '전진전략'을 채택하였다.[7]

나토에 대항하는 동구측은 1955년 5월 바르샤바조약을 체결하였다. 이로써 독일의 분단선을 중심으로 세계 양대 세력의 힘이 집중되어 어느 한 세력도 전 유럽을 독점적으로 지배할 수 없게 되었다.

2) 데탕트와 유럽안보의 구상

그동안 핵시대에 들어와 군사력의 기능은 근본적으로 변하였다. 거대한 파괴력을 가진 핵병기의 출현이 군사력의 대규모에 걸친 사용을 불가능케 하였기 때문이다.[8]

이는 양진영으로 하여금 '현상을 존중하고 서로의 분쟁을 비군사적으로 해결하면서 서로 상반된 목표와 이익의 조정에 최소공약수의 모색'을 불가피하게 하였다. 냉전이 세계대국의 군사적 대결의 경계선 내에서 동서 양진영의 힘과 이데올로기의 분쟁을 의미한데 반하여, 데탕트는 동서분쟁의 변형된 형태로서 전쟁의 발발을 저지하는 상황에 도달하려는 동서간의 노력의 의미가 포함되었다.[9]

그리하여 군사력에 의한 힘만을 강조하는 무력정책은 냉전을 야기하고 그에 상응하는 위험을 따르게 한다는 동서 양진영의 상호인지는 1963년 6월 '부분적 핵무기실험 금지조약'을 체결토록 하였다.

한편 동서관계의 해빙이 진행됨에 따라 초대국에 의한 세력권 내부의 결속도 완화되기 시작, 프랑스의 드골 대통령은 서유럽 복권을 지향

---

7) John Spanier W., *American Foriegn Policy Since World War II*, London, 1971, p.55.
8) The German Tribune, 10 Jan, 1982.
9) Helga Haftendorn, Versuch einer Theorie der Entspannung, in *Sicherheitspolitik heute*, Heft 2, 1975, p.223.

하는, 즉 얄타체제에 대한 유럽도전의 조류에 선두를 서면서 독일과의 제휴를 축으로 하는 서유럽통합과 자립정책을 추진하였다.10)

1960년대 미국은 베트남 전쟁의 늪에 깊숙이 빠져 있었다. 베트남 전쟁에 미국의 국력이 집중되어 있을 때 유럽전선의 긴장은 어느 모로 보나 바람직하지 못하였다. 서유럽의 방위체제에 중심적인 책임을 지고 있는 미국의 존슨대통령은 1966년 10월 환경개선에 의한 '유럽문제 해결'의 의사를 밝혔다.11)

소련에서 브레즈네프 시대에는 미국과 소련의 핵전력, 중소대립 그리고 경제문제가 대외정책에 큰 영향을 미쳤다. 이미 1960년대 소련의 경제는 경제력에 어울리지 않는 과다한 국방비지출로 경기후퇴의 경향이 나타나 1950년대 소련의 국민소득은 10.2%, 공업생산은 12.5% 연평균 성장하였으나 1960년에는 국민소득 5%와 공업생산 4.8%로 경감하였다. 이에 브레즈네프는 서방측으로부터의 기술도입을 통한 기술혁신으로 경제부진을 극복코자 하였다.

브레즈네프는 1966년 3월 제23차 당 대회에서 '국제관계의 평화적 협력의 발전을 위해서'라는 명제로 ① 유럽안전보장의 문제에 관한 교섭개시, ② 유럽의 군사적 긴장완화와 군비축소, ③ 유럽의 현 국경의 인정, ④ 독일문제의 조정을 내용으로 하는 유럽의 모든 국가가 참여하는 '유럽안보회의'를 제안하였다.

3) 헬싱키선언의 원칙: 동서교류 원칙

1966년 7월 바르샤바 조약기구의 정치자문위원회는 ① 독립·주권·

---

10) Kissinger의 1974년 9월 19일 상원외교위원회에서의 연설: *Europa Archiv*, Folge 20. 1974. p.463.
11) Frankfurter Allegemeine Zeitung, Okt. 8. 1966.

평등권·내정불간섭원칙 위에서의 선린관계와 무역·경제·과학·기술·문화의 제 분야에서 접촉과 협력의 확대, ② 나토와 바르샤바 조약기구의 동시해체, ③ 동·서독의 병력감축, ④ 서독의 핵무기에의 접근가능성 배제, ⑤ 영토의 불가침, ⑥ 동·서독의 인정을 제안하였다.[12]

나아가서 1968년 중에 중국과 소련국경에서 우수리강의 다만스키섬이 서로 자국의 영토라고 주장하는 정규군의 접전이 발생하자 1969년 3월 바르샤바 조약기구 수뇌회의는 동서 2군사동맹의 존재에 대한 인정위에서 전 유럽의 안전보장과 긴장완화를 추구하고자 '현상 고정안'을 제시하였다.

한편, 1969년 12월 나토의 각료이사회는 동서화해의 촉진이 나토의 과제임을 확인하였다. 즉, "동맹국은 동·서관계의 긴장완화를 촉진하기 위한 현실적인 조치를 취할 노력을 경주할 것을 결의한다. 긴장완화는 최종목표가 아니라 유럽문제를 규정하고 유럽관계를 개선하는 장기적 과정의 부분이다."[13]

미국과 소련사이의 데탕트는 1968년 미·소의 '핵무기 확산방지조약' 체결 후, 1969년 미국 닉슨 대통령이 나토본부를 방문 "대립의 시대는 지났으며 소련과의 교섭의 시대가 되었다."라고 선언하였을 때 그 본궤도에 진입하였다.[14]

그 결과 1972년 5월 22일 닉슨 미국대통령의 소련방문을 계기로 SALTI이 조인되고 탄도탄 제한조약과 공격용 미사일의 수량동결에 관한 협정이 조인되었다.

---

12) Hermann Volle(ed.), KSZE, Bonn, 1976, pp.3-8.
13) Helga Haftendorn(ed.), *Theorie der Internationalen Politik*, Hamburg, 1975, p.183.
14) Ernst-Otto Czempiel, "Die Vereinigten Staaten von Amerika und die Entspannung", in *Aus Politik und Zeitgeschichte*, B 37/77, 17, 9, 1977.

이에 대하여 소련의 데탕트 정책은 '평화공존' 이론에서 출발하여 그 내용은 전쟁의 포기, 국가간의 신뢰강화와 서로의 이익존중, 내정의 불가침, 주권의 존중과 영토불가침, 경제기술 및 과학의 협력이었다.15)

다른 한편 유럽에서 데탕트 외교의 주역 브란트 서독수상은 동·서측의 사회·정치적인 요인에 근거하여 나토와 바르샤바 조약기구간의 군사적 대결을 군비제한의 조처로 바꾸고, 정치경제 협력의 강화로 유럽의 긴장을 완화하는 전 유럽 현상유지보장정책을 취하였다.16)

브란트의 유럽안보 개념은 미국과 소련의 정책을 배경으로 하여 1970년 8월 독·소 조약에서 구체적으로 모습을 드러내고 있었다. 즉, ① 유럽의 현상을 출발점으로 하여 유럽정세의 정상화 및 유럽 여러 나라들의 평화적 관계의 촉진을 위한 노력, ② 분쟁의 평화적 해결과 무력에 의한 위협과 무력행사의 포기, ③ 현재 유럽의 전 국경을 침범하지 않고 현재의 국경에서 영토보전을 무조건 존중하는 의무가 그 내용이었다.17)

그 후 1972년 11월에 전 유럽안보협력회의 준비회의가 발족되고 1975년 8월 1일 헬싱키에서 최종문서18)가 35개국에 의하여 조인되었다.

헬싱키선언은 동·서의 안보협력, 교류 등 10원칙을 명문화하였다.19) 유럽안보에 관한 문제는 주권평등과 존중, 무력에 의한 위협억제, 국경불가침, 영토보전, 내정불간섭 등 추상적인 원칙을 전 유럽 국가들이

---

15) Helga Haftendorn, *op. cit.*, p.185.
16) Richard Woyke, *Handworterbuch Internationaler Politik*, Oplanden, 1977, p.87.
17) Text, in Friendrich Berber(ed.), Volkerrechtliche Verträge, München 1973, pp.372-373.
18) Text, in Hermann Volle and Wolfgang Wagner(ed.), KSZE, Bonn, 1976, pp.237-283.
19) Von Klaus Blech, Die Prinzipienerklarung der KSZE-SchuBakte, in *Ibid.*, pp.109-122.

지켜나갈 것을 서약한 정치적인 성격을 띠고 있다. 유럽의 평화정책을 위하여 지난 시대의 대결과 긴장관계를 해소하고 보편적인 의미에서 정치적 긴장완화를 위한 상호노력을 확약한 것이었다. 선언은 또한 대규모의 군사훈련 시 사전통보와 옵저버의 참가를 명시하여 상호신뢰구축 조치를 실시하여 유럽에서 정치적 대화의 분위기를 촉진하고 상호의 안정과 안전을 기하려는 것이었다.

협력의 원칙은 유럽공통의 이익이라는 명제에서 전 유럽적 차원의 경제, 과학, 기술, 환경문제에서 협력을 강조하였다. 유럽의 평화와 안전을 굳히기 위하여 생존의 조건을 개선하고 진보를 촉진하기 위해 경제·사회 등 여러 영역에서 협력이 필수적이라 명시하였다.

헬싱키선언에서는 특히 서유럽국가들의 요구로 인권과 사상, 양심, 종교, 신념이 포함된 기본권의 존중에 합의를 확인하였다. 그것은 전 유럽안보협력회의 참가국들의 인권의 보편적 의의에 대한 인정을 의미하였으며 인권의 본질적인 존엄성에 대한 존중과 권리의 보장이 의무지어졌다. 그 구체적인 내용은 동서교류의 원칙으로 문화·교육에서 교류의 증대, 출판물, 전파 등의 정보교환확대와 인적교류의 자유화였다. 이로써 헬싱키선언은 유럽분단 인정, 오데로나이제의 폴란드와 동독국경선과 두 독일국경선의 승인이라는 현상고정에 성공함으로써 동·서 데탕트의 상징이 되었다.

3. 마드리드 검토회의와 유럽안보의 불안

1) 헬싱키선언의 동요

헬싱키선언은 교섭의 시대에 이루어진 유럽안보를 위한 중요한 업적이었다. 동서간에 합의된 동서교류의 원칙에 따라 서유럽국가들은 동측국가들과의 협력으로 동·서의 긴장을 없애고, 현안문제를 해결하면서 경제관계를 개선하고 군축문제를 해결하면 동쪽의 철의 장막 속에서 인간을 존중하는 자유화와 민주화가 이루어져 궁극적으로 유럽의 분단이 극복될 것이라고 믿었다.

분명 동서교류의 원칙은 동·서 상호작용 시스템에의 참가를 확대하였다. 그러나 이 새롭게 변화된 환경조건에서 동·서의 정치는 새로운 분쟁의 소용돌이를 야기하였다.

자유화, 민주화 그리고 인간의 존엄을 존중하는 환경변화는 소련과 동구국가들의 체제붕괴를 의미하였기 때문에 헬싱키선언 후 동쪽에서 체제비판자와 민권운동가들은 더욱 강화된 감시와 억압의 대상이 되었다.[20]

동서교류의 원칙은 동·서가 서로 다르게 파악하고 있었다. 서유럽에 있어서 동서교류의 확대는 인간의 정신적인 커뮤니케이션 확대로서, 특히 사회구성원이 국가의 직접적인 간섭 없이 자연스럽게 만나고 오갈 수 있는 동·서간의 규칙으로 해석하였다. 이에 대하여 동측은 프롤레타리아 계급국가이므로 개인이 그 계급의 지배를 받는 것은 당연시하며, 사회구성원에 대한 간섭 또한 당연한 것이었다. 때문에 합의된 교류의 원칙은 동측 체제의 콘트롤 한도 내에서만 허용되었을 뿐이었다.

---

20) Hartmut, Velbinger, *Einammung und Entspannung*, München, 1977, p.87.

특히 인권문제는 동측 체제에 있어서 아킬레스건이었다. 헬싱키선언에서 서약한 참가국들의 의무이행을 확인하는 1977년 베오그라드 제1차 검토회의와 1980년 마드리드 제2차 검토회의의 최대의 쟁점은 인권문제였다.

마침 소련은 1979년 12월 아프가니스탄을 침공하여 헬싱키선언의 기본을 뒤흔들었다. 서측은 이를 소련의 팽창정책으로부터 나온 위협으로 받아들였다. 또 1980년 8월 이후 폴란드에서 노동자들의 파업에 대한 탄압은 분명 CSCE 기본원칙에 대한 침해였다. 마드리드 검토회의가 열릴 때 세계의 정치상황은 유럽국가들로 하여금 유럽평화를 유지하기 위한 타당한 개념이나 협력의 어떤 그럴 듯한 제도도 창안해 낼 수 없는 새로운 심각한 도전에 직면하였다.

인권문제의 차원에서 동구국가들의 인권상황은 개선은 커녕 후퇴의 기미를 보였고, 인적교류와 정보의 교환을 저지하였기 때문에, 서유럽국가들은 CSCE 원칙이 손상되었다고 항의하였고 인권존중, 인간과 정보의 교환 그리고 동서협조정책을 강조하였다.[21]

헬싱키선언에서 유럽의 군축실시가 합의에 이르렀음에도 불구하고 이 시기 새로운 무기가 개발·배제되어 동서의 군축교섭이 군비확장경쟁을 중지시킨 것이 아니라 군비경쟁을 더욱 촉진시켰던 것이다.

당시 소련은 3개의 핵탄두를 투하할 수 있고 유럽의 미사일기지는 물론 시가지를 정확하게 파괴할 수 있는 사정거리 5,000km의 전략핵미사일 SS20 975기를 동유럽에 배치하고 있었다.[22] 소련의 SS20에 대항하여 나토는 1979년 12월 12일 브뤼셀에서 1983년부터 사정거리 1,600km의 퍼싱 II 와 순항미사일의 배치를 결정하였다. 또 레이건 미

---

21) Von Jorg Kastl, Das KSZE-Folgetreffen von Madrid, in *Europa Archiv*, 20/1983, pp.617-626.

22) 이는 브레즈네프 소련공산당 서기장이 1981년 11월 3일 서독 슈피겔지와 인터뷰에서 밝혔다. *Der Spigel*, 3. nov. 1981, pp.34-63.

국대통령은 1981년 10월 2일 '대소련 핵전략구상'에서 대륙간탄도탄 MX미사일 100기 배치, 공중발사 크루즈미사일 3,000개 생산, 전략폭격기 B1개량형 100기 생산 등 아이젠하워 정권이래 최대규모의 전략계획을 발표하였고 10월 16일에는 미국 논설위원과의 회합석상에서 '제한적 전쟁발언'까지 하였다.23)

결국 동서대결의 틀이라는 현상의 상호승인 및 정착에서 이루어진 헬싱키 합의는 그 기본이 흔들려 데탕트에 금이 가면서, 핵전쟁의 위험을 제거하는 대화의 제도적 장치가 풀려가고 있다.

2) 유럽인의 위기의식

이에 유럽인들은 80년대 초 그들의 상황을 점검해보았다.24) 유럽은 정치·경제체제에서 분단되어 있고, 동맹체제로 분단되어 있으면서, 동과 서의 지도세력에 가담하여 있으므로 일단 전쟁이 터지면 가장 심각한 위험부담을 안고 있었다. 유럽인의 공통의 역사적·문화적 실체의식을 강조하면서, ① 어느 정도 유럽은 강요된 상태에 놓여 있으며, ② 어느 정도 기회를 가지고 있으며, ③ 그들 스스로가 어느 정도 그들의 운명에 영향을 미칠 수 있는 가에 대한 해답을 풀어보려고 하였다. 그들의 문제의식은 '유럽의 특성', '유럽의 강제상황' 그리고 '유럽의 기회'로 집약되었다.25) 두 초대국에 지배되는 세계 시스템의 심벌인 얄타체

---

23) 발언내용 : 미국의 보복 핵전쟁은 극히 큰 파괴력을 가지고 있으므로 소련이 전면전쟁에 돌입한다고는 생각하지 않으나 전술병기의 응수는 있을 수 있다. 요미우리신문, 1981년 10월 21일: 미국은 또 1981년 8월 9일 중성자탄 생산을 결정하였다.

24) Leonhard Reinisch, *Dieses Europa Zwischen West und OSt*, München, 1982: Ludwig Schulte, *Das Endealher Sicherheit*, Regensburg, 1985.

25) Richard Lowenthal, Europas Eigenart-Europas Zwangslage-Eropas Chancen, in *op. cit.*, pp.152-161.

제의 희생자라는 잠재의식의 발로라 지적하지 않을 수 없다.

유럽이 거대한 공동묘지의 위험으로부터 벗어나는 새 유럽건설의 길은 얄타체제로부터의 해방이었다.[26) 그러나 그 조건은 평화의 유지였다. 동서간의 대화장치를 가동시켜 군축을 실현해야 했었다.[27)

그렇지만 미국과 소련의 군축협상은 진전이 없었다. 미국은 소련에 비해 유럽에서 열세를 보이고 있는 미국의 군사력을 소련과 균형 내지 우위에 올려놓기 전에는 소련과의 핵균형은 이미 이루어졌다고 전제, 군사력의 현 상태에서의 유지를 조건으로 유럽전략핵협상에 임하였기 때문이다.[28) 전략핵무기감축협상에서도 미국의 기본방침은 ① 보유핵무기의 결정적인 삭감, ② 미·소간의 균형된 삭감, ③ 사찰 가능한 삭감, ④ 미국과 동맹국의 안전보장을 향상시키는 삭감이었다.

비록 군축협상은 별다른 진전이 없었다 할지라도 유럽인의 위기의식을 배경으로 1983년 9월 마드리드 CSCE 검토회의에서는 군사적 대결의 위험에 대한 감소조치를 위한 '신뢰 및 안보구축 조치'가 제기되어 1984년 1월부터 1986년 9월의 CSCE의 스톡홀름회의는 유럽안보에서 신뢰조성조치와 유럽군축회의를 협의, 헬싱키선언의 사전통보와 훈련참관을 현실적으로 검증할 수 있게 하여 유럽에서 위기를 예방할 수 있는 신뢰조성장치를 마련하였다.[29) 이와 관련하여 유럽에서의 안

---

26) The German Tribune, 28. Feb. 1982: Peter-Kurt Würzbach, *Die Atom-schwelle heben*, Koblenz, 1983.

27) Der Spigel. Nr. 6, 1980, p.26.

28) 미국의 전략무기 제한 협상조건은 ① 나토의 국지핵 현대화, ② 전략 및 전술핵 무력 개선으로 전략무기 제한 협상과 무기통제를 위한 교섭은 소련의 정치적 의도와 결부시켰다. Alexander M. Haig 장관의 상원외교위원 청문회 증언, 미국정책 및 배경시리즈. 1981. 1. No. 1.

29) 사전통보 해야 할 군사작전 범위에 경계조치, 상륙작전, 낙하작전, 병력집중 외에 유럽에 투입되는 지상군의 이동이 포함되었으며, 15,000명 이상 군사연습은 2년 이전에 사전통보 해야 되고, 40,000명 이상은 최소한 1년 이전에 사전통고를 결정하였다. 이 합의에 따라 미국은 1987년 8월 소련 내에서 군사훈련 현지검증을 하였고 1989년 3월까지 18회의 검증이 실시되었다. 유재갑, 「유럽

보상황의 극적인 전개는 고르바초프의 새로운 안보정책 실시로 가속화
되었다.

4. 유럽분단의 종식: 파리헌장

1) 소련의 대 유럽 안보정책의 변화

고르바초프는 소련사회 경제파탄의 현실 앞에서 우선 소련경제가 빠른 성장과 질적 향상을 가져오지 못하면 당과 국가에 대한 국민들의 누적되는 불만으로 소련이 붕괴될 수도 있음을 간파하였고, 그리하여 이데올로기 지향보다는 실용주의적 노선에서 개혁정책을 실시하였다.[30]

이와 관련 자국의 안보보장은 상대측의 의도에 달렸다고 보는 상호 안전보장에 대한 새로운 정치적 사고로부터[31] 고르바초프는 1986년 6월 16일 소련공산당 중앙위원회에서 핵무기의 감축을 위한 국제적 협력을 제안하고,[32] 1987년 12월 8일 미국과 중거리 핵무기의 폐기협정에 성공하여 미·소 양대국이 최초로 전략우위 획득경쟁으로부터 해방되어 전략상호의존체제로 전환토록 하였다. 더불어 그는 전략핵의 50% 삭감을 목표로 하여 적극적 핵감축 교섭을 진행하면서 동서관계 구조변화에 새로운 전기를 마련하였다. INF, 즉 중거리 핵무기폐기협

의 군비통제와 안보체제의 변화」, 외고 9/1990, p.27.

30) Peter Juviler and Kimura Hiroshima(ed.), Gorbachev's Reforms, New York, 1988, p.14.

31) Hans Peter Riese, Wandel der Sowjetischen Position zur Deutschen Frage, in *Europa-Archiv*, 4/1990, p.125.

32) Text, in *Europa-Archiv*, 11/1986, pp.453-456.

정은 전 세계 핵무기의 5%에 불과하지만 유럽을 핵무기 공포의 위협에서 벗어나게 하는 결정적인 계기가 되었다. 폐기될 핵미사일은 미국이 퍼싱Ⅱ 108기, 크루즈미사일 256기, 퍼싱ⅠA 72기, 총계 436기이다. 소련은 SS-20 441기, SS-4 112기, SS-23 20기, 총계 703기였다.[33]

2) 동구의 붕괴

동구는 소련의 위성국으로 존재하여 왔으나, 그것은 제2차 대전 후 분단된 유럽의 강제상황이었기 때문에 그 강제상황이 걷힐 때까지 동구인민들은 기다려야 했다.

고르바초프는 소련에서 개혁·개방정책을 실사하면서 글라스노스트는 동구에서도 시행되어야 하며 그로 인한 변화는 유럽의 분단을 완화하고 종식시킬 것이라고 밝혔다.[34] 그 결과 페레스트로이카와 글스노스트는 소련을 넘어 동구 전체에 그 파장이 혁명적 형태로 넓혀져 갔다. 그 결과 1989년 7월 7일과 8일 브카레스트의 바르샤바 조약기구정책자문위원회 정례회의는 "가맹국은 정치체제·사회체제를 자유롭게 결정할 수 있는 권리를 가진다"라는 성명서를 발표하여 브레즈네프 독트린을 공식적으로 파기하였다. 동구에서 소련 힘의 그림자가 걷히게 되어 동구는 "내 길을 간다"라는 시나트라 독트린의 정치적 노선을 택하게 된 것이다.[35] 이것은 브레즈네프 독트린의 사망을 의미하였다.

---

33) Sten지(誌) 여론조사에서 응답자의 49%가 평화와 군축에 고르바초프 서기장 노력이라고 대답한 반면, 레이건 대통령은 9%에 지나지 않았다. Richard Burt, Gorbachev's Glasnost und das Westilche Bündnis, in *Europa Archiv*, 9/1987, p.247.

34) *Ibid.*, p.254.

35) 1989년 10월 20일 바르샤바 조약기구 7개국 외무장관회의는 ① 주권과 외세에 의한 불간섭 원칙의 존중, ② 브레즈네프 독트린 폐기, ③ 현 유럽 국경선

브레즈네프 독트린의 사망은 소련의 동구지배의 포기를 의미하였고, 소련의 동구지배 포기는 동구의 소련으로부터의 해방을 의미하였다. 그래서 프랑스혁명으로부터 200년이 된 1989년 해방된 동유럽에서는 공산주의 정권이 붕괴하는 세기적인 혁명을 경험하였다.

동구의 평화적·무혈혁명의 중요한 원인은 1975년 유럽의 현상을 승인하는 헬싱키 CSCE 결의 이후 동·서 상호작용의 확대로 인한 동·서의 협력증가와 커뮤니케이션 확대를 들지 않을 수 없다. 이러한 동구의 혁명은 결국 독일의 통일을 가능케 하여 유럽에서의 안전보장질서는 전혀 새로운 차원으로 접어들게 되었다.

3) 통독과 유럽질서의 좌표축 변화

1990년 10월 3일 통독은 유럽에서 동서냉전의 종언임과 동시에 자본주의와 사회주의로 갈라진 유럽의 2극 구조의 붕괴를 의미하였다. 유럽에서 국가체계는 기본적인 변화에 들어갔고 전후 신뢰하여 온 유럽질서에 대한 이미지도 근본적인 변화에 들어서게 되었다.

본래 20세기 유럽의 역사는 독일과의 관련에 얽혀진 역사였다. 1871년 비스마르크 제2제국 아래 축적된 독일의 힘은 19세기 말에 이미 영국을 능가, 유럽최대의 국가로 성장하였다. 그러나 영국과 프랑스는 이 현실을 인정하려들지 않았다. 그 결과 두 번에 걸친 대전쟁을 결과케 하였고, 그 두 번에 걸친 전쟁도 미국의 힘을 빌려 독일의 패전을 가능케 하였다. 그리고 히틀러의 독재는 이러한 역사의 흐름 속에서 독일의 분단을 결정적으로 작용토록 하였다. 전승국 사이에서 독일의 분단은 당연한 것이었고, 독일의 분단은 전후 유럽평화의 보증이 되어 미국과

의 고수를 선언하였다.

소련을 중심으로 한 전승국은 독일분단의 반영구화에 각각의 이해가 일치하였다. 전후세계의 40년을 지속하여 온 내전도 전승국이 독일분할 유지와 불가분의 요소로 작용하여 왔다. 그리하여 냉전기에 유럽에서 독일분단을 유감이라 생각한 국가는 별로 없었다.

그러나 그 독일은 전후 급속하게 국력을 회복하고 축적하여 서독에 한하더라도 패전국의 취급은 어렵게 될 정도였다. 그 속에서 독일분할이 움직일 수 없는 현실로 보여진 것은 국력 이상의 강경자세로 미국에 대항하여 온 소련의 존재 때문이기도 하였다. 이제 그 현실은 바뀌어져 통일된 독일은 중부유럽에서 최대의 국가로 등장하였고, 이는 유럽안보질서 기본축의 변화라 하지 않을 수 없다. 이러한 돌연한 변화는 유럽에 전혀 새로운 경험일 수밖에 없고, 새로운 유럽의 안전보장개념이 재구성되어야만 하는 현실을 초래하였다.

4) 파리헌장과 유럽안보환경의 신국면

소련의 세력권이었던 동유럽의 혁명은 이제 바르샤바 조약기구의 실질적인 해체를 촉구하고 있었다. 그리고 유럽의 분단을 앞에서 담당하였던 독일이 통일됨으로써 유럽분단이 종료된 새로운 환경에서 특히 소련은 새로운 안전보장기구가 요청되어 1992년 3월부터 헬싱키의 제4차 재검토회의까지 기다릴 수 없어 헬싱키회의 때와 마찬가지로 서둘러 제안하였다. 뿐만 아니라 소련은 CSCE를 매개로 한 서방 국가들과의 연대를 필요로 하였다.

한편 1955년 서유럽으로부터 영토적·이념적 방어를 위해 창설된 바르샤바 조약기구의 군사조직과 기능 및 군사활동의 해체에 직면하여, 나토의 역할과 활동의 존재이유가 역시 없어져 가는 입장에서 미국은 나토의 성격을 동측과의 대립이 아니라 순차적으로 정치적 성격으로 변화시켜 군축을 추진하고 지역분쟁을 해결코자 하였다. 큰 독일이 태어난 유럽의 현실 속에서 미국은 나토를 존속시키고 미군을 계속 주둔시켜 유럽에 계속 머물고 발언권 유지를 위해 새로운 안전보장의 구축물이 필요하여 유럽 재래식무기감축협정에 합의를 하는 것을 조건으로 소련의 CSCE 조기개최 요구를 수락하였다.

전후 두 개의 독일 꿈이 사라진 프랑스는 독일을 정치적으로 유럽통합과 안보측면에서 CSCE체제에 묶어두는 것이 유럽의 안정조건이고 군사적으로 역사가 반복될 위험성이 없을 것이라고 간주하여 역시 새로운 CSCE를 바라던 참이었다.

대륙으로부터 떨어져 대서양관계를 중시하면서 대륙의 세력균형 유지 위에서 독자적 입장을 구축하여온 영국은 소련과 동구의 변화, 자결권, 자유 민주주의의 승리, 유럽의 새 질서 형성이라는 유럽역사의 조류 속에서 독일통일에의 대응으로 유럽안전보장을 나토 골격 내에서 유지하길 바랐으며, CSCE에 대하여 정치적 역할을 기대하였다.

역사의 산물도 아니고, 또 스스로의 선택의 결과도 아닌 분단된 유럽의 강제상황 속에서 소련의 영향권에 있었던 동유럽 국가들은 민주주의와 신뢰를 기초로 한 새로운 정치질서를 창조할 기회와 더불어 그들 운명의 어두운 그림자가 걷히자 본래 유럽의 자리로 복귀하는데 필수조건으로서 새로운 CSCE체제를 요청하였다. 득히 폴란드, 체코, 헝가리는 90년 봄부터 바르샤바 기구의 실질적인 해체를 요구하여 왔다.

마침내 1990년 11월 19일과 20일, 탈냉전시대의 새 유럽 질서 모색을 위한 CSCE 34개국 정상회담이 파리에서 개최되었다.

CSCE회담 개막 전에 16개 나토회원국과 6개 바르샤바 조약기구 정상들은 군사적 교착상태의 위험성에 대한 상호인식을 통해 유럽안전보장을 다지기 위한 CFE의 유럽재래식무기 감축협정과 상호불가침협정36)에 서명하면서 두 기구의 40여 년간에 걸친 적대적 관계를 청산하고 냉전시대의 종료를 공식적으로 선언하였다. 유럽정치환경의 바람직한 변혁의 산물인 CFE협정은 사상최대의 군축협정으로 유럽에서 협력적 안보질서와 안정적 평화의 길을 여는 획기적인 이정표를 마련하여, 유럽의 영속적인 발전을 위한 새로운 안보체계의 핵으로 풀이되고 있다. CFE협정으로 나토와 바르샤바 조약기구는 탱크 2만 대, 장갑차 3만 대, 대포 2만 문, 전투기 6천8백 대, 공격용 헬리콥터 2천 대 이하만 보유할 수 있게 되었다.

 CSCE 정상들은 유럽에서 대립과 분열의 종식을 알리고, 통독을 승인하고, 민주주의와 평화와 통합의 유럽을 위한 '파리헌장'[37]을 채택하였다. 파리헌장은 40여 년간 서로 다른 정치적 이상 속에서 살아온 동·서 유럽이 같은 이상과 가치를 가진 민주주의를 채택함을 선언하고 이 목표달성을 위해 미래행동방향, 그리고 CSCE의 기능을 위한 협의기구와 상설기구의 설치를 규정하였다. 이는 16절로 구성되었는데, 그것은 ① 인권과 민주주의적 법치국가, ② 경제적 자유와 책임, ③ 참가국들의 우호관계, ④ 안전보장, ⑤ 통합, ⑥ CSCE와 세계, ⑦ 미래의 지침, ⑧ 인권의 차원, ⑨ 안전보장, ⑩ 경제협력, ⑪ 환경, ⑫ 문화, ⑬ 이민노동자, ⑭ 지중해, ⑮ 비정부기구, ⑯ CSCE의 새 구조와 제도로 되어있다.[38] 파리헌장은 1975년 헬싱키선언 원칙의 골격을 유지하였으나 헬싱키선언은 독일분단선을 중심으로 한 정치·군사·이데올로기적 동서대결구조의 현상승인이었는데 반하여 파리헌장은 그 대결구조가 동구의 혁명과 독일통일로 붕괴된, 유럽이 하나로 되어 서구의 정치적·경제적 이상을 같이 추구해 갈 것을 선언하고 나온 데에 유럽의 역사

---

36) Text, in *Europa-Archiv*, 24/1990, pp.D607-655.

37) Text, in *Ibid.*, pp.656-664.

38) 참고: 이창훈, 「유럽안보협력회의의 의의와 전망: 파리헌장」, 『신동아』 1/1991, pp.404-419: D.ゼンクハース, 河島辛夫 譯, ヨーロシバ 2000년, 동경 1992, pp.39-92.

적 변화의 의의와 차이가 있다고 볼 수 있겠다. 인류가 보편적인 가치, 즉 인간의 기본적 자유와 권리, 복수정당제, 시장경제, 사회정의, 언론·사상·신앙의 자유, 인간의 자유로운 교류, 그리고 무력행사 포기, 상호존중과 협력을 통한 하나의 유럽건설이 그것이다. 또 파리회담은 유럽안보구조의 틀을 결정하였다. CSCE조직과 기구로는 ① CSCE 수뇌회담의 2년에 1회, 외상급의 정치협의 연 1회 개최하고, 국장급에 의한 정기협의를 별도로 가지며, ② 프라하에 소규모 상설사무국 설치, ③ 군사정보 교환과 군사행동을 협의하는 분쟁방지센터의 비엔나 설치가 결정되었다.

그리고 현장사찰, 강제사찰, 정보교환의 의미와 엄격한 검증조처로 기습과 대규모의 군사공격을 막기 위한 교섭의 목표를 설정하였다. 이는 사상초유의 군사조약의 성격을 띠고 있다. 유럽에서 화해와 협력질서 정착, 그리고 각 국가간의 신뢰구축을 위하여 이 기구를 통하여 이웃 국가가 위협적인 방법으로 행동한다고 인식하는 회원국가는 위기적 상황 아래서 예측할 수 있는 불안정 요소, 즉 선제공격의 강박요인이라는 위기의 해결수단으로 전 회원국의 회의를 소집할 수 있다. 이로써 CSCE는 마침내 헬싱키선언에서 진일보한 '대립의 문명화(Zivilisierung des Konfliktes)' 내지 세련된 분쟁의 처리를 가능케 한 화해와 협력관계의 제도화에 성공하였다. CSCE의 권한이 제도적으로 확립·확대되었고, 인간의 교류와 국경을 넘는 커뮤니케이션이 정상화되기에 이르렀다. 그리고 전 유럽평화질서의 최초의 제도적 윤곽이 확정되는 길을 열게 하였다. 군사적 동맹의 비중은 낮아지고 정치적 역할이 증대하게 되었다. 그것은 유럽안전보장정책의 구조상의 전환을 의미하고 민주적으로 조직된 동구의 법치국가들이 인권과 기본적 자유의 보호에 관한 여러 기구의 적용을 받게 되었다. 이러한 새로운 안보개념의 흐름은 동서블록 구조의 붕괴와 더불어 사고의 폐쇄상태를 타파하여 가는 계기를 가져왔다. 동서대립은 역사상 유례 없는 물질적 재화를 낭비하였고, 인간의 사고의 세계와 창조적인 생명 에네르기를 마비시켜 왔기 때문이다. 유럽의 전후질서는 정치·이데올로기, 군사, 경제, 사회 그리고 정신면에서 대륙 전체의 분단상태로서 고통에 시달린 인간의 분단상태로 고정되어 왔으나, 이제 그것이 종막을 고하게 됨으로써 미지수의 정치적 지평을 가진 세계사적 전환에 유럽은 직면케 되었다.

그러나 다른 한편 1990년 11월 21일 파리헌장은 40여 년간 미·소가 분할하던 세계질서의 구도였던 유럽에서 얄타체제의 종식을 선언함으로써 유럽은 얄타체제에 대신하는 새로운 질서의 축이 형성되지 않은 상태에서 전혀 다른 새로운 안보환경과 과제에 직면하게 되었다.

5. 맺음말

확실한 것은 유럽에서 철의 장막이 사라졌고, 1991년 4월 1일 바르샤바 기구 군사조약 해체로 소련군은 동유럽으로부터 철군을 시작하고 있다.[39] 유럽과 독일의 인위적인 부자연스러운 분단을 유지시켜 온 강대국들의 권리는 이미 과거로 속하게 되었다. 유럽은 과거로부터 결별을 고하였다. 이제 유럽은 세계정치의 중심무대에 다시 서게되고 금후 세계정치를 리드해 나가게 되었다. 한편 유럽국가들은 유럽의 정치통합을 서두르고 있다.

21세기를 앞둔 문턱에서 통일된 유럽은 이제까지의 역사가 알지 못하는 시간의 가속화 속에서 불안정한 새로운 안보시대로 이행하고 있음이 분명하다. 이와 더불어 유럽을 지배하여 왔던 강대국들의 권리가

---

39) 1991년 6월 6일 체코, 6월 30일 헝가리에서 소련군이 철군하고, 92년 말까지 폴란드에서, 94년 말까지 구동독에서 완전 철군을 예정하고 있다.

과거의 것으로 됨에 따라 패권 도전자가 아직 나타나지 않은 상태에서, 국민국가 발전과 더불어 해소되었다고 본 민족문제가 동구에서 새로운 지평으로 클로즈업되고 있다. 이 지역에서 사회주의는 소수민족의 특성을 제거하거나 유화시키려고 수십년에 걸쳐 노력하여 왔으나, 그 사회주의의 약화로 소련과 동유럽에서 민족의 독립 및 분규가 유럽 정세를 불안정하게 하고 있다. 이 불안은 유럽에서 새로운 국가들의 부상을 촉진하고 있고, 새로운 지역적 그룹들이 형성, 동맹이 확대되고 소멸되는 전면적 조정작업의 진통이 따르고 있다. 그 대표적인 예가, 구 소련의 붕괴와 독립국가 연합(CIS)의 출현, 그 장래의 불투명성, 유고의 해체와 내전, 체코·슬로바키아의 분리 독립 등이다. 분쟁의 평화적 해결을 목표로 한 파리헌장의 선언에는 이러한 소수민족의 분리독립, 민족자결권 등 각국 내부의 잠재적 분쟁해결은 중심과제로 예정되어 있지 않았다.

결국 현재 CSCE가 안고 있는 큰 문제는 이러한 앞으로의 분쟁 가능성에 대처하는 실효성 있는 안보체제를 구축하는데 있다. 첨예화되어 가는 분쟁을 조기에 파악, 분쟁의 건설적인 수습과 해결 방법을 고안해야 된다. 종족적·민족주의적 분쟁은 과거의 경험에 비추어 보면, 권위주의적 규제나 해결로는 어렵고, 군사개입은 영속적인 해결책이 될 수 없는 데 어려움이 존재한다. 이에 못지 않게 유럽에서 동·서간의 경제 격차 문제는 페레스트로이카로 종식된 냉전 후 유럽에서 부유한 서측과 빈곤한 동측 사이에 새로운 철의 장막이 드리워질 가능성도 보이고 있다. 수백만의 동측 인민들이 서측으로의 이주를 바라고 있기 때문이다. 소련의 전외상 세바르드나제는 CSCE에 필적하는 전 유럽경제권을 금세기 말까지 창설하여 통일된 유럽의 초석을 닦아야 한다고 제안하고 있다.

그 외에 지금까지 가장 견디기 힘든 동서대결이 사라졌음에도 불구하고 유럽인들은 그들의 안전에 대한 새로운 위협을 느끼고 있다. 그 위협은 군사적인 힘이나 이데올로기에서 오는 것이 아니라 미지의 새로운 기술, 실업, 새로운 사회변동, 환경파괴로 인한 기후의 변동, 새로운 질병 등으로부터 오는 위협이다. 이제 막 유럽인의 생을 짓누르는 절박한 위협이 사라지니 또 다른 종류의 위협이 뒤따르고 있는 것이다. 그러므로 오늘날 유럽국가들이 안고 있는 안전보장의 과제는 지금까지 그들이 경험하지 못한 다른 차원에서 설정될 것임이 확실하다.

현대사회연구소, 『현대사회』 41호, 1992.

네오 마르크스주의의 성립과정과 주요 관심영역

1. 서론

1960년대 후반 전쟁을 체험하지 않고 풍요로운 사회 속에서 성장한 서구의 젊은 세대들은 대중소비사회에 반기를 들고, 기술문명에 대한 저항운동을 전개하였다.

젊은이들의 저항운동은 미국에서 시작하여 프랑스, 서독, 일본 등 선진국을 휩쓸어 '동시다발적 반역'으로 특징지어졌다.[1] 젊은이들은 소비·기술·정보사회가 약속하는 가치에 대하여 의문을 던지고 기존의 문화적·경제적·정치적 업적을 비판하였다. 그들은 고도산업사회, 대중소비사회, 복지사회, 능력사회에서는 이익집단, 정당, 관료기구, 대중매체 그리고 기술이 인간의 모든 생존영역을 지배하게 되어 기술체제에 의한 의사독점과 조작으로 '사이비 자유'를 누리는 개인은 무력하고 혼(魂)의 조율이 침체되어 가고 있다고 보았다.

경제성장 위에 다져진 시민사회가 규격화되어 가는 것을 배척한 철저한 반권위주의 입장에서 자본주의의 풍요가 과연 인간을 자유롭게 할 수 있는가에 대한 회의를 지녔다. 그들의 반권위주의의 지배적인 테

---

1) 1969년 2월 14일 UN은 「國家發展에 있어서 靑年을 위한 長期的 政策 및 計劃에 관한 報告書」를 발표하였는데 당시 학생운동이 격화한 국가는 50개국 이상에 달하였다.

마는 대학, 정치체제, 경찰, 교회, 심지어 경제조직에 까지 개혁에 대한 요구와 가정, 교회, 국가의 지배로부터 해방이었다. 나아가서 그들은 책임을 가지고 행동의 자유를 획득하기 위하여 현재 보다 더 많은 '참가권'과 '결정권'과 '사회로부터의 승인'을 요구하였다. 또 기술과 컴퓨터의 발달로 표현되는 기계화의 시대에 있어서 공업화·고도화한 생활이 가져오는 억압감과 불안감으로부터 자유로워진 보다 깊은 자기인식과 보장된 주체성의 여지를 사회로부터 기대하였다.[2] 저항하는 젊은이들의 대부분은 사회에서 혜택받은 계층에 속하였다.[3] 이와 관련하여 1976년 프랑크푸르트 성령강림절대회에서 학생들은 "우리들은 빵으로부터 굶주림에서가 아니라 자유와 사랑과 상냥함으로부터 굶주림에서 유토피아를 그리고 저항한다"고 선언한 바 있다.[4]

그들은 현존하는 사회주의나 자본주의는 기술적 관료가 지배하는 사회체제 위에서 정치적 억압과 경제적 착취를 감행하고 있어 인간운명의 미래전망이 불가능하다는 환멸에서 그 해결책은 저항의 힘을 모아 인간이 자기실현을 위한 지배로부터 자유로운 생활과 연결된 자기해방의 정치를 지향하는데 있다고 주장하였다. 특히 당시 독일의 루디 두츠케(Rudi Dutschke)[5]는 학생들의 정치운동은 사회적 해방사상을 지

---

2) Walter Hollstein, *Die Gegengesellschaft*, Düsseldorf, 1980, p.40.

3) 예를 들어 1967년 뉴욕과 샌프란시스코 히피 100명씩 출신별 조사를 보면 다음과 같다. 즉,

	뉴 욕	샌프란시스코
上 層	12%	8%
中上層	11%	17%
中 層	48%	49%
中下層	17%	18%
下 層	1%	8%

자료 : *Ibid.*, p.47.

4) *Ibid.*, p.19.

5) 「社會主義 獨逸學生同盟」 대표: U. Bergmann and R. Dutschke,

향하는 인간을 아는 운동으로서 새로운 질의 사회생활 실현을 위해 지배체제에 저항을 촉구하였다. 기술자와 지식인의 업적이 대중을 억압하는 데 쓰여진 권위주의적 사회 속에서 인간은 물상화·상품화된 이익계산의 대상이고 대중은 컴퓨터 카드화된 수중적인 시민이 되어 사회의 공동이익과 결사의 이름으로 억압·이용을 당하고 있으므로 그들이 인간답게 살 곳이 없다는 것이 이유였다. 버클리 대학에서 소요가 한창일 때 "왜 저항운동은 늘 사회변혁을 말하는가?"의 질문에서 한 학생대표 잭 와인버그(Jack Weinberg)는 "우리는 이 세계가 변한 것을 보고 싶다. 우리는 이상을 가진 인간이기 때문에 이 세계를 변혁하고 싶다"고 대답하였다. 이와 관련하여 젊은이들의 '대안실현운동'(Alternative Movement)은 인식관심을 실천에 끌어 들여 인간적인 세계로 특징지어진 새로운 사회를 건설해야 된다는 유토피아 운동의 성격을 띄고 있었다. 지하운동의 잡지인《샌프란시스코 아러클(San Francisco Oracle)》은 "미래를 설계하기 위하여 여기 모여라. 인간의 새로운 모험이 여기 시작되고 있다"고 외쳤다.6)

그들에 있어서 유토피아는 환상 아닌 지금까지 없었던 나라로, 그들이 설계한 세계는 증오, 억압, 전쟁, 파괴, 착취, 강제노동이 없는 사회, 소수의 결정 아닌 공동결정의 사회, 국경 없는 형제들의 나라, 권력이 권위주의적으로 조직되지 않고 권위보다 인간만이 있는 나라, 인간의 소외가 해체되고 낯선 지배자와 익명으로 된 권력의 하수인이 아닌 자신이 지배하는 나라, 무지, 두려움, 폭력, 증오의 어두운 그림자가 없는 무한의 가치를 가진 인간을 이해하는 태양이 비치는 나라라고 한다. 그리고 정치는 '집단적인 창조의 예술(Kunst der Kollektiven Schöpfung)'로서 인간의 요구와 소망이 그 안에 표현되고, 개인간의

Rebellion der Studenten, Reinbek, 1968.
6) *Ibid.*, p.20.

분쟁이 해결되고, 모든 문제가 비중앙집권적 공동체 속에서 실현되는 이해, 자유, 사랑으로 넘친 피로하지 않은 사회를 가꾸어 시대의 고독과 소외와 고립은 인간의 사랑과 대화로 해결한다는 것이다.

무엇보다도 그들은 시민사회의 복지, 이익추구, 소유, 존재와 외양의 차이, 인간이 내면적인 공허와 소외에 지겨워하였다. 서구세계에서 이러한 젊은이들의 저항운동이 절정에 달했을 때 미국의 파울 굳맨(Paul Goodman)은 젊은이들의 저항운동을 '신 인터내셔널(New International)'이라 하였고,7) 그의 친구 촬스 라이크(Charles Reich)는 "이제 세계는 젊어진다"8)라 표현함으로써 네오 마르크스주의자들은 저항운동을 낡은 사회를 변혁하고 부분적으로 냄새나는 세계에 새로운 빛을 던지는 결정적인 힘이라고 보았다.

서구의 사회를 폐쇄적인 체제로 본 이러한 학생들의 저항운동은 감정적·유토피아적으로 여러 가지 이데올로기적 방향과 정신사적인 요소가 혼합된 특성을 가지고 있었다. 그들의 사상은 마르크스, 프로이트, 사르트르, 프롬, 모택동 그리고 마르쿠제 등의 영향을 받았다. 그러나 10여 년 동안에 걸친 저항운동에 나타난 주장이 네오 마르크스주의의 주장과 겹치고 있음은 학생운동의 이론적 기반이 네오 마르크스주의의 지적 원천으로 가장 중요한 프랑크푸르트 학파의 비판이론임을 알 수 있다.

그러므로 본 논문은 10여 년간 구미 젊은 세대들의 반기술문명의 사회운동에 이론적 기반이 된 네오 마르크스주의를 프랑크푸르트 학파의 비판이론을 중심으로 고찰하고자 한다. 이에 네오 마르크스주의의 개념을 우선 정리하고, 그 성립과정은 시대의 배경에 비추어서 그리고 관심영역은 저항운동과 관련된 후기 자본주의사회, 소외문제 그리고 혁명의

---

7) Paul Goodman, *Anufwachsen im Widerspruch*, Darmstadt.
8) Charles Reich, *Die Welt Wird Jung*, Wien, Münch, Zürich, 1970.

논리에 설정하여 네오 마르크스주의의 기본입장을 이해하는 데 도움이
되고자 한다.

2. 네오 마르크스주의의 개념상의 위치

마르크스주의에 어원을 둔 네오 마르크스주의(Neomarxismus)는 마
르크스주의에다 후세에 새로운 의미와 해석을 부여한 마르크스주의 사
상의 한 경향 또는 분파를 말한다.

네오 마르크스주의 개념은 다양하다. 우선 네오 마르크스주의의 시대
적인 정의부터 살피면 대략 다음과 같다. 뮨헨의 '동서관계연구그룹' 고
문인 안드레아스 바이쓰(Andreas von Weiss)는 그의 저서『네오 마르
크스주의(*Der Neomarxismus*)』[9]에서 마르크스주의를 '원(原) 마르크스
주의(Originärmarxismus)', '후계 마르크스주의(Nachfolge-marxismus)'
그리고 '신 마르크스주의(Neomarxismus)'로 구분하고 있다.

원 마르크스주의 또는 정통 마르크스주의는 그 원리에 있어서 마르
크스까지 소급하여 올라가고 그 범위로는 엥겔스까지 소급하는 개념과
이론체계를 말한다. 이러한 개념이나 이론체계에 연결되는 사상의 전통
이 후계 마르크스주의와 네오 마르크스주의로 개념 계층의 범위에서
보면 네오 마르크스주의의 근접류(近接流)는 후계 마르크스주의의 개
념이다. 이에 대하여 실질적인 정의에 있어서 네오 마르크스주의는 후
계 마르크스주의, 예를 들면 '레닌주의', '트로츠키주의', '오스트리아 마
르크스주의', '스탈린주의', '카스트로주의', '모택동주의', '마르크스주의

---

9) Andress von Weiss, *Der Neomarximisumus, Die Problem-
   diskussion in Nachfolge -marxismus der Jahre 1945 bis 1970*,
   München, 1970.

의 수정주의' 등으로부터 구별된다.[10]

정신사적 현상의 시대구분의 출발점은 제2차 세계대전이 끝날 무렵이 된다. 대전이 끝나자 세계분쟁의 양극화는 어느 한쪽에 가담의 결과를 가져왔고, 핵무기라고 하는 강력한 기술에 대한 공포에 상징되는 생활감정의 구성요소는 인간으로 하여금 기술적 완성상태의 취약성을 의식하게 하였다. 더불어 역사에 있어서 처음으로 체험된 공업시대의 완성상태는 매혹임과 동시에 위협의 존재로 느끼게 하였다.

한편 소련은 1945년 이후 공산주의 사회체제를 동중구에 폭력적으로 도입함으로써 마르크스주의자들로 하여금 마르크스주의의 문제성을 토의하는 데 자극을 부여하였다. 여기서 네오 마르크스주의자들은 정치적으로 제도화된 당규율이라고 하는 공산주의의 억압을 보았다.[11] 그래서 네오 마르크스주의는 제도적·정치적으로 공산주의 국가 이외의 마르크스주의 전통을 가지면서 사회학적으로는 집단이나 당보다는 개인을 결정적으로 중요시하게 되었다. 그리고 네오 마르크스주의의 정신태도의 일반적 특징은 교조(敎條, Dogma)로부터의 해방에 있다.[12]

여하튼 원 마르크스주의와 후계 마르크스주의에 대한 '제3의 마르크스주의'라고 불리는 네오 마르크스주의는 마르크스주의의 르네상스라고 해석되고도 있는데 그 내용과 구조는 다음과 같은 외면적인 몇 가지 특징을 지적할 수가 있다. 즉, 앞에서도 지적된 바와 같이 네오 마

10) 안드레아 바이쓰는 시간적으로 규정할 때는 후계 마르크스주의에서 오스트리아 마르크스주의와 베른슈타인의 고전적 수정주의는 제외된다고 지적하고 있다.

11) 세계대전 후 대다수 네오 마르크스주의자들은 '자유로운 마르크스주의자'라고도 불렸는데 그것은 당 조직으로부터 격리를 의미하였다. A. V. Weiss, 'Freie Marxisten in den USA. Die Radicals um die Zeitschrift Dissent', in *Freibürger Zeitschrift Für Philosophie und Theologie*, 15. 1968, No 1. pp.109-127.

12) Weiss, 'Der Neomarxismus', in A. Von Weiss, M. Horkheimer, M. Theunissen, 『新スルクス主義の 根本問題』, 동경, 1978, pp.2-8.

르크스주의는 공산권 밖의 마르크스주의로서 선진 자본주의국가에서 나와 공산주의와 자본주의를 다같이 비판한다. 네오 마르크스주의자들의 관심은 마르크스주의적 사회·경제적 하부구조에 한정되지 않고, 사회적 세계에 있어서 유일의 창조자, 즉 주체자로서의 인간에 집중되며 특히 마르크스주의에서 인간을 발견하여 인간의 소외를 강조한다. 또 네오 마르크스주의는 어떤 단체나 정당에 가입을 기피하는13) 좌파 지식인의 연구결과이므로 혁명의 목표, 방법, 규정이 희박한 1960년대 반체제 이데올로기가 되었다. 네오 마르크스주의의 비판대상은 주로 후기 자본주의사회로 현존 사회는 비인간적·비이성적이므로 현 사회오류를 지양하고 인간의 해방을 실현한다는 데 그 목적을 두고 있다. 그러므로 일반적 의미에서 보면 네오 마르크스주의는 공산국가의 관료화된 공산주의를 마르크스주의의 왜곡된 전체주의체제로, 그리고 후기 자본주의사회를 비인간적으로 물상화된 사회라 비판하고 청년 마르크스의 사상을 현대 산업사회의 정치·경제·사회구조에 어울리게 해석, 비판, 보완한 사상의 경향이라고 말할 수 있다.14)

3. 네오 마르크스주의의 성립과정

러시아는 1917년 볼셰비키 지도 아래 공산혁명에 성공하고 1924년 레닌 사망 후 스탈린 시대에 접어들면서 당의 관료제화와 더불어 일당독재에 의한 무서운 전체주의 체제를 더욱 강화하였다. 당의 관료제는 당 조직 내부에 있어서 대표제적 합의기관의 비중저하, 당원인사에 있

---

13) 조직이나 전당에 가입하면 구 조직과 정당의 정책에 묶이므로 어떤 단체나 정당에 가입을 기피하고 개인의 양심을 강조한다.
14) Reinhart Beck, *Sachwörterbuch der Politik*, Stuttgart 1977, p.576.

어서 선거제의 후퇴와 임명제의 확대에 따른 인사권의 당 중앙기관에의 집중 그리고 위로부터의 당 조직통일과 당 규율이 강화되어 서기국의 거대화와 권력의 집중을 가져왔다.

이때 유럽은 사회전체에 유효한 기준이 되는 규범체계가 무너진 가운데 사회, 정치, 경제적 격동과 더불어 통일성이 상실된 두려움과 공포의 위기의식이 지배하였다. 지적 동요와 혼란은 파시스트와 공산주의자들에 있어서는 공포를 자극하는 유리한 상황이었다. 특히 공산주의자들에게 보인 유럽은 혁명이 절박해 있었다. 파업, 시위, 혼란 그리고 폭동이 독일과 오스트리아, 이탈리아를 휩쓸었다. 소련은 코민테른을 통하여 유럽 각국에서 혁명적 선전, 노동쟁의와 파업, 저항운동, 반란을 통하여 소련에서와 같은 공산주의 일당 독재체제 수립을 기도하였다.

당시 독일은 바이마르 공화국 시대였다. 영속적인 내·외의 위기와 불안 속에서 대중은 급진화하였다. 공산당은 러시아의 레닌으로부터 학습하며 질서의 모든 것을 부정하는 혁명을 시도하였고, 극우세력은 공화국이 공산주의적 또는 무정부주의적 위협을 방지할 수 없다는 반격을 증명하는 대중에 매력적 논거를 제시·선동하였다. 이때 독일 공산당은 코민테른을 통하여 전 유럽에 혁명의 수출을 기도하는 모스크바의15) 지시에 따라 혁명운동을 전개하였다. 이러한 상황 아래서 독일의 좌파 지식인에 있어서 혁명에 성공한 모스크바에서의 당 관료 출현과 당의 지도권 장악에 의한 억압의 정치는 매력적인 것이 될 수 없었다. 또 독일 공산당의 현실은 노동자의 통일을 외치면서, 그리고 반파시스트 전선을 외치면서 사회 민주주의에 대한 공격을 계속하였다. 이러한 상황 아래서 좌파 지식인들은 그들의 정치적 고향을 희구하였으나 실

---

15) 혁명에 성공한 러시아는 세계혁명만이 러시아혁명의 성공을 보장할 수 있다고 보고 소련 볼셰비키의 정치적 생존과 세계 프롤레타리아트의 생존을 동일시하여 코민테른을 통한 세계적화를 기도하였다.

제 전개되고 있는 공산주의에 회의를 품지 않을 수 없었다. 또 그들은 정치적으로 무력하였다. 그래서 공산당 당원들의 메카는 동방 모스크바에 있었던 것에 반하여, 좌익 인테리들의 마음은 오히려 파리를 향해 있었다. 그들은 정치활동의 여지를 어느 곳에서도 볼 수 없어 철학이나 사회학 등의 이론연구에 집중하여 철학적 기초훈련을 받은 그들의 일에 어울리는 지식을 습득하였다. 그들은 레닌의 아류는 물론 레닌의 철학도 받아들일 수가 없었다. 그래서 그들의 사고의 진전은 고전 독일철학의 전통에 서서 추상도가 높은 것에 있었다. 그들의 많은 흥미는 문화적 제문제(諸問題)에 있었다.

독일 좌익 철학자들은 마르크스주의의 본질을 제기, 서구에 적용 가능한 것으로 하지 않으면 안된다고 보았다. 왜냐하면 그들이 본 레닌주의는 서구에는 어울릴 수 없는 유치한 사상이었기 때문이었다.

1913년 이후에 하이델베르크에서16) 수학한 게오르크 루카치(George Lukács)는 미학과 헤겔철학에 관심을 가진 헝가리인으로, 서구의 마르크스주의자 가운데 가장 큰 영향력을 가진 사상가였다. 그는 제1차 세계대전이 끝날 무렵 공산주의자가 되며 1919년 헝가리에서 교육과 문화담당의 인민위원으로 활약하면서 극장의 사회화, 교육제도 개혁에 노력하였다. 그는 1919년 헝가리 혁명 실패 후17) 1929년까지 비엔나에서, 1933년까지 독일에서 망명생활을 보냈다.

루카치는 헝가리 혁명과 그 좌절로부터 체험의 사상적 결정으로서

---

16) 하이델베르크 수학 시 루카치는 막스 베버와 그리고 그의 동료들과의 활발한 지적교류 속에서 지적영역을 넓혀 갔다. 1915년에는 브다페스트에 돌아올 때 그는 헤겔주의, 생의 철학, 역사주의에 심취, 사상적 혼란기를 맞이하였다. 1917년에는 '정신과학자유학원'을 설립, '사회과학협회'의 근대화·서구화 노선에 대항하여 '혁명적 문화주의'의 입장을 내 세워 자본주의 문명의 위기를 자각한, 문화적 혁신에 의하여 인간의 혼을 구제할 수가 있다고 하였다.

17) 혁명정권은 루마니아 무력간섭으로 133일로 붕괴하였다. 루카치는 철석재판으로 사형의 판결을 받았다.

1923년에 『역사와 계급의식』[18]을 출판하였다. 이는 비정통파 마르크스주의 고전문헌의 하나로 네오 마르크스주의에 있어서 이 저작의 의의는 대단하다고 볼 수 있다.

루카치가 부정한 것은 엥겔스의 자연변증법의 철학관으로 엥겔스의 철학관은 19세기에 실증주의와 과학주의의 유물임과 동시에 카우츠키(Karl Kautsky, 1854~1938)와 제2인 터내셔널 이데올로기의 유물이므로 공산주의 철학은 이러한 비마르크스주의적 영향으로부터 정화되어야 한다는 것이다.[19] 즉 속류 마르크스주의에 의해 단조롭고 무의미하게 된 그리고 인간적 실천이 핵심에서 빠진 마르크스의 변증법을 주체적 인간의 실천을 관철하는 변증법으로 재건하여야 된다는 것이었다. 루카치에 있어서 유물변증법은 혁명적 변증법으로서 사고와 존재, 이론과 실천, 주체와 객체라고 하는 고정된 이원성을 돌파함으로써 근대의 합리성이 가진 한계를 극복할 수가 있다는 것이다. 이것은 그에 있어서 혁명적 변증법으로서 실천에 대한 이론일 뿐만 아니라 그 이론 속에 실천이 포함되어 있는 것을 의미하였다. 구체적으로 '이론과 실천'에 대하여 그는 다음과 같이 말하고 있다. 즉, 의식화한다는 것이 인간의 의지에 의해 합성되어 있으면서 인간의 자의로부터 독립하여 있다. 그리하여 인간의 정신으로서는 발견할 수 없는 목적을 따라서 역사과정이 결정적으로 시작될 수밖에 없는 경우 이론의 역사적 기능이 이러한 출발을 이론적으로 가능하게 할 때 사회를 올바르게 인식하는 일이 어떤 계급에 있어서는 바로 투쟁에 있어서 자기를 주장하는 조건으로 되는 역사적 상황이 부여된다. 그 계급에 있어서는 자기인식이 동시에 사회전체의 바른 인식을 의미하는 경우 이 인식에 있어서 그 계급은

---

18) Georg Lukács, *Geschichte und Klassenbewußtsein*, 1923, in *Georg Lukács Werke, Frühschriften II*, Bd.2. Neuwied-Berlin 1968; 城塚登·吉田光 譯, 『歷史と 階級意識』, 동경, 1975.

19) *Ibid.*, p.394.

그 주체임과 동시에 객체로 되며 이러한 경우 비로소 이론과 실천의 통일이 가능하고 이론이 혁명적 기능을 수행하기 위한 전제가 가능하게 된다. 이러한 이론과 실천의 통일이 가능하게 되는 상황은 역사 가운데에서는 프롤레타리아트의 출현과 함께 성립하였다.[20] 루카치의 프롤레타리아 계급의 자기인식은 그대로 사회전체의 바른 인식으로서 이러한 현실인식이 투쟁에 있어서 자기를 주장하는 조건을 만들어 사회변혁을 추진하는 과정으로 된다. 프롤레타리아트는 역사과정에 있어서 주체와 객체의 분열과 통일이라는 변증법을 지닌 채 살아가므로 의식화로서의 이론은 바로 역사과정을 혁명적으로 추진하는 실천으로 된다는 것이다. 여기서 그는 프롤레타리아트의 계급의식의 혁명적 기능에 대한 해명 시도로서 프롤레타리아의 역할을 강조한다.

프롤레타리아 계급이 상품으로서 자기의 계급적 지위를 자각하는 것은 실은 전체로서의 사회발전의 모순의 자기의식임으로 그것은 대상의 자기의식임과 동시에 대상의 변혁에 일치한다. 즉 프롤레타리아트의 자기의식은 전체의식의 지향임으로 자기변혁은 전체의 변혁에 해당한다는 것이다. 그러므로 인류를 파국으로부터 구제할 수 있는 것은 프롤레타리아계급의 자각적 의지로서 혁명의 운명은 프롤레타리아 계급이 이데올로기적으로 어느 만큼 성숙해 있는가, 즉 그들이 어떠한 계급의식을 가지고 있는가에 달려 있다고 주장한다.[21] 그러나 프롤레타리아드 그 자체는 혁명이론을 전개할 수도 없고 나아가서 자기의 계급이해를 의식하고 있지 않으므로,[22] 인텔리들로부터 나오는 철의 규율을 가진 소수 엘리트로 구성된 자율체로서의 전위당, 즉 공산당은 깊은 역사과정에의 이해를 가지고 프롤레타리아트에게 자신의 계급의식을 역사적

---

20) *Ibid.*, p.21, p.59.

21) *Ibid.*, p.141; 강재윤, 『社會倫理와 이데올로기』, 1985, pp.274-277.

22) 그들은 혁명의 원동력에 대한 명확한 인식이 있는 경우도 그 인식이 혁명적 조직의 이론까지 발전하는 것이 불가능하다는 것이다. *Ibid.*, p.485.

형태로서 직접 인식시키기 위하여 필요하다는 것이다. 물상화를 극복하기 위해서 인간의 주체성을 강조함으로써 루카치의 이론은 직업적 소수 혁명가에 의해 혁명이 지도되어야 한다는 레닌에 의한 소련형 유물론과는 근본적으로 대립되는 것이었다.

이와 더불어 루카치는 마르크스주의에서 인간의 소외개념을 발견 클로즈업시켰다. 그는 '물상화(Verdinglichung)'의 개념을 마르크스의 상품의 물신성(物神性)으로부터 계승하여 모든 제도가 관료화·합리화된 자본주의사회에서는 인간과 인간의 관계가 물건과 물건의 관계로 대치된 모든 것이 상품형태로서 기능하는 시장체제로 되어 본래 근원적 본질인 인간관계의 흔적은 전체에 대한 시야가 상실된 어두운 그늘에 숨겨지게 되었다고 해석한다. 그 물상화는 인간독자의 활동과 인간독자의 노동이 인간으로부터 떨어진 객체적인 것이 되며 인간에게는 소원한 고유의 법칙성에 의해 인간을 지배하고 인간을 대립시키고 있다는 점에서 '인간의 자기소외'를 파악하였다.23) 상품가치의 기본형태는 '추상적 인간노동'으로 질적으로 다른 노동생산물이 교환되는 것은 감각적으로 다른 사용대상성으로부터 분리된 가치대상성을 상품이 가지고 있는데, 이러한 상품가치는 실제의 노동과정, 구체적인 노동 그 자체가 동질화되고, 부분작업으로 분해되며 계산가능성의 기초 위에서 합리적으로 조직화된다고 보았다. 이러한 현상을 루카치는 물상화라 불렀다. 이 물상화 현상은 자본주의 사회를 그 이전의 사회로부터 질적으로 구별시킴과 동시에 자본주의 사회에 있어서 주체·객체관계를 전체로서 조직하는 원리가 된다. 그의 물상화 현상의 기본문제는 대상성 형식으로서 상품의 물신적 성격과 그 대상성 형식에 대응하는 주체의 태

---

23) *Ibid.*, pp.159-365; 덕영순, 『現代批判の 哲學』, 동경, 1979, pp.3-56 및 Georg Lukács, Geschickte und Klassenbewußtsein, Neuwied/Berlin 1970, pp.170-355.

도로부터 나온다. 이와 같이 물상화에 따르는 '허위의식'과 '물상화 이데올로기를 비판하는 것은 그의 문제설정의 출발점이었다.'[24)

결국 루카치는 마르크스의 경제학 입장에서 자본주의적 인간의 사회적 존재성의 문제를 지적하고 기계화된 허위의 사회형태로부터 해방된 인간의 본질, 즉 스스로 완성하는 전체로서 인간존재를 회복하기 위하여 인간을 물상화와 소외로부터 해방시키는 것이 마르크스의 근본사상이었다고 강조하였다.

루카치의 『역사와 계급의식』이 출판되던 같은 해 독일 튜링겐의 사민·공산연립정부의 법무상이었던 카알 코르슈(Karl Korsh, 1886~1961)는 『마르크스주의와 철학』[25)을 출판, 소련의 경험을 기계적으로 흉내내려는 데 대하여 이론적·실천적 근거를 들어 반대하였다. 즉 코르슈는 러시아에서 공식적으로 성전화된 마르크스·엥겔스에 관한 레닌주의적 해석에 따를 수가 없었다. 그는 특히 마르크스의 변증법을 중요시하고 변증법의 기본정신은 현존한 모든 것에 대한 비판과 부정에 있다고 주장하여 그의 이론은 뒤에 비판이론으로 전개되는 데 중요한 역할을 하였다. 비판의 대상은 소련 공산당의 마르크스주의와 모든 이데올로기에 돌려져야 한다하여 소련경험의 기계적 모방을 거부하고 나섰다. 그에 있어서 레닌은 혁명적 전진과 어두운 반동 사이에서 부동하는 독특한 이데올로기 독재를 낳고 말았다. 코르슈의 마르크스주의는 브레히트(Bertolt Brecht, 1898~1956) 극작발전에 자극적인 경험을 부여

---

24) 루카치는 또한 전문화 과정을 전체인식의 상실의 과정이라 하며 전문화된 근대 과학은 전체를 파악할 수 없다고 비판을 가한다. 즉 실증주의적 과학의 태도는 직접 부여된 대상성을 궁극의 소여로 보는데 그 대상성은 상품구조에 기초한 추상화의 산물로서 소여로서 사실은 전체적 관련 속에 매개되어 있어 관찰의 시야가 전체로부터 부분에 이행은 대상의 한정일 뿐만 아니라 전체적인 매개관련의 인식가능성을 차단하는 것을 의미한다.

25) Karl Korsh, *Marxismus und Philosophie*, 1923, Frankfurt a. Main 1966.

하였다. 또 1960년 관심을 불러일으킨 좌파 평론가 월터 벤야민(Walter Benjamin, 1892~1940)[26]은 문화적 상부구조를 경제적 기반에 직접 관련지은 통속 마르크스주의를 공격하였다.

그리고 벤야민의 우인(友人) 불로흐(Ernst Bloch, 1885~1977)[27]는 독일 관념철학의 후계자로서 철학의 중심은 인간이고 인간만이 이 세계에 의미와 내용을 부여할 수 있고 인간과 인류의 미래는 예정되어 있는 것이 아니라고 하였다. 그러므로 선택이 있고 최종결정은 아직 내려져 있지 않으며 절대로 확실한 것은 하나도 없고 존재하는 것은 희망만이 있다. 생산력의 사상은 그에 있어서 의미를 갖지 않고 엥겔스와 레닌류의 변증법적 유물론과는 거리가 먼 작가, 철학자였다.[28]

바이마르 공화국 후반기에 있어서 비정통파 마르크스주의의 최대 중심은 프랑크푸르트의 사회연구소였다. 1923년 좌익을 추종하는 어떤 백만장자의 기부금으로 설립된 사회연구소의 초대 소장은 카알 그륜베르크(Carl Grünberg, 1861~1940)였다. 그륜베르크는 비엔나 대학으로부터 온 학술 면에서 전통적 마르크스주의를 대표한 '강단 마르크스주의자'의 대가로 오스트리아 마르크스주의의 아버지라고 불리었다. 그는 역사학파에서 유래한 역사적 방법을 국민경제에 이론적 적용을 시도 유물론적 역사파악을 철학적 유물론으로부터 분리 마르크스주의를 실증주의적 과학으로 파악하여 하였다. 오스트리아 마르크스주의의 기본방향은 마르크스주의의 실증과학화, 이데올로기로부터의 해방이었다. 그륜베르크의 기본입장은 경제학주의, 낙관적인 진보신앙 그리고 마르크스주의의 실증주의화 경향을 가지고 있었다. 그륜베르크를 이어 1931년에는 호르크하이머(Max Horkheimer, 1895~1973)가 소장

---

26) Walter Benjamin, *Schriften*, Frankfurt a. M. 1955.

27) Ernst Bloch, *Das Prinzip Hoffnung*, Berlin, 1954.

28) Herbert Albrecht, *Deutsche Philosophie Heute*, Bremen, 1969, pp.119-133.

으로 되고 연구소의 지적 활력의 중심은 젊은 세대로 바뀌었다. 주요 공동연구자는 아도르노(Theodor W. Adorno, 1903~1969), 마르쿠제(Herbert Marcuse, 1898~1979), 벤야민(Walter Benjamin, 1892~1940) 등이었다.[29] 그들은 철학적 요청에서 현실적 관찰을 중시하고, 경험적·구체적인 역사에의 관심에서 사회이론의 중심을 정치경제학 비판에 두고, 새로운 실증과학을 중시하는 지적 분위기를 형성하였다. 그리고 그륀베르크와 같은 낙관적인 진보에의 신앙으로부터 결별, 오히려 그것과 대립선상에서 비판적 이론 형성을 지향하였다.

프랑크푸르트 연구소의 출판물은 뒤에 파리나 뉴욕에 이전해서도 마찬가지였으나 선전이나 마르크스·레닌주의적 용어를 피하였다. 그들의 비판이론이 전개되어 정식화된 것은 망명 시대부터였다. 스탈린 아래서 마르크스주의의 새로운 해석이 어려웠고, 파시즘으로 어수선한 유럽에서 차분한 연구가 어려웠기 때문이다. 비판이론은 기본적으로 호르크하이머와 아도르노의 업적으로, 이 그룹에 속하는 다른 연구자들은 각자의 관심영역에서 이론을 전개하였다.

프랑크푸르트 학파는 자유, 평등, 관용, 정의를 확신하는 계몽사상과 헤겔 좌파의 전통에 뿌리를 둔 일종의 마르크스주의적 인도주의 경향을 추구하였다.

이와 더불어 1932년 란드슈트(S. Landschut)와 미이어(J. B. Mayer)에 의해 처음으로 공간된 1844년 마르크스의 '파리초고(草稿)'인 『국민경제와 철학』은 네오 마르크스주의 발전에 결정적으로 중요한 일이었다. 공산주의란 러시아와는 달리 사유재산제도 자체의 철폐나 물질적 평등지향이 아닌 인간소외의 극복에 있다는 루카치의 마르크스 해석이 이 초고로 확인되어 마르크스주의를 신앙하는 러시아 공

---

29) 그 외에 Erich Fromm, 문학자 Leo Löwenthal, 법학자 Otto Kirchheimer, 정치학자 Franz Neumann 등이 포함된다.

산주의자들의 모든 사실이 들통나게 됨과 동시에 인간 소외문제에 대한 집중적 연구에 박차를 가하게 되었다.

프랑크푸르트 학파의 일반적 시각은 맹목적인 진보나 소박한 유물론에의 신뢰, 이성과 자유에의 신앙, 실증주의의 거부라고 하는 소위 '과학적 사회주의'의 전형적인 여러 특징을 포함하고 있으면서 마르크스주의는 해방을 목적으로 한 비판의식의 전개에 관한 이론으로 재정립되어야 한다고 주장한다.

프랑크푸르트 학파에 지속적인 영향을 준 것은 프로이트(Sigmund Freud, 1856~1939)의 정신분석학이었다. 이러한 점으로부터도 카우츠키나 레닌류의 당시의 공식 마르크스주의론자들과의 충돌을 피할 수가 없었다. 마르크스주의 내부에서 세대교체라 할 수 있는 프랑크푸르트 학파의 관심은 사회적 세계에 있어서 유일의 창조자인 주체자로서의 인간을 지향한다. 그들의 관심은 마르크스주의적인 사회의 경제적 하부구조에 한정된 것이 아니었다. 마르크스에 있어서는 인간의 자기실현의 수단으로서 노동이 그 이론의 중심적 인자를 이루어 과학과 기술은 노동에 있어서 합리적인 자기표현의 수단이었다. 이에 대하여 프랑크푸르트 학파의 경우는 과학은 '물상화'로서 소외를 의미하는 억압적인 계기에 지나지 않는다. 그들 이론의 특징은 철학과 정치의 관련이 결여되어 있었다. 그것은 그들의 관심이 실천보다 이론에 치중해 있었기 때문이다. 그리하여 현실적으로 스탈린주의와 파시즘 문제에 직면하였다. 스탈린주의에 대해서는 그것은 이상사태(異常事態)로서 후진국에서 사회주의를 건설하려는 시도로서 유럽의 프롤레타리아트가 러시아혁명을 지원할 수 없는 귀결을 설명함으로써 소련의 경험이 그들에게 중대한 의문점을 던졌다. 파시즘에 대해서도 그들은 통속적인 마르크스주의 해석에 만족할 수 없었다. 그들에 있어서 파시즘은 형이상학적·상대주의적·비합리적인 여러 힘의 정치적 표현으로 파시스트 운동의 승리에 중심적 역할을 한 권위주의적 퍼스낼리티라는 다른 인자를 발견하여 망명 시대의 이 학파의 주요관심사이기도 하였다.

프랑크푸르트 학파의 사상적 발전에 있어서 그 이론적 골격은 주로 30년대 호르크하이머의 『비판적 이론』30)으로부터 40년대 『계몽의 변증법』31)을 거쳐 60년대 아도르노의 『부정적 변증법』32), 마르쿠제의 1964년 『일차원적 인간』33), 하버마스의 1968년 『인식과 관심』34)으로 형성·정리되기에 이른다.

프랑크푸르트 학파의 입장을 호칭하는 비판이론에 있어서 사회철학의 목적은 인간 운명의 철학적 해명에 있다. 그 대상에는 인간의 모든 물질적·정신적 문화 일반이 속한다. 그런데 현재 사회에서 인간은 문화 창조의 주체가 아닌 자율성을 상실한 수단으로서 이용되고 있다. 이는 마르크스의 소외론의 동기가 전제로 되고 있으며 특히 호르크하이머의 '전통적 이론'에 대한 비판핵심은 '과학주의(Szientivismus)'에 대한 비판에 있었다. 전통적 이론 대신 이성비판을 해야 되는 비판이론에 있어서 비판의 거점은 '사회'이다. 전통적 이론에 있어서 이론작업의 주체는 근대적 분업내부에서 학자 개인이었는데 그의 관심은 특정한 사회적 과제의 기반 위에서 생기는 경험의 조직에 한정되어 있고 여러 가지 문제의 사회적 발생, 과학이 이용되는 현실의 상황, 과학의 목적은 연구자의 외적인 것에 지나지 않는다. 그래서 인식과 현실과의 관계는 인식과 사실과의 상관이라는 이론 내재적 장면에 폐쇄되어 버린다. 인식하는 개인은 의식을 갖춘 객체이고, 사회는 맹목적 주체이다. 여기서

---

30) Max Horkheimer, *Kritische Theorie*, Frankfurt a. M. 1968.
31) Max Horkheimer and Theoder W. Adorno, *Dialektik der Aufklärung*, Amsterdam, 1947.
32) Theodor W. Adorno, *Negative Dialektik*, Frankfurt a. M. 1966.
33) Herbert Marcuse, *Der Eindimensionale Mensch*, Neuwied, 1968.
34) Jürgen Habermas, *Erkenntnis und Interesse*, Frankfurt a. M. 1968.

문제는 역사를 자기가 설정한 목적에 따라 계획적으로 형성하고 의식적으로 지배하는 의미에서의 인간의 자율이다. 그러나 자본주의 경제구조 때문에 지금 인간은 역사의 주체가 아니고 인식하는 개인은 무력한 수동적 객체에 지나지 않으므로 인간적 능동성을 목표로 하여 사회적 현실을 역사적 전체성 안에서 파악하여야 한다고 주장한다. 현재의 인간은 자본주의의 생활양식의 화신이 되었다고 전제한 비판이론은 이 상태를 거부한다. 비판이론에 있어서 비판적 주체는 구체적인 여러 관계에 있어서 개인으로서 그 개개인의 자신의 삶을 회복할 때 인간의 어두운 운명이 밝게 변한다고 한다.[35]

호르크하이머와 아도르노의 『계몽의 변증법』은 시민사회가 낳은 계몽의 이념은 시민사회의 부정으로만 실현할 수 있다고 전제, 17·18세기 계몽적 이성은 인간을 구속으로부터 해방시켰으나 오늘날의 이성은 반대로 인간을 구속하고 고도의 생산성을 돕는 도구적 이성으로 타락하였기 때문에 계몽사상의 해방적 이성이 기존의 체제를 부정할 때만 본연의 변증법적 이성에 이른다고 한다. 아도르노는 역사를 인간이 자연의 지배로부터 해방되는 과정으로 보고, 인간해방에로의 단계적인 전진으로 역사를 봐야 한다고 하면서 비판적 이성의 회복으로 이성의 획일화, 조직화, 절대화의 부정을 호소한다.[36]

제2차 세계대전 후 호르크하이머와 아도르노는 독일에 다시 돌아와 1932년 이래 《사회연구》지를 속간하면서 비판이론을 발전시켰다. 이에 아도르노의 제자 유르겐 하버마스(Jürgen Habermas, 1929~)가 가담 호르크하이머와 아도르노가 지도하는 '철학 및 사회학'의 세미나는 많은 학생들이 모여 하버마스 아래 뛰어난 연구자를 배출하여 프랑

---

35) Jürgen Habermas, *Theorie des Kommunikativen Handelns*, II, Frankfurt a. M. 1981, pp.502-504.
36) 한기숙, 차인석, 『現代의 哲學』, 1983, pp.105-107.

크푸르트 학파라는 명칭이 정착하게 되었다. 1950년대와 1960년대는 후기 프랑크푸르트 학파의 황금시대였다. 이때 미국에서는 마르쿠제가 미국 학생들에게 이데올로기적 자극을 가하였다. 마르쿠제는 현재 산업사회의 세계는 비이성적·비인간적 상황이라 전제, 수동적이고 무비판적 관계로부터 자아의식을 해방하는 수단이 사적 유물론이며 현실에 대한 비판적 태도만이 계승된 과거의 노예상태를 멈출 수 있다고 하였다. 마르쿠제는 마르크스의 1884년 초고에서 새로운 마르크스를 발견 정리하여 부정과 비판의 이론을 전개하였다.

부정과 모순의 사상인 변증법을 통하여 '충족된 정주(定住)'에 도달하는 것이 그의 유토피아로 부정의 대상은 어디까지나 현실이다. 그에 있어서 현실의 인간은 도피할 곳 없는 일차원적 세계의 일차원의 인간으로 부정의 결과는 전면적인 '새로운 인간'이라 하여 전면적인 혁명에 의한 전면적인 해방을 주장하였다.

한편 독일에서는 1968년 프랑크푸르트 사회학 대회가 열릴 때 대중을 사회의 강제로부터 해방시키기 위하여 인간성의 총체적인 해방을 요구하는 프랑크푸르트 학파의 비판이론이 젊은 학생들의 열렬한 지지를 받음으로써 후기 자본주의 사회에 대한 그들의 비판은 절정에 달한 듯 하였다. 60년대 초부터 네오 마르크스주의의 체제비판이 학생운동의 강력한 이본적 지주가 되었으나 학생운동의 네오 마르크스주의에 대한 기대의 고양은 운동의 방향설정에 도움을 줄 수가 없어 호르크하이머와 아도르노에 대한 기대는 실망으로 변하였다. 그들 대신 미국에서 마르쿠제가 지속적으로 실증주의와 논쟁을 하였으나 실증주의측의 우세로 호르크하이머와 아도르노의 뒤를 이어 하버마스와 알프레드 슈미트(Alfred Schmidt, 1931~)의 노력에도 불구하고 네오 마르크스주의는 1969년 아도르노와 1973년 호르크하이머의 죽음 뒤 퇴조의 길에 들어섰다.

4. 네오 마르크스주의의 주요 관심영역

1) 후기 자본주의사회

네오 마르크스주의자들은 대부분이 공산국가의 마르크스·레닌주의 체제를 거부한다. 그곳에서 인간은 공산주의 집단의 목적을 달성하는 데 사용되는 도구로 전락하여 개인의 권리는 공산당의 의지에 속하고 인간의 정신적 구조와 가치가 무시되는 인간소외의 심화를 가져왔다. 특히 당의 간부와 당의 관료에 의해 굳어진 소련 공산주의 지배체제는 마르크스주의를 마비시켰다는 것이다. 이와 같이 그들은 공산국가의 체제를 역겨워하면서 비판의 대상을 주로 후기 자본주의로 돌린다. 그들이 본 후기 자본주의사회는 기술관리체제가 사회를 지배함으로써 공개성의 범위가 위축되고, 사회의 대화가 단절·왜곡되어 있다. 그리고 개인의 자유가 억압되어 인간은 자본주의 경제의 생활양식의 화신이 되어 그들의 관심임과 동시에 궁극적인 목표라고 하는 '인간해방'이 아닌 인간의 예속상태가 지속되는 어두운 운명으로 가려져 있다는 것이다. 이에 그들의 비판의 전제는 현존의 사회는 비이성적이고 비인간적이라는 데에 있다. 비판의 목적은 이러한 사회의 오류를 지양하고 그들이 추구하는 인간해방의 실현에 있다.

오늘날 사회는 과학기술이 지배하는 사회로서 소비문화는 무제한하게 확산되고 있다. 기술적인 조작은 전 대중사회를 조작, 인간의 소비에 대한 기대수준을 높여 인간이 가지고 있는 욕구의 좌절을 소비의 만족으로서 보상함으로써 기존 체제에 대한 반항과 비판 의식이 없어진 탈정치화 상태가 촉진된다. 여기서 진정한 삶에 대한 문제성을 불필요하게 되었으며 모든 문제는 기술로서 해결한다.

　그리고 국가의 간섭은 전문가들의 통치로 행하여지고 자본주의 사회에서 주도적인 생산력에 해당하는 과학과 기술에 의한 정치는 그 이상으로서 국민대중의 탈정치화(Entpolitisierung)를 요구한다.[37] 그리하여 과학과 기술은 현존의 체제에 대한 국민의 동의를 얻는 이데올로기가 되었고 인간의 이해력은 과학적 사고 모델에 예속된다. 하버마스는 1968년 7월 19일 마르쿠제의 70회 생일을 위하여 쓴 『이데올로기로서의 기술과 과학』에서 후기 자본주의의 이데올로기를 비판하고 있다. 하버마스는 막스 베버의 합리성의 개념은 자본주의적 경제행위와 시민의 사유재산상의 거래, 그리고 관료주의적 지배형태를 결정하기 위해서 쓰여진 것이라 하고[38] 그 합리화의 개념에 따라 노동을 고도생산의 달성을 위한 목적 합리적 행위라고 정의한다. 그러므로 합리적 행위는 자본주의 사회구조상 모든 사회적 행위에 대한 조종을 따르게 하여 그것은 탈정치화나 정치적 무관심을 조작하는 지배의 제도화와 같은 의미를 갖는다.[39] 더욱이 후기 자본주의(der Spät Kapitalismus)의 발전에 나타난 경향은 ‘기술의 과학화(die Verwissenschaftlichung der Technik)’[40]로 노동생산성을 높이기 위해 새로운 기술을 도입하여 제도적인 압박을 가한다는 것이다. 그것은 대규모의 산업연구로써 과학, 기술 그리고 이익이 하나의 체제로 결합되어 기술과 과학이 일차적 생산력이 됨으로써 마르크스적인 노동가치실의 직용 조건이 상실된 결과를 초래하였다. 여기서 사회적 관심은 기술적인 진보의 방향으로 그것은 궁극적으로 체제의 보존에 대한 관심과 연결된다고 한다. 이러한 의미에서 오늘날 국가기구는 고도의 생산성을 위한 필수조건으로 생산

---

37) Jürgen Habermas, *Technik und Wissenschaft als Ideologie*, Frankfurt am Main, 1969, p.78.
38) *Ibid.*, p.48.
39) Habermas, *Theorie des kommunikativen Handelns*, p.7.
40) Habermas, *Technik und Wissenschsft*, p.79.

과정에서 주도적인 역할을 수행함으로써 국가간섭주의는 현대 자본주의체제의 정당성의 근거가 된다는 것이다. 즉 기술주의의 이데올로기 아래서 테크노크래트에 의한 통치는 대량생산에 의한 자본주의 경제유지를 목표로 하고 매스·미디어를 장악하고 있는 거대한 기업은 국민에 대한 국가간섭주의를 정당화하는 데 앞장서는데 그것은 상품시장에서 광고의 기술을 이용한다.

이에 강력한 국가기구의 독점 자본주의적 기구는 과잉소비사회를 생산하고, 그 과잉소비사회 속에서 특권으로부터 소외된 대중의 체제변혁 욕구를 좌절시키고 겉으로 보이는 복지정책을 실시함으로써 대중을 기만한다는 것이다. 그리하여 네오 마르크스주의자들은 대중을 소외시키고, 착취하고, 조작함으로서 현상변경 의욕을 가라앉히려 한다는 이유로 복지를 역겨워한다.[41]

2) 인간의 소외문제

마르크스는 생산수단의 사유는 인간의 소외를 가져오는 근본악이라고 하였다. 이 근본악이 제거되면 새로운 인간의 형성이 가능하다고 한다. 네오 마르크스주의는 그들 이전의 마르크스주의 철학은 인간부재를 특징한 것으로 알려졌으며 그것은 러시아에서 집단농업경영과 중공업 우선, 그리고 국방건설에 대중을 동원하여 혹사시킴으로서 뚜렷해졌다고 비판한다. 그들은 1844년 마르크스의 경제·철학초고에 의한 청년 마르크스 철학을 휴머니즘으로 보고, 또 인간의 자기소외와 소외의 극복으로 인간의 본질을 회복하고 인간성의 해방과 관련된 철학으로 간주, 공산주의는 물질적 평등이나 사유재산제 철폐보다는 인간소외를 극

---

41) Arno Anzenbacher, *Einführung in die Philosophie*, Wien, 1981, p.77.

복하는 데 궁극적 목적이 있다고 해석한다. 그들은 마르크스 이론에서 소외이론을 일관성 있게 취급하여 마르크스 사상 전체를 휴머니즘이라 규정하여 인간의 역할을 중시하고 인간의 의지와 결단이 중시되는 주지주의의 전망을 갖는다. 일찍이 불로흐는 인간과 인류의 의미는 예정되어 있는 것이 아니라 인간의 선택이 중요하고 최종결정은 아직 내려져 있지 않기 때문에 인간은 해방의 가능성과 혁명의 가능성을 가지고 있다고 주장한 바 있다.

마르쿠제는 마르크스의 경제학·철학초고에 있어서 마르크스의 비판의 대상은 부르주아 국민경제라 해석하고, 그 주요 내용은 자본주의 사회에서 인간의 외재화(Entäußerung)와 소외(Entfremdung)의 실태로 이루어져 있다고 지적한다.[42]

즉 자본주의 사회를 표현하는 국민경제는 인간적 현실의 전면적인 '소외'와 '가치강탈'의 과학적 변호로 노동, 자본 및 토지의 분리, 비인간적 분업, 경쟁, 사적 소유를 통하여 그 전실존(全實存)을 규정한다. 그 속에서 역사적·사회적 인간세계는 적대적 힘으로서 인간에 대립하는 화폐와 상품세계의 전도(轉倒)가 초래되어, 인간의 대부분은 자기의 노동의 대상으로부터 분리되어 자신을 상품으로 매각한다. 이러한 노동의 외재화(Entäußerung), 소외, 물상화(Verdinglichung)는 마르크스 이론의 구성요소로서 인간에 의해 생산된 불질은 독사적 법칙성을 새롭게 획득하여 인간에 적대적 힘으로 대립한다는 것이다. 이러한 마르크스의 소외론의 연장선에서 오늘날은 경제와 국가가 인간을

---

42) Herbert Marcuse, Neue Quellen Zur Grundlegung des historischen Materialismus, in *Die Gesellschaft*, 2. 1932: Über die Philosophischen Grundlagen des wirtschaftswissenschaftlichen Arbeitsbegriffs, in *Archiv für Soziawissenschaft und Sozialpolitik*, 良知力, 池田優三, 初期マルクス研究, 동경, 1983, pp.1-20; 강재윤, *op. cit.*, pp.291-295.

지배·조종하고 후기 산업사회의 소외현상은 기술지상주의적으로 기능, 인간은 자본주의 경제 생활양식의 화신으로 전락하여, 자유는 억압당하고, 인간의 예속상태가 지속되고 있다는 것이다. 더불어 무제한 소비문화의 확산은 물질이 인간의 정신과 영혼을 썩게 함으로써 상품의 노예로 전락한 인간은 기존질서에 동화된 '일차원적 인간'이 되어 기존질서에 대한 부정은 사라졌다 한다. 기존질서에 대한 부정의 정지는 네오마르크스주의자들에게는 사회의 변증법적 과정의 정지를 의미함과 동시에 현실보다 더 나은 바람직한 사회를 위해 대립하는 이차원적 사유의 양식은 허위의식으로 산업사회의 기술장치가 이를 끊임없이 재생산한다. 여기서 노동 또한 자기 창조적 행위가 아니라 과학의 일반법칙에 따라 진행하는 도구적 행위에 지나지 않고, 과학과 기술의 사고방식을 기술의 만능적 기능으로 인간의 자기물상화를 초래한다는 것이다.

3) 혁명

인간이 이러한 소외현상을 지양하고, 인간의 본질을 회복하고 인간의 분열을 극복하기 위해서는 진정한 혁명의 길 외에는 없다는 것이 대부분의 네오 마르크스주의자들의 주장이다. 혁명만이 억압으로부터 자유로운 문화와 사회를 이루고 노동의 강제상태가 없어진 인간의 창조적인 개발이 실현될 수 있는 사회를 가능케 한다는 것이다.[43] 그러나 혁명에는 어려운 문제가 놓여 있다. 마르크스에 의하면 혁명을 위해서는 혁명계급이 전제가 된다. 자본주의사회에서는 노동자계급만이 혁명을 수행할 수 있다. 그러나 네오 마르크스주의자들에 있어서 노동자계급은 이미 혁명의식을 상실하였다. 후기 자본주의사회에서 객관적으

---

43) 혁명은 기술적인 합리성과 물상화된 관계로 되어 있는 폐쇄된 세계를 돌파하는 의미를 포함하고 있다.

로 아직도 엄연하게 프롤레타리아트가 존재하는데 그들은 이미 그들의 프롤레타리아적인 상황을 주관적으로 의식하려 하지 않는다. 고도 산업 사회가 노동계급에 대한 복지와 임금인상을 통하여 체제 안으로 흡수해, 그들의 부정적 사유를 마비시켰기 때문이라고 한다. 후기 자본주의에 의한 사회적 모순의 해결, 국가의 고용정책, 임금상승, 풍요하고 안락한 생활이 노동자들로 하여금 체제의 변혁에 무관심하게 만들었고 그들은 오히려 자본주의 체제유지에 도움이 되는 세력으로 되었다.

모든 마르크스주의에 있어서 계급 없는 혁명적 상황은 어떠한 의미도 갖지 못한다. 때문에 많은 네오 마르크스주의자들은 혁명을 포기하기도 하고 또 한편으로는 마르쿠제의 입장을 나타내는 '위대한 거부(Große Verweigerung)'에 기대를 가진다. 비판이론가들은 지식인과 젊은 학생들을 노동자계급을 대신하는 '혁명의 대리인'으로 보았다. 지식인과 학생들의 과업은 기술적 경영이 지배하는 정치 사회 속에서 억압당하는 사회의 모든 구조적 조건을 폭로하고 노동자들이 보이지 않는 강제의 틀 속에서 통제·감시 받고 있다는 사실을 인식하도록 계몽하고, 또 그들에게 정신적 해방 능력을 부여하고 조직화하는 것이라고 주장한다.44)

하버마스는 인간이 해방되기 위해서는 지배로부터 해방된 주체세력이 억압적인 지배 없이 토론을 통하여 노날된 합의에 의서하여 해방의 필요성을 계몽하고 조직하여 '사회적 대화관계'를 통하여 지배관계 변혁에 성공한다면 인간은 왜곡된 조작, 강제관계, 지배관계로부터 해방될 수 있다고 보고 있다. 특히 그는 인간의 진정한 해방을 과학의 과정에 참여하여 사회를 변혁시킬 수 있는 과학자 집단에 걸고 혁명주체로서 프롤레타리아계급의 자리에 과학자 집단으로 대치한다. 그 대신 과

---

44) Arno Anzenbacher, *op. cit.*, p.77.

학자들은 경험적·분석적 지식에 의한 기술지배의 관심으로부터 탈피, 현대사회에서 자기성찰을 통하여 모든 형태의 강압과 억압으로부터 사회성원을 해방시키는 관심으로 이어 가면 사회변혁의 일차적 조건이 마련된다하여 혁명주체를 과학자에서 찾는다.[45]

5. 결론

네오 마르크스주의는 지식은 목적자체가 아니라 노예관계로부터 인간을 해방하는 것이라야 된다고 함으로써 1960년대 이후 실증주의 논쟁에 불을 붙여 학문에 있어서 이론과 실천이라는 문제를 제기하였을 뿐만 아니라 1960년대 말 구미에서 젊은이들의 저항운동의 이론적 뒷받침이 되었다.

네오 마르크스주의는 후기 자본주의사회를 비판하고 자유로운 사회의 실현을 위하여 정확한 인식에 도달할 수 있는 계층인 학생과 지식인 또는 과학자에 의한 강제 없는 사회적 대화관계를 통한 체제의 변혁을 주창하나 그들이 분석한 후기 자본주의사회, 사회에서 지식인의 문제 그리고 사회적 대화의 가능성 및 체제변혁의 문제는 사회철학적 인식보다 경험적 검토의 측면에서 본다면 실현성과는 거리가 먼 사변적인 특징을 가지고 있다. 그들은 현존의 질서보다도 마르크스와 같이 세계를 변증법의 입장에서 투쟁이나 거부를 중시한다. 그리고 실제 계층간의 이익의 조화 또는 분쟁상황의 조정을 통한 사회의 통합이라고 하는 정치의 중요한 과제를 경시한다. 즉 오늘날 선진 자본주의사회에서 노동자들의 생활향상, 국가의 고용정책, 생에 있어서 출발기회의 보

---

[45] 차인석, *op. cit.*, pp.189-190.

장, 교육의 국가담당을 통한 시민생활의 안정과 복지의 기여를 통한 자본주의국가의 변화에의 적응능력을 부정·과소평가하고 있다. 그 대신 미래의 해방된 사회를 위한 추상적인 이상의 설정으로 현존 사회의 다양한 요구와 이익을 어떻게 조화할 것인가에 대한 그들의 구체적인 해답은 지식인이나 과학자 집단에 의한 대화능력에 맡기고 있을 뿐이다. 그리고 그들이 추구하는 억압 없는 자유로운 세계는 마르크스의 공산주의적 환상과 비슷한 유토피아적 성격을 띠고 있다. 또 새로운 합리적 사회는 질서의 구상인데 질서에 대한 제도적 장치 없는 거부의 논리만 제시한다. 이러한 의미에서 네오 마르크스주의는 젊은이들에게도 방향설정의 도움을 줄 수가 없어 그들의 해방운동은[46] 한계성을 들어내고 그들 이론은 1970년대 이후 퇴조의 색이 짙어 가고 있다.

존타이어 교수는 네오 마르크스주의를 서구문명의 일체감에 대한 단절을 의식적으로 시도하는 이 시대 지성의 비극이라고 한탄한다.[47]

그들의 이론은 생의 질, 민주주의 문제 그리고 대안실현운동을 자극하고 이 시대를 살아가는 지성의 사회적 역할에 대한 논의의 여지를 남김과 동시에 학문에 이데올로기적 영향을 감소시키기 위한 베버의 몰가치성 문제와 더불어 과연 지식인들이 사회적 존재의 제약을 벗어난 완전한 객관적 입장에서 참다운 인식에 도달할 수 있는가에 대한 문제를 제기한다.

안보연구소, 『안보연구』 제15호, 1985.

---

46) 아도르노 이래 그들의 해방은 종래의 도구적 이성에 의한 자연지배로서 해방이 아니다.

47) Kurt Sontheimer, *Das Elend unserer Intellektuellen*, München 1976, pp.261~280.

Die Analyse des außenpolitischen Krisenverhaltens und Krisenmanagements

– Der Einfluß Koreas auf die amerikanische Entscheidung im Zeitraum von Kriegsausbruch bis Überschreitung des 38. Breitengrades –

1. Einleitung

Der im Jahre 1950 zum Ausbruch gekommene Koreakrieg brachte dem koreanischen Volk die Zementierung der tragischen Teilung. Die Entscheidung der amerikanischen Regierung, Südkorea zu unterstützen, war ein schicksalhafter Wendepunkt nicht nur für Korea, sondern auch für die gesamte Konstellation im fernen Osten.

Diese Arbeit hat zwei Ziele, nämlich: die Faktoren, die amerikanischen Entscheidungen beeinflußt zu haben, von der Sicht Südkoreas her zu betrachten, und die "Definition der Situation"[1] der koreanischen Entscheidungsträger

---

1) Snyder, Bruck und Sapin haben die Definition der Situation wie folgt definiert: "The Situation is defined in terms of something–a problem or a condition or necessity for action. The definition of the situation for any state is, then, a series of definitions, each having a specific forcus": Vgl.: Snyder, Richard C., Bruck, H.W., and Sapin, Burton, *Foreign Policy Decision-Making*, Free Press of Glencoe,

darzustellen und zu analysieren.

Im Sinne des Ansatzes der außenpolitischen Entscheidung vom Snyder u.a. beziehen sich die historischen Ereignisse im Bereich der internationalen Politik auf die Vielzahl von Entscheidungen der Staaten. Der Mittelpunkt deises Ansatzes liegt darin, daß die außenpolitische Entscheidung ("Decision-Making") als Entscheidungsprozeß betrachtet wird.[2] Snyder u.a. beginnen die Untersuchung mit der Verfolgung der Genesis der außenpolitischen Entscheidung in Anbetracht, die Hauptvariablen zu identifizieren, welche die Aktion und Reaktion der einzelnen Staaten auf der konkreten Situation beeinflußen.[3]

Zur Erreichung dieses Zieles zeigen Snyder u.a. den "Framework" der Entscheidungsanalyse auf. Die wichtige Zielsetzung des Ansatzes besteht darin, den umfassenden Framework der Variablen als Instrument zur Analyse der intendierten oder aktualisierten Faktoren im Entscheidungsprozeß aufzustellen.

In diesem Zusammenhang versucht der Ansatz Snyders u.a., zur Analyse der Faktoren des einzelnen Handelns in Decision-Making drei Kategorien zu setzen, d.h. Snyder u.a. sehen die außenpolitische Entscheidung als die Folge aus der

---

New York 1962, S. 77.
2) Young Oran R., *System of Political Science*, Englewood Cliffs, New York 1968, S. 62.
3) Snyder, a.a.O., S. 2.

Interaktion der folgenden drei Faktoren ("three major determinants of action") an.[4] Diese sind "die Sphäre der Kompetenz"[5] und "Kommunikation oder Information[6] und die Motivation".[7] Sie legen hinsichtlich der Operationsmöglichkeit der Analyse den Bezugsrahmen ("frame of reference") als die Kategorisierung der Variablengruppe vor.

Was für die Anordnung der Variablengruppe von Bedeutung ist, sind die Perzeption der Entscheidungsträger und die Optionen, die ihnen offen stehen. Die Perzeption bezieht sich auf die Definition der Situation im Rahmen der Interdependenz von inner- und außerstaatlicher Umwelten durch den Akteur ("Entscheidungsträger"). Wie Entscheidungen getroffen werden, ergibt sich aus der Analyse von Perzeption der Entscheidungsträger.

Was in diesem Zusammenhang behandelt wird, sind die Auswirkungen der von südkoreanischen Regierung bekannt gegebenen Informationen, die die Perzeption der amerikanischen Entscheidungsträger beeinflußten.

Eine Voraussetzung von der Sicht Südkorea, die Faktoren der amerikanischen Entscheidung zu analysieren, besteht darin, wie der koreanische Entscheidungsträger die Situation definierte. Die Definition der Situation eines Akteurs ist die

---

4) Paige, D. Glenn, *The Korean Decision*, The Free Press, New York 1968, S. 6.
5) Snyder a.a.O., S. 106.
6) Snyder, a.a.O., S. 124.
7) Snyder, a.a.O., S. 140.

notwendige Bedingung für seine Aktion als "ein intellektueller Prozeß der Entscheidung ("the intellectual process of decision")".[8]

Die Definition der Situation von dem koreanischen außenpolitischen Entscheidungsträger anderte sich mit dem Prozeßverlauf der amerikanischen Entscheidung.

Das Model des Entscheidungsverlaufes zwischen Korea und der USA.

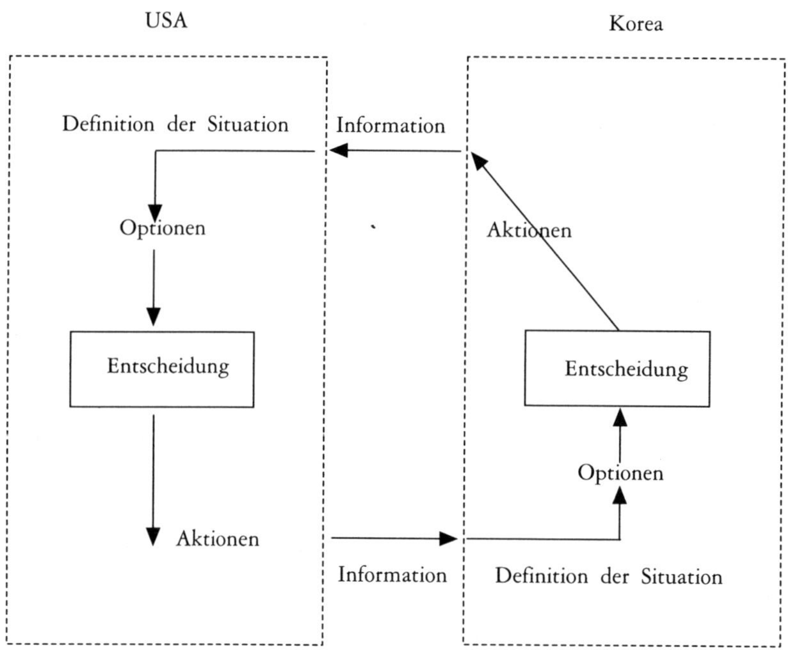

---

8) Paige, a.a.O., S. 8.

Unter der neuen Definition der Situation, "overlapping definition of the situation", die auf Grund differenzierter Perzeption entsteht, traf der koreanische Entscheidungsträger eine neue Entscheidung, Formulierung eines neuen Zieles. Seine Entscheidung ist als Information dem amerikanischen Entscheidungsträger für die nächste amerikanische Entscheidung zugeleitet worden. Unter Informationfeedback sind die Aktion und Reaktion der beiden Seiten, Südkorea und USA, wechselseitig abhängig.

Andererseits muß die Analyse des Hintergrundes des Koreakrieges mit den innen- und außenpolitischen Faktoren Südkoreas zusammen gesehen werden. Die Betrachtung der Umwelt – the internal setting und external setting – ist ein entscheidendes Element zur Analyse der Perzeption.

Für die Definition der Situation der südkoreanischen außenpolitischen Entscheidungsträgers werden in der vorliegenden Arbeit die "Persönlickheit"9) und der Charakter Rhee Syngmans unter Berücksichtigung der Innenpolitik und der Gesellschaftsfaktor Südkoreas in dem Mittelpunkt gestellt. In einer traditionellen ostasiatischen Gesellschaft wie der südkoreanischen spielt die Persönlichkeit der Staatsmänner große Rolle, weil solche Gesellschaft in struktureller und institutioneller Hinsicht nicht so vielfältig

---

9) Über Persönlichkeit beschreibt Snyder vom soziologischen Begriff: "Personality is shaped by his interactions with other actors and by his place in the system"; Snyder, …, a.a.O., S. 161.

wie die westeuropäisch-demokratische organisiert ist.

2. Die Ursache des Kriegsausburches und sein Einfluß auf Südkorea

1) Zur Persönlichkeit Rhee Syngmans

Am 20. Juli wurde Rhee Syngman von der Nationalversammlung zum ersten Staatspräsidenten der Republik Korea gewählt. Das Leben von Rhee Syngmann kann mit den zwei großen Kennzeichen charakterisiert werden, nämlich 50 Jahre lang Kampf für die Unabhängigkeit von Japan und dann sein Streben nach der Wiedervereinigung Koreas seit der Befreiung von Japan als letzte Aufgabe seines Lebens. Die Bildung seiner Persönlichkeit muß mit diesen Merkmalen und der Umwelt in seinem Lebenslaufe betrachtet werden.

Rhee Syngman wurde am 26. März 1875 in der Provinz Hwanghae als Sohn einer vornehmen Familie geboren und bekam westliche Erziehung in seiner Jugend in einer Missionsschule. Von 1894 bis 1905 war er Führer einer Reformbewegung der letzten Dynastie und wurde deshalb für 7 Jahre ins Gefängnis geworfen.

Nach seiner Entlassung aus dem Gefängnis im August

1905 mußte er Korea verlassen und den Kampf gegen die japanische Kolonisierung von den USA aus fortführen. Dann versuchte er ohne Erfolg an der "Potsmouth Conference" die koreanische Repräsentation wahrzunemen: Im Jahre 1910 promovierte er an der Universität von Princeton.

Dannach war er (1919) der erste Präsident der Exilregierung in Shanghai. Als Präsident der Exilregierung kam er nach Washington D.C., um die Anerkennung der koreanischen provisorischen Regierung zu erhalten. Um 1920, als die Beziehungen zwischen der USA und Japan eng und freundschaftlich waren, wurde Dr. Rhee oft als ein Radikaler von Amerika bezeichnet.[10] Von 1912 bis 1932 führte er eine Schule in Hawaii. Im Jahre 1933, als der Völkerbund sich vorsichtig weigerte, Japans Besitzergreifung der Mandschurei für annehmbar zu halten, ging er nach Genf und versuchte – auch ergebnislos – die Beachtung für Koreas Anspruch auf Freiheit zu sichern. Im Jahre 1941, als Japan Pearl Harbor angriff, war die amerikanische öffentliche Meinung über Japan sehr verärgert. Damals glaubte Dr. Rhee wieder eine Chance zu haben, die provisorische Regierung von den Alliierten anerkennen zu lassen. Er deutete sofort dem Staat Department an, daß die Amerikaner die koreanischen Partisanen völlig unterstützen sollten, welche von der im Exil befindlichen provisorischen

---

10) Oliver, Robert T., *The Truth About Korea*, London 1951, S. 135.

Regierung zum Kampf gegen Japan organisiert worden waren. Aber sein Gesuch wurde von den Amerikanern kalt abgewiesen, als erstes der Erwerb der Unterstützung der westlichen Mächte.[11]

Als Dr. Rhee am 16. Oktober 1945 nach Korea zurückkehrte, wurde er mit großer Begeisterung von dem koreanischen Volk empfangen. Er war ein Symbol für den koreanischen Patriotismus und wurde vom Volk als der Vater der koreanischen Unabhängigkeitsbewegung begrüßt.[12] Aber die Folge der Befreiung von außen war die Teilung Koreas in die amerikanischen und die sowjetischen Besatzungszone beim 38. Breitengrad. In der Zeit der amerikanischen Militärregierung(Setember 1945 bis August 1948) war er bemüht, möglichst schnell die Unabhängigkeit zu verwirklichen. Beim Beschluß der Treuhandschaft der vier Großmächte rief Dr. Rhee zu einem Proteststreik aller Regierungsangestellten gegen die Moskauer Erklärung auf. Während dieser Zeit wurde er von Amerika als eigensinning und nicht kooperativ kritisiert.[13] Aber auf Grund seiner lebenslangen Leistung für das Vaterland wurde er ohne Schwierigkeit zum ersten Präsidenten gewählt.

---

11) Nakagawa, Shinobu, *Rhee Syngman und Tschang Kaiseki*, Tokyo 1960, S. 38.

12) Huh, Tschung, Rhee Syngman, in "Biographie der 100 größten Männer in der modernen Zeit in Korea", Shin-Dong-A, Jan. 1970, Seoul S. 169~172.

13) Oliver, a.a.O., S. 136.

Es ist für seine Fähigkeit und ungeheure Energie im allgemeinen bekannt.[14] Andererseits ist er als "absolutischer Diktator,"[15] eigenwilliger Mann oder sogar halsstarrig kritisiert. Nach der Kritik sind die Vorstellungsbilder über ihn folgende: "Präsident Rhee Syngman ist ein eigenwilliger Mann mit starren Auffassungen. Gleich nach seiner Rückkehr nach Korea im Jahre 1945 umgab er mit entscheiden reaktionär gesinnten Männern; gemäßigte und liberale Auffassungen lehnte er aufs schärfste ab. Als ihn das Ende der Militärregierung von Fesseln befreite, die ihn an Willkürakten gegen seine politischen Gegner gehindert hatten, griff er – um politische Gegner und die Redefreiheit zu unterdrücken – zu Polizeimethoden, die mir wenig zusagten. ⋯ *Trotzdem blieb uns Keine Wahl, als ihn zu unterstützen.* Das seit 1905 von den Japanern beherrschte Korea hatte keine Möglichkeit gehabt, bessere Führer heranzubilden."[16] Wegen der Meinungsverschiedenheit über die amerikanische Politik gegenüber Korea war Dr. Rhee mit Amerika oft in Konflikt.[17]

Das Regierungssystem war ein präsidiales System, modifiziert durch einige Komponenten eines parlamentarischen Systems. Als nach der Gründung der Republik

---

14) Oliver, Robert T., *Syngman Rhee–The Man Behind the Myth–*, New York 1954, S. 324.
15) Nakagawa, Shinobu, a.a.O., S. 15.
16) Truman, Harry S., *Memorien*, Bd. II. Stuttgart 1956, S. 372.
17) Oliver, a.a.O., 325.

das erste Kabinett zu bilden war, wählte er seine Minister in erster Linie aus seinen persönlichen Gefolgsleuten. Die Vorstellung der Regierung war nur "personalized Institution."[18] Seine Auffassung über das Bürgerrecht war "genau wie heutzutage in Korea, manche Rechte mußten für die Sicherheit des ganzen Volks begrenzt werden, da die Position Koreas in Gefahr steht." Er traf alle Entscheidungen selbst, besonders in der Außenpolitik.

In der Beziehung mit der USA wollte er keine direkte Intervention. Aber er betonte die Wichtigkeit der Zusammenarbeit zwischen Korea und der USA.[19]

Seine sogenannte eigenwillige und absolutistische Persönlichkeit mag vielleicht aus folgendem herrühren:

1. Sein langes Leben im Ausland, wo es ganz andere "culture pattern" gab;[20]

---

18) Min, Kwanshik, *Kankoku Seijischi*("Die Geschichte der koreanischen Politik"), Tokyo 1967, S. 4; Sowie: Oh, J. Kie-Chiang, Korea, New York 1968, S. 25.

19) Oliver, a.a.O., S. 281; Sowie: Park, Tchun-Kyu, Die Beziehung zwischen Korea und Amerika, in: "Sasange" Juni 1960, S. 154.

20) Über "culture patterns" beschreibt Linton wie folgt: "The successful training of the individual for a particular place in society depends upon the standardization of the behaviour of the society's members. The boy who can learn to act like a man and to be a successful man when the time comes does so, because everybody in his society agrees on how men should behave and rewards or punishes him in terms of how closely headheres to or how far he departs from this standard. Such standards of behaviour are called "culture patterns" by the anthropologist"; Linton, Ralph, *The Cultural Background of Personality*, London 1949, S. 12.

2. Die fortwährende Ablehnung seiner Wünsche durch die Großmächte;

3. Sein starker Glaube an seine hervorragende politische Taktik.

Culture pattern enthält den Hintergrund der sozialen Anerkennug. Und das gesellschaftliche Leben besteht weitgehend aus fortgesetzten Reaktionen auf den Druck, den die Gesellschaft durch ihre Verhaltensregeln auf ihre Glieder ausübt.[21] Jedes Individuum als soziales Wesen wird in diesem gesellschaftlichen Rahmen die Garantie der Existenz haben. Es ist für jedermann schwer, sich in ein neues "Culture Pattern" einzupassen.

Außer den sieben Jahre in Gefängnissen in Korea verbrachte Dr. Rhee seine besten Jahre mit der Arbeit für die Unabhängigkeitsbewegung und Organisierung der koreanischen Staatsbürger in Amerika, wo seine Bewegungsbühne war. Vielleicht empfand er in seinem Exilleben Entfremdung und Frustration. Zudem wurden seine Vorstellungen für sein Vaterland jedesmal abgelehnt. Sein Lebenslauf war die Geschichte des Widerstandes. Bei der Heimkehr nach Korea fand er eine veränderte Lage vor: die künstliche Trennung am 38. Breitengrad, obwohl er lebenslang für ein freies Korea gearbeitet hatte. Im Jahre 1950 war er schon 75 Jahre alt, während Kim Ilsung 38 Jahre

---

21) Mogenthau, Hans J., *Macht und Frieden*, Güterslon 1963, S. 202.

alt war. Wegen der großen Kluft zwischen seinen früheren Vorstellungen vom Aufbau des Staates und der neu geschaffenen Lage wurde er ungeduldig. Dann war die bewaffnete Wiedervereinigung Koreas die erste Zielsetzung seiner Außenpolitik. Sein Sicherheitsbegriff bedeutete die Verstärkung des antikommunistischen Systems in Bezug auf die Verteidigung der freien Welt. Daraus entstand seine Idee des "Pazifik-Paktes". Als die US-Truppen aus Korea am 1. Juli 1949 abgezogen waren, forderte Präsident Rhee von der USA am 11. Juli 1949 die aktive Rolle zur Gründung des Pazifik - Paktes oder des asiatischen kollektiven Sicherheits- systems mit folgenden Inhalten:

1. Die Bildung eines Pazifik-Paktes, ähnlich dem Atlantik - Pakt;

2. Eine Vereinbarung zwischen den USA und Korea - oder mit einigen anderen Staaten - über eine gegenseitige Verteidigung gegen irgendwelche angreifenden Staaten;

3. Eine öffentliche Erklärung der USA über ein Versprechen, das wiedervereinigte, demokratische, unabhängige Korea zu verteidigen, in Übereinstimmung mit der Politik von Präsident Truman in Bezug auf die kommunistische Aggression.[22]

---

22) Hankuk Chunchaengsa ("Die Geschichte des Koreakrieges"), Bd. I. Verteidigungsministerium, Seoul 1968, S. 229; Sowie: Oliver, a.a.O, S. 294-295.

2) Die Teilung Koreas am 38. Breitengrad und die Bildung der zwei Regierungen auf der Koreahalbinsel

Als der Pazifikkrieg im August zu Ende ging, begann die Nachkriegsgeschichte Korea mit der Besatzung durch amerikanische und sowjetische Truppen.

Die Konzeption der Alliierten hinsichtlich der Befreiung und Unabhängigkeit Koreas enthielt in der Kairo-Deklaration vom 1. Dezember 1943 von Roosevelt, Churchill und Chiang Kai-Shek festgelegt, daß "mindful of the enslavement of the people of Korea, are determined that in due course Korea shall become free and independent".[23] Dennoch endete der Krieg unter Zurücklassung vom zweideutigen Ausdruck "in due course" (zu gegebener Zeit), ohne daß die USA als Hauptspieler des Pazifikkrieges einen konkreten Plan für Korea vorbereitet hätten. Nur stellte sich Roosevelt für Korea zur Beseitigung des Kolonialismus nach dem Beispiel der Philippinen vor, welches zur Vorbereitungszeit für die Selbstregierung vielleicht 40 Jahre brauchte. In Jalta, im Februar 1945, vereinbarte Roosevelt in einer persönlichen Unterredung mit Stalin eine Vier-Mächte-Treuhänderschaft für Korea, die 20 bis 30 Jahre dauern sollte.[24]

Mit der Kapitulation Japans war die Trennungslinie

---

23) Department of State, Korea's Independence, Washington, D.C., G.O.P., 1947, Annex II, S. 16.
24) Truman, a.a.O., S. 357.

zwischen der amerikanischen und der sowjetischen Besatzungszone am 38. Breitengrad hauptsächlich nach militärischen Gesichtspunkten, zur Entwaffnung und dem Akzept der Kapitulation der japanischen Streitkräfte von den USA vorgeschlagen worden. Diese Grenzziehung wurde mit der Genehmigung Präsident Trumans am 2. September 1945 von General MacArthur in der General Order Nr. 1 veröffentlicht.[25] Daher besetzte die UdSSR Nordkorea und am 7. Oktober 1945 kündigte MacArthur eine US-Militärregierung in Südkorea an und das gleiche Volk wurde geteilt.

Die amerikanische Besatzungspolitik unter Generalleutnant John R. Hodges stieß auf erhebliche Schwierigkeiten, da die USA außer dem Entwurf der vagen Treuhänderschaft keinen Plan hatten. Auf der Moskau-Konferenz im Dezember 1945 beschlossen die Außenminister, Großbritanniens, der Sowjetunion und der USA eine gemeinsame Treuhänderschaft der Vier-Großmächte für eine Maximal-periode von 5 Jahren, die Errichtung einer provisorischen koreanischen Regierung und die Bildung einer gemeinsamen amerikanisch-sowjetischen Kommission, die bei der Regierungsbildung behilflich sein sollte.[26]

Das koreanische Volk lennte den Moskauer Beschluß ab.

---

25) US Senate, *Background Information on Korea*, Washington, D.C., G.O.P., 1950, S. 2.
26) Department of State, a.a.O., Annex V, S. 18.

Doch während die Nationalisten (Kim Ku) und die Antikommunisten (Rhee Syngman) gegen die Treuhänderschaft eingestellt waren, erklärten sich die Kommunisten (Kim Ilsung) plötzlich damit einverstanden.

Trotz der Oppositionsbewegung gegen die Treuhänderschaft trat die russische – amerikanische Kommission am 20. März 1946 in Seoul zu ihrer ersten Sitzung zusammen. Im Gegensatz zu der amerikanischen Auffassung zur Bildung der provisorischen Regierung in Korea, daß alle in der Sitzung – Koreaner und die Vertreter von politischen und sozialen Grupen, die sich zu Wort meldeten – von der Kommission anzuhören seien, bestanden die Russen darauf, daß nur solche Koreaner zuzuziehen seien, die sich auf den Boden des Moskauer Abkommens gestellt hatten, da die Sowjetunion lebendigen Interesse in Korea hatte.[27] Wegen dieser Meinungsverschiedenheit in der Kommission wurde die erste Sitzung ohne Erfolg abgebrochen. Dann trat die Kommission am 21. Mai 1947 wieder in Seoul zusammen. Aber die Sowjetdelegation behauptete wieder ihren alten Standpunk vom Jahre 1946.[28]

---

27) Bei der Eröffnung der Verhandlungen, am März 1946, sagte die russische Delegation: "die Sowjetunion hat ein lebendiges Interesse daran, daß Korea ein wahrhaft demokratisches und unabhängiges Land wird, freundlich zur Sowjetunion, so daß es in der Zukunft nicht zur Basis eines Angriffs auf die Sowjetunion werden kann": MaCune George M., "Korea Today", Appendex A, Document 3, Harvard Uni. Press, Cambridge, 1950. S. 42.

28) Truman, a.a.O., S. 364.

In Anbetracht, daß die Verwirklichung der Moskauer Vereinbarung durch die Kommission unmöglich ist, schlugen die USA am 26. August 1947 dem Kreml eine Konferenz der im Moskauer Abkommen vorgesehenen Treuhändermächte vor. Als die Sowjetunion diesen Vorschlag ablehnte, brachten die USA am 17. September 1947 die Frage über Korea vor die Generalversammlung der Vereinten Nationen.[29] Am 14. November 1947 beschloß die Generalversammlung trotz der Opposition des Sowjetblockes über die Einigung Koreas: ① die Erfüllung der Unabhängigkeit Koreas und möglichst schnelle Zurückziehung aller Besatzungstruppen aus Korea, ② die Bildung einer provisorischen Kommission für Korea (United Nations Temporary Commission on Korea = UNTCK) zur Überwachung der Wahlen für die National-versammlung in Korea.[30]

Als die Korea-Kommission in Korea ankam, wurde sie von der koreanischen öffentlichen Meinung als "der Apostel der Gerechtigkeit"[31] empfangen. Mit der Aufnahme ihrer Tätigkeit am 12. Janual 1948 wurde ihr Zutritt nach Nordkorea vom sowjetischen Oberkommando abgesagt. Nach der Anweisung des Interimsausschusses der Generalversammlung, ihre Arbeit in jenem Teil Koreas

---

29) UN General Assembly: Official Record, 2. Session, 16. Sep. - 29. Nov. 1947, S. 21-22.

30) UN: *Year Book of the UN 1947~1948*, S. 80.

31) Tongallbo, Seoul 9. Janual 1948.

aufzunehmen, der ihr offenstehe, fanden die Wahlen am 10. Mai 1948 erstmals statt.

Trotz des Störungsversuches von kommunistischen Seite nahmen 95.5% der Wahlberechtigten aufgrund eines demokratischen Wahlrechtes an den Wahlen teil.[32] Südkorea versuchte auf der politischen Ebene die demokratische Grundidee, die Freiheit und die Gleicheit der Menschen zu verwirklichen, trotz der komplizierten internationalen Situation durch den gefährlichen machtpolitischen und ideologischen Dualismus und der chaotischen inneren politischen Situation. Deshalb kamen dies 95.5% der Wahlrechtigten nicht aus dem Standard des politischen Bewußtseins, sondern aus dem Ausdruck der Hoffnung des Volkes, eine neue Republik konstituieren zu müssen.

Durch das Proportionalwahlsystem im Verhältnis zur Bevölkerungszahl wurden 1948 Abgeordnete im Süden gewählt. Die 100 Sitze für Nordkorea blieben leer. Die Nationalversammlung hielt am 31. Mai 1948 ihre erste Sitzung und wählte Rhee zum Vorsitzenden. Am 12. Juni 1948 verabschiedete die Nationalversammlung eine Resolution, in der Nordkorea aufgefordert wird, Wahlen abzuhalten und Repräsentanten zu entsenden. Und sie erließ am 17. Juli 1948 die Verfassung nach westlichem Muster. Im Artikel 3 der Verfassung steht, das Territorium Koreas ist die

---

32) Die Wahlgeschichte Koreas, Zentrales Komitte für Wahlkontrollen, Seoul 1964, S. 721.

koreanische Halbinsel und dazu gehörende Inseln, damit der Wille der Wiedervereinigung ausgedrückt ist. Am 20. Juli 1948 wählte die Nationalversammlung Rhee Syngman zum Präsidenten und der Präsident gab der Korea-Kommission der UNO die Gründung der Korea Republik bekannt im Einklang mit der Resolution in der Generalversammlung der UNO. Am 19. August wurde die Regierung proklamiert und am 12. Dezember 1948 als *einzige legitime Regierung in Korea* von der Generalversammlung der UNO anerkannt.[33]

Inzwischen war auch die Entwicklung in Nordkorea in Richtung auf die Bildung eines sozialistischen Regimes gelaufen. Am 8. Februar 1946 wurde Kim Ilsung unter der sowjetischen Besatzung zum Vorsitzenden des nordkoreanischen Volkskomittees gewählt. Am 1. Mai 1948 wurde ein Verfassungsentwurf nach Vorbild der Sowjetunion durch das nordkoreanische Volkskomittee verabschiedet. Dann proklamierte der Oberste Volksrat die Bildung der demokratischen Volksrepublik Korea am 9. September 1948. Damals betonte Kim Ilsung in dcm Volkskomitee, daß nordkoreanische Regierung durch den allgemeinen Willen ganz Koreas gegründet sei, und daß die Aufgabe der Wiedervereinigung des Vaterlandes und der demokratische Einheitsstaat erstes Ziel sei. Mit der Verneinung des Wesens der Republik Korea zeigte er wieder,

---

33) UN: *Year Book of the UN*, 1948~1949, S. 288~290.

daß alle proklamierte Politik in Südkorea null und nichtig seien.[34] Nordkorea wurde von der UdSSR am 12. Oktober 1948 anerkannt.

Damit wurden zwei Regierungen in Korea gegründet, beide Seite erhoben den Alleinvertretungsanspruch.

3) Die Erhöhung der Spannung um das Wiedervereinigungsproblem

Während der japanischen Herrschaft betrug das jährliche Bruttosozialprodukt Koreas 32.5 Milliarden US-Dollar.[35] Es handelte sich dabei nicht um eine wirtschaftliche Entwichklung zu nutzen Koreas, sondern um eine koloniale Bewirtschaftung.

Bis 1945 war der nördliche Teil Koreas überwiegend industriell, der Süden dagegen ausschließlich landwirtschaftlich strukturiert. Über 80 Prozent der Schwerindustrie, der Elektrizitätswerk und der chemischen Industrie sowie über 89 Prozent der Kohlegruben lagen in Nordkorea. Nach der Durchführung der Bodenreform im Jahre 1946 und der Verstaatlichung des Privatbesitzes und der Großbetriebe wurde in der Industrieproduktion ab 1949 bis 1950 das Vierfache erreicht.[36]

---

34) Kim, Tchum-Kon, *Hankuk Tongran* ("Der Koreakrieg") Verlag Kwang-Myung, Seoul 1973, S. 35-36.

35) Gondo, Zinichi, *Chosen Dokhon* ("Korea"), Tokyo 1953, S. 300.

Im Süden des Landes befanden sich lediglich einige Betriebe der Leichtindustrie. Nach der Befreiung von der japanischen Kolonialherrschaft und der Teilung Koreas mußte Südkorea eine doppelte Verwirrung und Schwierigkeit erfahren: den Abbruch der Lieferung der Energierohstoffe und den Mangel an Kapital. Von 1940 bis 1949 erhöhte sich die Bevölkerungszahl im Süden um ein Drittel, also für das Jahr 1940 auf 14,969,000, für das Jahr 1949 auf 20,041,600, wegen der mehreren Millionen Flüchtlinge seit 1945 aus dem Norden und Rückwanderern aus Japan und der Mandschurei. Im Jahre 1940 waren 75 Prozent der Gesamtbevölkerung in der Landwirtschaft tätig, deren Produktion zum größten Teil auf die Düngemittel aus Nordkorea angewiesen war. Seit der Teilung Koreas brachte die mangelnde Düngemittelversorgung nicht nur den Rückgang insbesondere in der Reisproduktion, sondern schränkte somit auch die landwirtschaftliche Bewirtschaftungsmöglichkeiten in diversen Produkten weitgenend ein. Zudem stellte Nordkorea im Mai 1948 die Lieferung der Elektrizität nach Südkorea ein. Südkorea war zu 70 Prozent von der Elektrizitätsversorgung Nordkoreas abhängig. Deshalb wurde die wirtschaftliche Stagnation zugenommen.

Die Verschlechterung der Wirtschaft im Süden wurde begleitet von der Urbanisierung, die durch die

---

36) Park, Sung-Jo, *Die Wirtschaftsbeziehungen zwischen Japan und Korea*, Otto Harrassowitz, Wiesbaden 1969, S. 111.

Bevölkerungs- bewegung rasch geschah. Außerdem wurde eine Amerikanisierung des Verhaltens der koreanischen Bevölkerung in Bezug auf die Massenproduktion und den Massenkonsum verbreitet. Somit wurde die Verhaltensweise des Konsums im Süden modernisiert, bevor die Verhaltensweise der Produktion modernisiert wurde. Die rasche Urbanisierung, die nicht durch eine Industrialisierung zustande kam, führte zwangsläufig zu einer sozio-ökonomischen Instabilität.[37]

Als General Hodges, der amerikanische Militärgouverneur, den Tag der Durchführung der Wahlen zum 10. Mai 1948 unter Aufsicht der UN-Kommission verkündete, waren die Nationalisten, Kim Ku and Kim Kju-Sik, Führer der Exilregierung, gegen die Separatwahlen und riefen zum Boykott aus folgendem Grund auf: "Die Alleinbildung der Regierung im Süden bedeutet die Beförderung des Satellitenstaates vom Fremdenstaat im Norden und die endgültige Teilung. Das Problem Koreas muß nur von Koreanern selbständig bestimmt werden. Deshalb muß eine Sitzung des Gespraches der Vertreter vom Süden und Norden als die Vorfrage sein."

Kim Il-Sung ging gegen die Resolution der UN Generalversammlung weiter. Am 16. Februar wurde auch

---

37) "The process of rapid change creates an extreme degree of social instability and strain" .., Feld, M.D. ., "Professionalism, Nationalism and the Alienation of the Military", in: Jacques, van Doorn (eds.), *Armed Forces and Society*, Netherland 1969, S. 59.

eine einseitige Verfassung im Norden entworfen. Im Gegensatz zu der Bemühung zur Einigung Koreas von Kim Ku waren Rhee Syngman und Kim Il-Sung für das separate Regime. Am 6. Februar 1948 schlug Kim Ku in einem Brief an Kim Il-Sung eine gemeinsame Beratung der Vertreter aller demokratisch-politischen Parteien und gesetzlichen Organisationen vor. Kim Kju-Sik erklärte, "die Beratung ist der letzte Versuch Süd und Nordkoreas zur Schaffung einer einheitlichen Regierung des Vaterlandes."

Kim Il-Sung stimmte diesem Vorschlag zu und die Beratung fand in Pjöngjang vom 19. bis 25. April 1948 statt. Diese Beratung ging ohne Erfolg zu Ende mit folgendem Kommuniqué:

1. Sofortiger Abzug der ausländischen Truppen aus ganz Korea;

2. Die Einberufung der politischen Konvention des ganzen Korea; die Wahl des gesetzgebenden Organs und die Festsetzung der Verfassung;

3. Die Verneinung der Separatwahlen im Süden.

Auf Grund der Forderung Kim Ku's versprach Kim Il-Sung den ständigen Briefwechsel zwischen dem Norden und dem Süden und die Fortsetzung der Elektrizitäts-lieferung. Kim Ku und Kim Kju-Sik wollten die Einigung Koreas verwirklichen; aber sie waren von Kim Il-Sung getäuscht worden. Dieses Täuschungsmanöver war ihnen erst klar, als die Strömlieferung vom Norden einseitig vom

14. Mai 1948 ausgeschaltet wurde.[38]

Der kommunistische Kampf mit Gewaltanwendung im Süden begann mit dem Streik der Eisenbahnarbeiter im September 1946. Bis Dezember 1947 wurden etwa 2000 kommunistisch eingestellte Arbeiter wegen des Aufruhr-komplotts verhaftet. Der Aufruhr am 4. Aprill 1948 in Tchetchu – To mit der Anweisung Kim Il – Sungs war der politische Ausdruck gegen die Separatwahlen. Die Guerillas wurden in Pjönjang in einer politischen Schule "Raktong Tchungtchihakwon", ausgebildet und nach Süden geschickt. Seit der Rebellion in Yeusu-Suntchun im Oktober 1948 wurden die Aktionen der Guerillas intensiviert.

Am 25. Juni 1949 wurde die Demokratische Nationale Einheitsfront als eine Dachorganisation zur Vereinigung zwischen den Kommunisten im Süden und Norden gebildet. Nach der Erklärung mobilisierte diese Front 62,000 Männer in Südkorea zum Aufruhr und führte bis April 1949 1,318 Gefechte aus.[39]

Die "Beratung vom Süden und Norden" bezeichnete Rhee Syngman und die amerikanische Militärregierung als einen Umtrieb der Kommunisten zur Unruhe während der Wahlen.

---

38) Vgl.: Hayashi, Takehuko, *Hokuchosen to Minamichosen*("Nord und Südkorea"), Verlag Simul, Tokyo 1971, S. 44.

39) Kim, Tchung-Myung, *Die Geschichte der Revolution in Volksrepublik Korea*, Tokyo 1953, S. 299, in: Choi, Sok, *Die Forschung der Wiedervereinigung Koreas 1945~1960*, Seoul 1974, S. 181.

In dieser Situation mußte die amerikanische Militärregierung Rhee unterstützen, da sein Plan der Separatwahlen im Einklang mit dem Plan der USA stand. Damit wurde das Streben nach Wiedervereinigung Koreas von Kim Ku und Kim Kju-Sik, welches dem Wunsch des Volkes entsprach, nicht nur im Norden, sondern auch im Süden nicht angenommen.

Im Jahre 1949 war die Zurückziehung der in Südkorea stationierten USA-Truppen eine Frage der Zeit, nach dem die sowjetischen Truppen im Vorjahr zurückgezogen waren. Damals wollte Präsident Rhee den Termin des Abzuges der US-Truppen verlängern, bis Südkorea sich selbst gegen Kommunismus verteidigen konnte. Er forderte die Verhandlungen mit den USA über militärische Hilfe zur Verstärkung der selbständigen Verteidigungskräfte als Bedingung der Zurückziehung.

Im März 1949 schickte Präsident Rhee seinen Sondergesandten Tcho Byongok nach Washington. In seinem Brief an Sondergesandten sagte er, daß "die USA Verantwortung für alle bösen Folgen von der Teilung Koreas übernehmen müssen, und daß die USA daher Südkorea zur Bewaffnung helfen müssen. Wegen unserer spezialen politischen Situation, die von der Großmächte geschaffen wurden, müssen wir mehr Waffen als andere Statten haben. Die USA lud die Sowjetunion zur Besatzung Nordkoreas ein. Wir sind ein einziges Land in Asien, welches gegen den Kommunismus kämpft. Wir sind in jeder Beziehung für die Wiedervereinigung bereit, aber wir haben nicht genug Waffen und Munition...."[40]

Seine Forderung kam aus dem starken Glauben an den kalten Krieg, der die Entscheidung zur koreanischen Spaltung entscheidend gebracht hat. "Wir möchten wissen, ob die USA Südkorea als die Front der amerikanischen Selbstverteidigung ansehen."[41]

Er verhandelte mit den USA über die Militärhilfe. Aber die amerikanische Reaktion auf die südkoreanische Forderung war zurückhaltend. Dann appellierten Präsident Rhee und seine Diplomaten im Mai 1949 an die amerikanische öffentliche Meinung über die Krisensituation in der Hoffnung, durch die Mobilisierung der öffentlichen Meinung die notwendige Militärhilfe zu erlangen. Amerikanische Zeitungen erörterten die Notwendigkeit des Betrachtens über die koreanische Forderung. Besonders unterstützte die New York Times durch ihren Leitartikel "dem koreanische Anspruch muß Wert gelegt werden, die USA anzunehmen"[42]

Gegen den Appell von Rhee Syngman und seiner Diplomaten erhob das US-Außenministrium im Gespäch

---

40) Hankuk Chunchaengsa, a.a.O., S. 225.
41) Die Erklärung Rhees am 7. Mai 1949, in: Lee, Hoo-Jae, *Hankuk Ökyo Hyunshil kwa Isang (Die Realität und das Ideal der koreanischen Diplomatie) 1945~1953*, Seoul 1969, S. 251.
42) New York Times, 8. Mai 1949, S. 10.

zwischen Tschang Myun und dem Leiter der Fernostabteilung des amerikanischen Außenministeriums, Butterworth am 2. Juni 1949 den Einspruch, "die südkoreanische Methode, der Appell an die amerikanischen Bürger, nicht richtig und erfolglos sei". Darauf antwortete der koreanische Botschafter, Tchang Myun, die koreanische Absicht kommt nicht daraus, durch den Druck der öffentlichen Meinung das Außenministerium zur Unterwerfung der Politik des Präsidenten Rhee zu bringen, sondern daraus, durch den Appell an dem amerikanischen Volk die amerikanische Verantwortung gegenüber koreanischem Volk zu erwecken.

Wenn die USA die Verteidigung Südkoreas übernehmen, möchten wir möglichst schnell eine Erklärung des amerikanischen Entschlusses dazu erhalten, damit die Befürchtung des koreanischen Volks vermindert werden kann. Der Botschafter betonte dem Außenministerium die Notwendigkeit der Erklärung der Verteidigungsgarantie gegenüber Südkorea. Diese bedeutete die Forderung des Verteidigungsabkommens zwischen beiden Ländern.

Als der Botschfter Tchang am 27. Juni 1949 wieder Präsident Truman traf, betonte er die Notwendigkeit der Stationierung der US-Truppen im Süden und der Militärhilfe. Damals versprach Truman nur das Streben nach der Zustimmung des Antrages durch den Kongreß, welcher am 7. Juni 1949 im Kongreß um 150 Millionen US-Dollar als Unterstützung für Korea im Jahre 1950 bat.

Die damalige Politik der Administration Trumans war durch das Gespräch zwischen Tchang und Truman klar geworden:

1. Die langfristige wirtschaftliche Unterstützung für Korea,

2. Keine positive Militärhilfe zur Unterstützung der Wiedervereinigung von Präsident Rhee.

Trotz der koreanischen Forderung sind die US-Truppen am 1. Juli 1949 bis auf ungefähr 500 Offiziere der KMAG (Korean Military Advisory Group) abgezogen. Am 7. Juli 1949 traf Tchang mit General Wedemeyer und Timberman zusammen. Die USA erklärten damals den Grund des Abzuges:

1. Keine Wahrscheinlichkeit des Angriffes weder von der Sowjetunion, noch von China;

2. Keine Wahrscheinlichkeit des Angriffes von Nordkorea wegen seiner Unterlegenheit im Qualität und Quantität hinsichtlich der Streitkräfte als Südkorea;

3. Genügende amerikanische Waffen im Süden.[43]

Die amerikanischen Entscheidungsträger waren dieser Ansicht unterworfen und die Strategie gegeüber Südkorea mag auch aus dieser Ansicht kommen. MacArthur vertrat auch gleiche Ansicht, daß "es damals in Südkorea nicht besondere Bedrohung gab, als unsere Truppen vom Süden abgezogen waren."[44]

---

43) Lee, Hoo-Jae, a.a.O., S. 257.
44) MacArthur, Hearings, Part I, S. 243; Sowie: Truman, a.a.O., S.

Die USA waren vorsichtiger gegen die gewaltsamen Wiedervereinigungspläne des Präsidenten Rhees, als gegen die Bedrohung von Nordkorea.[45]

Um seinen Willen durchzusetzen schickte Rhee seinen Diplomaten zu Dean Acheson am 11. Juli 1949 mit folgender Mission:

1. Militärhilfe für Bewaffnung und Ausbildung von 400,000 Männer hinsichtlich der Krise im Süden;

2. Eine Erklärung vom Präsidenten Truman an die Welt über die positive Garantie gegenüber Südkorea beim Angriff von Außen;

3. Die positive amerikanische Rolle für die Gründung des Pazifikbündnisses.[46]

Auf die erste Forderung reagierte Dean Acheson etwas positiver, sonst lehnte er andere Forderung ab. Präsident Rhee identifizierte den Sicherheitsbegriff Südkoreas im Zusammenhang der Sicherheit der freien Welt. Als er das Pazifikbündnis vorschlug, äußerte er wie folgend: "Wir stehen in der Front. Unser Kampf ist der Kampf der freien Menschen in der Welt. Wir setzen unser Leben aufs Spiel für die Verteidigung der Weltfreiheit. Alle demokratischen Länder müssen sich gegen den kommunistischen Angriff

---

371.

45) Kamiya, Huji, *Chosen Senso* ("Koreakrieg"), Verlag Zuo Koron, Tokyo 1973, S. 27.

46) Lee, Hoo-Jae, a.a.O., S. 259.

solidarisieren. Die kommunistischen Flammen lodern im Fernosten auf."[47]

Bei der ablehnenden Haltung der USA sprach Präsident Rhee über die gewaltsame Wiedervereinigung am 30. September 1949 auf einer Pressekonferenz aus. "Bis das Land wiedervereinigt wird, können wir nicht ausruhen. Die Wiedervereinigung muß mit Besatzung Nordkoreas verwirklicht werden. Koreanische Regierung und unser Volk sind zum Kampf gegen Kommunismus prefekt organisiert. Die Bevölkerung im Nordkoreas will den Umsturz des Kommunismus und die Aufrechterhaltung der natürlichen Grenzen, an Mandschurei, Abrock Fluß und Yalu, damit der eiserne Vorhang gegen den Kommunismus verschoben werden kann".[48] Dieses herausfordernde und unbesonnene außenpolitische Verhalten von Rhee mag ein Ausdruck seiner Reaktion gegen die amerikanische Politik sein. In den USA wird Rhee Syngman als "der Herausforderer zum Kriege" oder "Unruhestifter"[49] betrachtet.

Der Verteidigungsminister, Shin Sung-Mo besuchte MacArthur in Tokyo am 1. November 1949. Nach dem Gespräch äußerte er sich, daß "Korea zum Vorrücken nach Norden bereit ist; aber wegen des amerikanischen Aufhaltung dieses Ziel nicht erreicht werden."

---

47) New York Times, 15. August 1945, S. 9.
48) Chosun Ilbo, 2. Oktober 1949, in: Lee, Hoo-Jae, a.a.O., S. 302.
49) Lee, Hoo-Jae, a.a.O., S. 308.

Am 1. März 1950 betonte Präsident Rhee wieder seinen Willen zur Wiedervereinigung durch einen Krieg. Sicher war seine Zielsetzung der Außenpolitik die Wiedervereinigung mit der amerikanischen Militärhilfe. Auf Grund seines herausfordernden Verhalten wollten KMAG und die USA möglichst keine schwere Waffen an Korea liefern, sondern leichtere Waffen nur zur Polizeiaktivität im Innern.

Während Präsident Rhee oft öffentlich den Willen zur gewaltsamen Wiedervereinigung äußerte, behauptete Kim Il-Sung die friedliche Wiedervereinigung. Es war damals klar, in Wirklichkeit förderte Kim Il-Sung die Verstärkung der Bewaffnung zur Eroberung Südkoreas. Im Moment kurz vor dem Ausbruch des Krieges propagierte Nordkorea den Entwurf der friedlichen Wiedervereinigung. Am 25. Juni 1949 verabschiedete der Führer der demokratischen vaterländischen Einheitsfront, Huh Huhn, den Entwurf der Wiedervereinigung. Damals zeigte Nordkorea den Willen der friedlichen Wiedervereinigung und der gewaltsamen Wiedervereinigung gleichermaßen. Führer der Einheitsfront äußerte, daß, wenn eine friedliche Wiedervereinigung unmöglich ist, unsere nationaldemokratische Front durch das Mittel des Kampfes Ziel erlangen muß". Das Programm der Aktion der Front war folgendes:

1. Die Forderung des Abzuges der US-Truppen und der Korea -Kommission der UNO vom Süden;

2. Die Beseitigung der projapanischen Fraktion und der

antinationalistischen Reaktionäre;

3. Die volle Unterstützung der demokratischen Volksrepublik Korea, die am 26. August 1948 gegründet ist;

4. Die Restauration des Volkskomitees, welches im Süden von den amerikanischen Imperialisten und Reaktionären unterdruckt sind.

Dazu äußerte Huh Huhn, "falls die Mitverschwörer Rhee Syngmans unsere Aufgabe verhindern, werden wir diese Fraktion beseitigen". Der Entwurf der friedlichen Wiedervereinigung hat folgene Punkte:

1. Die Durchführung der Wahlen zum einheitlichen gesetzgebenden Organ im September 1949;

2. Die Bildung des Komitees zur Durchführung der Wahlen durch die Vertreter der sämtlichen Parteien und gesellschaftlichen Organisationen, die friedliche Wiedervereinigung wollen;

3. Das gesetzgebende Organ wird die Verfassung des Demokrtischen Volksrepublik Korea annehmen und die Regierung bilden.[50]

Dieser Entwurf, wie im Programm gezeigt wird, kam aus der Voraussetzung der Unterstützung der nordkoreanischen Regierung. Der Entwurf zeigte den Widerspruch zwischen der Durchführung der Wahlen und der Unterstellung der

---

50) Choi, Sok, a.a.O., in: Appendix S. 13-14.

nordkoreanischen Regierung. Andererseits fand die 2. Parlamentswahl am 30. Mai 1950 im Süden statt. Vor den Wahlen legte die Demokratische Nationale Partei am 27. Januar 1950 den ersten Entwurf zur Veränderung der Verfassung in Richtung auf ein parlamentarisches System zur Verhinderung der diktatorischen Herrschaft Rhees vor. Damals bedrohte Rhee die Abgeordneten, die gegen ihn standen. Nach den heftigen Einwänden der Regierung Rhees und seiner Anhänger zum Parlament wurde dieser Entwurf am 13. März 1950 mit 79 gegen 33 Stimmen bei 66 Enthaltung verworfen. Bei Ablehnung des Entwurfes wurde Rhee wegen seines undemokratischen Verhaltens als Diktator gebrandmarkt. Dieser Einfluß erschien in der Wahle im Süden stattgefundener Parlamentswahl und die innen- politische Situation verschlechterte sich immer mehr. Die Wahlegebnisse zeigten an, daß die Anhänger Rhees ebenso wie die DNP eine Niederlage erlitten hatten, während die Mehrheit des neuen Parlaments aus Parteilosen bestand. Bei der Wahl erhielten die Parteien auf seiten Rhees 51 Sitze, die Oppositionsparteien 29 Sitze und die Parteilosen 130 Sitze im Parlament.

Nach dieser Wahl am 7. Juni 1950 legte Kim Il-Sung durch den Pjöngjang Rundfunk den Entwurf der Einigung vor und appellierte an alle Parteien:

1. Die Gründung des einheitlichen Parlamentes im ganzen Land durch die Vereinigung zwischen gegewärtigen

südkoreanischen Parlament und der Obersten Volksversammlung;

2. Die Gründung der Regierung durch die Annahme der republikanischen Verfassung;

3. Die Durchführung der allgemeinen Wahlen unter der republikanischen Verfassung;

4. Die Beseitigung der Verräter Rhee Syngman und seiner Fraktion, wegen der Verhinderung der Verwirklichung des Vorschlages der Front über die Beschleunigung der friedlichen Vereinigung des Heimatlandes;

5. Die Vereinheitlichung der Truppen und Polizei im Süden und Norden;

6. Der sofortige Abzug der Korea-Kommission der UN.[51]

Dieser Entwurf wurde von Südkorea auch zurückgewiesen. Darauf propagierte das Nordregime: "Südkorea lehnte den Vorschlag der friedlichen Wiedervereinigung ab, deshalb muß Südkorea die Verantwortung der Verhinderung der Vereinigung übernehmen".

In dieser gespannten Atmosphäre auf Grund des Verhältnisses zwischen beiden Teilen Koreas um das Wiedervereinigungsproblem wurde ein Gerücht der Mai-Juni Krise unter die Leute gebracht.

---

51) Zentralen Jahrbuch Nordkoreas, Pjöngjang 1952, S. 80-148, in: Choi, Sok, a.a.O., Appendix, S. 15-16.

4) Die sowjetische Politik gegenüber Nordkorea

Nach dem zweiten Weltkrieg vergrößerte sich die nationale Macht der Sowjetunion. Das sowjetische Vorrücken wurde durch die 3. Route, die Besetzung Osteuropas, welches der Durchgang zur Ausdehnung nach Euopa ist, der Einfluß auf Iran und der Türkei zur Entwicklung in Richtung auf den Nahen Osten, und die Besetzung Nordkoreas und der Mandschurei im Fernen Osten vorausgesehen.

Moskau strebte nach Expansion. Anfangs richtete die sowjetische Strategie seine Kräfte für die Vergrößerung der Hegemonie nach Europa und Balkanhalbinsel und bildete in Osteuropa, was seiner Besetzungszone gehörte, pro-sowjetische Regime. In Polen, Ungarn, Rumänien, Bulgarien, Albanien und der Tschechoslowakei bildeten sich sogenannte "Volksregierung", deren wichtigste Stellen die Kommunisten behielten.

Das Wort der Yalta - Deklaration, in dem Rußland die Bildung der demokratischen freien Regierungen in Osteuropa versparch, hatte ganz andere Bedeutung für Sowjetunion.

Die Auffassung über die demokratische Regierung bedeutete für Sowjetunion "Kommunistische Regierung" unter der sowjetischen Kontrolle.[52] Für die Sowjetunion war die Kontrolle Osteuropas, besonders Polens, unentbehrlich, da dieses Gebiet für die russische Sicherheit lebenswichtig ist.

Die vormaligen deutschen Satellitenstaaten Ungarn, Bulgarien und Rumänien wurden sowjetische Satellitenstaaten geworden. Ein durch die deutsch Niederlage entstandenes Machtvakuum wurde mit der sowjetischen Macht ausgefüllt und in der Balkanhalbinsel und Polen etablierte sich die sowjetische Herrschaft fest. Dann füllte die sowjetische Macht mit der Küste der Aegean, Meerenge von Constantinopel und Adriatischen Meer durch die enge Beziehung Griechenlands, welches in erster Linie hinter der Grenze der Roten Armee liget, einnehmen.

Moskau bedrohte den Iran und die Türkei mit der Ablehnung des Abzuges der Truppen Anfang 1946. Im August 1946 riefen die Kommunisten, "Griechische Nationale Befreiungsfront," in Griechenland zum Aufruhr auf.[53]

In dieser Situation war die Konfrontation um die Hegemonie zwischen USA und UdSSR unvermeidlich.

Im Gegensatz zum sowjetischen Vorrücken nahmen die USA die andere Haltung in der Front des sowjetishen Angriffes in der Balkanhalbinsel und Osteuropa und vergrößerten die militärische und wirtschaftliche Hilfe für

---

52) Spanier, John W., *American Foreign Policy Since World War II*, Cmelot Press, London 1972, S. 26; Sowie: Schuman, F.L., *International Politics*, 6th Ed., MaGRAW-HILL Book Company; INC., New York 1958, S. 516.
53) Spanier, a.a.O., S. 27-30.

den westlichen Block. Diese waren die Verkündigung des Truman-Doktrin am 12. März 1947 und der Marschalplan am 5. Juni 1947. Die Truman-Doktrin verhinderte den sowjetischen Durchbruch im Südosteuropa und Mittleren Osten und befestigt die westlichen Flanke im Osten Mediterrenean.

Der Marschall-Plan stellte den Weg zur wirtschaftlichen Wiederherstellung in Europa dar. Damit zog Amerika den deutlichen Trennungsstrich der Einflußsphäre zwischen Amerika und Rußland und zeigte den starken Willen klar in Griechenland und Berlin. Die Gelegenheit der unverzüglichen Expansion in Europa verschwand. Die Überschreitung der Linie, welche Amerika gezogen hat, bedeutete ein Risiko für russischen Entscheidungsträger auf Totalkrieg während die Zeit der Atomwaffenüberlegenheit Amerikas und der sitzung des Abenteurertums der sowjetischen Existenz aufs Spiel.[54]

Daher verfolgten die sowjetischen Strategien, die in Europa verhindert wurden, mit "gleicher Spannung"[55] die Entwicklung im Fernosten. Als die sowjetischen Truppen im Dezember 1948 von Nordkorea zurückzogen, entwarf Moskau die Verstärkungspolitik und die Modernisierung der nordkoreanischen Volksarmenn.

Stalin empfing die nordkoreanische Regierungsdelegation

---

54) Spanier, a.a.O., S. 73.
55) Makintosh, J. M., *Strategie u. Taktik der sowjetischen Außenpolitik*, Stuttgart 1963, S. 46.

am 8. März 1949 in Moskau, deren Vertreter Kim Il-Sung war. Eine Ansicht geht dahin, daß während dieser Zeit Kim Il-Sung seinen Plan zur bewaffneten Befreiung Stalin zeigte und am März 1950, als Kim wieder Moskau besuchte, Stalin mit dem Plan in Übereinstimmung brachte.[56]

Am März 1949 wurde das wirtschaftlich-kulturelle Abkommen und geheime Militärabkommen zwischen beiden Ländern unterzeichnet. Der Inhalt des Militärabkommens:

1. Die Hilfe der Waffen und der militärischen Einrichtung für 6. Infanteriedivisionen und 3. Maschinentruppen;

2. Die Hilfe der Luftwaffe mit der Lieferung von 100 Flugzeugen;

3. Die Entsendung der speziellen Militärberater von 120 Männer;

4. Die Hilfe einer Milliarde für das Militärmaterial.[57]

Mit der raschen Durchführung des Militärvertrages wurde die 4 nordkoreanischen Divisionen mehr als zweifach vergrößert. Die sowjetische Hilfe gegenüber Nordkorea erbrachte die Leistungen von 1946 bis 1948 288 Mio. US-Dollar, 1949 257 Mio. US-Dollar. Zudem beeinflußte die Gründung der Volksrepublik China am 1. Oktober 1949 das Gleichgewicht der Macht zwischen gegenüberstehenden beiden Lagern, Kommunismus und Demokratie, im Fernost.

---

56) Khrushchev, N.S., *Khrushchev Remembers*, Boston 1970, S. 368-369, in: Kim, Tchum-Kon, a.a.O., S. 41; Sowie: Hayashi, Takehiko, a.a.O., S. 53.

57) Hayashi, Takehiko, a.a.O., S. 52-53.

Mao verkündete seine Außenpolitik prosowjetisch und gegen amerikanischen Imperialismus. Mao besuchte Stalin am 16. Dezember 1949. Die Verhandlung dauerte 3 Monate lang. Danach wurde der sowjetisch-chinesische Freundschafts- vertrag und wechselseitiger Beistandsvertrag am 14. Februar 1950 unterzeichnet. In diesem Vertrag sind Japan und die USA, welche japanische Schutzmacht sind, als gemeinsamer Feind zur kommunistischen Expansion in Asien betrachtet. "Mit der Verstärkung der Freundschaft und Hilfe unterstützen die beiden Länder gegen japanischen Angriff und den Angriff von anderm Land, welches Japan behilflich steht".[58]

Nach einer Ansicht wird behauptet, daß der strategischen Kurs in dieser Verhandlung zwischen Mao und Stalin zum Angriff Südkoreas bestimmt ist. D.h. Moskau würde den Angriff auf Korea und Japan zur Bolschewisierung durch den Etappenort Mandschureis übernehmen, da Japan die amerikanische Basis zur Verteidigung im pazifischen Raum ist. Demgegeüber würde Peking die Aufgabe der Bolschewisierung im Südostasien mit der Berücksichtigung der Rückständigkeit der Landwirtschaft in südasiatischen Ländern übernehmen, da China die Revolution im Langebiet bei dem Kampf der Befreiung erfolgreich war.[59]

---

58) Kim, Ha-Ryong, "Impact of Korean War upon Politics of Redchina during the Periode, 1950-1954", in *Asia Journal* X, Bd. 27, 9, 1967, S. 10.
59) Choi, Sok, a.a. O., S. 223.

Seit der Konferenz zwischen Mao und Stalins kehrten das nordkoreanische Freiwilligenkorps 20,000-22,000. Mann von Mandschurei durch das chinesisch-nordkoreanische Verteidigungsabkommen am 18. März 1949, die am chinesischen Bürgerkrieg teilgenommen hatten, zurück. Diese Freiwilligenkorp wurden als 5. 6. 7. Division der Volksarmee in Nordkorea gebildet. Mit der Vergrößerung der Zurückkehrung des Freiwilligenkorps bildete diese Gruppe fast ein Drittel der nordkoreanischen Volksarmee.[60]

5) Die amerikanische Politik gegenüber Südkorea

Wie Spanier äußerte, war Europa für die amerikanische Verteidigung lebenswichtig, so daß irgendein Bewegung von Seiten der Sowjets in Westeuropa das Risiko des totalen Krieges mit den USA mit sich bringen würde. Die amerikanische Verteidigungsstrategie war in Europa an erster Stelle, in Asien der Zweite. Die Sowjetunion lenkte seine Aufmerksamkeit auf Fernost zur Schaffung seiner Einflußsphäre in Asien. Als Voraussetzung dafür betrachtete die Sowjetunion "die Behaltung der Koreahalbinsel in ihren Händen."[61] Demgegenüber sahen

---

60) Hankuk Chönlansa ("Korea in War") 1950~1951, Verteidigungs -ministerium, Seoul 1951, S. A. 33; Sowie: *The China Quarterly*, April-June 1963, No. 14, S. 110.

61) Kim, Tchum-Kon, a.a.O., S. 59.

die USA die strategische Bedeutung in Südkorea sehr gering und die amerikanische Politik gegeüber Südkorea war negativ. Daher bestand ein anziehendes Machtvakuum in Korea, die kommunistische Expansion einzuladen.

Die amerikanische Wirtschaftshilfe gegenüber Südkorea begann mit der Hilfe "Government and Relief in Occupied Area(GARIOA)." Die durch diese Hilfe erbrachten Leistungen von 1945 bis 1948 waren beachtlich: 409,393,000 US-Dollar. Davon entfielen etwa 40% auf die Nahrungsmittel.[62] Es war nur die Nothilfe während der USA-Militärregierung. Seit dem Entwicklungshilfeab-kommen zwischen Südkorean und der USA am 1. Dezember 1948, nach der Bildung der südkoreanischen Regierung begann die positive Entwicklungshilfe unter der Bezeichnung ECA (Economic Cooperation Administration). Damals leiteten die USA einen Drei-Jahres-Investitionsplan in Höhe von 354 Mio. US-Dollar für solide Basis der wirtschaftlichen Entwicklung Südkoreas.

Am 7. Juni 1949 ersuchte Präsident Truman den Kongreß um die Bewilligung von 150 Mio. US-Dollar als Wirtschaftshilfe für Korea für das Fiskaljahr 1950. Der Kongreß brauchte 4 Monate, bis er diese Summe bewilligte, und weitere für das Budjetjahr 1950/51 vorgesehene 60

---

62) Kim, Kwang-Soo, "An Analysis of Capital Movement between Korea and the United States", *Asia Journal* Vol. XIV, 52.7. 1974, S. 189.

Millionen US-Dollar lehnte das Reperäsentantenhaus mit einer größtenteils republikanischen Stimmenmehrheit ganz ab.[63] Diese Ablehnung folgte aus der heftigen kritik über die falsch konzipierte Politik gegenüber China als ein Schlag der Außenpolitik vom Kongreß. Später wurden nur 120 Mio. US-Dollar vom Kongreß, etwa ein Drittel des veranschlagten Betrages für den gennnten Investitionsplan, bewilligt. Aber in Wirklichkeit wurde nur 60 Mio. US-Dollar in der bewilligten Summe ab Juli 1949 bis Juni 1950 ausgegeben.

Im Oktober 1949 verabschiedete der US-Kongreß "the Mutual Defense Assistance Act", d.h. etwa 27 Mio. US-Dollar zur Militärhilfe für die Philippinen, Iran und Korea. Unter diesem Militärhilfeplan wurden am 26. Januar 1950 das Verteidigungsabkommen zwischen USA und Südkorea unterzeichnet. Obwohl es für Südkorea 10,970,000 US-Dollar am 26. März 1950 bestimmt wurden, bekam Südkorea bis Ausbruch des Krieges nur 350,000 US-Dollar für Waffen und Ausrüstung. Diese Militärhilfe diente nur zur Aufrechthaltung des öffentlichen Friedens in Südkorea.

Die Zumessung der geringen strategischen Bedeutung auf der Koreahalbinsel entstand aus der Folge der Situationsanalyse in Südkorea vom vereinigten Stabschef im September 1947. "Im Fall des Ausbruchs von Feindselig-

---

63) Paige, a.a.O., S. 68.

keiten im Fernosten würden sich die in Korea stationierten Streitkräfte nur als Belastung auswirken. Sie könnten ihre Stellungen ohne substantielle Verstärkung vor dem Beginn der Feindseligkeiten nicht behaupten. Dazu kommt, daß Korea von eventuellen Offensivoperationen unserer Streitkräfte auf dem asiatischen Festland vermutlich umgangen würde. Sofern jedoch ein Feind in der Lage wäre, auf der koreanischen Halbinsel starke Luft- und Flottenstützpunkte einzurichten und zu behaupten, könnte er von dortaus die amerikanischen Operationen und Verbindungslinien im östlichen China, in der Mandschurei, im Gelben und im Japanischen Meer und auf den angrenzenden Inseln stören. ⋯ Die Neutralisierung aus der Luft wäre leichter zu bewirken und weniger kostspielig als durch umfangreiche Bodenoperation."[64]

Die Folge dieser Analyse war vom "amerikanischen einfachen Vorurteil über den totalen Krieg".[65] Mit der Absicht der Neutralisierung der koreanischen Halbinsel von der amerikanischen Luft-und Flottenmacht schätzten die USA nur ein geringes militärisches Interesse an Korea. Die Verteidigung Südkoreas wurde als Belastung in Bezug auf das amerikanische eigene Interesse angesehen.

Der konkrete Ausdruck der negativen Verteidigungspolitik gegeüber Südkorea war die berühmte Rede von

---

64) Truman, a.a.O., S. 367.
65) Spanier, a.a.O., S. 90.

Außenminister Dean Acheson im Presseclub am 12. Januar 1950 über die amerikanische Verteidigungslinie im pazifischen Raum, d.h. von den Aleutians bis Japan, von Ryukyus (Okinawa) bis zu den Philippinen: Korea lag außerhalb des Bereichs der wichtigen amerikanischen Verteidigungsinteressen im Pazifik.

Der Mangel am Militärhilfe und die geringe Einschätzung der strategischen Bedeutung auf Südkorea waren anziehendes Vakuum, in Südkorea den kommunistischen Angriff einzuladen.

3. Politische Plannung Rhee Syngmans

Sobald die erste Sitzung der amerikanisch-russischen Kommission am 8. Mai 1946 ohne Erfolg abbrach, äußerte sich Rhee Syngman über seinen Willen zur Gründung der Separatregierung am 3. Juni 1946 in Tchungup währen der Agitationsreise gegen die Treuhänderschaft. Die US-Militärregierung forderte Rhee die Zurückziehung seiner Äußerung. Damals bemühte sich Generalleutnant Hodge eine provisorische Regierung für Gesamtkorea von Linken und Rechten einzusetzen. Hodge bezeichnet Rhee als "Feind der USA".[66] Rhee mag dem genügenden Einblick in die

---

66) Hayashi, Takehiko, a.a.O., S. 41.

nordkoreanische Sowjetisierungsplanung vom Kommunisten und die Tendenz des kalten Krieges haben, trotz seines starken Wunsches über die Vereinigung.

Bis Ausbruch des Krieges verfolgte seine Außenpolitik die folgenden Zielsetzungen:

1. Die Bildung der Separatregierung;

2. Die Erreichung der Anerkennung über die Rechtmäßigkeit und Legitimität seiner Regierung;

3. Die Erlangung der Militärhilfe von USA und die bewaffnete Vereinigung Koreas.

Dr. Rhee brachte das Vereinigungsproblem nicht zur Sprache vor der Bildung der Regierung. Die Bildung der Regierung war damals seine erste Aufgabe: "Die Vereinigung mit Norden ist in der Gegenwart unmöglich. Die Aufnahme des Vereinigungsproblems bedeutet die Verhinderung der Wiederherstellung der nationalen Macht ".67)

Die öffentliche Erwähnung von der Vereinigungsthese war in der ersten Sitzung der Nationalversammlung. Er äußerte sich am 30. März 1948 "durch die Durchführung der Wahlen im Norden müssen möglichst schnell die leeren 100 Sitze in der Nationalversammlung ausgefüllt werden". Bei dem Erlaß der Verfassung am 17. Juli 1948 sprach er aus wie folgend: "In diesem Moment appellieren wir unter

---

67) Hankuk Chenchaengsa, a.a.O., S. 114.

Tränen an die nordkoreanische Bevökkerung, so daß die Mitmenschen im Norden eine Mühsal ertragen, bis Süd und Nord unter der Unterstützung der Verfassung, mit der Pflicht nach dieser Verfassung, zur Bereicherung unseres Landes vorrücken werden."

Bei seiner Antrittsfeier äußerte sich Präsident Rhee mit der Proklamation der ersten Regierung Südkoreas: "Wenn die nordkoreanischen Führer das Vaterland den Ausländern verkaufen, werden sie als Verräter gebrandmarkt".[68] Dazu appellierte er an alle Länder der Welt, seine Regierung anzuerkennen. Diese Erwähnungen waren die Erhebung der Rechtmäßigkeit und Legitimitätsanspruch seiner Regierung. Die Anerkennung seiner Regierung war für ihn wichtig im In- und Ausland, da die oppositionelle Gruppe im Inland gegen die Bildung des Alleinregimes waren. Deshalb mußte seine Äußerung über das Vereinigungsproblem ebenfalls im Zusammenhang des Anerkennungsproblems gesehen werden.

Als seine Regierung am 12. Dezember 1948 als einzige legitime Regierung in der Koreahalbinsel von der UNO anerkannt wurde, und die USA und eine Anzahl von Nationen Korea im Einklang mit der UNO-Resolution anerkannten, wurde seine zweite Zielsetzung – die Erreichung der Einerkennung der Rechtmäßigkeit und Legitimität seiner

---

68) Kamiya, Huji, a.a.O., S. 18.

Regierung – völkerrechtlich erreicht.

Vom Anfang wurde seine Regierung mit der Unterstützung der USA gebildet. Als die Politiker des nationalistischen Bolcks den Boykott der Beteilung an Wahlen entschlossen, entfaltete die US-Militärregierung die Beteiligungsbewegung an Wahlen im Süden mit der Gründung des "Nationalen Komitee für Wahlkontrolle" unter den folgenden Schlagworten:

1. Die Wiedervereinigung durch die Wahlen am 10. Mai 1948;

2. "Ihre Wahl gründet unseren Staat";

3. Werden Sie auf Ihr heiliges Wahlrecht nicht verzichten.[69]

Aufgrund der US-Unterstützung bei der Gründung der Regierung behauptete er die Rechtmäßigkeit seiner Regierung.

Am 18. Februar 1949 erklärte Rhee die Stellungnahme über das Vereinigungsproblem: "Die Verhandlung mit dem nordkoreanischen Marionetten bedeutet eine offensichtliche Anerkennung des Regimes. Deshalb darf diese beleidigende Verhandlung mit Entscheidenheit abgelehnt werden". Dies war die Warnung an seine politische Gegnern und er wollte damit die Basis der jungen Republik befestigen.

Sein größter Rivale im Süden, Kim Ku, der Führer des

---

69) Lee, Hoo-Jae, a.a.O., S. 211.

Nationalisten Blockes wurde am 26. Juni 1949 von einem Anhänger Rhees ermordet. Danach hatte Rhee vorläufig keine großen politischen Gegner mehr. Durch diesen Verlauf die Rechtmäßigkeit und Legitimität seiner Regierung im Inland überparteilich anerkannt.

Am 27. September 1949 sandte die Nationalversammlung "eine Botschaft über die koreanische Vereinigung" an die Generalversammlung der UNO. "Da Korea am 38. Breitengrad geteilt wurde, ereignet sich das tragische Blutvergießen im ganzen Land vom Kommunisten. Solange die Teilung des 38. Breitengrades nicht beseitigt wird, ist es unmöglich, die Unabhängigkeit Koreas und den Friede zwischen West und Ost sicherzustellen. Wir hoffen, daß die UNO die besoneren Maßnahmen für die Wiedervereinigung Koreas durch die Beseitigung des 38. Breitengrades treffen, und daß die Korea-Kommission der UNO fortwährend in Korea stationiert wird"[70]

Die 4. Sitzungsperiode der Generalversammlung beschloß die fortwährende Stationierung der Korea-kommission und die Fortsetzung ihrer Tätigkeit in Korea.

Inzwischen forderte Präsident Rhee die Militärhilfe und die wirtschaftliche Hilfe von den USA ohne Erfolg. Im Oktober 1949 behauptete er "die bewaffnete Wiedervereinigung". "Mit der Besetzung Nordkoreas muß Korea vereinigt

---

70) Kim, Tchum-Kon, a.a.O., S. 107.

werden. Die Teilung zwischen Nord und Süd muß durch den Krieg rückgängig gemacht werden". Aber bevor seine nächste Zielsetzung, die Streitkräfte mit der Militärhilfe der USA zu bewaffnen, Verwirklicht wurde, brach der Krieg aus.

Vom Ausbruch des Krieges bis zur Überschreitung des 38. Britengrades verfolgte er die folgenden Zielsetzungen in der Außenpolitik:

1. Die Forderung der sofortigen Einstellung des Feuers, der Feindseligkeiten und des Rückzuges der Streitkräfte Nordkoreassüdlich des 38. Breitengrades;

2. Die US-Garantie zur Unterstützung Koreas;

3. Die wirksame und sofortige Gegenmaßnahme der UNO;

4. Die Beseitigung des 38. Breitengrades und die Vereinigung Koreas;

5. Die Durchführung der allgemeinen Wahlen nur im Norden und die Ausübung seiner administrativen Macht auch in Nordkorea.

Beim Tagesanbruch gegen 4 Uhr der Ortzeit des 25. Juni 1950 griffen die nordkorenischen Streitkräfte die süd-koreanische Militärstellungen südlich des 38. Breitengrades an. Präsident Rhee wurde um 6, 30 vom Kriegsausbruch informiert.[71] Im Laufe der Zeit mit den gesammelten Informationen wurde der Charakter des planmäßigen

---

71) Oliver, a.a.O., S. 300-301.

Krieges im großen Ausmaß im klaren geworden. Südkorea stand im Notsatnd. Es war nicht die Frage der Vereinigung Koreas, sondern die Frage des Bestehens und der Zukunft Koreas.

Am Vormittage des gleichen Tages teilten der Präsident und der Außenminister offiziell dem Chef der Korea-Kommission der UNO über die massiven Angriffe durch die Streitkräfte Nordkores mit und forderten dem Sicherheitsrat der UNO zur Aufrechthaltung des internationalen Friedens und der Sicherheit.

Am 25. Juni erklärte der koreanische Botschafter Dr. Tchang vor dem Sicherheitsrat: "Ich appelliere an den Sicherheitsrat, unverzüglich diese Bedrohung des internationalen Friedens zu beseitigen. Ebenso appelliere ich an den Sicherheitsrat, die angreifer meines Landes anzuweisen, das Feuer einzustellen und sich aus unserem Staatsgebiet zurückzuziehen."[72] Dies war die südkoreanische Forderung an den Sicherheitsrat zur sofortigen Einstellung der Feindseligkeiten und zur Zurückziehung Nordkoreas. Die Resolution des Sicherheits-rats am 25. Juni 1950 stellte den nordkoreanischen Angriff als einen Friedensbruch fest und forderte die sofortige Einstellung der Feindseligkeiten und die Zurückziehung nördlich des 38. Breitengrades.

---

72) UN: Security Council Official Records 473 rd Meeting, 25, June 1950, No. 15, s. 8.

Die südkoreanische Armee geriet in eine schwieriger Lage. Rhee ersuchte die US-Unterstützung in einem Brief an Präsident Truman: "In den frühen Morgenstunden des 25. Juni ist die nordkoreanische Armee in Südkorea eingefallen. Eure Exzellenz und amerikanischer Kongreß wissen, daß wir in Erwartung solchen Zwischenfalls starke nationale Abwehrkräfte aufgestellt haben, um eine Schutzwehr der Demokratie im Osten zu schaffen und dem Weltfrieden zu dienen. Wir danken noch einmal für die unschätzbare Hilfe bei unserer Befreiung und Errichtung unserer Republik. Tapfere Gegenwehr in nationalen Notlage leisten, appellieren wir an Sie, rechtzeitig und ausgiebige Hilfe zu gewähren, damit dieser Anschlag auf den Weltfrieden abgewehrt wird"[73]

Am 26. Juni verschlechterte sich die Kriegslage und Nordkorea lehnte den Beschluß des Sicherheitsrates aufgrund der Abwesenheit der Sowjetunion und des Ausschlusses Pekings im Sicherheitsrat ab. Die südkoreanische Nationalversammlung verlangte vom Sicherheitsrat die Ergreifung der wirksamen und sofortigen Gegenmaßnahmen zur Sicherung des Friedens und der Sicherheit durch ein Schreiben der Korea-Kommission an die UNO: "In der Morgendämmerung des 25. Juni eröffneten die Streitkräfte Nordkoreas die bewaffneten Angriffe. Für

---

73) Truman, a.a.O., S. 381.

die Selbstverteidigung entwickelte unsere mutige patriotische Land- und Seemacht die heldenhafte Strategie. Die ungesetzliche Handlung der Kommunisten ist ein Verbrechen. Wir, die Vertreter der 30 Mill. koreanischen Bevölkerung hoffen, daß die UNO unsere Verteidigungsstrategie gegen Aggression als Gegenangriffe anerkennen wird. Zudem fordern wir die Ergreifung der wirksamen und sofortigen Maßnahmen zur Sicherung des internationalen Friedens und der Sicherheit in Korea".[74]

Auf Grund der Bericht der Korea-Kommission der UNO und des Appells der koreanischen Nationalversammlung an die UNO wurde eine Resolution von der UNO am 27. Juni angenommen, den Mitgliedern der UNO zu empfehlen, der Republik Korea alle erforderliche Hilfe zu leisten, um die Angreifer zurückzuschlagen. Am gleichen Tag erklärte Präsident Truman angesichts der Resolution am 25. Juni beim Sicherheitsrat die Intervention der Luft- und Seestreitkräfte der USA zur Gewährung des Schutzes und der Unterstützung an die südkoreanischen Regierungstruppen.

Als die US-Regierung am 30. Juni 1950 in Übereinstimmung mit dem Ersuchen des Sicherheitsrates die amerikanische Luftoperation auf Nordkorea und den Einsatz von Landtruppen entschied, bedeutete dies die entscheidende

---

74) Kim, Tchum-Kon, a.a.O., S. 378.

militärische Wendung im Koreakrieg. Am Nachmittag des 30. Juni benachrichtigte Botschafter Warren R. Austin dem Sicherheitsrat die amerikanische Entscheidung. Seitdem unterstützten 33 Staaten Südkorea unter der UNO-Flagge.[75] Diese amerikanische Interventionsentscheidung war nicht nur eine Unterstützung für Südkoreas, sondern auch die Beschleunigung der Ambition Rhees in die Richtung zur Verwirklichung der Wiedervereinigung Koreas.

Am 30. Juni führte der US-Außenminister eine Rede vor dem Journalistenverband hinsichtlich der amerikanischen Entscheidung: Die amerikanische Aktion bezweckte lediglich die Wiederherstellung des Status quo in Südkorea und das Friedens in diesem Gebiet."[76]

Anstatt seiner Ambition – Wiedervereinigung als sein großes Werk in seinem Leben – zu unterstüzen, betonte Acheson nur die Wiederherstellung des Status quo. Das war die amerikanische Zielsetzung.

Demgegenüber äußerte sich Präsident Rhee die Verleugnung des 38. Breitengrades am 13. Juli 1950: "Die südkoreanischen Truppen würden nicht am 38. Breitengrad halten und die künstliche Trennungslinie existieren durch den Krieg nicht mehr, da die Russen selber mit Nordkorea den Status quo zerstörten. Diese Feindseligkeit-shandlungen veranlaßen die südkoreanischen Truppen dazu,

---

75) Paige, a.a.O., S. 268.
76) Keesing's Archiv der Gegenwart vom 30. Juni 1950, S. 2463.

in ganz Korea militärisch zu operieren". Dazu betonte er: *"Solange der 38. Breitengrad nicht abgeschafft würde, könnte weder die Wiedervereinigung noch der Frieden in Korea verwirklicht werden."*[77]

Die Erklärung Rhee stand im Gegensatz zur amerikanischen politischen Entscheidung. Dean Acheson forderte sofort von Rhee die Zurückziehung über die Ankündigung der Verleugnung des 38. Breitengrades durch Botschafter Muccio.[78]

Die USA konnten den festen Entschluß von Rhee nicht beeinflussen. Rhee wiederholte seine Meinung, daß "durch die Unterstützung Nordkoreas die UdSSR selber den 38. Breitengrad als Grenzlinie beseitigte. Somit ist die Armee Südkoreas auch berechtigt, ihre Operationen über diese Linie hinaus bis an die mandschurische Grenze auszudehnen".[79]

Rhee erklärte seine Meinung über die Politik des Status quo in einem Brief an Präsident Truman am 19. Juli 1950: "Es wäre ein völlig sinnloser Versuch, den Status quo wiederherzustellen und dann der Angriffsfreude des Feindes entgegenzuwirken, wenn er Zeit hat, sich neu zu gruppieren, wieder auszubilden und wieder neu auszurüsten. Das Volk Nordkoreas ist das gleich wie das von Südkorea. Alle sind

---

77) Koreanische Pusan Ilbo, 14. Juli 1950.
78) Acheson, Dean, *Present At The Creation*, New York 1969, S. 451.
79) Keesing's Archiv der Gegenwart vom 20. Juli 1950, S. 2495.

loyal ihrem Vaterland gegenüber, ausgenommen die Kommunisten, die im Ausland ausgebildet und von dort aus befehligt werden. Dieser Krieg ist kein Konflikt zwischen dem Norden und Süden; es ist ein Konflikt zwischen den wenigen, welche Kommunisten sind und die durch einen Zufall die Kontrolle über die Hälfte unseres Landes bekamen und der überwältigen Masse des Volkes von Korea, wo immer sie leben mögen. Für ein geringeres Ziel als die Wiedervereinigung wären die großen Opfer der Koreaner und ihrer mächtigen Verbündeten nicht angemessen".[80]

Rhee mußte die USA möglichst schnell überzeugen, daß der Status quo ein schlechte Basis für die Vereinigung ist. Am 20. August hielt der koreanische Botschafter Dr. Tchang eine Rede in der "Elm Tree Talkas", in Massachusetts mit folgendem Inhalt: "Die UNO half zur Wiederherstellung der koreanischen Freiheit. Dafür danken wir immer der UNO. Unsere Grundrechte der Freiheit sind unübertragbare Rechte, da wir die Rechte durch unser friedliches Leben über 4,000 Jahre erreicht. Unsere freiheitsliebenden Koreaner zweifeln nicht an den Rechten der Freiheit und die Vereinigung. Wir lehnen außer der Freiheit und der Vereinigung die Treuhänderschaft oder andere mögliche Lösung entschieden ab. Die UNO muß erkenne, daß der 38. Breitengrad Gefahr für den Weltfrieden

---

80) Oliver, a.a.O., S. 306-307.

ist. Der 38. Breitengrad hat keine rechtliche Grundlage und keiner behauptet dies. Es war nur eine Linie zur Entgegennahme der Kapitulation der japanischen Armee. Die koreanische Regierung wurde von 53 Staaten und der UNO als einzige legitime Regierung auf der Koreahalbinsel anerkannt. Wir warten jetzt auf die Wahlen unter der Überwachung der UNO für die leeren 100 Sitze in der Nationalversammlung. Wir haben nur eine Grenze".[81]

Dies war die Betonung über den Durchbruch des Status quo und der Legitimität der Regierung aus den zwei strategischen Gründen, nähmlich militärisch und politisch.

Zur Erreichung der Vereinigung mußte Rhee den 38. Breitengrad beseitigen und nach dem militärischen Sieg wollte er in Nordkorea auch südkoreanische Herrschaft ausdehnen.

Der Regierungssprecher Südkoreas nahm in bezug auf die Beseitigung der Grenze am 38. Breitengrad am 30. August 1950 Stellung: "Südkorea sollte mit dem ganzen Volk bereit sein, die Grenze am 38. Breitengrad abzuschaffen und das ganz Korea wiederzuvereinigen, da Südkorea jederzeit der Drohung und Gefahr eines Angriffs aus Nordkorea ausgesetzt wäre, wenn die UN-Truppen nicht den 38. Breitengrad überschritten hätten. Nordkorea würde sich wieder ausrüsten und Südkorea angreifen, wenn die

---

81) Hankuk Chönlansa, a.a.O., S.C. 109.

UN-Truppen diesmal die nordkoreanischen Kommunisten nicht ausgerottet hätten".[82]

Am 31. August 1950 erklärte der Regierungssprecher die Wiedervereinigunskonzeption deutlich:

1. Südkorea hat das Recht, durch Unterredung mit der UNO die Voraussetzung zum Frieden zu bestimmen;

2. Südkorea kann nicht tun, es für unfreundlich zu betrachten, wenn ein Staat oder eine Gruppe von Staaten ohne Besprechung mit Südkorea das Friedensgespräch bestimmen würde;

3. Die Konzeption zur koreanischen Wiedervereinigung besteht darin, daß die allgemeinen Wahlen möglichst schnell unter UN-Überwachung in Nordkorea stattfinden werden, wenn es ermöglicht, die leeren 100 Sitze, die seit 1948 leer sind, zu füllen;

4. Südkorea begrüßt die Hilfe durch die UNO willkommen und bemüht sich um die Hilfe der befreundeten Länder, damit die Freiheit, die Unabhängigkeit und die Vereinigung verwirklicht werden können.[83]

Am 15. September 1950 änderte sich die militärische Lage durch die Landung General MacAthurs im Hafen Intchon und in zwei Wochen war die Regierung Südkoreas nach Seoul zurückgekehrt. Mit der Änderung der Kriegslage konzentrierte sich die Diskussion nun auf den 38.

---

82) Pusan Ilbo, 30. August 1950.
83) Ebenda, 2. September 1950.

Breitengrad.

Damals machte Nordkorea einen Friedens- und Waffen-
stillstandsvorschlag:

1. Der Krieg soll sofort unterbrochen und ein
   Waffenstillstand soll ausgehandelt werden;

2. Nordkorea-Truppen werden nördlich des 38.
   Breitengrades zurückgezogen nach dem Beschluß des
   UNO-Sicherheitsrates vom 25. Juni;

3. US-Truppen werden bis zum Pusanperimeter
   abgezogen, d.h. zu dem Status vor der Intchon-
   Landung von MacArthur.

Darauf antwortete Rhee am 28. September 1950: "Der
Friede ist nur durch bedingungslose Ergebung Nordkoreas
erreichbar. Nordkorea hat die Chance verloren, solche
Bedingungen aufzustellen. Wegen der Überschreitung des
38. Breitengrades durch Nordkorea existiert der Grad nicht
mehr, Unser Kampfziel besteht darin, alle Kommunisten in
ganz Korea vollkommen zu beseitigen. Die allgemeinen
Wahlen haben schon 1948 unter der UN-Überwachung in
Südkorea stattgefunden, wobei 100 Sitze für Nordkorea frei
gelassen wurden. Um diese 100 Sitze zu füllen, werden nur
in Nordkorea nach dem Kriegsende die Wahlen abgehalten
."[84] Er lehnte die politische Verhandlung über den 38.
Breitengrad auf jeden Fall ab und befahl der koreanischen

---

84) Ebenda, 29. Setember 1950.

Armee am 30. September 1950, den 38. Breitengrad unabhängig vom UNO -Kommando zu überschreiten.

4. Die Entwicklung der Entscheidung

1) Phase I: Vom Kriegsausbruch bis zur Interventionsentscheidung

Durch den Ausbruch des Krieges in der Morgendämmerung des 25. Juni 1950 trafen die Weissagungen von Präsident Rhee ein: "Mai und Juni mögen entscheidende Perioden im Leben unseres Staates werden. Es mangelt uns an angemessener Verteidigung".[85]

Sogleich wies Rhee dem Verteidigungsminister, Shin Sung-Mo, mit allen Streitkräften um jeden Preis Widerstand zu leisten. Bei der Sondersitzung der Nationalversammlung mit dem Kabinett betonte Rhee die sofortige Gegenmaßnahmen gegen die Feindseligkeiten Nordkoreas und verlangte vom Chef der Korea-Kommission der UNO, Oberst Lieghter, die Durchführung der Befehle zur Feuereinstellung Nordkoreas. Gleich am Vormittag ersuchte der Verteidigungsminister die Lieferung der Waffen von der US-Regierung und der Botschafter Tchang forderte beim

---

85) Hankuk Chönlansa, a.a.O., S. C. 3.

Besuch im Staatsdepartment die Militärhilfe. Damit ergriff Südkorea die dringene Maßnahme.

Nach der Ansicht von Rhee war es eine ähnliche Situation wie in Polen, an einem anderen Sonntagmorgen des 1. September 1939, als die deutsche Invasion die Engländer dazu brachte, den Krieg zu erklären, was aber für die Polen keinerlei Hilfe zur Folge hatte. Was mit Polen danach geschehen ist, war nicht ermutigend. Außerdem war Polen im voraus eine Unterstützung zugesichert worden, während die Welt informiert worden ist, daß Korea außerhalb des Verteidigungsumkreises der USA liege.[86]

Rhees Idee des Pazifik-Paktes im Juli 1949 kam aus der Notwendigkeit der gemeinsamen Strategie in Bezug auf die kommunistische Expansionspolitik. Trotz seiner vielmaligen Warnungen vor der kommunistischen Aggression ließen die USA seine Idee immer außer Acht. Beim Ausbruch des Krieges ärgerte sich Rhee über die geringe US-Militärhilfe. Am Vormittag, um 10.30 Uhr, nachdem er dem Botschafter Tchang die Notwendigkeit der amerikanischen Hilfe wies, rief er MacArthur an: "Solange die USA uns nicht helfen, würden wir alle Amerikaner, welche jetzt in Korea sind umbringen".[87]

Aber weder Botschafter Muccio in Seoul noch General MacArthur in Tokyo konnten damals Präsidenten Rhee

---

86) Oliver, a.a.O., S. 301.
87) Kim, Tchum-Kon, a.a.O., S. 108.

irgendeine Zusicherung amerikanischer Hilfe geben.

Andererseits hat sich Rhee (nach Oliver) daran erinnert, daß beide Länder, die Tschechoslowakei und China, wenigstens eine zeitweilige milde Behandlung erhalten hatten, als sie sich ergaben. Mit einer nicht ausreichend bewaffneten Streitmacht in Südkorea und mit unbegründeter Hoffnung auf westliche Hilfe, schien eine Aussicht, die einfallende Armee zu schlagen, so gering, daß sie als hoffnungslos galt.

Um 21.25 Uhr des 24. Juni wurde der erste offizielle Bericht über den Ausbruch des Krieges vom US-Botschafter, Muccio, dem Außenministerium mitgeteilt. Bei der telephonischen Benachrichtigung Trumans, der in seiner Heimat Missouri war, bekam Außenminister Acheson die Billigung seines Vorschlages durch den Präsidenten, die sofortige Einberufung des Sicherheitsrats zu verlangen.

Gleich nach der Besprechung mit dem assistiernden Sekretär Rusk sagte der koreanische Botschafter Tchang den Jounalisten: "Ich glaube gar nicht, daß die USA uns im Stich lassen wollen".[88]

Am Sonntagvormittag, 25. Juni, wurde der Bericht vom Korea -Kommission der UNO überreicht. Die Kommission teilte dem Generalsekretär mit, daß "the situation is assuming the character of a full-scale war and may endanger the maintence of international peace and securi-

---

88) Paige, a.a.O., S. 94.

ty".[89] Sie schlug dem Generalsekretär vor, den Sicherheitsrat einzuberufen und stellte die Lage als Ausbruch von Feindseligkeiten fest. Am Nachmittag, um 2 Uhr trat der Sicherheitsrat zu einer außerordentlichen Sitzung zusammen.

Nach Vorliegen eines Resolutionsentwurfs vom Botschafter Gross äußerte der Korea-Botschafter Tchang den Wunsch, zur Einstellung der Feindseligkeiten. Aber wie Paige erwähnt, verlangte er keine Militärhilfe.

In einem Entschluß des Sicherheitsrats wurde ein sofortiger Rückzug der Invationstruppen Nordkoreas verlangt, alle Mitglieder wurden aufgefordert, die Vereinigten Nationen bei der Durchführung dieser Resoultion zu unterstützen und den Behörden in Nordkorea keinerlei Hilfe zu gewähren.[90]

Andererseits rief Kim Il-Sung am 26. Juni das ganze Volk durch Rundfunksprache auf.[91] Am 25. Juni begannen Truppen der Marionettenregierung des Verräters Rhee Syngman mit dem allgemeinen Angriff an der ganzen Linie des 38. Britengrades auf das Teritorium des nördlichen Teils der Republik. Erschob die Verantwortung für den Ausbruch des Krieges und die Teilung Koreas auf Rhee.

---

89) UN: Security Council Official Records, 473 rd Meeting, 25. June 1950, No.15, S. 2.

90) UN: Resolutions and Decisions of the Security Council, Resolution of 25 June 1950 (S/1501), S. 4.

91) Kim, Il-Sung, *Ausgewählte Werke*, Pjöngjang 1971, S. 288-295.

"Der Krige, den wir gegen den von der verräterischen Bande Rhees entfesselten Bürgerkrieg führen, ist der gerechte Krieg für die Vereinigung und die Unabhängigkeit des Vaterlandes für Frieheit und Demokratie". Er appellierte an das Volk, an dem gerechten Krieg teilzunehmen. *Der krieg war für Kim Il-Sung ein gerechter vaterländischer Befreiungskrieg.*

Präsident Truman, kehrte vom Missouri am 25. Juni zurück, tagte die erste Sitzung im Blair House. Die Sitzung endete mit der Erteilung folgender Aufträge:[92] Vodereitung der nötigen Befehle zum Einsatz amerikanischer Verbände, falls die Vereinigten Nationen militärische Sanktionen gegen Nordkorea beschlossen; Ausgabe einer Weisung an MacAthur, ein Kommando nach Korea zu entsenden. MacAthur habe alle entbehrliche Munition und sonstige Ausrüstung der koreanischen Republik zukommen zu lassen, die Ablieferung aus der Luft und zur See zu decken und die Evakuation der amerikanischen Zivilisten militärisch zu schützen. Das siebte Flotte sollte MacAthurs Befehl unterstellt und ihm der japanischen Hafen Sasebo zugewiesen werden. Truman schrieb damaliges Klima im Blair House: "Alle Teilnehmer an dieser Sitzung stimmen überein, jegliche Maßnahme gegen den Angriff zu ergreifen". Nach der Sitzung zeigte Acheson eine Botschft

---

92) Truman, a.a.O., S. 379.

John Forster Dulles, der aus Korea in Tokyo eintraf. Dulles schlug die Einsetzung der amerikanischen Streitkräfte vor, auch auf die Gefahr russischer Gegenmaßnahmen. Darüber stellte Truman dar: "Dulles schien gleichfalls über den einzuschlagenden Kurs keinen Zweifel zu hegen."

Am 26. Juni verschlechterte sich die Lage zusehends. Um 3.50 Uhr besuchte Botschafter Tchang Präsident Truman und überreichte ihm das Hilfeersuchen der südkoreanischen Regierung. Beim Besuch äußerte sich Tchang: "Der Schlag in Korea ist viel zu groß. Sie würden sich daran erinnern, daß ich vor 6 Monaten an diesem Platz zur Verteidigung des 38. Breitengrades von Ihnen die Waffenhilfe forderte. Aber die USA haben uns seit meiner Forderung gar kein Gewehr gegeben. Wenn Sie damals unsere Forderung berücksichtigten, wären wir nicht in diesen Schwierigkeiten. Die USA-Verantwortung dafür ist groß Unser Schicksal hängt von Ihnen und der US-Regierung ab."[93] Er ließ Truman an bisherige ablehnende Politik gegenüber Korea erinnern und die US-Verantwortungsgefühle erwecken.

Im hoffnungslosen Zustand informierte Rhee dem Botschafter die nahenden völligen Katastrophe und wies, seine persönliche Bitte zur Zusicherung der Unterstützung an Präsidenten Truman zu richten. Präsident Truman versprach keine amerikanische direkte Intervention. Nach

---

93) Kim, Tchung-Hee, *Hankuk Chönchaeng* ("Đer Koreakrieg"), ··· Moonchosa, Seoul 1972, Bd. I. S. 365.

dem Besuch äußerte sich der koreanische Botschafter: "We don't expect Amercan soldiers to give their lives for us. We will do the fighting and dying. Our boys are fighting their best. They are not afraid to die. A lot of them are dying already".94)

Am gleichen Tag wurde die dringende Nachricht von MacArthur nach Washington gegeben: "Nordkoreanische Panzer in den Außenbezirken. Gesandter und Chef der Militärmission noch in Seoul Angesichts der sich rasch verschlechternden lage ist das Kommando des Haupt- quartiers Fernost zurückbefohlen worden. Die Südkoreaner sind außerstande, die Offensive abzuwehre..."95)

Nach diesen neuesten Informationen, das Hilfeersuchen Südkoreas und die dringende Nachricht vom MacArthur, gab es keinen Zweifel, daß Südkorea direkt vor dem Zusammenbruch stand. Wenn nicht etwas Entscheidendes geschah, wäre Südkorea verloren. "Die Entwicklung in Korea erscheine mir wie eine vergrößerte Auflage des Geschehens in Berlin," sagte Truman und faßte den Entschluß, Korea militärisch zu unterstützen. Er wies MacArthur an, Korea mit den ihm zur Verfügung stehenden See- und Luftstreitkräften zu Hilfe zu eilen, ohne über den 38. Breitengrad hinauszugreifen.96)

---

94) Paige, a.a.O., S. 157-159.
95) Truman, a.a.O., S. 380-381.
96) Ebenda. U.S. Department of State Bulletin 3 Juli 1950. S. 5.

Am Nachmittag, 3 Uhr des 27. Juni wurde der Sicherheitsrat einberufen. Danach wurden der Bericht der Korea-Kommission der UNO und der Appell der koreanischen Nationalversammlung, sofortige Gegenmaßnahmen zu ergreifen, der UNO überreicht. Der US-Botschafter brachte einen Resolutinsentwurf ein und schlug vor, der Sicherheitsrat möge feststellen, daß die Streitkräfte Nordkoreas die Resolution vom 25. Juni nicht erfüllten und militärische Maßnahmen dringend erforderlich seien, um den internationalen Frieden und die Sicherheit wiederherzustellen.[97] Danach forderte der Botschfter Tchang die effektiven Maßnahmen zur Rettung Koreas. Der US-Resolutionsentwurf wurde mit 7 Stimmen bei einer Gegenstimme (Jugoslawien) und 2 Enthaltungen(Indien und Ägypten) um 23.34 Uhr angenommen.[98] Zu dieser Zeit (am 28. Juni 1950, 11.30 Uhr der Ortszeit) wurde Seoul von nordkoreanischen Streitkräften besetzt.

Am 29. Juni kam General MacArthur in Korea an, um die Front direkt zu besichtigen. Vor der Frontbesichtigung traf MacArthur mit Rhee zusammen. Rhee schob die Verantwortung für die Aggression Nordkoreas auf die USA. Während der Besprechung mit General MacArthur sagte Rhee: Die Ursache für den Krieg stammt von der Teilung

---

97) UN: Security Council Official Records, 474 rd Meeting, 27. June 1950, No. 16, S. 3-4.

98) UN: Resolutions and Decisions of the Security Council, Resolution of 27 June 1950 (S/1511), S. 5.

am 38. Breitengrad, den USA und die UdSSR zusammen schufen. Wegen der Politik der USA steht Korea jetzt auf dem schwierigen Wege. Vom Anfang an mußten die amerikanischen Entscheidungsträger den Kommunisten nicht nachgeben. Aufgrund des US-Nachgebens wurde der 38. Breitengrad zwischen Nord und Süd begründet. Daher stehen wir in diesem tragischen Zustand. Ich hoffe, daß Sie mit den Truppen unter Ihrem Befehl die Kommunisten von diesem Land zurückschlagen. Jetzt kämpfen die US-See und Luftmacht mit Erfolg. Aber nur mit der See und Luftmacht wird der Kriegszustand nicht verbessert.[99]

MacArthur benachrichtigte von Tokyo aus unverzüglich Washinton: "The South Korea forces are in confusion organized and equipped as a light force for maintenance of interior order they were unprepared for attack by armor and air. The South Koreans had no preparation for defense in depth, for echelons of supply or for a supply system. The civilian populace is tranquil, orderly and prosperous according to their scale of living. They have retained a high degree of national sprit and firm belief in the Americans. The South Korean Army is in capable of counteraction and there is a grave danger of further break through. The only assurance for holding the present line and the ability to regain later the lost ground is through the introduction of

---

99) Kim, Tchung-Hee, a.a.O., Bd. II. S. 417.

United States ground combat forces into the Korean battle area.[100]

Dieser Bericht war verzweifelt. MacArthur ersuchte den Einsatz der Bodentruppen. Nach dem Ersuchen MacArthurs erteilte Präsident Truman am 30. Juni den Auftrag, General MacArthur zu ermächtigen, unter seinem Befehl stehende Bodenstreitkräfte nach seinem Ermessen einzusetzen.[101]

Das Kriegsziel der USA war in der I. Phase begrenzt. als Pace, Armeeminister, am 29. bei der Sitzung des US-Nationalen Sicherheitsrat vor der Ausdehnung der Operation über den 38. Breitengrad warnte, schloß sich Präsident Truman der Ansicht Paces an und erklärte, daß "die Aktion nördlich dieser Linie auf die Vernichtung von Kriegsmaterial beschränkt bleiben müßten". Truman schrieb in seiner Memoiren: "Unser Eingreifen verfolgte lediglichden Zweck, die festgelegte Grenze und den Frieden wieder herzustellen."[102]

Außenminister Acheson stellte auch fest, die amerikanische Aktion bezweckte lediglich die Wieder-herstellung des Status quo in Korea und des Friedens in diesem Gebiet.

---

100) MacArthur, Douglas, *Reminiscences*, Heinemann, London 1965, S. 334.
101) Truman, a.a.O., S. 387–388.
102) Truman, a.a.O., S. 386.

2) Phase II: Von Interventionsentscheidung bis Intchon-landung

Am 1. Juli landete die 24. US-Infanteriedivision unter der Führung Generalmajor William H. Deans als erste amerikanische Bodentruppe.

Die amerikanische Intervention bedeutete für Präsident Rhee die Wiederbelebung aus der Verzweiflung und die klare Garantie der US -Unterstützung. Er war mit den US-Militärgegenmaßnahmen zufrieden. Zu 9.30 Uhr des 4. Juli äußerte sich Rhee seine Meinung durch den Rundfunk, daß "dieser Krieg nur ein Krieg zwischen den Kommunisten und der Demokratie sei und dieser Krieg zu einem Schritt auf den Weg der vaterländischen Vereinigung führen könnt und das koreanische Volk den alliierten Truppen Freundschaft und Ehre geben sollte."[103]
Nach seiner Auffasung war der Krieg die Konfrontation zwischen den Kommunisten und der Demokratie auf der internationalen Ebene. Das Problem vor der Interventions-entscheidung war für ihn das Problem der Existenz des Staates. Aber nach der Entscheidung der amerikanischen Intervention hat sich die Situation geändert. Sein langhegter Traum nach Vereinigung Koreas belebte sich. Am 7. Juli zeigte Rhee seinen Willen der Vereinigung in den

---

103) Pusan Ilbo, 7. Juli 1950.

Botschaften an alle befreundeten Mitglieder der UN, daß "die Bevölkerung im Norden von der kommunistischen Herrschaft - der Sklaverei - befreit werden sollte."[104]

Die amerikanishe Entscheidung wurde vom Sicherheitsrat der UNO nachträglich zugestimmt, d.h. am 7. Juli wurde der 3. Beschluß in Bezug auf den Koreakreig angenommen.[105] Präsident Truman ernannte am 8. Juli gemäß dem Beschluß des Sicherheitsrates vom 7. Juli General MacArthur zum Oberkommandierenden der Streitkräfte der UNO und beauftragte ihn, in Korea die Fahne der UNO zu verwende n.[106] Damit wurde der Krieg unter der Fahne der UNO in Korea geführt.

Für Kim Il-Sung sah die Kriegslage so aus, daß der Tag der Befreiung bald da wäre. Z. B. "das monolitisch um die Partei der Arbeit Koreas zusammengeschlossen ist, wird auf Leben und Tod gegen die Aggression des US-Imperialismus kämpfen, wird die Freiheit und die Ehre des Vaterlandes bis zum Ende verteidigen. Nachdem sie die Hauptstadt Seoul befreit hatten, überschritten Einheiten der Volksarmee ungeachtet der barbarischen Bombardierungen durch die US-Luftwaffe den Fluß Hangang, durchbrachen die feindlichen Befestigungen am Südufer dieses Flusses,

---

104) UN: Security Council Official Records 476rd Meeting, 7. July 1950, No. 18, S. 9-10.
105) UN: Resolution and Decisions of the S.C., 1950, Resolution of 7. July 1950(S/1588), S. 5.
106) New York Times, 9. July 1950, S. 1 u. 2.

verfolgten den Feind, der die Flucht ergriff, und befreiten vollständig Jyongdungpo, Bupyong, Intchon und andere Städte. Jetzt haben die heldmütigen Soldaten unserer Volksarmee Suwon befreit und setzen den Vormarsch nach Süden fort. Alle Koreaner müssen sich für die Befreiung des Heimatlandes wie ein Mann zum heiligen Kampf gegen die Aggression der US-Imperialisten erheben."[107]

Bei der Äußerung von Präsidenten Rhee am 13. Juli über die Verleugnung des 38. Breitengrades forderte der US-Außenminister die Zurücknahme seiner Verkündung auf. Alle Äußerungen von Rhee, z. B. seine Behauptung der Separatregierung am 3. Juni 1946, die zahlreichen Ersuchen der Waffenhilfe und seine Pazifikpakt-Idee im Jahre 1949, wurden von der US-Regierung ignoriert. Wie im Abschnitt zur Persönlichkeit Rhees erwähnt wurde, war er ein unbeugsamer Mann. Trotz der Forderung Achesons setzte er seine Ansicht fort, die Operation über den 38. Breitengrad bis die mandschurische Grenze auszudehnen.

Andererseits äußerte sich MacArthur bei der strategischen Beratung mit General Collins und Vandenberg in gleicher Ansicht: Ich möchte die nordkoreanischen Streitkräfte nicht nur zurückschlagen, sondern vertilgen. Dafür mag die Besetzung Nordkoreas nötig sein".[108]

---

107) Kim, Il-Sung, a.a.O., S. 299-305.
108) Mainichi Shinbun in Tokyo, 14. Juli 1950; Sowie: Collins, J. Lawton, *War in Peacetime*, Boston 1969, S. 144.

MacArthur war gegen den begrenzten Krieg.

Trotz der Intervention der US-Bodentruppen griffen die nordkoreanischen Streitkräfte entschieden mit überlegenen Kräften südwärts an. Die schlechte Kampflage brachte Rhee oft Unruhe und Zweifel mit. Er schlug Präsidenten Truman in einem Brief am 15. Juli von Taegu die Verschiebung des Status quo zur Vereinigung Koreas vor. Nach seiner Ansicht war die Existenz des 38. Breitengrades der Grund des Krieges.

In Amerika wurde die Untersuchung des Vorschlages General Collins, Oberbefehlshaber des Heeres unter der Anweisung Trumans in dem Nationalen Sicherheitsrat darüber angestellt, ob die UN-Truppen den 38. Breitengrad überschreiten sollte.[109] Nordkorea besetzte am 21. Juli die Stadt Taechon und die 24. US-Division trat von dieser Stadt zurück. Rhee hielt eine Rede in der Sitzung der Korea -Kommission der UN am 20. Juli in Taegu, indem er sagte. daß Korea mit Hilfe der UN-Truppen wiedervereinigt werden muß.[110] Der Außenminister Lim äußerte sich über die Operation über den 38. Breitengrad: "Die Operation der UN kann bis zur mandschurischen Grenze nicht abgebrochen werden".[111]

Präsident Truman sandte Averell Harriman als

---

109) Collins, a.a.O., S. 144.
110) Hankuk Chönlansa, a.a.O., S. C. 6-7.
111) New York Times, 3. August 1950, S. 3.

Sonderbotschafter nach Tokyo, um mit MacArthur über die politische Situation im Fernen Osten zu besprechen. Am 8. August besuchte Harriman Rhee. Dies war für Rhee die unerwartete günstige Chance, durch den Botschafter die US-Entscheidungsträger von seiner politischen Plannung zu überzeugen.

Beim Besuch Harimans zeigte Rhee seine Haltung deutlich: "Der 38. Breitengrad existiert nicht mehr, als die Kommunisten unsere Republik angriffen, ist er weg. Um die elende Tragödie in diesem Land zu beenden, müssen wir uns vereinigen. Durch den Brief an Präsidenten Truman habe ich meine Willen, durch die Beseitigung des 38. Breitengrades Korea zu vereinigen, deutlich gezeigt. Mit der Aufnahme der bedingungslosen Kapitualation nach der Besetzung Nordkoreas führen wir im Norden die allgemeinen Wahlen durch, um für einen Kompromiß oder Zugeständnis".[112] Nach seiner Rückkehr berichtete Harriman Präsidenten Truman: "Die Koreaner wünschten ohne Zweifel ihre Unabhängigkeit. Und wenn die südkoreanische Regierung nach Seoul zurückgekehrt ist, könnten spätestens in zwei Monaten von der UNO überwachte Wahlen stattfinden, die den nicht-kommunistischen Parteien einen überwältigenden Sieg eintragen dürften. Eine Notwendigkeit zur Änderung der koreanischen Verfassung bestehe nicht; die im Parlament

---

112) Kim, Tchung-Hee, a.a.O., Bd. 4. S. 335.

für Nordkorea vorgesehenen 100 Sitze seien offenzuhalten. Korea könne viel dazu beitragen, die antikommunistischen Kräfte im Fernen Osten zu stärken".[113]

Im Sicherheitsrat der UNO wurde die politische Planung vom 17-22. August nach dem Gegenangriff oder auch die Treuhänderschaft über Nordkorea diskutiert.[114] Dies ließ Rhee gespannt sein. Durch den Botschafter Tchang wiederholte die südkoreanische Regierung am 20. August ihre Ansicht, die Verschiebung des 38. Breitengrades und die Legitimität ihrer Macht im ganzen Korea. Außer Freiheit und Einheit opponierte Südkorea gegen andere Alternativen um jeden Preis.

Inzwischen polierte General MacArthur seinen Plan der Intchonlandung. Diese Operation wurde vom Vereinigten Stab abgelehnt. Um mit MacArthur wegen dieses Gegenstoßes zu konferieren, flogen General Collins und Admiral Sherman am 19. August nach Tokyo. Der Operationsplan wurde am 8. September vom Vereinigten Stab mit Genehmigung des Präsidenten akzeptiert.

Nach der Untersuchung über das Problem des 38. Breitengrades schlug das Pentagon am 31. Juli folgendes vor: Der Vorschlag war, daß der Oberste Kommandeur der UNO angewiesen werden sollte, den 38. Breitengrad zu überqueren, die Streitkräfte des Feindes zu zerstören und das

---

113) Truman, a.a.O., S. 397.
114) New York Times, 20. August 1950, S. 1 u. 4.

Land zu besetzen, vorausgesetzt, daß

1. die USA genügend Mittel mobilisieren würden, um das Kampfziel zu erreichen, und ihre militärische Position in allen anderen Gebieten von strategischer Bedeutung verstärken würden;

2. die Sowjet sich nicht in Korea oder sonst wo einmischen würden;

3. der Präsident ein vereinigtes freies und unabhängiges Korea als unser Kriegsziel proklamieren und daß es sowohl der Kongreß als auch der UNO billigen würden, und die USA und andere Staaten ihre Truppen in Korea als Besetzungsstreitkräfte unter UN-Kommando solange wie nötig stationieren würden.[115]

Aufgrund dieses Vorschlages mit Zustimmung Trumans befaßte sich der Präsident mit dem Ziel der amerikanischen Politik am 1. Sep.:

1. Wir stehen treu zu der UNO und glauben, mit ihrer Hilfe den Frieden und die Sicherheit der Welt zu fördern;

2. Die Koreaner besitzen das Recht auf nationale Einheit, Freiheit und Unabhängigkeit;

3. Wir wünschen den Konflikt in Korea nicht zu einem allemeinen Krieg auszuweiten, und falls der kommunistische Imperialismus keine anderen

---

115) Acheson, a.a.O., S. 451.

Regierungen und Armeen zum Kampf gegen die UNO aufbietet, wird es auch zu keiner Ausweitung kommen.[116]

Was in dieser Proklamation das Problem war, war der zweite Punkt. Die USA hielten Rhee von der Absicht ab, mit Gewalt Korea zu vereinigen. Die Niederwerfung des nordkoreanischen Regimes und die Einheit Koreas wurde jetzt das Ziel des Krieges der USA in Übereinstimmung mit der Zielsetzung von Rhee geworden. Am gleichen Tag, 1. September, erklärte Außenminister Acheson: "Die UNO-Truppen mögen den 38. Breitengrad überschreiten. Wenn Nordkorea die Überschreitung nicht wünscht, muß es mit der UNO zur Gründung der vereinigten koreanischen Regierung helfen. Die Überschreitung des 38. Breitengrades ist das Problem der UNO-Truppen".[117]

Am 8. September äußerte sich auch Trygue Lie, Generalsekretär der UNO: "Die Vereinigung Koreas sei das Ziel der UNO".[118]

Am 15. September wies der Vereinigte Stabschef an General MacArthur mit Billigung Präsident Trumans an, die nordkoreanischen Streitkräfte entweder aufzureiben oder sie hinter den 38. Breitengrad zurückzuwerfen. Falls keine Anzeichen für eine Massenintervention sowjetischer oder

---

116) Truman, a.a.O., S. 408.
117) Mainichi Shinbun, 1. September 1950.
118) New York Times, 9. Septenber 1950 S. 1.

chinesicher Streitkräfte vorlägen, habe er den 38. Breitengrad zu überschreiten und die Besetzung Nordkoreas in die Wege zu leiten.[119]

3) Phase III: Von der Intchonlandung bis zur Überschreitung des 38. Breitengrades

Mit dem großen Erfolg der Operation der Intchonlandung erschien eine neue Phase der Vereinigung Koreas in der Tat.

In Erwiderung auf die Operation der Landung fand der Volkskonvent zur Nationalen Vereinigung in der Anwesenheit des Vizepräsidenten Lee, des indischen Delegation der Korea-Kommission der UNO statt und faßte folgenden Beschluß:

1. Republik Korea hat sich gegen die Treuhänderschaft der Moskauer -Vereinbarung und betonte, daß Südkorea nach dem UN -Beschluß vom 12. Dezember 1949 eine einzige legitime Regierung auf der Koreahalbinsel ist;

2. Vereinigung Koreas ist der Wunsch des ganzen Korea s.[120]

Es war die Äußerung zur Verhütung der Treuhänder- schaft und die wiederholte Behauptung der Legitimation des Rhee-Regimes.

Die UNO-Truppen brachten durch die erfolgreichen

---

119) Truman, a.a.O., S. 409.
120) Pusan Ilbo, 16. September 1950.

Operationen der Landung die nordkoreanischen Streitkräfte aus der Fassung. Damit war der Kriegs zustand völlig geändert. Der Zusatand war für Rhee Syngman so angesehen, daß der Tag der Wiedervereinigung Koreas, seine Lebensaufgabe, bald da wäre.

Er mußte seinen nächsten Plan, seine administrative Gewalt durch die allgemeinen Wahlen für die leeren 100 Sitze uch im Norden auszuüben, auf Eile dringen. Bei der Feier für den Sieg der Intchonlandung am 19. September, betonte Rhee den Vormarsch der koreanischen Armee bis zur mandschurischen Grenze: "Vor uns bleibt nur der Sieg übrig. Die Vereinigung, welche unser langgehegter Wunsch war, wird erreicht. Unsere Armee wird mit der Beseitigung des 38. Breitengrades nach Norden vormarschieren. Wenn jamand unsere Vereinigung und den Vormarsch verhindert, ist es unverzeihlich".[121] Seine Äußerung deutete die Möglichkeit der alleinigen Überschreitung der südkoreanischen Streitkräfte an, obwohl die Truppen der UNO am 38. Breitengrad sich aufhielten.

Aber im Gegensatz zu seinen starken Willen stand Außenminister Acheson gegenüber: "The USA recognizes certain legitimate rights on the part of the South Korean Government, but it does not intend to impose Dr. Rhee Syngman and his Government upon the NordKorea".[122]

---

121) Kim, Tchung-Hee, a.a.O., Bd. IV. S. 133.
122) New York Times, 26. September 1950, S. 1. u. 4.

Die Frage der Anerkennung der Legitimität der südkoreanischen Regierung auf ganzem Korea stellen die UNO und die USA nie. Diese Äußerung von Acheson war von dem Wunsch beseelt, die Autorität Südkoreas nor auf den Süden zu beschränken. Es war der offene Ausdruck des Mißfallens und der Feindschaft von der US-Regierung gegenüber Rhee. In Anbetracht, daß die US-Regierung über Rhee mißfälling und feindlich war, mag Präsident Rhee die Legitimation seiner Regierung fortwährend behaupten.

Nach dem Erfolg der Intchonlandung beantragte MacArthur die koreanische Regierung in Seoul wieder amtieren zu lassen. Darauf warnte die Vereinigte Stabschef, daß jeder Plan einer Wiedereinsetzung seiner Regierung der Genehmigung einer höheren Autorität bedarf. Dann antwortete General MacArthur unverzüglich: "Ihre Mitteilung ist nicht zu begreifen. Ich habe überhaupt keinen Plan, außer dem, die Anweisungen sahen die Unterstützung der Entscheidungen des UN-Sicherhietsrates vom 25. und 27. Juni vor, indem sie die Regierungsmitglieder aufforderten, der koreanischen Republik einen solchen Beistand zu geben, der nötig ist, um die bewaffneten Angriffe zurückzuschlagen und den internationalen Frieden und die internationale Sicherheit in diesem Gebiet wiederherzustellen. Die bestehende Regierung der Republik wird von der Vereinigten Staaten als verantwortlich regierende Autorität und allein rechtmäßige Regierung in Korea anerkannt und ist die einzige koreanische Regierung, deren Legalität von den Vereinigten Staaten anerkannt worden ist; mit dem Einverstandnis des Kabinetts und der Senioren der Versammlung wollen die Kommission der Vereinigten Nationen und vielleicht andere oder ähnlich gestaltete Einrichtungen sie (die Regierung in Seoul) aufbauen, sobald dort die Bedingungen stabil genug sind, eine angemessene Sicherheit zu bieten".[123] Nur General MacArthur Präsidenten Rhee Seoul, die Hauptstadt Südkoreas, zurück.

Rhee glaubte bezüglich des 38. Breitengrades, wenn die UN-Truppen den Breitengrad nicht beseitigen, kann die UNO die Autorität und die Stelluug nicht aufrechthalten.[124] Seit der Intervention der UNO beschleunigte er deren Beseitigung und wiederholte: "Der 38. Breitengrad existiert nicht mehr".

Am 27. September erteilte der Vereinigte Stabschef General MacArthur eine neue, vom Präsidenten gebilligte Weisung: "Ihr militärisches Ziel ist die Zerstörung der nordkoreanischen Streitkräfte. Um dieses Ziel zu erreichen, sind Sie bevollmächtigt, militärische Operationen ein schließ- lich Landungsunternehmen und Luft- oder Boden- operationen nördlich des 38. Breitengrades in Korea zu tragen, sofern keine größerern russischen und rotchinesischen Streitkräfte festgestellt werden".[125]

---

123) MacArthur, a.a.O., S. 355.
124) Mainichi Shinbun, 25. September 1950.

Und am 27. September äußerte sich der Sprecher des Außenministeriums, daß "General MacArthur aufgrund der Resolution vom 27. Juni des Sicherheitsrats ein Recht hat, den 38. Breitengrad zu überschreiten".126) Damit vermutete die öffentliche Meinung sicher, daß General MacArthur eine Weisung bekam, den 38. Breitengrad zu überschreiten.

Als General MacArthur mit Präsidenten Rhee im Hinblick auf den 38. Breitengrad am 29. September sprach, forderte MacArthur ihn, daß er zwei bis drei Wochen warten soll, bis die Entscheidung der UNO kommt. Der Präsident sagte ihm, daß "es für die Amerika vollkommen richtig wäre, hinter dem 38. Breitengrad zu bleiben, jedoch die Koreaner werden weiter vordringen und niemand kann sie aufhalten ".127) Rhee mußte möglichst schnell den 38. Breitengrad, welcher das Grundübel für ihn darstellte, vernichten. Er konnte nicht warten.

Als die koreanischen Streitkräfte am 28. September bis Kang Ryung, an der Ostküste, die nicht weit vom 38. Breitengrad liegt, marschierte, befahl MacArthur General Walker, daß "alle Truppen am 38. Breitengrad ihren Vormarsch unterbrechen sollen, da es noch in der UNO entschieden wird".128)

Rhee war mit dieser Maßnahme MacArthurs sehr

---

125) Aceson, a.a.O., S. 453.
126) Mainichi Shinbun, 29. September 1950.
127) Oliver, a.a.O., S. 307.
128) Hankuk Chönlansa, a.a.O., S. b. 287.

unzufrieden. Am 29. September Berief er die Notsitzung mit Anwesenheit Generalstabschefs Tchung Il-Kwan, Kang Mun-Bong, Hu Chin und Tchoi Kyung-Rok. Während der Sitzung äußerte Rhee: "Wer ist der Oberbefehlshaber in diesem Land? Ich habe vor, unsere Truppen über den 38. Breitengrad nach Norden weitermarschieren zu lassen, da niemand Kompetenz und recht besitzt, unseren Willen zu Unterdrücken. Unsere Truppen würden den 38. Breitengrad überschreiten, um Korea wiederzuvereinigen". Aber das Operationsbefehlsrecht war am 12. Juli 1950 durch den Taechon-Vertrag dem General MacArthur übertragen. Ohne Rücksicht darauf gab Rhee den Befehl, den 38. Breitengrad zu überschreiten.[129] Über die Überschreitung wurde im "Hankuk Chunchaengsa ("Die Geschichte des Koreakrieges")" geschrieben: "Am 30. September 1950 besuchte der General Tchung das erste Korps und befahl dem Kommandaten Kim Paik-Li mündlich, daß er mit dem 23. Regiment der 30. Division den 38. Breitengrad überschreiten solle, unabhängig von UNO-Kommando".[130]

Aber "Mainichi shinmun" in Tokyo schrieb: "Die koreanische Armee brach den 38. Breitengrad um 11.45 Uhr, am 1. September durch. General Walker gab den Befehl des

---

129) Kang, In-Duk, *Dokumentari Hankuk Chunchaeng* ("Dokumentarischer Koreakrieg"), Verlag Kuminsa, Seoul 1969, Bd. 3. S. 990.

130) Hankuk Chunchaengsa ("Die Geschichte des Koreakrieges"), Seoul 1971, S. 288.

Durchbruchs der 3. Division in Kang Ryung, am Nachmittag des 30. September".[131]

Im Vergleich mit diesem Bericht befahl General Tchung nach dem Erlaubnis General Walkers.

Am 1. Oktober 1950 forderte General MacArthur durch den Rundfunk die Einstellung der Feindseligkeiten und die Kapitulation an den Oberbefehlshaber der nordkoreanischen Streitkräfte, Kim Il-Sung. Kim Il-Sung antwortete darauf nicht. Danach befahl General MacArthur am 2. Oktober den Einmarsch in Nordkorea und die Überschreitung des 38. Breitengrades. Dieser Befehl wurde am 8. Oktober vom Generalversammlung der UNO nachträglich zugestimmt.

5. Schlußbemerkung

Diese Arbeit versucht darzustellen, wie Südkorea auf die amerikanische Entscheidung beeinflußt hat.

Die Ursache des Krieges ist zur Perzeption des südkoreanischen Entscheidungsträgers in seinen Entscheidungsprozeß eingeführt. Der Grund der Tragödie war die Teilung Koreas durch eine Absprache zwischen Rußland und den USA. Präsident Rhee sah die Teilung Koreas als grobes versehen seitens der USA. Vom Herbst 1948 an gab es auf

---

131) Mainichi Shinmun, 2. Oktober 1950.

der Koreahalbinsel zwei rivalisierende Regierungen. Jede von diesen beiden Regierungen behauptetn erhob den Anspruch der Alleinvertretung. Kim Il-Sung und Rhee Syngman behaupteten, es gibt in Korea nur eien koreanische Nation und nicht getrennte süd-und nordkoreanische Nationnen. Rhee warf der nordkoreanischen Regierung als "der russischen Strohmannregierung" vor. Demgegenüber warf Kim Il-Sung seienem Rivalen notwendigerweise den Landesverrat vor.

Vor dem Ausbruch des Krieges griff Nordkorea mit der doppelten Strategie an, mit der Propaganda der friedlichen Wiedervereinigung und mit dem Guerillakampf. Kim Il-Sung mobilisierte in südkorea 60,000 Mann für den Guerillakampf. Mit diesem großen Erfolg dachte er, die Bevölkerung im Süden würde ihn als Befreier empfangen. In seiner Rede am 8. Juli 1950 erschien sein Gedanke: "Heldenmütige Soldaten, Unteroffiziere und Offiziere der Volksarmee! Das ganze koreanische Volk verfolgt mit großer Liebe und gorßem Stolz eure Heldentaten, die ihr im Kampf für das Vaterland und das Volk vollbringt".[132]

Andererseits behauptete Rhee die bewaffnete Wieder-vereinigung. Aber sein Plan scheriterte völlig in der Diplomatie mit der USA, die Waffenhilfe zu bekommen.

Andere Ursachen des Krieges lagen in der strategischen

---

132) Kim, Il-Sung, a.a.O., S. 303-304.

Bedeutung Koreas für die Sowjetunion und Amerika und die Politik der beiden Großmächte gegenüber beiden Teilen Koreas.

Der Einfluß Südkoreas auf den amerikanischen Entscheidungsverlauf kann in drei Phasen aufgeteilt und betrachtet werden.

Die 1. Phase ist vom Ausbruch des Krieges bis zur amerikanischen Intervention. Als der koreanische Botschafter Tchang Präsidenten Truman besuchte, war es für Truman klar, daß irgendeine Gegenmaßnahme getroffen werden soll. In diesem Moment lieferte Dr. Tchang dem amerikanischen Entscheidungsträger die Information über die koreanische Lage und übergab den Brief von Präsidenten Rhee. Tchang erinnerte Truman an die bisherige USA-Politik gegenüber Südkorea und erweckte das Verantwortungs-bewußtsein des Präsidenten. Diese von Tchang frisch eingehende Information und das Hilfesuchen von Rhee beeinflußten die Entscheidung der amerikanischen Intervention.

Die 2. Phase ist von der Interventionsentscheidung bis zur Intchonlandung. Mit der amerikanischen Intervention im Koreakrieg änderte sich die Lagebeurteilung von Rhee. Bei der 1. Phase war das Ziel des amerikanischen Krieges die Wiederherstellung des Status quo. Während der 2. Phase beschleunigte er die Beseitigung des 38. Breitengrades, um den Krieg als Mittel zur Wiedervereinigung zu führen. Für ihn war es die beste Chance, mit amerikanischen Intervention das Land wiederzuvereinigen. Er behauptete die Verschiebung des Status quo von dem 2. Standpunkt, politisch und militärisch. Am 1. September prokalmierte Präsident Truman die Änderung des Kriegszieles, nähmlich Wiedervereinigung Koreas. Diese 2. Phase zeigt die Rolle Rhees auf die Änderung des Kriegszieles, von der Wiederherstellung des Status quo bis zur Wiedervereinigung Koreas.

In der letzten Phase zeigte Rhee mit der völligen Änderung der Kriegslage die Behauptung der Überschreitung des 38. Breitengrades und wiederholte er, "die südkoreanische Regierung ist die südkoreanische Regierung die einzige rechtmäßige Regierung, die berechtigt sei, die Souveränitäts-recht in Nordkorea auszuüben.

Durch die Betrachtung der Entwicklung des Entscheid-ungsprozesses wurde die amerikanische Entscheidung auf den Weg nach der Planung Dr. Rhee geführt.

Ronald analysierte den Grund der Entscheidung Präsident Turmans wie folgt:

1. Die Reize des militärischen Sieges von Intchon;

2. Das langanstehende Ziel der UNO das Land wiederzuvereinigen;

3. Rhees angekündigte Absicht die Einheit in seinem Lande wiederherzustellen;

4. Der Wunsch der Demokratischen Partei, den September

Erfolg bei der Wahl im November mit zu verwerten;

5. Die Forderung der Republikaner nach einer angriffs-freudigen Politik.[133]

Dieser Krieg war für Kim Il-Sung der Befreiungskrieg. Ab zweite Phase war dieser Krieg für Rhee Syngman Wiedervereinigungskrieg. Dieser Krieg ging im Juli 1953 zu Ende.

Es gab keinen Sieg, sondern der Krieg führte letzten Endes zur gleichen Stelle. Die Verluste des Krieges beliefen sich auf vier Millionen Menschen.

Dieser Krieg vertiefte das Mißtrauen zwischen beiden Teilen Koreas, die sich gegenseitig in ihrer Existenz bedrohen. Das vergrößerte Mißtrauen ist ein nützlichen Mittel in beiden Teilen Koreas, um eigene Regime zu verteidigen und gegen politische Gegner vorzugehen. Nach diesem Krieg besteht eine tiefgewordene Kluft zwischen den beiden Teilen des Volkes im Hinblick auf ihre Weltanschaungen und Lebenserfahrungen.

---

133) Ronald, J. Carid, *The Korean War and the American Politics*, Philadelphia, 1968, S. 83-84.

Bibliographie

1. Südkorea, Hankukchönlanse ("Korea in War") 1950~1951, Verteidigungsministerium, seoul 1951.

2. Südkorea, Hankukchönchaengsa ("Die Geschichte des Koreakrieges"), Verteidigungsministerium, Seoul 1968, Bd. I.

3. Südkorea, Die Wahlgeschichte Koreas, Zentrales Komitte für Wahlkontrollen, Seoul 1964.

4. U.N. General Assembly, Official Record, 1947, 1950.

5. U.N. Resolutions and Decisions of the Security Council, 1950.

6. U.N. Security Council Official Records, 1950.

7. U.N. Year Book of the UN 1947~1948, 1948~1949.

8. U.S. Department of State, Korea's Independence, Government Printing Office, Washington 1947.

9. U.S. Senate, Backgorund Information on Korea, G.O.P., Washington 1950.

10. Acheson, Dean, Present At The Creation, New York 1969.

11. Choi, Sok, Hankuk Tongilmoonchee Kwanhan Yunku ("Die Forschung der Wiedervereinigung Koreas 1945~1960") Seoul 1974.

12. Gondo, Zinichi, Chosen Dokuhon ("Korea"), Tokyo 1953.

13. Hayashi, Takehiko, Hokuchosen to Minamichosen ("Nord und Südkorea"), Simul-Verlan, Tokyo 1971.

14. Jacques, van Doorn (eds.) Armed Forces and Society Netherland 1969.

15. Kamiya, Hujii, Chosen Senso ("Koreakrieg"), Zuo Koron-Verlag, Tokyo 1973.

16. Kim, Il-Sung, Ausgewählte Werke, Bd. I. Pjöngjang 1971.

17. Kim, Tchung-Hee, Hankuk Chönchaeng ("Koreabrieg"), Mooncho -Verlag, Seoul 1972.

18. Kim, Tchum-Kon, Hankuk Tongran ("Der Koreakrieg"), Kwang MyungVerlag, Seoul 1973.

19. Lee, Ho-Jae, Die Realität und das Ideal der koreanischen Diplomatie 1945~1953, Seoul 1969.

20. Linton, Ralph, The Cultural Bachground of Personality, London 1949.

21. Makintosh, J.M., Strategie u. Taktik der sowjetischen Außenpolitik, Stuttgart 1963.

22. Min, Kwanshik, Kankoku Seijishi ("Die Geschichte der koreanischen Politik"), Tokyo 1961.

23. Morgenthau, Hans J., Macht und Frieden, Gütersloch 1963.

24. Nakagawa, Shinobu, Rhee Syngman und Chang Kaiseki, Sanichi-Verlag, Tokyo 1960.

25. Oliver, Robert T., The Truth About Korea, Londen 1951.

26. Oliver, Robert T., Syngman Rhee--The Man Bbehind the Myth, Dodd Mead and Company, New York 1954.

27. Paige, D. Glenn, The Korean Decision, The Free Press, New York 1968.

28. Park, Sung-Jo, Die Wirtschaftebeziehungen zwischen Japan und Korea, Otto Harrssowitz, Wiesbaden 1969.

29. Ronald, J. Carid, The Korean War and the American Politics, Philadelpha 1968.

30. Schuman, F.L., International Politics, 6th Ed., MaGRAW-HILL, New York 1958.

31. Snyder, Richars C., Bruck, H.W., and Sapin, Burton, Foreign Policy Decision-Making, The Free Press, New York 1962.

32. Spanier, John W., American Foreign Policy Since World War II, Cmelot Press, London 1972.

33. Truman, Harry S., Memorien, Bd. II. Stuttgart 1956.

34. Young, Oran R., Systems of Political Seience, Englewood Cliffs, New Jersey 1968.

35. Asia Journal, Vol. IX. September 1967.

36. Asia Journal, Vul XIV. July 1974. .
37. Chian Quartly, No. 14, April-June 1963.
38. Shin-Dong-A, Jan 1970.
39. Mainichi Shinbun, Mai-Oktober 1950.
40. New York Times, Mai-Oktober 1950.
41. Pusan Ilbo, Juli-Oktober 1950.

백경남(白京男)

東國大學校 政外科 卒業(B. A.)

早稻田大學 政治學 專攻(M. A.)

München大學 國際政治學 專攻(Ph. D.)

東國大學校 社會科學 大學 學長

現 大統領直屬 女性特別委員會 委員長

現 東國大學校 政治外交學科 教授

著書 : *Korea und Japan im Kräftefeld des Nord-West-Pazifik*(München:
Tuduv-Verlag, 1978), 『韓國女性政治論』(文音社, 1981), 『바이마르 共
和國』(종로서적, 1985), 『民主主義와 共產主義』(法志社, 1985), 『民主主
義論』(法志社, 1987), 『國際關係史』(法志社, 1987), 『독일, 분단에서 통
일까지』(도서출판 江川, 1991), 『國際關係史(增補版)』(法志社, 1995),
『이성적 사회를 위한 작은 이야기』(한울, 1999), 『독일의 길, 한국의
길』(한울, 1999)

譯書 : 하인츠 라우퍼, 『社會化된 人間』(서래헌, 1980)

대화공동체를 위한 작은 이야기

ⓒ 백경남, 2000

지은이 / 백경남

펴낸이 / 김종수

펴낸곳 / 도서출판 한울

초판 1쇄 인쇄 / 2000년 9월 25일

초판 1쇄 발행 / 2000년 9월 30일

주소 / 120-180 서울시 서대문구 창천동 503-24 휴암빌딩 3층

전화 / 영업 326-0095(대표) 편집 336-6183(대표)

팩스 / 333-7543

전자우편 / newhanul@nuri.net

등록 / 1980년 3월 13일, 제14-19호

Printed in Korea.

ISBN 89-460-2777-0 03340

* 책값은 겉표지에 표시되어 있습니다.